浄厳和尚伝記史料集

上田霊城　編著

東方出版

浄厳和尚木像（運長作・東京湯島霊雲寺蔵）

序

浄厳和上は江戸時代に於ける真言宗屈指の高僧である。持律堅固な清比丘であり、その学は事教二相に及び多くの著作をのこされた偉大な学僧である。経軌の研修につとめその講伝に力をそそぎ、悉曇の研究にも努力せられた。しかも一面には民衆と広く結びつき、各地に転錫して結縁灌頂を開き、法話を行い、教化につとめている。全く敬服すべき大和上である。したがってその門下から蓮体、慧光、慈妙、実詮、祥光、契沖、妙粋、智明等の優れた名匠が輩出した。蓮体和尚は仮名まじり平易な文章で真言の教義を民衆に説いている。江戸時代には高野山豊山智山等の学山はいうに及ばず京畿を中心に各地に勝れた学僧名匠が多く出ているが、その中でも老衲が最も私淑し尊敬しているのは浄厳和上と慈雲尊者とである。その学風や活動はそれぞれ特色があり優劣を論ずることはできぬが、共に持律堅固な清比丘であり、梵学に精通せられ民衆教化に努力せられた点は一致している。この両高僧が共に南河内に法幢を樹てられたことも偶然とはいえ驚きにたえない。

ここに浄厳和上開創の延命寺現住上田霊城師は開山和上の伝歴が広く世に知られていないことを憂い、同寺秘蔵の資料により『浄厳和尚伝記史料集』を編みこれが印行を企てられた。この集に収められるは大和上の高弟蓮体和尚が撰した「行状記」、光道撰の「年譜草稿」、光天撰の「霊雲開基妙極大和尚伝」等である。これらの資料によって大和上の伝歴を詳しく知ることができる。この外に本集には貴重な資料を多く集め、且つ「真言密教史上に於ける和尚の位置」についての論文も収められている。本集によって稀世の高僧の正しい伝記が明々なることを心からよろこび、この聖業に感謝している。

いま、大和上の伝記をのべることは無用であろうが、老衲に与えられた原稿紙数に余白があるので、伝歴のはしばしにふれながらその業績の一端をのべることにした。

和上は幼にして仏縁深く、三、四歳の頃すでに法華経普門品や尊勝陀羅尼を誦せられたという。十歳で高野山にのぼり検校雲雪の門に入って出家し雲農と名づけた。浄厳は後の改名であり、字を覚彦という。高野在山十数年の間和上は事教二相の研修につとめ、若くして頭角をあらわした。寛文十年に即身義や悉曇字記を講じて学徒を敬服せしめたが、その英才が同輩の憎悪を招く因となり、これがため和上は高野山を下って郷里に帰り母に孝養をつくしている。高野下山は後年の宗学研修態度に大きな影響を与えていると私は考えている。和上は高野在山中に南院良意に安流を受けてその正嫡となっている。したがってこれを受法の本流としているが、その後延宝三年仁和寺尊寿院顕証と真乗院孝源に師事して広沢流の蘊奥をきわめ、野沢二流に通じた。後年の新安流組織に影響があると思ってよい。

仁和寺滞在中に栂尾法鼓台の聖教を書写している。このことは和上の学修に大いに影響している。和上の学風が経軌に忠実であることと深いかかわりがある。その頃黄檗山万福寺で鉄眼禅師が一切経を開刻していた。和上は禅師に依頼してこの中に秘密儀軌の一部を加えることとし、且つその別刷を得て、密徒にわかち前後七回秘密儀軌の講伝を行っている。これは特筆すべきことである。和上の門下から多くの儀軌講伝の功労者が出でその著作が真言宗全書と続真言宗全書に多数収めてある。

和上は河内延命寺を開創し、仁和寺宮の令旨を受けて如法真言律の本所とした。和上は延宝元年に快円慧空に菩薩戒を受けているが、更に同四年泉州大鳥郡高山寺で自誓して具足戒を受けている。

和上は摂河泉の地を中心に教線をはり多くの民衆に結縁灌頂の入壇を許し、教法の宣布に力をつくしている。又高松城主頼重の帰依を得てしばしば讃岐の諸処に法幢をたて、或は備前備後等にも巡錫し伝道している。晩年には江戸に出て五代将軍綱吉や柳沢吉保の帰依を得、湯島に霊雲寺を開創し、ここを根拠として法幢を江戸にひるがえした。和上伝道の範囲と機縁を結んだ人々の数は誠に驚くべき多数である。

和上は顕密二教にわたり事教二相について多くの著作をせられた、いずれも貴重な書である。その学風は不二系に属する。経軌に忠実なことが一の特徴になっている。元禄十五年六月二十七日病によって遷化、寿六十四歳であった。その一生は実に寧日なき大精進行の継続であったと推察する。

昭和五十三年二月

仁和寺門跡　小田慈舟　識

序　志

河内鬼住に延命寺を創建した覚彦浄厳大和上は、寛永十六年（一六三九）十一月二十三日鬼住村上田氏の生まれ、幼にして既に凡ならずしばしば人を驚かし、慶安元年十歳の時高野山に登り、悉地院雲雪検校に就て得度、名も雲農と改む。雲雪検校の入寂に依って諸師に歴事、南院良意師に中院流を受伝、金剛山実相院長快師に従って入壇。次いで安流受伝を志し再び南院良意師に師事し、更に宝性院朝遍師を拝して重受、以て安流の源底を尽くす。蓋し後に経軌に準拠し行儀作法を正し、稟伝するところの小野広沢の諸流を統合して、一の行軌を樹て、これを伝うる者新安祥寺流を称するに至るもの、端をここに発するのである。これを廉流と讃えるものよくその外より窺い難き、法蘊の甚深なるを言い得て妙なりというべきであろう。厳大和上が宗意流祖所用に基づいて増訂したる別行次第に、天和三年（一六八三）仲夏十五日に、備後の西国寺金剛院に於て功を終えたる、詳細なる註記を施した『別行次第祕記』七巻の如き、その序の一節に、

悲しいかな、世、季末に属して俗尤も澆漓なり。愚惑は牛毛の如く、解悟は麟角に似たり。偶ま一座の供養を修するとも、唯字を逐うて之れを読むことを事とするのみ。寧んぞ其の観行三摩地に在

らんや。亦多くは印相正しからず真言訛錯す。三密の中に一も是れ密ならず、何んぞ其の悉地を成ずること有らん哉。余之れを嗟くこと久し。玆れに因って先づ別行の次第を抄して、其の観心を専らにし其の功力を知らしめ、次に一函の秘記を撰して彼の奥室を闡き彼の深旨を示す。冀う所は後生の密徒努めて意を著けて、脂に画き氷に鏤めるの誚りを招かざらんことを。老婆心切之れを念うこと玆に在り。二三の子孫等、鏤骨忘るること勿れ。

といえるもの、大和上その不惑を過ぐる四年、その時代の事相陵遅の様子を窺わしめ、それを背景にして切なる老婆心と共に自信の程も察すべく、今日に於て流派を越えてこの『祕記』は、印に於て真言に於て観行三摩地に於て、よく準縄となり地墨となり、行者をして三密の極位に到らしむるの規範となっているのである。しかも事相に於ける如き実に浄厳大和上の功の一斑に過ぎず、梵学に於ける、密宗の根本を為す儀軌の解明に於ける、その多くの著作に顕われたる教学に於ける、僧徒の本来あるべき行儀を正す戒律に於ける、更に授戒に授法に授職に将又その信の篤きを示す法語に、緇素二衣に及ぼせる法益の甚大なる、創建せる伽藍の多きは時人の和上を尊崇することの深きを示し、仏法紹隆の芳績の衆に超えたるを窺うに足るべきこと等、実に近世たぐい稀れなる一大法梁と仰がねばならぬ大徳である。

ここに延命寺主霊城和上は、かねて本願開山浄厳大和上の事歴に意を致し、しばしばその伝記行実に就いての研究成果を示して世に学恩を布かれているのであるが、厳大和上の高足蓮体師の撰せる『浄厳大和尚行状記』を初め、世にある諸伝記を蒐め、大和上一代の行履を欣慕して編年に示し、猶真言密教史上に於ける大和上の位置を詮明する論文を併輯して、浄厳大和上伝記史料を編述され、これを上梓するにあたって小衲に序を徴せられた。小衲もとよりその任に非ざると該書に序を要せざるべきの故を以て、固く辞するも許されず。止むこと能わず爰に延命山主の浄業に随喜し、浄厳大和上の行学を鑽仰し法徳に稽首し、微志を述ぶるということ爾り。

旹昭和五十三竜集戊午林鐘念七

瑜伽乗小苾芻　善　教　拝　識

律僧と庶民

私は昭和八年の夏を高野山真別所ですごし、高野山最後の律僧といえる玉山隆筵和上の『四分律行事鈔』の講義をきいた。そのとき和上はつねに浄厳和尚のことを口にして、真言律を復興せねばといっていたことを覚えている。とにかく近世の傑僧として、葛城の慈雲尊者とならんで浄厳和尚はつよく印象づけられている。

その浄厳和尚の伝もくわしいことを知らなかったが、今回上田霊城師の尽力で『浄厳和尚伝記史料集』が出版されるときいて、よろこびに堪えない。上田師は私が高野山大学で講義していたころの学生で、卒業して自坊へ帰るときいて、まことに惜しいと感じた学生の一人であった。しかしその住職した寺が浄厳和尚ゆかりの延命寺であるときいて、安心もした。しばらく雌伏していたのち、日本印度学仏教学会などにも研究発表するようになったのを見て、鋭鋒はおのずから顕れる感がふかかった。そして今回の出版は真言宗と真言律への護法の念から出たものではあるが、とくに浄厳和尚と民衆との関係に着目したいというので、私も大いに賛意を表した。

律僧というものは実に高潔であり、仏教への民衆の信頼もその高潔さにあるとおもう。それは釈尊の戒律は真言密教においては、その悉地成就のためには欠くべからざる条件である。とくに浄厳和尚の戒律観にあるように、戒律は真言密教においては、その修法の悉地成就のためには欠くべからざる条件である。腥い口から吐かれた真言密号は、おそらく毒と変じて行者と信者を害するだろうとおもう。したがって律僧ならずとも、行法の前方便としては持戒と精進潔斎を必要とする。その潔斎も単に形式的に戒律をもつのでなく、長日の垢離なり礼拝なりの苦行が要求されるのが、日本の真言密教の特徴であるとおもう。

真言密教の目的は観念的な三密瑜伽と即身成仏にあるのでなく、いわんや理趣経的性の開放にあるのでもなく現実的な加持の効験を民衆のためにあらわすことにある。すなわち目に見える奇跡がおこらなければならない。しかしその奇跡は行者と信者の絶対的な信頼関係の上にあらわれるものであって、その信頼は持戒と精進によってのみ得られる。このような真言密教の加持祈禱のメカニズムを見抜いて、浄厳和尚は真言律の復興をはかったのであった。

一方、民衆の方も浄厳和尚の持戒に信頼をよせ、和尚の加持に効験を期待したればこそ、和尚の周辺に雲集したのであろうとおもう。民衆はそのような信頼性には敏感であって、信頼に値する宗教者があれば、砂鉄が磁石に吸いよせられるように翕然としてあつまってゆく。和尚はそれに対して菩薩戒の授戒をおこない、総計三十万四千五十五人に授戒したと計算されている。これは民衆のあいだにはインドの僧伽の戒律と本質的にことなる戒律信仰というものがあり、これを受けることによって罪や穢がほろび、幸福と健康がえられる、という真言の加持とおなじ信仰があるからである。したがって浄厳和尚のような持戒堅固な清僧なればこそ、授戒の効験が信じられたのだとおもう。浄厳和尚の信者には柳沢吉保や将軍綱吉、あるいは讃岐高松侯などもあったらしいが、和尚の眼は名もない民衆に向けられていたのは貴いとおもう。したがって権力者の召聘をうけてもそこにとどまらず、民衆のもとめに応じて、河内、和泉、摂津各地はもちろん、江戸、下総、讃岐、播磨、淡路、備後、上州にまで足をはこんだ。そしてきわめて平易な説法と授戒と結縁灌頂で、多数の民衆を摂化した。その姿は興正菩薩叡尊を彷彿させるものがある。とかく律僧は俗界をきらい、偏狭な内面にだけたてこもりがちであるが、その開放性と庶民性は近世の菩薩といってもよいのではないかとおもう。

一方、真言の事相、教相にも多くの業績があり、秘密口伝を立前とする事相、儀軌にも開放的であった。修法や加持祈禱は秘密なるがゆえに貴いのでなく、修法者、祈禱者の持戒と精進と、菩薩戒にある饒益有情戒の慈悲心が貴いのだと知っていたからであろう。教相においても啓蒙的なものが多いということは、学問の独善にふけるのでなく、つねにその研学の成果を民衆に還元しようという意志があったものとおもわれる。

今回の出版は浄厳和尚の伝記史料をあつめたものに、上田霊城師の「真言密教史上における浄厳の位置」なる論文を加えている。これは浄厳和尚の伝記紹介にふさわしい論文であるが、今後は近世仏教史における位置付けものぞみたいし、できれば日本仏教史の中の庶民仏教者としての和尚の位置付けもしてほしいものとおもっている。とくに和尚の周辺にあってこれを信仰し、その宗教活動をたすけた民衆の姿とその意識があきらかになればどんなにたのしかろうかと、次の出版を期待しているものである。

大谷大学名誉教授　五来　重

目次

伝　記

著述目録

解説　真言密教史上における浄厳の位置

真言密教史上における浄厳の位置

上田霊城

近世の真言教団にも多くの高僧学僧が輩出しているが、その初めに屈指されるのが浄厳和尚と慈雲尊者である。尊者が「小釈迦」とよばれるように、和尚は「今大師」「弘法大師の再来」などとよばれる。これらの呼称は、両師の思想と行動を適確に示したものといえよう。

ところで、慈雲尊者が仏教界はもちろん世俗にも広く知られているのに比べると、浄厳和尚の知名度は低い。儀軌の研究弘通や悉曇学の再興、新安流々祖としての位置や高潔な清僧としての和尚に対する高い評価は、真言教団内では既に早くから定まっている。しかし、真言教法の再興という和尚の行動が、どのような基盤の上になされたかについてはあまり注目されていない。

和尚はその青年時代の求法生活を高野山の学侶として過し、将来を嘱望されながらその交りを絶って離山する。高野山という既成教団の権威を離れた時から、和尚の自由精神が行動を始め、精力的に真言教法の批判的研究と弘通が開始される。教団を離脱した和尚の行動に経済的な支えを供し、その自由精神を支えたのが、故郷の親族や村民であり、摂河泉の民衆であり、讃州から山陽道へかけての民衆である。これら関西の民衆の支えを背景に和尚は関東の教化にのり出す。江戸牛込の多聞院に留錫して摂化する和尚の世評が高まった時点で、為政者柳沢吉保の外護の手が差しのべられ、その推挙で綱吉の援助が始まる。こういった視点に立って始めて和尚の行動がよく理解されるのである。

和尚の行動と思想には民衆仏教家としての比重が可成り大きく占められている。従来軽視されがちなこの点にも留意しながら、今大師としての、その行動と思想を密教史上に位置づけてみたい。

真言教法の再興

弘法大師空海によって体系化され組織化された密教は真言密教とよばれている。真言密教には、教相といって教学理論を研究する分野と、事相といって修法観法を実践する分野とがあり、古来、車の両輪、鳥の両翼に譬えられ、何れを欠いても正しい真言密教ではないといわれている。今、真言教法という用語は右の両面を含めた意味である。浄厳（以下敬称を略す）を近世における真言教法の再興者と位置づけることには異論はないようである。

浄厳（一六三九―一七〇二）は十歳で登山して高野山悉地院雲雪の室に入り、行住座臥の四威儀を学び、諸経諸陀羅尼中の最少限必要なものを先づ暗誦し、次に梵字悉曇《しったん》十八章の字体音韻の手授けなど初歩的な修行をし、十七歳で高野山南院良意に従って中院流の四度加行を修した。ついで伝法灌頂は金剛山実相院長快に受法している。

良意は南山事相の大家であり、後に検校に昇進した朝遍や信龍など当時の高野山の碩徳は大抵師事している。高野山時代の浄厳は、この師から安祥寺流（安流）を始め中院流、三宝院意教流と幸心流、小島流を受法し、良意所持の聖教《しょうぎょう》（修法のための次第や口訣書）を多く借覧書写している。長快には三宝院流道教方を受法し、宝性院朝遍には安流を重受してその血脈を継いではいるが、事実上は良意瀉瓶の秘蔵の弟子であった。

十九歳で師雲雪の遷化に会い、釈迦文院朝遍に師僧替えしてその年高野山学侶に交衆《きょうしゅ》する。

交衆とは高野山の門徒に交入することであり実際には学侶（衆徒・論義法談修法などに専念する僧）行人等の僧籍に交わることをいう。衆分となった浄厳は、修法観法の実践と共に真言教学の研鑽にも努めることになる。大日経住心品疏を始め空海大師の撰述書（即身義・吽字義など十巻章とよばれる）釈摩訶衍論などの宗学書は必学である。能力ある者は更に一般仏教の経論章疏や悉曇学を学ぶ。そして毎季行われる論義法談に参加するのが学侶と称されるゆえんである。

浄厳は更に釈迦文院蔵書中の漢籍にも熱中し、寛文七年（二十九歳）には『増続補注文選錦字』を撰している。『文選』は中国知識人必読の書といわれその註釈が『文選錦字』である。浄厳はその簡略さに不満で、更に六家の註を渉猟して増続補注を作ったと自序で述べている。浄厳の漢籍の素養は少年時代から既にあったが、高野山にきて開花結実したといえる。

高野山時代の浄厳は、ひたすら学問や観法に専念していたのではない。剃髪から十七歳の四度加行までの間は、師に常随することなく鬼住村の両親の膝下に在ることが多い。この間、詩作し墨跡を残し山野を跋渉して青春を謳歌している。了阿公なる人物に四書の句読を学んだのもこの頃である。

当時の高野山では、学侶と行人（諸堂の管理や供花掃除などの雑用をする僧をいう。回国・勧進を専門とする聖を加え高野三方といわれる）の諍論が続き相方共に幕府に裁決を求めていた。師良意が釈迦文院道場で行人方折伏の秘法を修した時、二十三歳の浄厳はその助呪を勤めた。次いで行人方の非を上訴するため江戸に下向した師朝遍に随行し、江戸在番屋敷においても、行人降伏の秘法を再び良意と共に修している。この時の顛末を記したといわれる『如法愛染王法記』が散逸していることは残念であるが、浄厳が、学侶行人騒動という政治的事件の渦中にあったことは事実である。江戸滞留のこの四年間、浄厳は暇をみては江戸市中から鎌倉辺まで名所古跡を訪れている。帰山した翌寛文五年春には京大坂を巡り、大坂では道頓堀の歌舞伎を見物している。

このように浄厳の青春は極めて行動的であり、求法に精進するかたわら、目は既に遠く高野山外に向かって大きく開かれ、世情にも通じていたといえるようである。
『紀伊続風土記』（第四輯八三一頁以下）によれば、交衆以後学侶の階位は、下座、昇口、仲座、十人番、六供、三十人、三昧と昇進して入寺位に進み、更に九階昇進して高野山寺務検校法印大和尚位という最高位に達する。十九歳交衆の場合は十三年目に入寺位に進むというから、浄厳は寛文十年（三十二歳）には入寺位まで昇進していたといえよう。入寺位に進むまでは、たとえ伝灯の名望者であっても、他人に法流を伝授したり、灌頂の阿闍梨、法会の導師を勤めることは寺令によって許されないことになっている。（『風土記』第四輯八四一～二頁）そこで三十二歳の浄厳が、盛順ら十人に安流の印可を授けたという記録（本書史料寛文十年条）は、この時入寺位に進んでいた証とすることができる。ところが寛文七年（二十九歳）に初めて二人に三宝院流の印可を授けたという記録（本書史料同年条）をどのように解すべきであろうか。二十九歳の時既に入寺位にいたのかそれとも例外が認められたのかしばらく疑問に付しておく。ともかく寛文十一年三十三歳で交衆を絶って離山した和尚が入寺位まで昇進していたことは事実で、それ以後の高野山での出世コースを投げ棄てての離山であった。

離山の直接の原因は、宝性院同門頼周との間に法弟賢隆の指導をめぐって諍論し、それが寛文十年の刄傷に発展し、浄厳が傷を負って帰郷した事件があり、この翌年正月に恩師朝遍の遷化が続く。この二つの事件が浄厳をして再び宝性院の生活を続ける意志を絶ったものと思われる。

頼周に与えた浄厳の書簡（本書史料寛文九年条）から当時の高野山学侶の一部の腐敗ぶりが窺える。刄傷事件はその表面化である。丁度同じ頃（寛文六年、一説には九年、十年）後に国学の祖と仰がれた契沖が、高野山在住の僧の腐敗に失望して泉州久井村へ下山したといわれる（久松潜一著『契沖伝』）。

離山にはより合理的な二、三の理由が考えられる。

浄厳は宝性院に住して、宗学から一般仏教までその基礎学問を完了したとみてよい。宝性院には且て宥快（一三四五―一四一六）が在て高野山の教学を大成して以来、而二《にに》門《もん》説を表とする真言教学が伝承されていた。ところが離山後の浄厳の諸著作には不二《ふに》門《もん》説に基づく本有本覚思想が強調されている。（而二門不二門は共に真言密教の基本的思想である）これは東寺の杲宝（一三〇六―一三六二）を中心とする不二門説を研究した結果であろう。このことより、高野の教学に既に精通し、今一つ飽き足りないものを感じた浄厳が、自由な立場で真言教学の研究を目ざしたものと思われる。

また、真言修法の実践には古来小野六流と広沢六流、即ち野《や》沢《たく》十二流の伝承があり、それが更に細分化して近世には七十余流を数えていた。浄厳が高野山で受法したのはすべて小野流に属する流派であり、広沢流は京都諸山に相承されていた。下山した浄厳は直ちに仁和寺に詣して広沢の一流西院を伝受し合わせて儀軌を受法している。浄厳に『安祥寺諸流一統血脈』の撰述があるのをみても理解できるように、野沢諸流の源底を儀軌に探り、安流を中心にして諸流を統一しようという思想が、高野山を去る浄厳の心底に既に芽生えていたものと思われる。

また、寛文十一年正月に書写した『東禅院悉曇鈔』（本書史料同年条）の奥書に「去年南山に悉曇之談義再興す、然れども有人、悉曇之害を称え、時に遂に止む、嗚乎、法澆季に及んで正道淪没す、歎じても余り有り、悲しみても足らず、遺憾々々、雲農三十三」と記している。悉曇学再興という浄厳の意図も、高野山では実現できなかったのである。

高野山離山の原因の一つに、真言律教団樹立の意図があったと思われるが、この点は後に述べたい。

離山後の浄厳は、延宝二年から三ヵ年、京都仁和寺において顕証、孝源の二師より西院流と儀軌を受法した。儀軌は秘密儀軌とも密軌ともよび、密教経典と合わせて経軌ともよばれる。密教における諸尊の念誦供養の作法や、形像、印契、真言、曼荼羅などの軌則儀式を記した聖典のことである。インドで作成され中国に流伝して漢訳されたものが空海大師によって請来されている。儀軌はそのままでは修法観法の実践書として整理されていないので、儀軌を本にして行法用の次第が作られる。大師製作の次第は弘法大師全集に収録されているが、そう多くはない。今日野沢諸流に相伝される厖大な数の次第やその口訣書は、その多くが中古先徳の製作になるものである。浄厳が儀軌の伝授に浴し、その研究と弘通に生涯の中の多くの時間を割いたのは、中古先徳製作の次第や口訣類を、儀軌に照らして再検討し、その正しい相承は残し誤りは訂正して、正しい観法修法を確立しようとする意図である。『妙極堂教誡』の先学経軌の条には「凡そ密蔵を受学する者は先づ須く両部の大経及び諸尊の本経儀軌を受けて、次に師師の密誨、家家の秘訣を習ふべし、季世頽俗し玉石紛糅す、故に先づ聖説を訪らはざるときは菽麦を弁へず、邪正渾淆す、凡そ百の末学、其の次序を知らずんばあるべからず」と、浄厳は門徒に教誡している。ここには鮮明に経軌為本の思想が表明され、「聖説」を研究して正しい真言教法を解明したいという復古思想が述べられている。

師伝や口訣よりは儀軌を尊ぶのは広沢流の伝統であり、小野流は儀軌よりは師口を尊ぶ伝統を持っている。浄厳は儀軌為本思想を実践して、儀軌を典拠に諸流を批判統合して新しい次第や口訣を自ら製作する。この作業は関西時代から始められるが、新撰聖教の数が増加するのは、霊雲寺教団が発足した元禄四年以降である。即ち、新教団所依の聖教の整備を明確に意図したものと思う。これが後世になって新安流の聖教とよばれるものである。

儀軌為本の思想を持つ浄厳は、その研究と弘通を計るため、黄檗山印房より八帙七四冊一八七部三二四巻の儀軌と目録一巻を出版して仏徒に求めしめた。また、諸徒のために生涯に五回の儀軌伝授を行い、第一回は筆写儀軌を用いたが第二回以降は檗本によった。そのために浄厳は、檗山印本を底本にして高麗印本及和本（栂尾本や伝写三十帖策子）と対校し、その異同を書入れ、和訓をつけ、音写漢字には梵字を当てるなど大変な努力を続けている。

儀軌伝授は中古跡絶えていたもので、数部の伝授は必要に応じて行われることはあっても、請来儀軌のすべてを組織的に分類して長日月をかけ伝授するのは浄厳が最初である。以後、浄厳門下によって儀軌の伝授が続けられた。また、儀軌の開版も浄厳を以て嚆矢とする。次いで高足慧光が胎蔵四部の儀軌を開版し、享保の頃、法住校訂の儀軌六七部、享和二年に快道校訂の四四部が共に豊山長谷寺で出版された。豊山の無等が慧光の門流であったことを考えると、江戸時代の儀軌の普及事業には浄厳の影響が強く感じられる。

貞享三―四年、江戸牛込多聞院における儀軌講伝に列した慧光は「貞享丙寅之年、曩祖請来の秘密経軌を稟受す、未曽有なるを得て身の毛皆豎《ヨダチ》ぬ」（『秘密瑜伽学習捷図』序文）と後年述懐しているが、当時二十一歳の青年慧光を、かくも感激させたのは、浄厳の実証的な自由研究の精神に触れたためであろう。また、秘密の経軌は師資面授されるのが本筋であるのに、開版して容易に誰れの手にも触れるのは越法罪ではないかという伝統的心情に基づく強い批判が真言教団の中にあったことが、慧光の『密軌問弁』に述べられている。今日、科学的に真言教法を研究する学者で儀軌を繙かない人のないことを考えると、浄厳は、真言教法の近代的研究方法の先駆者とも見なされよう。

儀軌には必ず真言陀羅尼が説かれている。真言の研究には悉曇学の知識が必要になる。平安時代以降日本の伝統的悉曇学は、梵字の発音、切継ぎ、書体の技法、字義だけを重視し、文章の構造や意味、文法などを扱わない。文意や文法の研究が始められるのは慈雲の出世を俟たねばならない。殊に真言密教では、梵字を仏菩薩のシンボルと考え、哲学的解釈をなす字義の研究が盛んになる。浄厳もまた、例外ではない。天和元年撰述の大著『悉曇三密鈔』は、悉曇文字の形（身）音（口）義（意）はそのまま如来の身口意の三密であり、単言隻字に宇宙法界を包含するという真言哲学の立場から付された書名である。

しかし、その三密鈔巻四の中で浄厳は、諸経軌の中の真言を渉猟して音写漢字を収集し、音写漢字から原の梵字に翻ずる便りにしている。真言陀羅尼は本来の形である梵書で示し正しく発音しようというためである。元禄七年、『法隆寺古貝葉』を手にして歓喜し、さっそくそれを謄したのも、インドの書体に触れる機縁に恵まれたからであろう。

また、三密鈔の中に掲げられている五十音図は、伝統的な音韻説に基づくものだといわれているが、音韻発生を阿字本不生という真言哲学によって論理づけるところなどは浄厳の独創である。この図がそのまま、契沖（一六四〇—一七〇一）の『和字正濫鈔』に踏襲され、音の発生、音韻的説明も三密鈔を踏襲している（久松潜一著『契沖伝』）ことは、浄厳の悉曇学が間接的に国語音韻学に影響を与えているともいえよう。正濫鈔が刊本となるためには浄厳の助力があったと自ら語っているが、（『和字正濫通妨抄』巻一）既に契沖は延宝五年の儀軌講伝の法筵に列し、浄厳筆写の儀軌を借覧転写していることは、生駒宝山寺蔵の契沖書写儀軌の奥書からわかっている。本居宣長は契沖を評して、わが古学は契沖が始祖であり、古文辞学の伊藤仁斎よりも先だといっているが（『玉勝間』）、その契沖の古典研究に対する実証的で自由な方法は、浄厳の儀軌研究の方法に啓発されたのではないかと私は推測している。

三密鈔の五十音図には塩梅音という用語がある。この用語は、東寺の頼宝著『悉曇綱要抄』に始めて使われるので、頼宝か我宝の発明であろうといわれている。（馬渕和夫著『日本韻学史の研究』六三五頁）となると、浄厳は高野山で悉曇を学んだ後、東寺系の悉曇も継承していることになる。又、『悉曇字記』は伝統的悉曇学の入門書であるが、この書の講述が盛んになるのも浄厳からである。浄厳には又、『華梵対翻』という梵漢辞書の製作がある。

このようにみてくると、浄厳は近世では最初の悉曇学の復古者であり大成者であったといえる。

前にも引用したように、浄厳は、儀軌と共に両部の大経を、師伝や秘口よりは重視せよという。両部の大経とは大日経と金剛頂経という真言密教の根本経典を指している。浄厳はこの中、大日経により傾斜した思想を持っている。

浄厳は多くの著作の中で、真言密教とそれ以外の顕教とを比較してその優劣を弁じ、密教の秀れた特色を鮮明にすることに努めている。顕密対弁の方法には根来の覚鑁上人（一〇九五—一一四三）の影響を受けているが、対弁によって真言密教の根本思想とは何かを問い直そうとしているようである。

浄厳が捕えた根本思想とは阿字本不生の思想であった。『弁惑指南』巻三には「密教ハ左《ト》ニモ右《カク》ニモ阿字本不生ヲ本旨トスル」と書かれている。その「本不生と六大とは名異にして体同じ」と『悉曇三密鈔』の中で述べられている。この六大思想というのは空海大師の独創になる真言密教の本体論で、宇宙の全存在を人格的な六大の所生とみ、個別存在は六大を本来具有しているとみるから、本有即ち本来成仏の思想である。浄厳の阿字思想は、この六大本有の大師教学を忠実に遵守しているにすぎない。

しかし、大師教学を宣揚するのに、六大本有の用語の代りに、体同といって、阿字本不生の用語を多く用いるところに、浄厳思想の特異さがあるように思われる。

阿字思想は両部大経の中では、大日経（善無畏訳）及びその註釈の大日経疏（善無畏述・一行記）の思想である。（数種ある註釈書の中で、一行筆記の大日経疏二十巻によって大日経を解釈するのが真言密教学の伝統になっているので、常に経疏と合してよばれる）阿字思想は、円密一致の立場をとる中国の覚苑や日本天台系の密教の中心思想であって、真言密教では阿字よりは六大思想の方が主流である。また、大日経と金剛頂経（不空訳）は両部不二と称して軽重を認めないのが立前であるが、どちらかというと日本真言密教の伝統では、本有表徳思想（存在をそのまま大肯定する思想）の強い不空系の金剛頂経を重視し、遮情空思想（存在を一度否定する思想）の強い善無畏系の大日経は軽視されがちであった。しかしインド密教の本流は大日経の阿字思想である。そこで、浄厳が密教の根本思想を阿字本不生だと揚言したことは、両部不二の伝統に立ちながらも経疏為本を宣言したことになるのである。

浄厳は、真言の字義門及び転字輪門を重視し、密教の本旨である阿字本不生を達意する最上の方法であると説く。（『悉曇三密鈔』）このことは経疏の具縁品と字輪品の中で説かれていることである。

また、天和元年に作画させた両界曼荼羅（本書史料同年条）の内、胎蔵曼荼羅の中台八葉蓮華は白色に画かれ、遍知院の三角形は鋭鋒が下向に画かれている。これは伝統的な現図曼荼羅が赤色蓮華を描き、三角の鋭鋒を上向に描くのとは対照的である。これは浄厳が経疏の説明に基づいて現図を改作したためである。

また、授戒の軌則（戒儀）は戒律各派によって異なっているが、浄厳門流依用の戒儀は、善無畏撰の『禅要』（大正蔵一八巻）の構成に準拠して浄厳が自作した密教色の濃いものである。

前に触れたように、両部大経の夫々に遮情表徳の両思想を含んではいるが、（両部不二という）大日経は遮情空思想がより強いとみるのが、大体において真言密教先徳の経疏解釈であるのに、浄厳によると、経疏は始終一貫して本有表徳思想を説くと解される。たとえ空思想を説くと思われる表現があっても、それは不二の遮情門であり、真意は表徳だという。（『大日経住心品疏冠註略解』）したがって空海大師の六大本有表徳思想は、経疏思想を寸分違わず相承したものであるというのが浄厳のいわんとする結論である。

浄厳の経疏解釈が、高野山の道範、宥快、東寺の杲宝などの先徳の末註を継承している点では異論はないのであるが、その基調に流れる善無畏と大師一致の経疏観が、智積院運敞（一六一四—一六九三）の反論を招くことになった。運敞は、本有表徳思想は真言密教の根本思想ではあるが、経疏とは「別途の法門」であり、表徳思想で経疏を解するのは「己見を先にす」るものであると浄厳を難じている。（『開匳編弁疑』）たしかに浄厳の経疏観は、結果的には大師の独創性を否定することになり、大師思想を経疏の中へ逆流させるような非科学的な結果になる。しかし、経疏と大師両思想の一致を論証しようとする浄厳の熱情は、中古以来、傍流の位置におかれてきた大日経を、真言密教思想の主流に引き戻そうとするものであり、大師の著作に説かれた密教の根本思想をインド密教の本流である大日経に遡って再確認しようとする意図から発している。

大師を善無畏の正嫡とみる思想は、善通寺宥範（一二七〇—一三五二）の『大日経疏妙印鈔』に啓発されたのではないかと思われるふしがある。妙印鈔には「抑も宗家（空海を指す）の教相、源何より出でたる、全く大日経弁に疏家（善無畏を指す）の教相に依れり、抑も大師の事相、源何より出でたる、専ら大日経弁に疏家の説相に依れり、故に事相と云い教相と云うも、今宗は大日経を宗骨となす」と熱っぽく語られている。高野山の宥快は『大日経疏伝授鈔』の中で、宥範は天台系の人で真言自宗の教相を知らないと難じ、「宥快、少しも之を信用せず」と云って妙印鈔不信を表明したのであるが、浄厳は宥範の旧跡尾道西国寺に留錫して天和三年にこの妙印鈔八十巻を筆写しているのである。

浄厳の経軌為本の態度には、インド、中国、空海と相伝された正しい真言教法を解明し実践したいという古代への帰依の熱情が感じられる。その熱情が聖説（経軌や大師の著述）の実証的研究に師を駆り立て、中古先徳を批判する自由精神をかき立てているようである。

浄厳は、儒学では古学派といわれる伊藤仁斎（一六二七―一七〇五）伊藤東涯（一六七〇―一七三六）荻生徂徠（一六六六―一七二八）それに国学の祖契沖（一六四〇―一七〇一）らの復古思想家と時代を同じくしている。この中徂徠は、浄厳が外護されていた柳沢吉保の家臣であり、徂徠門下の逸材太宰春台（一六八〇―一七四七）は幼時常に霊雲寺に遊んで第三世慧曦とは幼友達であったと伝えられる。河内西台藩主本多忠統（一六九一―一七五七）もまた徂徠門下で文雅を好み、浄厳門下の蓮体とは親交があった。浄厳の思想には、これら儒者の影響は認められないが、思潮は共にしていると思われる。

真言教法の民衆化

空海は行基と並ぶ古代の民衆仏教家である。伝説説話の多いことでは日本一であろう。その大師の密教に帰依し、そこに復古することを願っていた浄厳もまた、民衆に対して積極的に真言教法の弘通を計っている。

浄厳が生涯中に摂化に赴いた地方には、郷里に近い摂河泉を始め、播州、淡路、讃岐、備後、上州、江戸が知られている。教化の方法は、出家に対しては授戒、受明・伝法灌頂、法流・儀軌伝授、講経であり、在家に対しては授戒、結縁灌頂、授真言、講経である。

浄厳大和尚行状記の末尾に付されている「講経伝授等座数」を分類すると、十巻章を始め宗学関係の講経五十八回、戒律関係二十二回、悉曇関係七回、一般仏教関係七回は主として出家向けの講経であるが、この中、八斎戒は在家向け、梵網経は僧俗向け、宗学書の中でも即身義の講には在家の聴衆が認められる。在家向講経二十九回、法華と普門品の講十二回には僧俗の聴衆があった。厳密な分類ではないが、僧俗共に教化に努めていることがわかると思う。因果経、業報差別経、分別業報略経、善悪報応経などの名からみて因果応報の理を在家に説いていたものと推測される。

説法者の用心として浄厳は次のように述べる。「凡ソ説法者ハ先深重ノ大悲ニ住シテ（中略）知ルヲバ知ルトシ、知ラザルヲバ知ザルトシテ、知ラザルコトヲハ大衆ニ請テ其ノ弁ヲ聞ベシ、身ニ悪威儀懈怠等ノ事ナク、口ニ譏謗《ソシル》ノ言ヲ吐カズ、意《ロ》ニ名聞ヲ欲ハズ利養ヲ思ハズ人ノ恭敬ヲ求メズ、三業清浄ニシテ唯人ヲシテ邪ヲ飜シテ正ニ帰セシメントシ、人ヲシテ法理ヲ解セシメントノミ欲シテ説法スベシ」（『法華秘略要妙』巻四）浄厳自身の講経は恐らくこのような態度で、民衆におもねることなく、博識をひけらかすことなく、大悲柔和の相に住して淡々と正法の理を説き続けたのであろう。

浄厳が最も力を入れたのは真言陀羅尼の普及である。真言密教の修法は三密修行といわれるように、口に真言を唱え、手に印契を結び、心を本尊と合一させる実践行である。真言を欠くと修法が成立しない。それだけでなく、諸尊の真言陀羅尼は阿字の一字に帰結する、その阿字が密教の根本思想だとする浄厳にあっては、真言陀羅尼の経軌に基づいた正しい読み方書き方、句義字義に通ずることがとりもなおさず密教の中心思想に通達する要件と考えられた。正しい真言教法の普及には真言陀羅尼の民衆化が必要であったわけである。

高野山を下りて始めての著述が『諸尊種子真言集』であり、以後、『普通真言蔵』『大随求陀羅尼経』『仏説大愛陀羅尼経』『瑜伽課誦』『朝昏課誦』『宝篋印陀羅尼経』などの編著が刊行される。いずれも、真言陀羅尼を梵書し、それに音写漢字をつけ、片仮名でルビを付し、時に句義を割註している。真言不訳、語義不知の相承が生きていた時代に浄厳は「若し纔《ワヅカ》にも其の義を解するときは或は信決定す、義を解せざるときは或は疑て決せざる者有り、故に之を飜ずるも亦宜なり」（『法華新註冠注略解』巻十二）と述べて、合理的な姿勢を表明した。

しかし、陀羅尼の字義句義に通ずるのは在家には困難である。そこで読誦書写が勧められ、或は梵書を護符として身につければ、罪障消滅、除災招福、未来成仏などの功徳があると説かれる。右の一連の陀羅尼開版に、多くの俗士女が助縁しているのはこのためである。

また、真言や諸尊の梵号などを書いた浄厳の墨跡を需める民衆には、真言何百遍かの日課を誓約せしめた上で、これを与えている（本書史料元禄七年条）のも民衆教化のためであろう。このような陀羅尼集には、日常の真言行に必要な真言陀羅尼が編集され、仮名が振られ、その出典まで明かされ、それが写本ではなく刊本としていつでも手に入るということは、専門の真言僧にとっては実に便利なものであったに違いない。現在でもこれと同巧異曲のものが数多く出版されている。と同時に、真言陀羅尼の鼓吹は、当時盛んな浄土念仏門に対抗して、民衆を真言門に引入するための易行の法門としての役割を果たしたものと思う。

浄厳は、真言陀羅尼を受持する前提条件として、出家は受明灌頂《じゅみょうかんじょう》、在家は結縁灌頂《けちえんかんじょう》に入壇することが必須であると考えていた。「若し斯等の真言を持誦せんと欲する者は必ず先づ阿闍梨の所に詣って曼荼羅に入り然る後に宜しく須らく受持すべし、切に忌しむ法則を愆《アヤマ》つこと勿れ」と『普通真言蔵』に述べられている。先受灌頂、次に真言受持という法則は、大日経疏、蘇呬《スキャ》耶経、略出念誦経などの経軌に典拠がある。

密教における灌頂の儀式は、インドの帝王の即位儀式を採用したもので、阿闍梨が弟子に密教の法門を印可伝授する時に行われる法儀である。経軌には多種の灌頂を説いているが、伝法、受明、結縁の三種が古来通用されている。この中、伝法灌頂の受者は密法相承の阿闍梨位を紹ぐに堪える法器に限られる。受明灌頂は、学法とか持明とかよばれるように、この灌頂に入壇して投花得仏し、得仏した一尊の印明を授かって以後、その尊の供養法を修学するのであるから、受者は出家に限られる。結縁灌頂だけが広く在家出家に開放されている。

そこで真言密教への初入門は、出家は受明、在家は結縁の曼荼羅に入壇するというのが、経軌の説に基づく浄厳の学究的な結論であった。ところが、空海大師の高足実慧以来、真言教団では、伝法と結縁の二灌頂だけが相伝され、初入門としての受明は行われなかった。それを水尾の玄静（天台系の密教者）作の灌頂式（真言宗全書二七所収）に準拠して受明灌頂の軌則を作り復活させたのが浄厳である。それで、伝統的な真言教団の学者、たとえば、高野山成蓮院の真源や、真別処の密門などは、浄厳は他門（天台宗）の持明灌頂を修して真言の古徳を軽蔑したといって批難するのであるが、逆に天台教団では、近世になって、浄厳と全く同じに水尾の灌頂式に拠って受明灌頂の古式が復興され、三井園城寺の敬光（一七四一—一七九五）は『山家学則』の中でそのことに言及して、浄厳を暗に高く評価しているのが面白い。

在家に開かれたはずの結縁灌頂も、本朝においては、古代中世を通じて、その道場は東寺、仁和寺など中央の大寺院に限られ、入壇の受者は権門勢家が中心で、人数もせいぜい百人前後であり、したがって初夜から後夜へかけて一夜限りに入壇させるのが古式であった。また、開壇の目的も古代では鎮護国家のため、中世になると権門のための追善仏事として行われることが多く、民衆を仏門に結縁させる意味は忘れられていた。

浄厳は、受明灌頂を復興したばかりでなく、結縁灌頂の民衆化にも期を画した感がある。結縁灌頂が地方寺院で盛行し、地方の民衆が多数参加するようになるのは、近世も浄厳以後のことである。

浄厳は、延宝四年、河内常楽寺で結縁を始行して以来元禄十五年で没するまでの二十六年間に、十七回開壇している。

その道場は、河内常楽寺二回、河内延命寺二回、河内教興寺一回、播州国分寺一回、讃岐聴徳庵一回、讃岐正覚院一回、淡路慈眼寺一回、備後西国寺一回、江戸放生寺一回、江戸霊雲寺五回、上州大染寺一回である。受者の総計を蓮体は行状記に、三十万四千五十五人と録している。多人数なため、一夜限りの古式を破って、三日、七日、十日など連日連夜入壇させている。元禄十年閏二月十九日、霊雲寺で開かれた結縁は、三月九日までの二十一日間続けられ、八万九千九百六十七人が入壇し、役人の僧俗二百余人と記録されている。

この年浄厳は、江戸近国の民衆の要請に応じて灌頂講を結成し、十五万余人の講衆を集めて隔年に灌頂を修することを恒規とした。社衆の長には浅草長嶋屋入交長左衛門を始め十二人の姓名が挙げられているが、恐らく富商富農であったろう。元禄十二年には、七間に九間の灌頂殿が霊雲寺に建立される。天保三年（一八三二）開版の『江戸名所図会』巻五に出す霊雲寺の見取図には、中央に灌頂堂を画き「隔年灌頂を行ふこと今に至ってたえず」と記されている。受明灌頂と結縁灌頂は、浄厳門流によって地方に伝播されてゆくのである。

授戒による教化も広く行われた。灌頂入壇の前には必ず、三昧耶戒《さんまやかい》といって真言独自の戒律を授ける。その外に在家には、三帰戒、五戒、八斎戒、菩薩戒が各地で授けられている。元禄四年正月、浄厳は上野州立石寺の請に赴き、凡そ六十六万九千人に三帰戒を授けたと行状記は録しているが、この厖大な数字は決して蓮体の創作ではなさそうである。元禄四年閏八月二十二日付宥算宛の消息（本書史料同年条）の中で「其已後化縁逐日多罷成、早春より上野へ赴、受法之僧俗合六十六万人許御座候」と浄厳自らが書き送っているからである。

また、菩薩戒は僧俗一貫に授けられる。授戒前に梵網経を講じて、五十八戒の中の重要な項目を説明し、戒律護持を民衆に勧める。講経だけが行われることもある。この教化方法を浄厳は西大寺叡尊から学んでいるのである。

叡尊興正菩薩は、招提寺大悲菩薩と並ぶ鎌倉期興律の第一人者であり、殊に叡尊は、梵網菩薩戒を講授して盛んに民衆を摂化したことが、自伝である『感身学生記』によって明らかにされている。浄厳の戒律思想は叡尊のそれと異なったものになってゆくが、最初、持戒を発心した時には、西大寺派の戒儀に従って菩薩戒を受け、自誓受戒して比丘となっている。

また、浄厳が復興した教興寺は、叡尊中興の律院であり、浄厳はその功で西大寺衆分に加えられた。今でも西大寺に祭祀されて霊験掲焉《けってん》の評判高い愛染明王の尊像は、その昔叡尊が開眼したもので、この像を浄厳は、元禄十四年に、模刻して霊雲寺に安置することを発願している。また、浄厳自筆の『因縁先霊名』（本書史料寛永十六年条）には、南山道宣、霊芝元照と共に「扶桑中興興正菩薩」と列名し、戒律中興の祖として常に尊崇していたことを示している。戒律による民衆教化は、範を叡尊に求めたと考えて間違いない。この点は、十善戒によって民衆教化をした慈雲と違っている。

仏教の経論は、現世利益のための祈禱に使われたり、葬式や追善回向の儀礼に用いられることは現代に至るまで変りはないが、そこに説かれている仏教思想が、真に民衆に受容されるためには、民衆にわかり易いことばで書かれることが必要である。仏教思想を民衆化する目的で仮名がきされた仏教書は、仮名法語とよばれている。

この分野でも浄厳は、近世における先覚者である。浄厳は、真言密教思想を民衆化するために、『弁惑指南』『光明真言観誦要門』『法華秘略要妙』など多くの仮名書き仏教書を刊行した。前二書は、真言教法の根本思想を体系的に説いた仏教書であり、後書は、法華経の各品の大意、語句釈を、天台教学によって述べながら、随処に自己の密教的見解を挿入し、全体として真言密教の根本思想を平易に説いた秀れた仮名法語である。

この『弁惑指南』に対して曹洞宗の学僧玄光が『弁々惑指南』という漢文体の反論書を著し、その中で、仮名がきは真字の一義を表すのに多字を用いなければならないから紙墨の費であると述べている。この玄光の書を、真言の立場から更に反破した高野山の学僧寂本の『弁々惑通衡』上巻には、『弁惑指南』を評して五惜を数え、その一に、秘密教を仮名によって俗人に説くのは宗学を浅くするものであるという欠点が挙げられている。このように、体系的な宗学の専門書を、仮名がきにして衆目にさらすことには、当時の仏教界には大きい反撥があったのであり、前に触れた秘密儀軌の刊行に投げかけられた疑問と同じものである。このような仏教界の旧態の中で、浄厳が本格的な仮名法語を刊行したことは高く評価されてよい。

仮名法語は、天台宗の慧心僧都源信（九四二―一〇一七）の書いた『横川法語』が最初だといわれる。それ以後鎌倉時代にかけて多くの仮名法語が著されるが、真言教団の中で、浄厳以前に書かれたものは、覚海（一一四二―一二二三）の『覚海法橋法語』道範（一一七八―一二五二）の『道範消息』覚済（一二二七―一三〇三）の『迷悟鈔』知道（弘安年間）の『仏法夢物語』我宝（―一三一七）の『密教修行念誦作法』北畠親房（一二九三―一三五四）の『真言内証義』で、浄厳と同期の木食以空（一六三六―一七一九）に『玉かがみ』と『窕誓《チョウセイ》伝』があるくらいである。浄厳以後には、門弟蓮体を始め、豊山の法住、周海、福王寺の学如、高貴寺の慈雲などによって多くの仮名法語が書かれる。

殊に蓮体（一六六三―一七二六）は近世屈指の民衆仏教家で、秀れた仮名法語や仏教説話書を数多く刊行し、真言念仏を唱導して民衆を教化した。そのはっと目をみはるほど民衆的な片言隻句も、よくしらべると師浄厳の著作の中に既にその片鱗を見ることがある。蓮体は師の民衆仏教家としての一面をより多く継承した門弟であり、これに対して、霊雲寺第二世となった慧光（一六六六―一七三四）は、師の学究的一面をより強く承けているように私は考えている。

河内地方の一農村出身の浄厳が、真言教法を自由な精神を以て研究し、既成の権威を離れて自由な立場で弘通することができたのは、その非凡な才能によることではあるが、根底には多くの民衆の支えがあったものと思われる。

高野山を離山した浄厳は、両親の俗舎に如晦庵を結んで住し、ここを足場に周辺の農村に教化活動を展開する。父道雲が、俗宅を寺に改変して興法利生の道場にしたいという念願を、浄厳の少年期より抱いていたことは、道雲自筆の願文

（行状記に収録）によって知られている。父の希望通りに、如睡庵を延命寺へと浄厳は変えて行く。この辺の事情から、離山当時の浄厳を経済的に支えていたのは、両親や兄玄沢（蓮体の父）叔父良信らのように思える。

離山から八年経った延宝七年に開版した『大随求・大愛陀羅尼経』には、（本書史料延宝六年条）讃州塩飽島の島民の名が助縁者として挙げられている。僧七人と士女八十三人である。この中には権兵衛、五左衛門、伝介などの大船商の名もみえる。

延宝八年開版された『普通真言蔵』に付された助縁名簿（本書史料同年条）には、泉州、河内の住民と、ごく一部ではあるが、大坂、堺の住民名が挙げられ、僧士女合計千四十二人を数えることができる。

元禄元年から五年の間に開版された『瑜伽課誦』（本書史料元禄元年条）には、摂州大坂の中筋氏次右衛門が銀十両を施銀し、外に十三人が各十錢づつ出している。

このような史料より、浄厳の真言教法の弘通には、摂河泉や讃岐塩飽島の民衆が経済的に大きな援助をしていたことが実証される。民衆といっても農漁民ばかりでなく、大坂の商人や塩飽島の大船商、それに地方寺院の僧の協力も含めてである。

蓮体自筆の『費財録』（一冊・河内地蔵寺蔵）の収入の部をみると、宝永二年（一七〇五）―正徳六年（一七一六）の間に得た各地の収入が記録されている。淡州、讃州高松、阿州徳島、伊予、浪速、泉州万町村、備後福山が記され、中でも高松と徳島と泉州の収入が大きい。この『費財録』を、同じく蓮体自筆の『授印可灌頂等記録』二冊、『地蔵寺雑録』一冊（共に地蔵寺蔵、蓮体の講経授戒灌頂などの記録）とつき合わせると、これらの収入は、その地方に巡錫して講経、授戒、授印真言などを行って民衆を摂化した際の財施であったことが判る。蓮体は師浄厳の生前中から関西における教田を継承していた人である。このうち、伊予と徳島は直接に浄厳の教化の及ばなかった所であるが、その他の地方については浄厳にもあてはまるようである。

浄厳が教興寺を再興できたのは、塩飽島の船商と高松の町衆の援助によったことは、長徳院方丈宛の書翰二通（本書史料天和三年条）から推論される。この中で浄厳は、瓦六万枚の寄進の斡旋を長徳院宥誉に頼みこんでいる。勿論、高松城主松平頼重の援助が大きかったことと思う。しかし、頼重が浄厳を高松に招いて法華を講ぜしめたのは、善通寺での浄厳の講経や雨乞い祈禱の法験が民衆の評判となった時点で、為政者としてその世評を無視できなくなったとも解されよう。浄厳は貞享元年、教興寺地免除の黒印を受け取るために江戸に下向したことになっているが、これは一機縁に過ぎない。関西の民衆間に高まった世評が、浄厳下向の以前に既に関東に流れていたのである。でなければ、江戸到着後日をおくことなく、待たれたように講経や授戒が行われる筈がなかろう。関西の民衆が、浄厳を江戸の地に押し出したものといえる。

江戸における民衆の支援が関西に劣らないものであったことは、先の消息に表われていたように、一期間に六十六万人もの民衆動員ができたことより容易に推測できる。このような熱気が為政者を動かし、幕府による霊雲寺創建に連なってゆく。

このように多くの民衆が浄厳に帰依した理由は何であったか。持戒の清僧への信頼であったと思われる。『法華秘略要妙』巻十の中で浄厳は、末世の僧徒が無戒にして正法興隆の念を持たず、仏法を活命の因縁とするだけでなく、名聞利養を求めて権門に膝を屈する態度を厳しく批判し、無戒は在俗の侮蔑を招くと誡めている。民衆の信頼を得るためには、持戒が必要であることを浄厳は内省しているのである。また、『妙極堂教誡』で門徒に説諭したことばや、平生雅訓として伝えられている横顔は、常に戒律の定に従って錦繡の衣は用いず、質素な木綿、紙子の衣を着け、持斎《じさい》（正午を過ぎると食事をしない戒律）を守って而も美味を避け、謙遜を第一として士農工商を差別せず迎送は慇懃丁寧であったが、大名や富貴人には却て迎送の儀を軽くし、へつらい利養を求める態度がなかった。霊雲寺を大僧正に補したいが、さだめて本人の望みではあるまいからと、綱吉がその贈与を控えたという話が伝えられている。ここには、律僧の反権的な姿勢をみることができる。戒律に拠って世俗を超えた浄厳は、却って民衆寄りの人物となっている。

しかし、内省的反権的な態度以上に、より民衆の信頼帰依をかきたてたものは、浄厳の法力霊験への期待であったと思われる。民衆は常に修法の効験を求めている。殊に江戸時代には上下社会共に祈禱が盛行し、福神信仰、祟り神信仰、流行神などが流行したように、神仏の霊験奇瑞、陀羅尼、念仏、題目、経典の現世利益的呪術的効験への期待が切実であった。後述する如く、破戒の真言行者の修法には、効験の得られないことを知っていた浄厳は、持戒の清僧として雨乞い祈禱を行い、治病除災の法を修した。このような律僧浄厳の法験に民衆はより大きい期待をよせたのであるが、このような浄厳の法力をさらに広く民衆に宣伝し、浄厳の霊異像を作り上げていったのが蓮体である。

『浄厳大和尚行状記』には浄厳を弘法大師の再来だとする噂が、幼少時より村民の間にあったという。七歳の時、家僕喜八が再来を託宣している。貞享元年、浄厳の東都行の朝、瑞雲三道が東向するのを喜八が見て東都における興法利生の前兆だと語っている。また、江戸の僧吽声が、浄厳は今大師であると夢告された話、南蔵院主及び僧希勤も同じ夢告を受けた話が貞享元年二年条に記されている。元禄四年条には、僧良清が浄厳を謗じて現罰を受けた話が語られている。

このような大師再来説話は、行状記の作者蓮体の作為ではない。それは、元禄五年刊行された曹洞宗玄光の『弁々惑指南』に「彼の師、福報有り、四五歳之日、弘法大師再生之称を得、是の故に聖跡を巡礼して高野山に上る者は、必ず先づ金錢を擲って此人を礼拝す」と書かれているからである。元禄五年は浄厳存命中であり、行状記はまだ書かれていない。今大師の説話は存命中から民間に流布していたことになる。

家僕喜八の託宣といい、瑞雲の前兆といい、この霊異に直接関係するのはいつも浄厳の両親、兄玄沢、姉妙香、叔父良信、家僕喜八などの近親者である。浄厳の大師再来説話は、近親者の間で、その幼時から醸し出され、これらの近親者は、少年浄厳の将来に、真言密教の祖弘法大師のような高僧の再来を、切実に期待していたのだと思う。この期待を更に一層増幅して、新しい説話を加え、広く民衆に語ったのが蓮体である。

蓮体が貞享五年に開版した『真言開庫集』には、浄厳開壇の結縁灌頂にまつわる因縁譚が三話のっている。行状記は、この三話を再録し更に三話の灌頂霊験説話を加えている。蓮体は早く浄厳存命中からその民衆教化に随侍し、師の法力霊験を平易に民衆に語っていたのである。それが没後に書かれた行状記の中に結集しているのである。

浄厳は生涯に、請雨、除災、除病などの祈禱をしばしば行っており、その効験のあったことを自ら記してもいるが、その霊験を民衆の嗜好に合わせて説話化したのが蓮体である。蓮体は結縁灌頂の功徳として、現世利益、来世成仏、名代入壇による亡者得脱などを語り、更に葬送儀礼にまで結びつけてその功徳を説いている。

授戒、授真言、灌頂などの真言教法の弘通に際して、民衆の嗜好に合わせて呪術化し宗教儀礼化する一方、浄厳の霊異像を作り上げた蓮体の努力は—その評価は別にして—もしその努力がなければ、浄厳の教化が果たして何十万もの民衆に受容されたかどうかわからないのである。

真言律教団の樹立

単に真言教法への好学心、律院生活への厭世的逃避が望みであるなら、ことさらに新教団は必要でなく既成の枠内に止まったはずであるが、正しい真言教法を再興し、実践し、それを用いて民衆救済の行動を起こし、一方、このような興法利生の活動を永続させるための後継者の養成を計るためにも、教団が必要になってくる。その教団の正しい在り方として、真言律教団という構想が浄厳の心底に湧き上る。

寛文十一年に離山した浄厳は、翌々年の延宝元年に、神鳳寺快円を拝して菩薩戒を受け、次いで四年には自誓受戒して比丘となっていることは、持律が離山の原因の一であったことを推測させる。

持律を発願した理由として次の事が考えられる。

一、当時、儒学者を中心に廃仏論が起り、仏徒の堕落が批難されていた。その内省的な対応として、仏教界の中に興律運動が起り、既に京都槇尾の僧坊、河内野中寺の僧坊が設立され、高野山真別処が律院化されていた。浄厳下山直後の寛文十二年に、泉州大鳥の僧坊が快円によって設立されている。近世初期の興律運動はこのように畿内に展開されており、教界俗界の関心事となりつつあった。中期になると浄土律、禅律、天台律などと称し各宗団に律匠が輩出してくる。浄厳はこの気運に同調したといえる。

二、仏教は戒定慧の三学に尽くされ、その中戒律は諸宗諸仏徒の通法であり第一前提であると自覚したことは『真言律注進記』の中で述べられている。

三、真言密教の修法観法は、持戒でないと効験が期待されない。そこで大日経、蘇悉地経などの密教経典には持戒が強調されているし、空海大師の遺誡にも顕密二戒堅固受持と示されている。と浄厳は『妙極堂教誡』や『真言律注進記』の中で指摘している。

この中、二と三の理由は西大寺叡尊が『感身学生記』で述べていることである。叡尊は三十四歳の時、大日経巻二の「不惜身命四重禁戒を護持すべき」文、同疏第九の「此の四戒は真言乗の命根、亦是正法の命根」の文、及び弘法大師遺誡の「顕密二戒堅固受持、もし犯すれば非仏弟子、非我弟子、魔党と名づく」の文証により、禁戒を護持し律儀を随行しなければ、密法の功徳は成就しないことを覚ったという。（西大寺叡尊伝記集成三頁、七〜九頁）密法成就の必須前提として戒律の再興を志した叡尊の立場は、鑑真に由来する南都戒の再興を悲願した唐招提寺覚盛とは、その動機において対照的である。浄厳は叡尊のこの思想を継承しているのである。

当時、設立されていた槇尾、野中寺、神鳳寺の三僧坊、それに真別処円通寺の律院は、いずれも槇尾明忍によって再興された律宗の系統に属し、真言を兼学しているので、世間では真言律とよんでいたけれども、その戒律思想はあくまで律為本で、真言は従属の立場におかれていた。浄厳の戒律思想は、真言が為本で、密法実践の前提としてのみ戒律が必須であった。したがって無戒の真言教団は排する所であるが、従前の律宗系律院もまた、浄厳の意に添わなかった。そこで、最初自らの受戒は、律宗西大寺派の軌則によったが、律宗のどの僧坊律院にも属す意志はなかったようである。その証拠に、近くに泉州大鳥の僧坊があり、尊敬する真政律師が止住していたのに、浄厳はそこで受戒せず、近くに高山寺を開いて自誓受戒しているのである。以後、門流に授戒する時には、西大寺派の戒儀を用いないで、密教色の強い自撰の戒儀を用いている。

したがって、延宝二年に蓮体が最初の門弟として入室してより、四年には希勤、慧光の二人が入室し、直系の門弟でなくともその徳望を慕って集まる門徒が増加してきた時、自己の理想実現には、真言為本の律院の設立が要請される。延宝五年、父の俗宅を提供されて開創した延命寺は正にそのような要請に応じたものである。

しかし延命寺の境内並に山林田畑を領主本多忠恒より寄付されたのが元禄九年であり、本堂が落成したのが実に元禄十三年で、既に浄厳は霊雲寺の経営に当たっており、延命寺は蓮体、祥光らが事を幹している。食堂衆寮は、延宝五年にできていたから、関西における浄厳教団は、最初の内は延命寺を根本道場として行動するが、何分にも小規模であり、浄厳の理想実現には不充分であった。

そこに河内教興寺の経営に乗り出す必然性がでてくる。教興寺は西大寺末の律院で、当時衰退こそしていたが、且ては聖徳太子開創の大伽藍で興正菩薩が戒律の道場とした由緒があった。延宝七年浄厳は、これを尊学忍空より譲り受け、苦心経営して貞享元年には五間四面の祖師堂を再建し、元禄元年には六間十一間半重層の大殿を再建し、名実共に関西での根本道場とした。

この浄厳教団の守るべき規範として作られたのが、延命寺規矩と獅子吼山（教興寺）規矩、及び妙極堂教誡で、後に霊雲寺清規が作られる。これらの僧制を、律宗系僧坊の僧制と比較すると、真言為本の精神で貫かれた密教色の濃い教団規範であることが判る。

戒律護持の真言教団という構想は、延命寺から教興寺へと発展し、東都霊雲寺の開創によって完結する。霊雲寺の創建に着手した元禄四年の閏八月二十二日付宥算宛消息（本書史料同年条）で浄厳はこの創建に触れ、「八月末ニ新ニ寺地拝領、如法之本寺興起仕大悦存候」と伝えた。元禄七年、霊雲寺は関八州真言律本寺に補せられるが、その時幕府の下問に対して真言律の名称宗義について答申した『真言律注進記』の中で、真言律こそ如法の真言宗であり、霊雲寺は「イツマデモ如法ノ真言宗ト存ジ罷在候」と浄厳は述べている。即ち、如法の本寺とは戒律護持の真言教団の樹立を意味している。関西における延命寺は仁和寺の末寺であり、教興寺は西大寺の末寺であって、真言為本の律院ではあっても本寺ではない。霊雲寺に至って始めて、真言律院を末寺に持った真言律教団が樹立されたわけで、「大悦存候」と述べたゆえんでもある。

西大寺叡尊は、真言宗の出身で、律宗を再興したので、後世、真言律の祖のようにいわれる。しかし、西大寺は近世も宝暦の頃までは律宗西大寺派と記録され、招提寺派、戒壇院派、泉涌寺派と並び律宗四ヶ本山の一であった。叡尊は、律法密教を共に興隆したけれども、その律法は法相戒観に基づくものである。この意味で、密教的な戒律思想を展開するのは浄厳が始祖なのである。浄厳になって始めて、真言と律とが思想的に融合され、戒儀、戒体論、梵網経解釈、僧制などすべてが密教思想によって色づけされる。真言律宗という名称は、浄厳教団に最もふさわしいものであった。ところが当時、律為本真言兼学の寺院を世間では真言律とよんでいた。一方、既成の真言教団は無戒であった。そこで浄厳はこの世称と区別するために「イツマデモ如法ノ真言宗」であると述べて真言為本の持律教団であることを強調せねばならなかったのである。

しかし、宝暦頃になると、西大寺派律院は思想的にも真言宗化して、自ら真言律宗と称し始める。この頃になって霊雲寺教団は他派の真言律と区別するために、如法ノ真言宗という浄厳の言を転化して、如法真言律宗という名称を用いだしたのではないかと私は推測している。しかし公式には、霊雲寺は後世まで、真言律宗と記録されている。

霊雲寺は創立の当初から、真言律教団の本寺という性格と同時に幕府の祈願所としての性格が付与されていた。むしろ後者の性格のために、寺領を始め祈禱料などの給付があったのである。

幕府の祈願寺としての霊雲寺住職は、正五九月三長斎月の国禱を始め、将軍の長日祈禱、地震雷など天変地異攘災祈禱、鶴姫（綱吉の女、紀州綱教の妻）の安産、除病祈禱などを行う義務が生ずる。それに柳沢吉保を始め幕閣の祈禱なども頼まれる。

平安時代には、秘法を修して天皇の玉体を朝夕に護持し奉る僧を「護持僧」と称し、かつては最澄、空海もこれに補せられたといわれる。（林亮勝・護持僧考・密教学研究創刊号）護持僧と称することはできなくとも、浄厳の祈禱僧としての立場は「護持僧的」であったといえる。当時浄厳と共にこの立場にあった僧には、護持院、護国寺、覚王院、根生院、仏頂院、智宝庵、観理院などが挙げられ、護持院隆光が最も、綱吉の信任を得ていた。これらの僧は、祈禱にたずさわるばかりでなく、綱吉の易講には常に招かれて聴聞せしめられ、幕閣と共に公式の場にも出なければならない。祈願寺住職としての浄厳にはこのような公務が多忙を極めている。それに関八州真言律本寺という格式もまた、僧録司としての公的なものである。

浄厳は霊雲寺を経営すること十年に及んで、真言律教団樹立という興法利生の誓願をほぼ実現することができたが、その頃老和尚の心身には石のように重い疲労が覆いかぶさっていたようである。

幕府の祈願所、本寺という格式と権威の重圧の下で、浄厳の脳裏を次第に大きく占めていったのは、故郷の安らぎへの回想であり、地方の一小律院延命寺の無官の自由への愛惜であったはずである。元禄十三年十月二十三日付妙法寺如海宛消息（本書史料同年条）には次のように書かれている。

願クハ愚老早ク退隠仕、延命へ参度候へとも、定而左様ニハ難成候んと存候、当度出羽殿（柳沢吉保）病気祈禱之時も、慭《ナマジイ》ニ霊験速ニ候故、愈退隠可難成と存候、乍去、公儀首尾好候へハ為法宜候故、大慶ニてハ御座候、為身ニハ迷惑ニ而候

その危惧の通り退隠の望が叶えられないままに、多忙な生涯を閉じている。

年譜史料

凡例

一、本年譜史料は、蓮体録の『浄厳大和尚行状記』、慧曦編『妙極堂遺稿』、上田霊城編『延命寺相承安流聖教奥書集』を本とし、その他利用しうる限りの浄厳関係史料を援用して作製した。

二、浄厳和尚に関する事蹟の大要を綱文を付して示し、その史実を年代順に配列した。

三、史料は〔 〕で示し、その下に著編者、作年代、刊本写本の別、巻数、所在等を記した。

四、現在散佚せる史料であっても、『霊雲叢書解題』（大正五年・行武善胤著）に収録されているものは、これを転用した。

五、本書に収録した史料の記載個所は「↓二五頁上三行」の如くに掲示し、頻度数の多い聖教奥書についてはNo.5の如く、整理番号を表示した。

六、編者による解説文はすべて○を冠し、編者による記入にはすべて（ ）を施して原文と区別した。

七、史料の引用文は、原則として原文のままとした。また、頻出する史料名は次の如く略号を用いて示した。

〔行状記〕↓蓮体・元禄十五年録『浄厳大和尚行状記』写二巻・本書収録

〔遺稿〕↓慧曦・正徳五年編『妙極堂遺稿』写七巻・千葉県霊光寺蔵

〔聖教奥書〕↓上田霊城・昭和四十七年編『延命寺相承安流聖教奥書集』本書収録

〔因縁先霊名〕↓浄厳筆『宗脈聖名先徳霊名開山大和尚因縁先霊名』一軸タテ九八ヨコ四一センチメートル河内延命寺蔵

〔希勤墓誌〕↓浄厳・天和二年撰『阿闍梨希勤墓誌』行状記天和元年条所収

〔檗版校本〕↓『黄檗版秘密儀軌浄厳校訂本』河内延命寺蔵。同種校本は転写されて流布し、その一本が大日本校訂縮刷大蔵経（閏一〜十五）に「霊雲寺校本」と称して用いられているが、延命寺本に比してかなり出没がある。よって大蔵経収録分については（縮蔵閏一・三丁右）の如くに区別した。

〔契沖儀軌奥書〕↓『生駒宝山寺蔵契沖書写儀軌奥書集』昭和二年編・契沖全集第九巻所収

〔高野春秋〕↓『高野春秋編年輯録』大日本仏教全書巻一三一所収

寛永十六年己卯（一六三九）一歳

十一月二十三日　河内国錦部郡鬼住《おにしみ》村（小西見村とも記す、現在河内長野市神ヶ丘）に生まる、上田道雲を父とし、同村の妙忍を母として、三男四女の末子なり

〔行状記〕寛永十六年条↓一八三頁上一行〜

○『行状記』には父は此処の莊官、母は秦氏と記されているが、鬼住村古文書の内慶安三年（一六五〇）付、地下中相定申証文之事には、庄屋、庄左衛門、年寄、与左衛門などとあり、山論本紙絵図の裏書（天和三年〈一六八三〉付）には鬼住村古庄屋、庄左衛門、新庄屋、喜左衛門、年寄、杢右衛門、九左衛門、三郎兵衛とあり、又、鬼住地蔵講文書の内延宝六年（一六七八）付、指入申一札之事には証人として鬼住村庄屋、庄左衛門の名が見える。浄厳の父道雲がこれら村役人の一人であったという資料は発見できない。又、鬼住村古文書中に、秦氏姓はない。

〔聖教奥書〕No. 275

〔因縁先霊名〕

浄通　□□□□（寛永十五年戊）寅十一月廿九日

妙通　慶安二年己丑九月十六日

宗玄　寛文元年辛丑正月十四日

妙西　慶安元年戊子四月七日

瑞峰道雲　寛文十一年庚戌（ママ）九月廿九日　慈父七十二

安甕妙忍　天和二年壬戌六月廿六日　悲母八十一

妙忍伯母　九月十日

妙意伯母　慶安元年八月十九日

妙雲伯母　寛文元年五月十九日

妙円伯母　□（三）月卅□（日）

良信近士　延宝七年己未三月廿六日

了慶尼長野　延宝六年戊午正月十七日

貞心姉　承応三年九月十二日

清心姉　寛永十六年三月三日

妙寿姉　寛永九年三月廿二日

浄鏡道清兄　寛文十一年辛亥十一月廿日四十二

宗悦清水喜兵衛　延宝五年丁巳□（十）月十日

妙慶清水宗悦室　二（ママ）月十□（三）日

妙清道清室　延宝八年庚申十月廿九日
妙性宗悦後室　延宝五年丁巳十二月廿四日
妙意本浄母　延宝五年丁巳六月廿二日

○『宗脈聖名先徳霊名開山大和尚因縁先霊名』という表題は、延命寺第十世海眼（―一八四六）が表装した際につけたものであるが、内容を適確に表現したものである。本紙上段中央にバン字を梵書して大日如来を表し、左右に真言宗の八祖を列名し、それより下段に向かって、浄厳自身に連なる安祥寺流の血脈上の先徳名、南山、霊芝、興正など律匠の霊名を連ね、更に当代浄厳に直接有縁の師弟や知友霊名を書く。最後に浄厳の俗縁過去名を列記して終わっている。その最も新しい霊名が「浄因尼大坂 天和三癸亥八月卅日」であることからみて、天和三年（一六八三）四十五歳のこの頃にまとめられたものと思われる。翌貞享元年十月、浄厳は江戸に出、それより没年に至る十八、九年間は殆ど江戸中心に教化伝法の活動が展開される。関西時代がまさに終わろうとしている時期にこの因縁先霊名を書き残されたことは、奇しき因縁を感じさせる。

〔延命寺過去帳〕（題辞天和二年浄厳自筆・河内延命寺旧蔵）

浄通開山和尚祖父　寛永十五年十一月二十九日
妙通浄厳和尚祖母　慶安二年九月十六日
宗玄禅門浄厳和尚外祖父　寛文元辛丑正月十四日
九十六歳
妙西浄厳和尚外祖母　慶安元戊子四月七日　七十九歳
瑞峰道雲禅定門開山和尚厳父 本浄祖父　寛文十一年辛亥
九月二十九日　七十二歳
安壑妙忍近住尼開山和尚悲母 本浄祖母　天和二年壬戌
六月二十六日　八十一歳
妙忍浄厳伯母　九月十日
妙意尼開山伯母　慶安二年己丑八月十九日
妙雲尼開山伯母　寛文元年辛丑五月十九日
妙円禅尼開山伯母　三月三十日
良信近士浄厳和尚叔父　延宝七年己未三月二十六日
了慶尼浄厳和尚叔母長野清心尼 祖母坂井五郎兵衛祖母　延宝六戊午正月十七日
徳性宗園浄厳和尚叔父 茱萸木智円尼父　元禄九年丙午正月十四日
妙寿浄厳和尚姉　寛永九年三月二十二日

清心童女浄厳和尚之姉　寛永十六己卯三月三日
貞心浄厳和尚之姉 慈宣祖母　承応三年九月十二日
玄沢良遍禅門浄厳和尚俗兄 本浄ヵ厳父　元禄三年庚午五月十四日
　六十五歳
道清信士開山家兄 本浄伯父　一瑗父　寛文十一年辛亥十一月
　二十日　四十二歳
浄厳大和尚江戸霊雲寺開基 当寺開山 字覚彦　元禄十五年壬午六月
　二十七日　世寿六十四法臘二十七夏
妙香開山姉 本浄叔母　享保三年戊戌四月十三日
妙清一瑗悲母　延宝八年庚申十月二十九日
道雲本浄従弟 一瑗舎兄　元禄二年正月二十四日
宗悦信士本浄祖父　延宝五年十月十日
妙慶信女本浄祖母　八月十三日
覚月妙意本浄母　延宝五年丁巳六月二十二日
妙性清水宗悦後室　延宝五年丁巳十二月二十四日
妙玄信女本浄後母　元禄十二年九月二十五日
自照童子本浄弟　元禄五年七月二日
常室貞寿尼本浄姉　元禄九年丙子八月三日

清真童女本浄妹　寛文十二年壬子正月十九日
盛舜禅門旭峰祖父 本浄叔父　元禄七年十一月二日
證心近住尼本浄伯母　宝永六己丑年七月二十二日

○延命寺旧蔵過去帳（昭和四十四年焼失）は天和二年（一六八二）浄厳が題辞を撰書し、本浄蓮体（延命寺第二世）筆で霊名を記入していた（蓮体隠退後は後人の筆で追記されていることはいうまでもない）。このことは浄厳を和尚或は開山と敬称し、本浄と自称していることからも証される。この過去帖及び浄厳自筆の因縁先霊名によって判断する時には、妙寿、清心、貞心、妙香の四姉と玄沢（清水村喜兵衛の女妙意の婿養子となり本浄蓮体を生む）道清（生家を継ぐ）の二兄の末に浄厳が誕生していることになる。ところが、『霊雲叢書解題』中の略伝には、「五男五女有り、和尚は其の第九子に当り」とされ、右の七子の外に良清公（寛文十一年秋九月□日没）、盛舜禅門、如真證心近住尼の三子が挙げられている。良清は因縁先霊名にも過去帖にも記されていない。行状記寛文十一年条には「同九月廿九日、父道雲逝去、家兄道清尋テ卒ス」と録されている。九月父の死に次いで同年十一月兄道清の早世したことは過去帖と先霊名によっても裏付けされる。この記録を、光道撰『浄厳大和尚年譜艸稿』寛文十一年条には「秋九月厳父道雲家兄良清尋逝」と道清を良清と誤記している。解題中の略伝はこの誤記を信用したため、道清の外に良清公なる人物を浄厳の兄として作り上げる結果となったと思われる。その場合没年不明のため、年譜草稿より推論して、寛文十一年秋九月□日没とされたのである。又、盛舜は本浄叔父、證心は本浄伯母と夫々過去帖に記入があるので、解題の著者はこれに基づいて、この二人を浄厳の兄妹とされたようであるが、本浄の叔父伯母は必ずしも本浄の父玄沢の兄妹とは限らない、母方の兄妹であってもよいわけである。過去帖を検討すれば、道清信士開山家兄本浄伯父の如く書かれる筈である。従って本書に於ては七子に改めることにした。

正保三年丙戌（一六四六）　八歳

是頃　幼少より空経と自称し、読書や書を好む、伊勢の文性房亮典、一夏鬼住村に留錫し、詩を空経に贈ってその秀才を賛嘆す

〔行状記〕四歳〜八歳条↓一八三頁下八行〜一八五頁下六行〜

〔勢州真常院沙門亮典伝〕（本朝高僧伝巻十八）

釈亮典字文性（中略）慶長丁未四月幾望生（中略）十二入二郡之建国寺一剃髪、（中略）十三随二憲式一学二真言教一、（中略）十七去登二金剛峰寺一、軒二昂論席一、蚤発二喧名一、掛二錫洛之智積一、謁二日誉元寿僧正一、聞二根嶺之秘奥一、（中略）独尚二質素一、包笠芒鞋遊二遍四方一、（中略）承応壬辰謁二心蓮院宥嵓僧正一、引入二曼荼羅場一、授二与広沢秘流一、寓二密乗院一会レ病不レ起、八月十二日右脇而寂、歳四十六臘二十六、

是歳初めて高野山に上り伽藍を参拝す

〔行状記〕正保三年条↓一八六頁上三行〜

慶安元年戊子（一六四八）　十歳

是歳　高野山悉地院雲雪（前検校法印）を師として剃髪し覚彦雲農と称す、後に焉求山人、虚白子、無等子、三等子、妙極堂などと号す

〔行状記〕慶安元年条↓一八六頁上六行〜

〔遺稿〕巻一承応元年条　呈庵室大和上翰

空経　百拝謹白、嚮年二五之頃、投乎悉地院主、而祝髪受具焉、

○『妙極堂遺稿』は千葉県姉崎町霊光寺に写本七冊が現存する。正徳五年十二月（一七一五）に門弟慧曦（霊雲寺第三世）らによって年次順に編集された浄厳の遺稿集である。

行武氏の『霊雲叢書解題』（三七頁）によれば、和尚真蹟の文集は、初期のものを『滑稽集』と呼び後に『虚斎漫稿』（写七）、又は『虚白道人集』と称していたようであるが現在は散佚して存しない。しかし和尚の真蹟を底本にして遺稿が編集されていることは奥書よりみて明らかである。従って浄厳の伝記史料としては欠くことのできない極めて重要な価値を持っている。

遺稿には詩、文、銘、賛、縁起等の作品を含むが、蓮体の『浄厳大和尚行状記』を始め諸伝記類に記載された事項を本遺稿によって実証することができるだけではなく、伝記類に見られない浄厳の生涯がしばしば語られている。殊に少青年時代の伝記の欠落をある程度補強することができる。又、多少の潤色はあるとはいえ、詩文の中に人間浄厳の素顔を窺う興味もある。浄厳和尚はその生存中より弘法大師の再来と風評されていたが、師の思想なり行動なりが大師に傾倒していた点からみて決して不当な風評ではない。大師の没後、その詩文が、門弟真済によって十巻にまとめられ『性霊集』と名付けて伝えられた。今又、浄厳の詩文が門弟によつて編集されたことは、大師再来の信仰が霊雲門下に根づきつつあつたことを示している。

妙極堂遺稿叙の冒頭に「夫陶二冶性霊一吐二露情実一云々」と慧曦が述べているのは恐らく『性霊集』をふまえての修辞であろうと思われる。

遺稿全文の収録は紙数の都合でこの度は見送らざるを得なかったが、年譜に必要な個所は本書に利用させて頂いた。次に遺稿の構成を挙げておく。

妙極堂遺稿叙

夫陶二冶性霊一、吐二露情実一、窮二古今之変一、尽《スコトハ》二人物之奥一、乃莫レ若《クハ》二於詩文一、是以及《テハ》二其至妙一也、則動二天地一感《セシム》二鬼神一、文之徳大也哉、雖レ然其学《フコト》之難《ク》、而成《ルコト》之少《シテ》、而得《ルコト》二於至妙一也、復弥稀矣《ナリ》、開山和上、幼出二俗累一、早入二密門一、修二習瑜伽一、遵二奉戒儀一、専務二弘通一、不レ屑二斯事一、雅《ツネニ》言、予嘗

見二文人詩僧一、日夜耽著《シ》、推敲琢磨《シテ》多廃二道業一、而謂《フ》、詩《ヤ》也禅《ヤ》也至二其悟入一則一、且文与レ道自一貫《スト》焉、噫淳源難レ尋、弊風易レ起、寧《ロ》与《リハ》レ悟《ン》レ詩《ヲ》孰二若《レ》悟レ禅、寧《ロ》与《リハ》レ学レ文孰二若《レ》学レ道、予非レ不レ好レ文、欲レ不レ忘二其本一也、誠夫文《レ》二於《ニシ》実相一、詩《ニスルハ》二於静慮一、則妙中之妙、味外之味、自レ非二生知一恐《クハ》不レ易レ到焉、和上大凡《ソ》為《リ》レ詩為《ル》レ文、、不レ用二工夫一不レ藉二鍛錬一、所レ遇《ニシテ》即作、任レ筆乃写、所以有下其精麁巧拙不二相類一者上、今所二集録一詩文若干篇、縦無《モ》二雄壮古雅之趣一一字一句皆、足《レリ》下以察二於至情一、観中於深思上、豈為《シャ》レ非《スト》二道徳之餘華、風教之遺韻一、於レ是編次《シテ》窃《カニ》供《フ》二吾党之遊目一云、

正徳第五龍飛乙未季冬下浣

慧曦拝題

巻之一、慶安三年（十二歳）～承応二年（十五歳）

（奥書）右遺稿巻之一正徳五乙未年十一月廿八日取稿本而正字挍乱編次之畢　比丘慧曦

巻之二、承応二年（十五歳）～万治三年（二十二歳）

（奥書）妙極堂遺稿二之巻浄書之了　光済

巻之三、寛文元年（二十三歳）～寛文三年（二十五歳）

（奥書）妙極堂遺稿三之巻依稿本浄書之了正徳五年十一月三十日　沙門光猷

巻之四、寛文四年（二十六歳）～寛文八年（三十歳）

（奥書）右遺稿四之巻浄書了斯之巻乱脱差誤殊多且依草本写之　比丘慧曦

巻之五、寛文九年（三十一歳）～寛文十二年（三十四歳）

（奥書）妙極堂遺稿五之巻浄書了　泰禅

巻之六、寛文十三年（三十五歳）～天和二年（四十四歳）

（奥書）右遺稿巻之第六以妙極堂真筆之草本而浄書之畢旹正徳五龍次乙未十二月朔日　沙門光鑒

巻之七、天和二年（四十四歳）～元禄十二年（六十一歳）

（奥書）妙極堂遺稿七之巻浄書了　慧実

△収録詩文数

慶安三年　詩百八首

同　四年　詩六十七首

承応元年　詩七十八首、聯句二首、書翰一通

同　二年　詩百十九首、聯句一首、書翰一通、文（銘、縁起、表白等）五篇

同　三年　詩四十首、文三篇、書翰三通

同　四年　詩五首、文一篇

明暦二年　詩十三首、文三篇、書翰三通
同　三年　詩十七首、文三篇
万治元年　なし
同　二年　詩六首、文二篇
同　三年　詩四首、文三篇
寛文元年　詩九首
同　二年　詩三十七首
同　三年　詩四百八首
同　四年　文五篇
同　五年　詩七十五首、文一篇
同　六年　詩四十三首、書翰二通
同　七年　文二篇
同　八年　なし
同　九年　詩七首、文五篇
同　十年　詩五首、文二篇
同十一年　詩四首、文三篇
同十二年　詩二首、文五篇
同十三年　詩二首、文八篇
延宝二年　なし

同　三年　詩一首、文二篇
同　四年　詩一首、文二篇
同　五年　文一篇
同　六年　詩三首、文七篇、書翰二通
同　七年　なし
同　八年　詩五首、文一篇
同　九年　文三篇
天和二年　詩三首、文五篇
同　三年　詩二首
同　四年　詩三首、文七篇
貞享二年　詩十一首、文二篇
同　三年　詩二十二首、文二篇
同　四年　詩六首、文一篇
元禄元年　詩二首、文五篇
同　二年　詩四首、文一篇
同　三年　詩二首
同　四年　詩一首、文一篇
同　五年　詩五首
同　六年　なし

同　七年　詩二首、文三篇
同　八年　詩三首
同　九年　文二篇
同　十年　詩十首、文二篇
同十一年　詩十首、文一篇
同十二年　詩七首、文二篇
計、漢詩一一五二首、聯句三首、書翰十二通、文（銘・縁起・表白等）一〇一篇

〔高野春秋〕（大日本仏教全書本・三二一頁〜三二三頁）
（寛永十九年十二月）十三日雲雪検挍拝堂。古史云。雲雪順教房者。和州平群郡五百井人也。幼齢登山。随ニ政遍門魁一薙染矣。中年受ニ玄清闍梨之附属一。入ニ職悉地院一。而係ニ大塔之累焼一。自レ爾已来再ニ興主殿。廚屋。経蔵等一。煥乎大成焉。堂未レ成。

〔紀伊続風土記〕第四輯三四四頁下 悉地院
寛永廿癸未年春正朔第二百卅三世寺務検挍執行法印大和尚位雲雪朝拝。（中略）冬十二月六日。前官鑰渡。十三日快盛検挍拝堂。

（前略）又第十六世の雲雪当山第二百四十一代の寺務なりは堯海の資にして筒井順慶の息なり

〔紀伊続風土記〕第四輯七〇六頁下 山主検挍次第之二
第二百四十一世寺務検挍法印雲雪順教房悉地院　和州平群郡五百井人筒井順慶子族　幼にして登岳、前検挍宝性院政遍に投して薙染、四度密灌瑜伽正嫡の法流底を尽す、寛永十九年十二月日、寺務検挍職を管す（中略）寛永廿年十二月日、寺務職を辞す、

〔遺稿〕巻四寛文七年条 文選錦字録自序
（序末）龍飛強圉協洽中秋既望焉求山人虚白子、跋

〔遺稿〕巻五寛文九年条 但州美含郡竹野郷荆木山縁起
（奥書）寛文己酉春三月上巳日鼎峰焉求道人書

〔宿曜経〕（檗版校本）
（刻宿曜経序末）旹延宝八祀歳次庚申初商之吉伝瑜伽教沙門焉求子書

〔安流折紙伝受記〕聖教奥書　No.623
（奥書）虚白山人行年卅一

〔大仏頂〕聖教奥書　No.661

〔奥書〕三等老人浄厳四十六

慶安二年己丑（一六四九）　十一歳

是歳　成法破法等の墨跡を残す

〔成法破法等文〕タテ九〇センチ　ヨコ二四センチ（一幅・浄厳自筆・河内延命寺蔵）

成法破法皆名涅槃

空経十一歳書之［花押］

〔居一切時等文〕タテ五四センチ　ヨコ六三・五センチ（一幅・浄厳自筆・河内延命寺蔵）

居一切時

不起妄念

於諸妄心

亦不息滅

空経［花押］十一歳書

慶安四年辛卯（一六五一）　十三歳

是歳　郷里にあって高野山の旧友や老師雲雪に詩を送る

〔遺稿〕巻一　慶安四年条　冬日寄南山旧友

料識寒窓下　君今詩可題　悠揚年欲晩　風物又凄々

〔遺稿〕巻一　慶安四年条　冬日寄南山旧友

前年一別寂無書　迢逓遥思蛍雪餘　且喜明朝通尺素

寒雲藹々月疎々

〔遺稿〕巻一　慶安四年条　寄南山老師

一瓶一鉢是生涯　事々無心度歳華　入定談空塵不染

老師神気似梅花

承応元年壬辰（一六五二）　十四歳

是歳　郷里の両親の下にあって、詩作し勉学し、或は近隣を跋渉す

〔遺稿〕巻一　承応元年条　呈庵室大和上翰

（前略）僕一日伝承《スラク》、傍ニ有レ人、聳《ソビヤカシ》レ肩諂《ヒ》笑《テ》而告二老和尚一曰、空経在二郷党一而孤二負先生之懿《イ》範一、離二野山一而乖《クト》二高祖之鑑誡一矣、吾聞、人間私語、天聞如《ニハ》レ雷、暗室欺心、神目如《ニハ》レ電、寔惟、近来密宗之緇林、躬関《トザシ》レ法、系《ツナギ》二心泥塵一、欲三加レ之自讃毀他為二己之任一也、（中略）

初謁南山二六春　今還郷里倚双親　一心閑処莫非道
　万法空時自絶塵　蘿月松風皆実相　渓禽野鹿是天
真　任他世上虚詠客　於我些々不謗人

〔遺稿〕巻一 承応元年条　山行（詩文略）

〔遺稿〕同右　過山寺（詩文略）

〔遺稿〕同右　遊山（詩文略）

〔遺稿〕同右　訪僧不遇（詩文略）

〔遺稿〕同右　秋夜旅舎即事（詩文略）

〔遺稿〕同右　観心寺（詩文略）

〔遺稿〕同右　江行（詩文略）

〔遺稿〕同右　寄友
賜我数行書　報君一首詩　勿忘螢雪業　研幾倶孜々

承応二年癸巳（一六五三）　十五歳

是春　郷里にあって勝遊し、龍泉寺山や金剛山に上って青春を楽しむ

〔遺稿〕巻一 承応二年条　春夜即興
春夜勝遊争伎芸　囲碁排陳且論詩　五更睡覚燈檠下
坐客胡盧語欝伊

〔遺稿〕同右　囲棋
終日囲棋意気雄　鳫行雲陳用兵同　白瑶玄石争生死
一局安危瞬息中

〔遺稿〕同右　龍泉寺絶頂寺在内州石川郡　（詩文略）

〔遺稿〕巻二 承応二年条　題金剛山并序　（詩文略）

四月七日　清水村喜兵衛（現・河内長野市清水）の求めに応じ、愛子道正禅定門七回忌追悼の詩を代作す

〔遺稿〕巻二 承応二年条　代㆓清水村喜兵衛㆒作㆓愛子第七年忌追福詩并序㆒
（前略）維時承応二歳首夏初七蓂、当愛子道正禅定門第七年忌、設一座之斎会、以資薦冥福、

〔因縁先霊名〕
宗悦清水喜兵衛　延宝五丁己□（十）月十日

〔延命寺過去帖〕（題辞・天和二年浄厳自筆・延命寺旧蔵）
宗悦信士本浄祖父　延宝五年十月十日

六月六日　高野山真別処興律派祖賢俊良永の七回忌に当たり、河内磯長の村民、宝篋印塔を建つ、空経（浄厳）

その銘文並に序を作る

〔遺稿〕巻二 承応二年条　宝篋印塔銘并序

原夫良永大徳、対州人也、（中略）化縁已尽、七十歳、上宮太子之廟所、在㆓転法輪寺㆒而逝、旹正保四年六月初六日也、今承応二年、当㆓第七年忌㆒、道俗挙㆑村、為㆑報㆓恩徳㆒、建㆓宝篋印之石塔㆒也、（中略）仍求㆓銘於余㆒、不㆑得㆓敢辞㆒、粗述㆓厥緒餘㆒、

〔紀州高野山沙門良永伝〕（本朝高僧伝巻六十三）

釈良永字賢俊（中略）永見㆓河州叡福寺仏塔毀廃㆒為㆑之修治。檀信勇進。不㆑日而成。是又依㆓戒徳㆒也。正保四年。遘㆑病而逝。寿六十三。臘三十六。門弟子等奉㆓全軀㆒窆㆓於円通㆒。

晩秋　惟岳禅師、河内観心寺に於て碧巌録を講ず、空経講席に陪し禅師と詩を贈答す

〔遺稿〕巻一 承応二年条　過惟岳禅師居

行過畑村小径斜　渓丫略彴記霜葩　籬辺残菊已謝

新拆早楳一雨花

〔遺稿〕同右　碧巌録講演（詩文略）

〔遺稿〕巻二 承応二年条　題碧巌録講演（詩文略）

〔遺稿〕同右　再和惟岳雅公韻

惟岳雅公、講㆓演碧巌録㆒、予亦預㆓其衆㆒、仍而、率尓述㆓拙詩一篇㆒、呈㆓上　公㆒、以要㆘斧㆓鑿之㆒、芟㆓詳之㆒、余見ャ滌㆓濯滓瓻㆒、還蒙㆓忝和㆓拙韻㆒被㆑恵㆓于余㆒矣、余拝而受㆑之、披㆓閲之㆒則、文鋒電馳矣、筆勢風生矣、（中略）公之殷勤之至、不㆑可㆑不㆑奉㆓再和㆒、故不㆑顧㆔以㆑蠡測㆑海、持㆑管窺㆑天之譏㆒、漫述㆓一篇㆒、再和㆑之云尓、

〔遺稿〕巻二 承応二年条　呈上老師小簡

（前略）某雖㆑託㆓居僻境㆒、千失之中、不㆑無㆓一得㆒焉、頃於㆓観心寺㆒、親陪㆓碧巌講演之席㆒、近聞㆓涅槃妙心之譚㆒、仍而倉卒述㆓拙篇一首㆒、呈㆓上岳公㆒、　公見和而恵㆓于余㆒也矣、余又再和三闋《ヤム》、之詩且書附㆑使矣、予遠思長想、恰如㆑県㆑旌《ハタ》、労心慺々、非㆓筆墨之所㆓能陳写㆒焉、伏望、厳冬寒気觱《ヒツ》発逼㆑肌、千万自愛、不宣、

○『行状記』は浄厳の碧巌録聴講を五、六歳の時とする。

承応三年甲午（一六五四）　十六歳

三月二十日　鬼住村地蔵堂に、仁和寺より伽羅山延命寺の山号寺号を請い受け、空経はその住持に推さる

〔行状記〕延宝五年条→一九七頁下二行〜

九月　姉貞心の死を悼んで詩を捧ぐ

〔遺稿〕巻二 承応三年条　悼阿姉貞心信女（詩文略）

〔因縁先霊名〕

貞心姉　承応三九月十二日

〔延命寺過去帖〕

貞心浄厳和尚之姉 慈宣祖母　承応三年九月十二日

是歳　了阿公に四書の句読を学ぶ

〔遺稿〕巻二 承応三年条　与下了阿公求二誨四書之句読一書上

（前略）公在二閑窓寂寥之処一、博閲二群書一、鯫生逓聞、四書也者孔門之領袖、儒家之大綱也、然而衲子也者欲下内通二三学一、外挈二五経一、洽精二諸典一、広利中衆生上也、雖レ然、如レ愚之庸謬、未レ詳二句読一、豈得三能通二厥理一哉、窓希、　公誨二愚 四書之句読一、倘《モシ》枉《テ》辱二許可一、不レ能三以報二厚荷之恩一、区々之志不レ得レ忘耳、愧負千万、不罪不罪、

是歳　金剛院主の甥三五郎少年の死を悔む状を送る

〔遺稿〕巻二 承応三年条　悼三五郎少年呈金剛院主書并詩

野衲空経、端粛頓首、（中略）粤公之愛姪少年者、性情敏捷、（中略）不料奄忽而羅斯荼毒也、伏惟公悲悼痛泣、哀苦難堪、

是歳　河内錦部郡続松屋《たいまつや》の橋（河内長野市天見）を修築して、高野山参詣の人馬の難を救わんため、諸人に勧進す

〔遺稿〕巻二 承応三年条　特請下蒙二十方檀越之助縁一再中興河州錦部郡続松屋之橋上状

（前略）粤当処之橋者、前大樹秀忠公、以二天王寺建立之餘材一、再二興之一、（中略）厥后裘葛屢遷、雨雪数侵、無二人修造一、橋梁将レ折、剰遭二癸酉之秋洪水為害、一時磨滅一也矣、野山参詣之行人征馬、渉水胝足之艱難、不レ可二勝言一焉、予励二小志一、欲レ造二此橋一、雖レ然銭嚢底空、只吹レ塵耳、

明暦元年乙未（一六五五）　十七歳

三月二十一日　是日より高野山南院良意に従い中院流の四度加行をなし十月十八日に成満す

〔行状記〕明暦元年条↓一八六頁下二行〜

〔紀伊続風土記〕第四輯七八四〜七八五頁　南院前左学頭良意伝

前左学頭良意、字運識、京兆人也、姓熊木氏、幼而就二光台院道意一出家、染二指於三密一、孳々勤励成レ業、夙瞻二安祥寺之秘印奥決一、洞二尽心曲一、無二微而不一レ綸、為三博探深釣二衆流鑽綜、是以、一時推称二雄豪一、南院堯遍更美二其器宇一、授二院家数代先哲之法流一、既而遺二属院跡一、於レ是乎、声価弥高、乃魁傑碩徳就所レ師也、就中、宝性院信龍及朝遍、扣レ寂鈞レ幽、特信龍尽二厳儀一重授二灌頂一、又霊雲寺開山浄厳和尚者、一時翹楚也、明暦初年、就二于師一習二学十八契印、両部大法、護摩等一、寛文中随二於師一灌頂受職、探二醍醐之淵源一、究二安祥之壼奥一、龍虎之声鳴二南山一聞二東武一、

是歳　肥前平戸の僧大泉に代って、河内市村に草庵を建てる勧進状を製す

〔遺稿〕巻二明暦元年条 法師大泉欲レ落二成草庵一之勧進状

（前略）玆内州錦部郡市村之傍、有二妙法寺之故跡一、

（中略）予旧肥州平戸之住僧、儵忽随縁遊二歴諸方一、求二覔閑静之処深幽之地一、欲三以為二禅坐読誦之処一、

明暦二年丙申（一六五六）　十八歳

三月十四日　鬼住村に於て南院良意御本を以て中院流四度口訣を書写す

〔四度次第口伝 中院流宥快御口〕（一帖）（兵庫県三原町掃守栄福寺蔵）

御本云

右四度次第口訣一巻、賜高野山南谷南院良意之本、於内州錦部郡鬼住村書写畢、

雲農今改浄厳　覚彦十有八歳

旹明暦第二歳次丙申三月十四日

元禄四歳次辛未二月四日書写了

淡州三原郡掃守村放光寺隠栖

五十有二歳

十月十四日　安祥寺流（安流）聖教一帖を書写す

〔聖教奥書〕No. 7

是歳　金剛山実相院長快に従い、中院流の両部灌頂を受く

〔行状記〕明暦二年条↓一八六頁下五行〜

〔因縁先霊名〕

長快法印　寛文十庚戌六月廿六日

是歳　和州風森神宮寺光明真言土砂加持法要の諷誦文及び表白を代作す

〔遺稿〕巻二 明暦二年条　於二和州葛上郡佐備村風森神宮寺一執二行土砂加持一之過去帳（本文略）同表白（本文略）

明暦三年丁酉（一六五七）　十九歳

是春　仁和寺に赴き、門主の灌頂入壇の盛儀を拝す

〔遺稿〕巻二 明暦三年条　仁和寺御室灌頂之時作弁詩

時維明暦第三歳舎丁酉淑気和暢之節、韶華明媚之日、某寓二于村舎一伝聞、法務門主、入二於秘密之道場一、沐二于瑜伽之法水一也矣、慷忽発レ志曰、若是自レ非二仏祖擁護因縁成熟一、豈得レ奉レ拝二尊特之威容一乎、繇レ旃、破衣蔽レ躰、短褐掛レ肩、不レ遠二乎千里一、未レ日而到二于此処一矣

六月十九日　安流聖教一帖を写す

〔聖教奥書〕No. 690

七月二十四日　悉地院雲雪遷化す

〔因縁先霊名〕

雲雪法印　明暦三丁酉七月廿四日　七十九

〔行状記〕慶安元年条↓一八六頁上七行

〔金剛峯寺諸院家析負輯〕巻八（高野山金剛峰寺蔵 続真言宗全書所収）

悉地院累代先徳

前検校執行法印雲雪

（前略）住寿七十有九、明暦三年丁酉孟秋廿四日入寂

九月四日　及び十二日、悉地院に於て南院良意の御本を以て安流聖教を書写す

〔聖教奥書〕No. 5・268

是歳　釈迦文院朝遍を師として同院に移住し、初めて高野山学侶に交衆す

〔行状記〕慶安元年条・明暦三年条→一八六頁上九行・同下七行

〔高野春秋〕（大日本仏教全書本三五一頁〜三五二頁）

（寛文六年条）古牒云。朝遍字賢清房者。其父讃州久保氏。母者竹内氏。慶長元二月十五日産二摂州大坂一。行年十一登山。投二宝亀院朝印一十二薙染。元和元年随二朝印一移二宝性院一五年四月廿八日印卒後入二釈迦文院一。承応三年九月廿一日相二伴法弟政与一受二密灌於聖無動院仙誉一。明暦元擢二碩学一万治三拝二受宝性院一。

万治元年戊戌（一六五八）　二十歳

六月二十八日　南院良意に従い安流の許可を受く

〔行状記〕万治元年条→一八六頁下八行〜

閏十二月二十七日　良意に従い大勝金剛法を伝受す

〔聖教奥書〕No. 310

万治二年己亥（一六五九）　二十一歳

正月十四日　南院本を以て安流聖教を写す

〔聖教奥書〕No. 692

正月是月　釈迦文院の寮に於て大勝金剛法幷護摩などを写す

〔聖教奥書〕No. 177・310

二月一日　良意の命に従い、不動免訴訟祈念のため大勝金剛法を修し始め、三月五日に至って止む

〔聖教奥書〕No. 310

〔遺稿〕巻四 寛文七年条　南院修覆記

（南院本尊燈明料として脇谷地区を寄付され、全秀はここに丹生高野二神之祠を建てて開墾田の鎮とした）歳歴二六七一、隣村郷氓鬱而憑レ怒、濫犯二疆域一、千斤万斧争競赭レ山、虐害罔レ極、制レ之無レ抛、先師堯遍、雖下不レ忍之情動中乎中上而止矣、予不レ忍二非理之劫奪一、告二訴衆僧一以求二禁禦一、衆僧不レ肯、添レ薪沃レ油滋熾猛矣、唯有二釈迦文院主朝遍阿闍梨一、深慨二斯事一、勠二

志于予二焉、予陵レ雪冒レ霜不レ労二跋渉一、達二武府一而訴二幕下一、請二上裁一再三、遂而丙午之春、有二幕下旨一、永過二絶不レ若者一、予之素願、於レ此而足矣、以三嬰上事故一、神祠不レ遑二修治一、壇墠圮毀、棟甍朽敗、依レ斯、今茲、命レ匠沿二襲旧製一、反宇秀棟煥乎可レ観、予冀三事之所由後裔之知二焉、記而以貽云尒、寛文第七龍集丁未六月廿一日、金剛峰寺南院第　世阿闍梨良意記、

〔高野春秋〕（大日本仏教全書本三〇七頁）

（元和七年）冬十一月十四日。寺領安楽川庄内脇谷空地寄二附南院不動明王仏餉燈油料等一。是両門主碩学中以二絵図加印一与二院主全秀闍梨一。為二寺家不入之地一。

〔高野春秋〕（大日本仏教全書本三五二頁）

（寛文七年）春来不動免地安楽川庄脇谷境内先年調二四方書絵図一門主碩学中加二印形一納二南院一自二南院一新二開田畑一創二造人烟廿軒一而為二寺家不入之寄附所一考。検地新高廿一石八斗盛レ之。所謂元和七年自二寺家一附二南院一而為二四季祈禱之本尊不動免一者也。院主良意開レ之

〔紀伊続風土記〕第四輯三三二頁下　南院 名室

（前略）元和七年十一月、南院本尊は天下安全四季祈禱の本尊たる故、仏供燈明料として、安楽川庄内脇谷空地一所寄附せしむる所、自餘に混せす、田畠開次第に収納あるへく、諸役免許の旨、寺務門主碩学中連署あり、爾しより南院全秀、堯遍、良意三代の間、人烟田畠開発し、脇谷村と云、其氏神檀寺堂社を創造し、良意山脇谷寺といへり、

三月五日　南院本を以て安流聖教を写す

〔聖教奥書〕No.271

四月八日　河内観心寺寓居沙門宏玄のために不動尊像修補勧進状を代作す

〔遺稿〕巻二万治二年条　請下特沐二十方緇白勠力一修中補不動明王尊像上状（本文略）

（奥書）万治第二屠維大淵献清和（四月）初八檜岳寓居沙門宏玄謹状

万治三年庚子（一六六〇）　二十二歳

是歳　朝遍、幕命により宝性院門主となる、因て覚彦（浄厳）も師に従い釈迦文院より宝性院に移る

〔浄厳大和尚年譜艸稿〕万治三年条→二五六頁上一一行

〔遺稿〕巻六天和二年条高野山宝性院第十九世朝遍法印行状
(万治三年)庚子之夏有レ旨使下遍師《ヲノ》住二宝性院一栄師住中無量寿院上以為二満寺僧録司一号二之門主一

〔高野春秋〕（大日本仏教全書本三四一頁〜三四三頁）

（万治三年正月）廿七日。於二武府一自二旧冬一為二学侶惣代一所レ奉レ願二御逐放厚免一之四僧。両碩者（朝遍と長栄）両門主ニ両老者（実秀と尖恵）共碩学ニ有二御推挙一也。

八月二日。賜二両門主両碩学于　御暇一也

九月　日。四僧帰着已来。学侶老若日夜騒動焉。

是歳　河内丹南郡徳蓮寺本堂再興のための勧進状を、覚英に代って製す

〔遺稿〕巻二万治三年条請下特蒙二十方貴賤之助力一再中興河内

丹南郡野中山徳蓮寺本堂上勧進状（本文略）

寛文元年辛丑（一六六一）　二十三歳

正月十一日　良意に従い安流の伝法阿闍梨位を受く

〔行状記〕寛文元年条→一八六頁下一〇行

正月十六日　宝門主朝遍、寿門主長栄、行人方の非を愁訴して武府に赴く

〔高野春秋〕（大日本仏教全書本三四四頁）

（寛文元年正月）十六日。宝門主朝遍。無門主長栄。発二駕于武江一是依下代二大衆命一欲中奉レ冀二再治之聖裁一也

二月九日。両門主両在番四院列二候御内評席一言二上去冬上遷宮相勤仕将又四来住山之若学僧悉皆離山之旨趣一

夏六月廿七日。蒙二両公御免一上二訴行人方非法廿七个条一

九月三日。行人方上二学侶口上書之返答廿七个条一且又難二学侶一口上覚書一巻。及証文覚書一紙。

同証文写一冊。已上四通出二公庁一矣

六月　良意、釈迦文院道場に於て行人方折伏の秘法を修し、覚彦はその助咒を勤む

〔紀伊続風土記〕第四輯七八五頁上　南院前左学頭良意伝

寛文元年夏六月、満山有二嚚事一、師以二厳子一為二助咒一、勤二修彼（秘）法於釈迦文院道場一、効験掲焉、満山忽平也、

七月三（或は四）日　南山を発って武府に下向し朝遍と共に江戸在番屋敷に寓す

〔遺稿〕巻三寛文元年条　秋七月三日赴二于武州江戸一留二別周公一（詩文略）

〔聖教奥書〕　No. 178

○遺稿に従えば東都下向は七月三日であるが聖教奥書によると七月四日となる。

〔行状記〕寛文元年条→一八六頁下一一行

〔紀伊続風土記〕第四輯八八七頁上　江戸在番

（慶安）三年より集議之中、一年に二ヶ院宝門一院寿門一院在府して、公用を奉り、且諸国配下の公事裁定等を掌る、是在番の始例なり、在番屋敷は芝二本榎に於て地面を賜る、所謂拝領地にして、高野屋敷と称す、（中略）屋敷内に、御影堂鎮守祠宝庫鐘堂備具せり、又両門主幷に両在番の館舎四箇所区別す、

○遺稿巻三寛文三年条に「入高縄寓居」など芝高縄に寓居していたことが屢々言及されているので、高野山の江戸在番屋敷に仮寓していたものと思われる。

十月六日　江戸に於て増寿陀羅尼経を書写す

〔聖六字増寿大明陀羅尼経〕（一帖、浄厳自筆・河内延命寺蔵）

旹寛文元辛丑稔十月初六江戸覊旅之中以南院御本写之了　雲農生年廿三

寛文二年壬寅（一六六二）　二十四歳

是春　増上寺、東叡山等を見物しつつ、しきりに高野山を憶い、或時は異郷に病んで途方にくれる

〔遺稿〕巻三寛文二年条　春日野遊（詩文略）

〔遺稿〕同右　増上寺（詩文略）

〔遺稿〕同右　東叡有二毘門之寺院一其庭有二仮山盆

池一（詩文略）

〔遺稿〕同右　思故山（詩文略）

〔遺稿〕同右　酬《フ》下周公集二新詩一自二南山一見《ラルルニ》上寄《セ》

（詩文略）

〔遺稿〕同右　病起

去年今歳異郷中　病起及レ三謀已窮　終日昏々矮窓

下　眼根隔レ霧耳根聾

六月　良意、江戸に於て学侶行人の諍論平定のため、降

伏の秘法を修す、覚彦又助修す

〔聖教奥書〕No.703

〔紀伊続風土記〕第四輯七八五頁上　南院前左学頭良意伝

（寛文）二年、又更有二一山大事訟一、下僧又云行人違二犯於

公庁一、于時師依二公務之輪役一、在二武城一、厳子亦随二

宝性院朝遍一、訟レ事在府、仍而師諗《ツゲテ》二厳子一曰、去歳已

修二彼法一得二神効一、今蓋復修、則六月廿一日始行、

七月二日被壇（ママ）、其間経二十日夜一、厳子又関二助修一、奇

夢霊瑞不レ遑二枚挙一、自二此月一、上有二聞訟一、同三年十

二月、遂降二台旨一復レ旧、

八月二十六日　江戸に於て、釈迦文院蔵にて発見せし

安流聖教一帖を写す

〔聖教奥書〕No.9

寛文三年癸卯（一六六三）　二十五歳

是秋　大楽院信龍、公儀の赦免に会って南山に帰する

を賀す

〔遺稿〕巻三寛文三年条　和二信龍師会一レ赦（詩文略）

賀三龍遮梨会レ赦帰二于本山一（詩文略）

〔高野春秋〕（大日本仏教全書本三四六頁）

（寛文三年）秋七月九日。去万治二年御逐放八个院之

内。七僧得二厚免一。是依二公儀大赦一也。案。立諍者無二御免一。快盤去十月廿七日卒二于勢州一。玄宥在二京近所一。済算及信龍居二江大津宿一云々　九月廿一日。宝性院朝遍

勾二引済算。信龍一謝二礼于公庁一。両殿御対顔。河内

守殿曰。両僧帰山珍重。

十月二十日　芝の在番屋敷を発って江の島弁財天に参

詣し、鎌倉の名所古跡を訪ねて、二十四日江戸に帰る

〔遺稿〕巻三寛文三年条　鎌倉道中作四十首

寛文癸卯冬十月廿日、赴二于相州鎌倉一、蓋為下詣二於江島一拝二大弁才功徳天女一、且又極中旧蹤故蹟之壮観上也、既而昧爽出二高縄寓居一、過二于品川一、霜風吹レ面曙色相催、記二於所レ見一、（以下四十首略）

（跋に曰く）往二于鎌倉一、還二於武府一、四二日于焉一、厥際上レ山而吟、臨レ水而詠、眺レ野而嘆、覧レ墳而泣、入二精藍一仰二真風一、詣二神祠一敬二威徳一矣、得二半句一而失、捜二一聯一而遺《ワスル》者幾許焉哉、蓋孤笻一身、無二紙筆之儲一、以レ故不レ克《ク》二尽記一略録二其暗憶之槩《オオムネ》一、以俟二可畏一云、寛文癸卯孟冬廿四日、虚白道人雲農（マヽ）譲書二于後一、

○四十首の詩賦から鎌倉往還の経路が次の如きものであったことが判る。高縄の寓居→品川→鈴ヶ森→六郷→円覚寺→松ヵ岡の東慶寺→浄智寺→最明寺→建長寺→鶴岡八幡宮→頼朝の旧跡→鎌倉→興泉寺→三介谷→由井ノ浜→深沢大仏→長谷寺→稲村ヵ崎→袈裟掛松→七里浜→腰越万福寺→龍口寺→江ノ島→少児渾→鎌倉→文覚上人古跡→兵部卿親王ノ獄→光沢寺→金沢→神奈川→生麦→鈴ヶ森→品川→高縄

十二月八日　幕府、高野山訴訟を裁断し、衆徒行人双方に下知状を渡す

〔遺稿〕巻六 天和二年条 高野山宝性院第十九世朝遍法印行状

（寛文）三年冬、幕下降二于台旨一、定二於規式一、凡両章三十六条、尽遵二旧章一、是偏、遍師用レ力之所レ致也、

〔高野春秋〕（大日本仏教全書本三四七頁）

（寛文三年十二月）八日。衆行双方見レ召二出御評定所一賜二山中格式十五个御下知状一。四殿連判。久世大和守。稲葉美濃守。阿部豊後守。酒井雅楽頭。一巻又廿一个条。御奉行掟書一巻 無判但書奉行 都合三十六个之式目也

〔金剛峰寺 院家析負輯〕巻八（高野山金剛峰寺蔵 続真言宗全書所収）

釈迦文院先師行状録

検校法印朝遍（中略）寛文元、参覲留滞四ヶ年、終頂二戴古法成立之御条目両通并聖派御下知状等一、而皈来、満寺学侶復二旧章一、是遍師之績也、

是歳　品川の妙国寺、東海寺、泉岳寺等に遊び、隅田川を詠じ、下総深川郷に繋留中の巨艦安宅丸を見物し或

は市井を徘徊す、又高野留山の宝性院同門頼周一音と詩篇を贈答して旅情を慰む

〔遺稿〕巻三 寛文三年条　妙国寺塔（詩文略）

市中有レ感（詩文略）

黄梅院観音大士（詩文略）

江戸城（詩文略）

東海寺（詩文略）

遊二品川一至二妙国寺一覧二駿亜相忠長公門楼一（詩文略）

登二臨稲荷山一（詩文略）

泉岳寺六首（詩文略）

隅田川二首（詩文略）

安宅丸并引（詩文略）

和南山頼周元旦（詩文略）

贈頼周（詩文略）

南山周公遠寄二貺雲液両嚢一（詩文略）

寛文四年甲辰（一六六四）　二十六歳

三月　相州藤沢観正院略記を求めに応じて即席に製す

〔遺稿〕巻四 寛文四年条 相州藤沢郷海見山草海寺観正院略記 即席応レ求（本文略）

（奥書）寛文第四歳舎甲辰三月穀旦 松下氏源正直謹書

八月八日　快宣のために、土砂加持諷誦文を即席に代作す

〔遺稿〕巻四 寛文四年条　為二土砂加持一諷誦文 即席馳レ筆（本文略）（奥書）寛文四年八月八日護持法主快宣敬白

是歳　朝遍に従い高野山に帰山す

〔行状記〕寛文元年条→一八六頁下一一行～

〔高野春秋〕（大日本仏教全書本三四九頁）

（寛文四年）冬十月廿五日。衆評一決。和二解頃年学侶衆入禁過之盟誓一而許二四来若学之交衆一是依下宝門主朝遍帰レ自二武府一推二量於公評一内中議于年預坊上也

蓋朝遍窃窺二公庁御内意一来

是歳　泉州堺、中島氏の求めに応じて、大日如来弘法大師二像を開眼す

〔遺稿〕巻二 万治三年条　書二于中島氏宗能修二補大日如来之像一（本文略）

○本文中に「寛文壬寅（二年十二月）季冬十三日云々」次いで「明年癸卯（寛文三年）七月十日云々」の記があり、次いで「因而跂二歩於我山一、卸二笠於予院一、求レ予以二仏祖二像之開眼供養一、予諾而許」と述べられている。浄厳は寛文四年に江戸より帰山しているので、右の一文は寛文四年条に収録すべきで、万治三年条に収録しているのは遺稿編者の誤りと思われる。

是歳　河内河合寺縁起及び越前楞厳寺記を作る

〔遺稿〕巻四 寛文四年条　内州錦県河合寺縁起（本文略）

高台山楞厳寺記（本文略）

寛文五年乙巳（一六六五）　二十七歳

正月元日　宝性院に於て瑜伽護摩を修す

〔遺稿〕巻四 寛文五年条　元日修二瑜伽護摩一（詩文略）

正月二日　夜、暴風雷雨す

〔遺稿〕巻四 寛文五年条　正月二日夜疾風暴雨霹靂数々作（詩文略）

正月三日　南山に急使あって、昨夕大坂城炎上を報ず

〔遺稿〕巻四 寛文五年条　正月三日、使星如レ飛伝二事于南山一、尋二訪其由一、蓋疇昔之夕三更初刻、火二于摂州大坂城一、至二今日巳刻一火稍銷歇焉、於レ是而書（詩文略）

〔徳川実紀〕寛文五年正月六日条

けふ大坂より参脚をはせて、この二日坂城の天守へ雷震し、天守ことごとく焼亡し、番士の直廬及び糒蔵類焼せし旨、注進あり、

正月中旬頃　故郷鬼住村に下山滞留す

〔遺稿〕巻四 寛文五年条　故郷病中（詩文略）

〔遺稿〕同右　廿八日大雪

戦退瓊龍散二玉鱗一　普天率土没二辺垠一　今宵難レ作五更夢　鬼住村中高臥人

〔遺稿〕同右　寄二書南岳頼《ヲ》周叟一、報書未（末）至、言二此遺懐一（詩文略）

二月十二日　京大坂を見物して鬼住村に帰る

〔遺稿〕巻四 寛文五年条　摂平野有二融通大念仏寺一、営構半成、

十二日過二于此一（詩文略）

自二橋本一、洞流到二鳥羽一（詩文略）

入京（詩文略）

東福寺拝二仏涅槃像一、是明兆之所レ画也（詩文略）

遊二禅林寺一（詩文略）

出レ京到二伏見一（詩文略）

舟中見二初月一（詩文略）

道頓堀見二歌舞妓一（詩文略）

過二境浦一之次、初会二于宗左衛門一（詩文略）

二月二十六日　金剛山に上って了性に謁し、詩賦を贈答す

〔遺稿〕巻四 寛文五年条　重上二金剛山一謁二了性大徳一

寛文乙巳春二月廿六日、再奉レ拝二了性遮梨慈采于金剛山寺一、然而遮梨見下示二一頌一褒中賛鄙陋上、拝而閲則、文峰生レ風、筆陣無レ敵、自慙、樗櫪庸才不レ当二其褒賞一、不レ得二点（黙）止一、課レ虚騁レ毫、以奉レ贖二鈞慈一、伏乞芟詳、（詩文略）

二月二十八日　高野山に帰山す

〔遺稿〕巻四 寛文五年条　明日将レ帰二于南山一（詩文略）

南山道中（詩文略）

不動坂（詩文略）

廿八日不動堂初聞二子規一（詩文略）

八月六日　南院本を以て安流聖教一帖を写す

〔聖教奥書〕No.10

是冬　友人空性の求めに応じ、明春天野宮に於ける論議の草稿を代作し、金剛三昧院主懲勧と詩賦を贈答す

〔遺稿〕巻四 寛文五年条

明年孟春之初、天野宮有二毎歳例規之五問一答之論議一其丁二竪義一之人者、予所二素相知一之空性子也、其第一答謂二遍計所執一、其第二答謂二三自大乗一、此之二条一重嘱レ予、書レ之竟レ日達レ夕引及二暁天一稍畢レ事矣、因述二一偈一示レ之、

手凍指亀非レ易レ書　雪囲二四壁一暁鐘餘
請君若有二活人剣一　斫二去煩襟一勿レ見レ疎

賡《ツグ》二金剛三昧院方丈見レ和下予贈二空性子一韻上（詩文略）

賡三韻于懲勧文見二再和一（詩文略）

呈二上金剛三昧院主懲勧梵師法座下一、不肖久仰二徳風一、山斗之情夙夕不レ息、豈図、若賜二恩慈一、見レ和二鄙韻一、再稟二厚恵一、感荷有レ餘、卒述二一章一聊備二笑具一、切希莞留、（詩文略）

〔高野春秋〕（大日本仏教全書本三五〇頁）

（寛文五年）秋七月十八日。離山衆分中蒙二帰住之厚免一

八月日。蓮龍両院帰レ自二武江一満寺老若開二愁眉一四来帰山之学僧翕然蟻同。而参二謝在府訴願之労煩一也

自二万治三年子冬一到二于茲一始終六年而衆分中帰山。自レ是論議法談等如二前格一

寛文六年丙午（一六六六）　二十八歳

十月十五日　朝遍第二百四十七世寺務検校法印となり、宝門主を兼帯す

〔高野春秋〕（大日本仏教全書本三五一頁〜三五二頁）

（寛文六年十月）十五日朝遍検挍拝堂。（註略）

十一月五日。自二中﨟衆一冀下朝遍検挍見レ兼二帯宝門主職一于年預坊上碩老可レ之。令三龍宝院観誉持二参中﨟訴状於武府公庁一則応二其願一矣。（註略）

寛文七丁未年正月朔日。第二百四十七世寺務検挍執行法印大和尚位朝遍朝拝。

〔紀伊続風土記〕第四輯七一二頁　山主検挍次第

第二百五十五世寺務検挍法印朝遍

○検挍世代が『高野春秋』と『紀伊続風土記』とでは異なっている、今は春秋によった。

是歳　井上松斎、医師了栢らと盛んに詩賦を贈答す

〔遺稿〕巻四寛文六年条　寄二井上松斎一（詩文略）

聯句五十韻已成送二其軸于松斎一（詩文略）

秋雨聯句五十韻成、因而題レ尾寄二井上氏一

（詩文略）

答二了栢先生一（詩文略）

酬二了栢先生一（詩文略）

頃来、拙恙重累、於レ是、幸頼二了柏大国手之親診一、旋《ヤヤ》得レ減レ煩、不レ可レ不二趨而謝一、卒書二蜂腰両絶一、以

述二愚悃一（詩文略）

寛文七年丁未（一六六七）　二十九歳

四月五日　宝性院道場に於て、初めて実誓、意伝の二人に三宝院流の印可を授く

〔行状記〕寛文七年条↓一八七頁上九行〜

〔瑜伽伝燈記〕（浄厳記・東京霊雲寺旧蔵）

（霊雲叢書解題三八頁に曰く）上人二十九歳寛文七年四月五日、高野山宝性院道場に於て、実誓意伝の二人に三宝院流の印可を授けしより、元禄十五年上人六十四歳の正月二十九日、元智等二十四人に安流の許可を伝授する迄一千七百七十八人の弟子人目を掲ぐ。開山の親筆になるもの一部今宝林にあり。

六月二十一日　良意に代わって南院修覆記を製す

〔遺稿〕巻四 寛文七年条　南院修覆記（本書万治二年条に録す）

八月十六日　増続補註文選錦字を撰す

〔遺稿〕巻四 寛文七年条　文選錦字録自叙

（前略）呉興凌氏有二文選錦字二十一巻一、誠是愚蒙之一助也、惜乎、屢換二謄写一累二歴翻刻一、魚魯盈レ帙、豕亥溢レ編、且亦採レ言之簡、所レ釈之略、而予之所レ欲之者、或有レ不レ収レ之矣、於レ是就二六家之註一、博尋旁求裨二補凌氏一、以資二庸才一、命之曰二増続補注文選錦字一、是非下為二可畏一之為上地、只在レ満二予之夙志一而已、後之覧者、勿レ責二僭踰一云、龍飛強圉協洽中秋既望、焉求山人虚白子跋、

十一月十五日　朝遍に随い重ねて安流の許可を受く

〔行状記〕寛文七年条↓一八七頁上八行

十二月十三日　朝遍に随い安流の伝法阿闍梨位を重受す

〔行状記〕寛文七年条↓一八七頁上九行

是歳　高野山金堂理趣経不断経の譜曲を正して梓行す

〔行状記〕寛文十年条↓一八七頁上一七行〜

〔理趣経不断経〕（天和二年刊一・河内延命寺蔵）

寛文九年己酉（一六六九）　三十一歳

二月　宝性院にて指南中の、朝応、賢龍、賢意三子の

学業懈怠を譴責す

〔遺稿〕巻五 寛文九年条　責二朝応賢龍賢意三子者之怠一レ学文

（前略）右件件事、非二空縷縷一、欲二一有一レ益耳、是皆大者、備責二其過一、毫禿硯涸、且復楮国無二餘地一、故省不レ説、旹寛文己酉春二月丙子、焉求山人書、

三月上旬　但州竹野村荆木山縁起を撰す

〔遺稿〕巻五 寛文九年条　但州美含郡竹野郷荆木山縁起（本文略）

七月二十八日　安流伝授日記等を書写す

〔聖教奥書〕No. 622・623

十一月　法弟賢龍の指導に関して法兄頼周と間隙を生じ、一書を呈して頼周（一音）を難詰す

〔遺稿〕巻五 寛文九年条　与二頼周大徳一書

晩生雲農昧死百拝、呈二上慈兄大徳望頼周教授師猊右一、即辰觱発逼レ肌、厳寒徹レ骨、恭審　足下天資穎悟、俊偉超レ倫、見識玅遠、声誉隆盛、天神翊扶、動止清泰《ナリ》、兌悦殊深《シ》、拙区区萍梗《タル》、不レ足二容受一、赧汗満《ル》レ顔耳、頃人来告、周丈人、罪《シ》レ子非《ス》レ子、何不三負《テ》レ荆《ヲ》速趍、以謝二過咎一、拙百省二其身一、未レ有レ所レ見、良以、孤陋賤質、井蛙小見、無レ因二謹慎一、罪当《ニ》二弥天《ナル》一、唯是頑魯、不レ克二自揣《ハカリ》自革《アラタムルコト》一耳、今方暴二露寸丹一説レ之、千《チチニ》希《クハ》　足下不レ慳二獅吼一、為レ拙弁《セヨ》レ之、不三敢乖二違　鈞旨一矣、聞《ケリ》　足下罪レ拙言、往載、厳師朝遍闍梨、附レ我以二賢龍一、嘱レ渠以二賢意一、蓋欲四各有レ所レ領、強力教誨使三成二就其業一也、然渠兪《ミ》レ命、冒レ令、侵《シ》二奪《テ》龍子一而教二授之一、豈当二其理一耶、曩日、遍闍梨、以二龍意二子一分嘱二足下与一レ拙、而命之曰、此是所戊以我之欲丁生三育之二、而観丙其学行共成、声流二一天一、誉溢乙四海甲者也、伱等其無レ有二懈勧《カイケン》一、示之誨《オシヘテ》之使《メヨト》二之長立《シセ》一矣、拙素飫《アク》二師徳一故、不二敢辞一レ之、于卯《ニ》于申《ニ》激励勧導無二時而怠一、然　足下雅《モトヨリ》倦二教授一、或時他出、或曰レ無レ暇、厭患過レ常、以レ故龍子、投レ拙　素《モトムルコト》二授受一十《タビニ》　則六七《ス》、遍闍梨、憒恚怤　烋《ホウコウシテ》而語レ人曰、聞、周子太倦二教授一、我嘗詰難、夫周子、非下生而知レ之者上、必其東問西求、知之者也、然何為、厭レ誨二児輩一、求二匿穴《ヲ》于無《キニ》一レ暇、他出而遁逃耶、若曰三我《ハ》不二暁《サトシ》

得《エ》一、何不下学二于人一而后伝上レ之、若《シ》夫剛《シイテ》弃捐《シテ》、之曰三
我不二敢為《セ》一則、我復障《ヘン》三周子之所《ヲ》二従《テ》而斆《ナラフ》一、豈夫宜
乎、而丁《アタテ》下授二詩於意子一之時上、足下謂レ拙曰、我
不レ暁《サトラ》三夫詩也者一、子其併授《ケヨ》二二子一、足下若然二厳師
之言一、胡《ナンソ》不下学《ル》二于人一却伝授上レ之、而今還罪レ拙曰、
渠性嗜《ム》三授二受幼童一、故奪而挾持《シテ》沾《テン》沾自喜《スト》、足下何
病二健忘一之甚耶、又是蹂《フミニジツテ》二自所《ナセル》レ屙之糞一、而謂《フノ》下何《レノ》
許《トコロノ》人向《カ》二路頭一放《ツト》中此穢上之属也、請服二遠志菖蒲《ヲ》一而
可也、足下又罪レ拙曰、直饒渠奪《テ》而自喜、若欲三其進二
于学一則、我不《ス》レ然《セ》也、渠之所レ為、一無レ益二于学一、無レ
利二于行一、或麤言叱呵、或杖笞打捶、一是妬心之所レ
為也、非下如二毫氂一欲中成レ学粛上行、我不レ忍レ見故今
自挾持《スト》也、拙性雖二怯弱一頗耐二授受一、知レ恩之所レ致
也、晨夜教《ニ》誨《スレトモ》、動《スレハ》彼《レ》退歩《ス》、於レ是恐二其未一レ足、乃
属《ツクテ》レ文責下応龍意之三子之懈レ学荒《スサム》レ行《ニ》之過上、用《ルコト》レ意親
切、立《ルコト》レ言刻深、厳師覧之嘆曰、噫嘻何為如レ是切二
于勧勉一、復無二此之者一、児輩太被二毀訶一、亦大辱也、
遭二此不屑之譴《セメニ》一猶尚不レ進、棄而止《ヤンナン》矣也已《ノミ》、我褒二

賞《セント》之一、則賜二拙朱提三十両一、且命之曰、応龍意之三
子則託二于伱一、自今已後、逾力示諭、就レ中龍子性最
很戻《ナリ》、不レ恵二教誘一、慰諭激励不《ソハ》レ可《キカ》則、任《ホシイママニ》行二笞
罰一、仮使損二壊支体一、我不レ恨也、若夫一霄化《シテ》レ龍興《ト》二
慈雲一、致二法雨一普澍《ソソカハ》二率土之焦種一、是我素願也、切
戒勿《レト》レ怠、告戒丁寧、故拙教誨授受、弥力是為、況
又拙之於二龍子一、貪惜嫉妬之心涓塵無レ在、罵《ノノシリ》之笞《ムチウチ》
之黜《シリゾクコトハ》之則、懲《スカ》二渠性戻《ニシテ》而懈《レルヲ》一之故也、是好而知二
其悪一之謂耳、夫婬者重禁也、経説、仏在レ世時、有二
二比丘一、其根極輭又長、其一比丘、以レ根入二於自口一
而白レ仏言、是犯レ婬不、仏言然、又一比丘、以レ根
入二自糞門一而白レ仏言、是又犯不、仏言然、又経曰、
男犯男者、堕二衆合別処多苦悩処中一、謂見二彼男子一、一
切身分皆悉熱炎来抱二其身一、一切身分皆悉解散、死
已復活無量時間、受二大苦悩一、大日経云、非道二一身
交会、是犯レ婬也、猶不レ可二心中起一レ貪、況作二其事一
矣、生身法身所レ誡如レ斯、拙思二彼厳誡一思二彼悪報一
無レ不二憧惶一、豈不レ欲レ離レ之耶、唯恨無始時来熏染

陶習、不レ克二遽改一、欲境近前、瞥尓犯レ重、無《シ》レ因《シ》レ嗌《クフニ》レ臍、叩レ首自鄙《ランス》故先以レ不二染着一為二拙之願一、豈遑《アランヤ》レ生二芥尓《ノ》悋惜、塵許《ノ》嫉妬一耶《ヲ》、而足下責レ拙曰、龍子、厳師往昔見レ嘱レ我、渠不レ能レ関、況渠所レ為一不レ当レ理、皆悉妬心之所為也、足下平日有レ言、我高明也、幽識也、廉直也、餘人不レ及、又曰我不下如二彼瑣瑣児輩一漫談妄施上、行必顧レ言、言必顧レ行矣、如二足下之所一レ罪、必見《ルナラン》二青天白日事一《ヲ》、定不二浪《ミタリニ》言《ハ》一、請与二足下一、対二三地大聖両所霊神之前一、相共濺レ血、同等成《チカヒコトヲ》レ説、拙若有二違犯一冥必加レ罰、足下定能レ之耶、此二事《ハ》、足下所レ告二意子一者矣《ナリ》、夫意子者、拙之所殊青顧故、凡有二異事一無レ不レ聞レ拙、

足下亦能識之、惟足下所三以告二意子一者、是告二於拙一也、拙豈黙止之、又聞、足下結レ党引レ群、相与罪レ拙曰、夫蕩二逸房事一人之常也、而今天下所有群黎、何無《カラン》二此事一、然渠責三龍子之荒二淫此事一、擯レ之、且又限以二五稔一、慎勿レ入《レト云フ》レ房、是甚不可也《ナリト》、這《コノ》事嚮《ハサキニ》已説《ツ》二龍子一、雖レ然為二足下一重説之、夫仏制レ酒、因レ酔生レ過也、人有二大戸一、有二小戸一、或一盞泥酔、或数斗自若、雖二然如一レ此、未レ聞下為二彼数斗之人一開而不上レ遮、拙禁二龍子之専一レ婬亦然、若言二時犯則許一之、仮使不レ制亦足、強《ツトメテ》禁固《シ》遏《トドムルコトハ》、使二其度而少一、若愈《シカリトシテ》二拙之戒言一、永断二其事一、豈復不レ善乎、足下不レ揣《ハハカラ》二拙之心《ココロノ》曲《ウチヲ》一、輙尓罪レ拙何太軽脱耶、謂二之慥爾《タリト》一乎哉、抑〻又婬之為二過患一略如二上説一、足下何故鼓二舞之一、雪上加レ霜、屋上架レ屋耶、況龍子自レ知二房事一以来、日添二困倦一、弥〻怠二学問一、故拙不レ忍レ見、強加二制禁一、是欲二渠之業之遂一也、足下何深罪耶、又聞、龍子謂二足下一曰言《テ》、諳之太難《ク》、乞見《レヨ》二宥怒《セ》一、足下諸許不レ使二之諳一、当初、厳師聞二応子之不一レ背《ソラヨミセ》対レ拙而嘆之曰、応子也者我之門弟也、無レ大無レ小須レ従二我意一、我也欲二渠《レカ》之誦《ソラヨミセンコトヲ》一之、所以者何《トナレハ》、世人幼之者則曰、読《メリ》レ経也通レ書《セリト》也、及《テハ》二其長一也則、闃焉《ケキトシテ》無レ声茫乎《トシテ》無レ迹、不レ誦不レ復之所レ致也、二三子諳《スルスラ》之、我尚恐二其不レ復《シテ》後《ニ》失《ンコトヲ》一、若不レ誦不レ復則、画レ脂《ニ》鏤レ冰《ニ》之謂《ナラクノミ》而已、豈得レ観二其成一

乎、流涕潸焉、拙聞二斯言一亦復墜レ涙、拙不《レハ》レ背《ソラヨミセ》
不レ措《オカ》、不レ勤《メ》不《ス》レ可《キカ》、　足下非三啻不レ使二之諳一、却大
賛揚而曰、吁我《ヲンノ》知《レリ》三子之孜二々《スルコトヲ》于読一也、難処《ク》能下《ルコト》、
如二泉之流一、夫龍子舌柔韻正《シ》、字又多読《スルナリ》、経二七八
遍一即使《チ》似レ通、何頻称耶、況又龍子往年誦二詩序一、
尅二定一夜一、晨則通之、豈曰二諳之難一、是則渠性甚好《ソテ》
懈惰《シ》、長《マシ》レ傲《リヲ》遂《ク》レ非《ヲ》、足下復能解之《セリ》、而枉《ルヲ》叨《テリニ》称誉《ス》、
豈是勧勉《スルナランヤ》耶、還是培《フ》二其慢怠《ヲ》一耳、泥裏洗二土塊一、
有二其益一耶、誠可レ笑矣、凡足下脅肩諂笑《シテ》、求二其
群一、巧言令色《シテ》、連《ネテ》二其友一、競責二拙之過咎一、一《ヘニ》埤《アツク》
益《マス》レ我《ニ》、拙窃比《ス》二于毒一、請足下勿下匿二昭昭之白過一強
罪中於拙上、足下罪レ拙、猶如二仰レ天而唾一、拙聞、仰而
唾者、必瀆《ケカスト》二其面一、又如丁大明之中衆色粲然《タルヲ》、有レ人自
掩二其眼一、而言丙無二山河一無二草木一無乙屋舎甲、傍有二開レ
目者一聞即胡盧《ス》、足下党レ姦銅レ邪擘《サキ》レ肌分《チ》レ理《シシムラヲ》弾二
射《セキス》拙非《ヲ》一、而拙之罪一《ツモ》無レ実二于斯一、猶如二彼大明中衆
色森羅一、惟族《スル》二足下一者不レ為レ不レ少、自外《ソノホカ》或有《ラハ》二
不レ掩レ眼之者一、能悟下無《シト云カ》二山河草木一之讒《レリニ》欺《ケルコトヲ》上矣、

縦使絶《シテ》無《クトモ》之、両部三宝必不レ比レ之、定照見之一、抑
今拙之所レ説、雖レ一非レ吐二虚頭一、若否《シカラスンハ》則、五大忿
怒十二大天必罰《シ玉ヘ》、至禱至禱、雖二然如一レ此、是更非《ス》二
趁《ヲツテ》レ狗逼《ムルニ》レ墻《ニ》、惟《ルニ》拙庸愚無レ弁、迷惑不識、向来所レ
説、定不レ応レ理、切希《ニクハ》鈎慈勿レ外二疎放一、為《ニ》細二論《セヨ》
拙一、臨レ書不レ勝《ヘ》二惶恐《ニ》一和南不宣
楮国有二餘地一、故追啓《ス》如上件々事、非レ不レ欲《ルニハ》二面謦一、
惟《クハ》く恐、若或《ハ》論二争《スレハゾウ》臧否《ヲ》一必互厲《ニアラクシテン》レ声、然則為二怨《ソコト》
讐之基一、猶如《ナラン》レ示《ミルカ》二于掌《ヲ》一、故倩《ヤトフテ》二毛先生《ヲ》一媒《チス》レ之、
非二是失一敬丙炤、

冬十一月日

十一月是月　朝遍、寺務検校職を辞す

〔遺稿〕巻六天和二年条高野山宝性院第十九世朝遍法印行状
（寛文）六年十月受寺務職同九年十一月辞職

〔高野春秋〕（大日本仏教全書本・三五三頁）
（寛文九年）冬十二月六日前官（朝遍）鑰渡。十三日巳講快
存検挍拝堂。

〔紀伊続風土記〕第四輯七八四頁下　宝性院朝遍伝

寛文七年管検挍職、九年十二月辞職、閑居山下別業、

寛文十年庚戌（一六七〇）　三十二歳

正月　朝遍、老病の故を以て宝性院を信龍に、釈迦文院を堯智に譲り山下の別業に退隠す

〔遺稿〕巻六天和二年条 高野山宝性院第十九世朝遍法印行状

明年庚戌正月、以老且病、退二譲僧録司于信龍闍梨一

〔高野春秋〕（大日本仏教全書本・三五三頁）

（寛文十年正月）十四日。前官朝遍師以二使節一奉レ願下上二書公庁一退二休宝性院一而譲中与釈迦文院上。台命可レ之矣。（前略）台命依レ請信龍補二宝門主一。次堯智得二釈迦文院一也。

二月。信龍碩徳参二上于武府一 漏前官老二休知行所里山村別鄴一也 遂二御目見一。

四月九日　宝性院に於て良意御本を以て安流聖教一部を写す

〔聖教奥書〕No. 624

四月十八日　師主朝遍寿命長遠祈念のために、焔魔天供を修し、所用のために焔魔天法並に祭文を撰す

〔聖教奥書〕No. 256・257

四月二十三日　良意御本を以て安流諸大事一帖を写す

〔聖教奥書〕No. 751

五月　宝性院にて良意御本を以て安流折紙等を書写す

〔聖教奥書〕No. 267・526・527・529・649・654・749・757・763

六月七日　師主朝遍除病延命のために普賢延命法を修す

〔聖教奥書〕No. 289

六月十七日　朝遍の現病平癒のために薬師法護摩次第を抄記す

〔聖教奥書〕No. 309

六月二十七日　南山寓住の澹然に代って、備中の祇園寺縁起を撰す

〔遺稿〕巻五寛文十年条　補陀洛山祇園寺縁起（本文略）

七月下旬　安流折紙等を書写す

〔聖教奥書〕No. 594・595・694・728・749

八月十六日　宝性院に於て梵字一目鈔を書写す

〔梵字一目鈔〕（写一・高野山親王院蔵・馬渕和夫著『日本韻学史の研究』一五八九頁収）
（奥書）（前略）（朱）旹寛文十歳舎庚戌八月十六夜、於金剛峰寺宝性院北廂、以禅慧手書之本（心王院快尊御本）倉卒写之挍之了、
此時一山興声明、徒侶学悉曇、故求而繕写、以便後生耳、雲農行年三十有二　一挍了
私雲農云、禅慧者、河州天野山北谷文殊院ニ住セラレタル事有《ト》レ之見タリ、
旹元禄九丙子年四月十八日書写之了　沙門智宝四十一歳

八月二十五日　盛順ら十人に安流の印可を授く
〔聖教奥書〕No. 170
〔行状記〕寛文十年条↓一八七頁上一二行

八月是月　即身義、悉曇字記を講ず
〔行状記〕寛文十年条↓一八八頁上八行〜

九月四日　大青面金剛表白等を写校し、盛順の所望によって青面金剛護摩私記を草す
〔聖教奥書〕No. 170・311

九月十七・十八日　安流折紙を書写す
〔聖教奥書〕No. 361・362・384・385・386・387・394・402・410・413・482・505・516・517・615・626・634・636

九月中旬　頼周の怨讐を避けて鬼住村に下山したが、良意の命に従い下旬に上山す

九月二十八日　夜、頼周の刃傷を受け、瘡癒えて後下山して父母の許にて養生す
〔行状記〕寛文十年条↓一八八頁下一二行〜

是秋　千手院住持宥昌の請により遠州頭陀寺の鐘銘を撰す
〔遺稿〕巻五寛文十年条頭陀寺鐘銘并序（本文略）

十月　安流折紙を書写す
〔聖教奥書〕No. 379・635・644・645・647

十一月三日　良意御本を以て唯授一人大事を写し、同四日、唯嫡伝を書写して、良意の瀉瓶安流の正嫡たる自覚を深む
〔聖教奥書〕No. 761・762

十一月十日　是日より二十六日に至る間、安流折紙を

書写す

〔聖教奥書〕No. 365・366・367・368・375・376・377・378・380・381・382・383・388・389・390・392・393・395・396・397・398・399・400・401・403・404・405・406・408・409・411・412・415・416・417・418・419・421・422・423・424・498・499・500・501・502・503・504・625・626・628・629・631・669・681・749

十二月七日　是日及び十五日に安流折紙を書写す

〔聖教奥書〕No. 554・668

寛文十一年辛亥（一六七一）　三十三歳

正月一日　及び二十一日、前年に引き続き鬼住村に住し、東禅院悉曇鈔及び安流折紙を書写す

〔東禅院悉曇鈔〕（心蓮撰）（写一）（高野山大学図書館光台院寄托本）（馬渕和夫著『日本韻学史の研究』一五六八頁収録）

（奥書）（前略）寛文十一年正月元日賜二師主良恵（意）阿闍梨之御本一、於二河州粉里一早々写レ之了、最前東禅院小双紙一冊写二得之一、今挍二此本一、互有二出没一、故両本比挍刪二其重復一、存二其不在一、伏希後覧之賢正レ之、去年南山悉曇之談義再興、然有人称二悉且之害一、于レ時遂止、嗚乎法及二澆季一、正道淪没、歎而有レ餘、悲而未レ足、遺憾々々、雲農三十三

右厳和尚取二東禅院鈔別本一与二前本一相対挍、撫二其遺漏一以附二巻尾一、而訂正未レ精、文理難レ通者間有レ之、他日亦須二審研一耳、　旹元禄戊寅冬十月廿三日義剛識于武江寓居、

〔聖教奥書〕No. 553・557

正月二十六日　朝遍遷化す、これを機縁として高野山の交衆を辞す

〔遺稿〕巻六天和二年条 高野山宝性院第十九世朝遍法印行状

辛亥正月二十六日恬然而化、寿七十六歳

〔紀伊続風土記〕第四輯七八四頁 宝性院朝遍伝

（寛文）十一年正月廿六日化

〔金剛峯寺諸院家析負輯〕巻八 釈迦文院先師行状録

検挍法印朝遍賢清房行年七十六 寛文十一辛亥年正月廿六日寂

〔行状記〕寛文十一年条↓一九〇頁上一二行

二月二日　是日より二十七日に至る間、安流折紙を書写校合す

〔聖教奥書〕No. 266・323・324・359・407・408・409・410・412・415・470・487・496・523・576・581・582・592・593・613・625・626・627・628・630・638・639・640・644・648・667・669・671・674・675・678・679・681・682・683・684・685・718・720・721・727・729

二月十九日　是日より四月上旬に至る間に、安流初授七結百紙の書写校合畢る

〔聖教奥書〕No. 41～114・124～148

四月六日　理趣経を講じて朝遍の冥福に薦め、理趣経講要三巻を草す

〔理趣経講要〕（浄厳寛文十一年撰）（安永二年写三）（河内延命寺蔵）

〔下巻奥書〕右講経之次、拾先哲之鈔記、為備廃忘少々記之、冀為師主前検挍朝遍成正覚、乃至自他法界同入阿字門、

寛文十一年四月六日　首尾八段講之

鼎峰沙門雲農記之

再講

因天野山禅徒之競望、叩開講筵、同十二年四月六日起首、同十三日巻席了、

第三度

因誉田宮薬師院慧海闍梨之請、為見性直入信士頓成仏果、延宝三年乙卯正月十六日開筵、同廿三日結講

第四度

延宝五年正月二日始講之、道場河州小西見里延命寺、

第五度　現證庵

第六度　延宝九年四月始講之、但依純秘鈔、道場同里常楽寺、

元禄八亥年四月廿一日、（於）武州宝林山霊雲密刹衆寮、以浄厳大和上御自筆之本書写功成、沙門寂濟、十八歳、

享保十五庚戌年六月廿八日、於堺且過之寓居、展転

而得此正冊、繕写功成畢、住吉東福律寺、
安永二癸巳之秋、於家原寺根来蓮花院、常明僧正理
趣釈講筵日、法友式叉尼応勧奨、電覧此講要、随喜
無限、伏擬妙極大和尚報恩謝徳、操筆写之、十有
餘日而功成、泉陽近住尼指月拝書、

五月　諸尊種子真言集一巻を刊行す
〔諸尊種子真言集〕（浄厳寛文十一年撰）（刊一）（河内延命寺蔵）
　（刊記）寛文拾一年辛亥五月吉日

六月六日　自行のために大勝金剛法要一帖を撰す
〔聖教奥書〕No. 168

六月二十四日　鬼住村民の哀願を承け、鎮守天満天神の宝前にて雨請いの祈禱を修して効あり
〔聖教奥書〕No. 251・707

九月二十九日　父道雲没す、行年七十二歳
〔因縁先霊名〕〇本書寛文十六年条参照
〔延命寺過去帖〕同右
〔行状記〕寛文十一年条→一九〇頁上一四行

十一月十五日　安流折紙を書写す
〔聖教奥書〕No. 627

十一月二十日　家兄道清次いで没す、行年四十二歳
〔因縁先霊名〕〇本書寛文十六年条参照
〔延命寺過去帖〕同右
〔行状記〕寛文十一年条→一九〇頁上一四行
〔遺稿〕巻五 寛文十一年条　酬㆔玄益隠士見㆑弔㆓予兄㆒（詩文略）

十二月十五日　安流折紙を書写す
〔聖教奥書〕No. 645

十二月二十九日　儀軌一本を写校す
〔契沖儀軌奥書〕
火吽供養儀軌（契沖全集第九・四六一頁上）
　（中略）
　寛文十一辛亥年十二月廿九日書写一挍了
右之批浄厳闍梨記之以此本書写功竟
　延宝六年七月十六日一挍了　金剛仏子契沖 卅九

是歳　河内天野山金剛寺衆徒の請によって普門品を講じ、観心寺の請に応じて即身義と心経秘鍵を講ず

〔行状記〕寛文十一年条↓一九〇頁上一八行～
是歳　大坂興徳寺千手堂募縁疏と、河内円通寺鋳鐘募縁疏を撰し、和州慈眼寺之記を製す
〔遺稿〕巻五 寛文十一年条　摂之大坂興徳寺千手堂募縁疏
（本文略）
請下於二内州石川郡本不見山円通寺一鋳二一鉅鐘一警二悟長眠群類一免中脱無明大夜上募縁疏（本文略）
和州葛上郡千光山慈眼寺之記（本文略）

寛文十二年壬子（一六七二）　三十四歳

正月二十三日　安流折紙を写校し並に胎界初行私記を撰す
〔聖教奥書〕No. 36・682・683・684・686
正月三十日　是日より二月九日に至る間に儀軌を書写して、朝遍及び亡父亡兄の冥福に薦む、二月十九・二十日、儀軌校合す
〔般若理趣経一十七聖大曼荼羅義述〕（写一）（河内延命寺蔵）
（奥書）右十七尊義述一巻、寛文十二年二月六日奉写之了、是併奉為先師法印朝遍増進仏道、亡父亡兄成三菩提、幷及門流繁興密教紹隆鉄囲沙界平等利益、
同月十九日挍点了、安祥寺末資雲農卅四、後改浄厳
延宝二年八月第二挍了、
延宝二甲寅九月十九日、於仁和寺真乗院、奉対孝源法印、奉伝受之了、三挍了、野沢余裔浄厳、卅六、
延宝八庚申年十月五日、以高麗印本一挍了、
〔契沖儀軌奥書〕（契沖全集第九・四五七頁下、四九五頁上、四九六頁上、五〇八頁上）
（例）建立壇法（五一一頁上）
寛文十二壬子年正月卅日書写了、是偏奉資先師法印朝遍菩提、兼為亡父亡兄成等正覚耳、　雲農三十四歳　後改浄厳　同年二月十九日一挍幷点了
二月二十四日　安流折紙一紙を写挍す
〔聖教奥書〕No. 724
是春　父の俗宅の地に如晦庵を建つ、又観心寺地蔵院

に赴いて三人に印可を授く
〔行状記〕寛文十二年条↓一九〇頁下四行〜
四月六日　天野山（河内長野市天野山金剛寺）にて理趣経を講じ始め、十三日に終わる、又、菩提心論を講ず
〔理趣経講要〕〇本書寛文十一年条参照
是歳　河内加賀田村（河内長野市加賀田）にて普門品を講ず
〔行状記〕寛文十二年条↓一九〇頁下六行〜
是歳　吉野山金剛蔵王講表白を作る
〔遺稿〕巻五 寛文十二年条　吉野山金剛蔵王講表白（本文略）
是歳　真政、大鳥山神鳳寺を僧坊となして律風を展ぶ
〔大鳥山神鳳寺真政忍律師伝〕（律苑僧宝伝巻十五）
寛文十二年。以二泉之神鳳寺一釐為二四方僧坊一。俾二子孫輪流看守一。蓋応二高弟快円空公之請一也。自レ時厥後。緇侶至者日多。而律風益展。

延宝元年癸丑（一六七三）　三十五歳

正月元日　試筆に安流折紙を書写す
〔聖教奥書〕No.639
正月是月　募縁疏を書き、鬼住村民に勧めて大般若経を同村常楽寺に奉納せしむ
〔遺稿〕巻六 寛文十三年条　大般若経募縁疏
（前略）因レ玆、欲下於二此常楽寺一、安二置大般若経一、将来成二転読之浄善一、増二益薬師如来之威光一、上祈二金輪聖王之宝祚一、下饒中天下万民之威福上、於レ是、就二洛陽書肆一求二覓摺写経王一、価直鉅大、資財微薄、是故勧二誘十方有信之道俗一、請二乞随力施与之助縁一、
（中略）　寛文十三年（九月・延宝元年と改む）正月　日
〔行状記〕寛文十二年条↓一九〇頁下七行〜
正月是月　河内清水村（河内長野市清水）日輪寺にて因果経、八斎戒作法を講じ、茱萸木新田（大阪府狭山町）にて普門品を講じ、古野村極楽寺（河内長野市・融通念仏宗）にて阿弥陀経を講ず
〔行状記〕延宝元年条↓一九〇頁下一一行〜
二月十七日　某甲のために曼荼羅供表白並に諷誦文を

作る

〔遺稿〕巻六 寛文十三年条　三十三処巡礼三十三度供養曼荼羅供表白（本文略）

同諷誦文（本文略）

（奥書）寛文十三年二月十七日敬白

三月　和泉神鳳律寺快円に従って菩薩戒を受け浄厳と改名す

〔浄厳大和尚年譜艸稿〕（光道享保八年撰・写一・東京妙極院蔵）延宝元年条→二五八頁上三行

〔行状記〕延宝元年条→一九〇頁下一五行〜

〔金剛峰寺 諸院家析負輯〕巻十円通寺累代先師姓氏録

第三代恵空快円房、阿州徳島印南氏産、而十一歳於国願成寺、師有慶落髪、十九歳登山交衆、随多聞院皓貫、学教相、伝受安流於南院良意、万治乙亥年入別処、受沙弥戒、万治三年二月七日辰時進具、継別所後、依泉州家原寺久蔵院英意之請、寛文年中再興大鳥山神鳳寺為四方僧坊、又再興正福寺為尼寺、再興住吉之地蔵院為所住坊、以真別所附嘱弟子比丘遍如寂照房、然不年而早世、依之快円再住、後附嘱弟子比丘法雲畢、具在別伝、

○浄厳が快円より受戒した記録は諸伝中『年譜艸稿』だけであるが、恐らく住吉地蔵院に出向いて受戒したと考えてよかろうと思う。『析負輯』円通寺過去名簿によれば、寂照は延宝二年甲寅正月二十七日寂となっているので、延宝元年にはまだ真別所住職であった筈であり、従って快円は摂州住吉地蔵院に住したと考えられる。大鳥神鳳寺には快円の師真政が住した。

〔聖教奥書〕No.463・617

五月六日　是日より十三日に至る間、安流折紙等を写校す

〔聖教奥書〕No.465・521・552・611・617・639・649・714

六月二十八日　儀軌一本を書写す

〔契沖儀軌奥書〕金剛名号（契沖全集第九・四五四頁下）

八月二日　是日及び十五・十六日に安流折紙等を書写す

〔聖教奥書〕No. 463・513・755

八月十二日　野中律寺慈忍、洛西太秦桂宮院を結界し、四分布薩を行ず

〔青龍山野中寺慈忍猛律師伝〕（律苑僧宝伝巻十五）

〔寛文〕(延宝元年)十三年秋八月十有二日。受レ請結二界洛西太秦桂宮院一。十五日行二四分衆法布薩一。四来随喜者。歓声載レ道。至レ無レ所レ容。

十月二十八日　不動初行私記を撰す

十一月十六日　十八道初行作法を撰す

十二月十日　金剛界初行私記を撰す

十二月二十四日　安流折紙を書写す

〔聖教奥書〕No. 31・32・37・688

是歳　八幡大神影賛、京都牛尾山法厳寺実録、同寺興建幹縁疏、阿州勝浦郡霊鷲山記、播州吉祥寺記を作る

〔遺稿〕巻六 寛文十三年条

八幡大神影賛応二米田八郎左衛門需一（本文略）

牛尾山法厳寺実録（本文略）

同寺興建幹縁疏（本文略）

阿州勝浦郡霊鷲山記（本文略）

播之美葱郡吉川谷吉祥寺記（本文略）

延宝二年甲寅（一六七四）　三十六歳

正月二十六日　儀軌一本を写校す

〔契沖儀軌奥書〕

薬師如来念誦儀軌　不定（契沖全集第九・四六三頁下）

正月二十九日　本浄蓮体十二歳出家す

〔行状記〕延宝二年条↓一九一頁上一八行〜

正月是月　泉州大鳥郡小代村常念寺（堺市小代）にて即身義を講ず

〔行状記〕延宝二年条↓一九一頁下三行

二月十二日　安流聖教一帖を書写す

〔聖教奥書〕No. 2

二月二十七日　仁和寺尊寿院顕證に始めて謁し西院流の受法を懇請す

〔受法日記〕（浄厳延宝二〜三年自筆一冊・河内延命寺蔵）

広沢西院流伝受記

金剛乗資浄厳録　生年卅六

一、四度加行事

延宝二甲寅年二月廿七日、詣ニ於仁和寺尊寿院顕證（七十七歳）闍梨之許一始遂ニ拝謁一受法懇誠之由申入之処、無ニ異儀一領掌了、是併已前、賢浄法師、（傍註・予之同門法厳寺主）先而被ニ吹挙一之故也、即同年四月十九日重而参謁之（夾註・観心寺地蔵院主龍海同心、是又受法懇望之由被レ申之）、受法指南鈔（傍註・師主私草也）賜レ之書了、

二月是月　河州丹南郡小寺村宝光院にて薬師経を講じ、因に丹南村来迎寺の阿弥陀尊像を図画す

〔行状記〕延宝二年条↓一九一頁下四行～

〔阿弥陀如来画像〕浄厳筆紺紙金泥タテ一一四センチ ヨコ六一センチ 一幅

（大阪府松原市丹南三丁目来迎寺蔵）

三月　観心寺地蔵院龍海と共に上京して東山の粟田口天王坊歓喜院裏に寓居し、院主湛海及び神鳳寺真政と意気投合し、真政の修善要法集、観行要法集梓行の校正を助く

〔行状記〕延宝二年条↓一九一頁下一〇行～

〔修善要法集〕（真政円忍延宝二年撰刊四・河内地蔵寺蔵）

〔刊記〕延宝二年卯月日神鳳寺蔵版

〔観行要法集〕（真政円忍延宝二年撰刊四・河内地蔵寺蔵）

〔刊記〕延宝二年卯月日神鳳寺蔵版

〔大鳥山神鳳寺真政忍律師伝〕（律苑僧宝伝巻十五）

律師諱円忍。字真政。（中略）生ニ于慶長十四年四月二十日一。（中略）正保二年。師年三十七。依ニ通受法一納ニ具足戒一。而毘尼之学於レ是暢通。四年俊公（賢俊良永）将ニ入滅一。嘱レ師補ニ（円通寺）住持位一。慶安二年又承ニ了性律師遺命一。董ニ席南都北室律院一。（中略）寛文十二年。以ニ泉之神鳳寺一釐為ニ四方僧坊一。（中略）師住ニ岡本山法起寺一有レ年。以ニ其梵宇仏塔廃頽一。乃命レ工修治。（中略）恬然而化。如レ入レ禅然。実延宝五年十二月二十五日也。享ニ世寿一六十有九。僧臘三十又三。

〔宝山湛海伝記史料集成〕（昭和三十九年小林剛編）

延宝元年　真政律師円忍より菩薩戒を授けられて沙

弥となる。

延宝二年　泉南の神鳳寺に赴いて真政律師円忍に律を学び三年後の同四年正月十七日具足戒を授けられる。その後観喜(ママ)院を周範に譲って大和法隆寺の北室院に入る。

〔神鳳一派僧名帳〕（写一）（堺市百舌鳥赤畑光明院蔵）

退衆
宝山房湛海 具戒得時延宝四年正月十七日辰時上分 正徳六丙申年正月十六日入寂

四月十九日　龍海と共に、再度顕證に謁し、受法指南鈔を賜って之を書写す

〔受法日記〕〇本書延宝二年二月二十七日条参照

四月二十三日　仁和寺に於て顕證に従い西院流四度加行開白　六月二十四日結願す

六月二十六日　顕證老衰の故を以て真乗院孝源に従い許可加行を始め、七月四日許可を受く

七月七日　成就院七巻鈔の伝受を始め二十五日に終わる、この間、栂尾法鼓台蔵弘法大師御請来儀軌を借りて書写校合を始め、儀軌の伝受に備う

〔受法日記〕〇前掲史料につづく

自同(四月)廿三日、十八道加行始行了、

（中略）

同(六月)十七日参上、胎蔵次第一巻伝受、同日始之、

同廿四日結願了、

已上四度加行了

一、印可加行事

六月廿六日、謁㆓于真乗院孝源法印㆒、承㆓其命㆒許可加行始之、　金界供養法（傍註・顕證闍梨老衰之故被譲之也）

一、印可事

七月四日、受㆓許可於孝源法印㆒、即印信自筆書賜了、

一、成就院七巻鈔又号別行鈔 又号略行鈔伝受事

七月七日

忿怒巻之内、不動法伝受了、

（中略）

廿五日

星供次第已下

（中略）

七巻鈔今日伝受了
〔契沖儀軌奥書〕（契沖全集第九・四五二頁上、四五三頁上、四五八頁下、四六三頁上、四七〇頁下、四七三頁下）

（例）十八道儀軌海述（契沖全集第九・四五八頁下）

延宝二年甲寅七月八日、於仁和寺、以梅尾法鼓台之本、一一比挍了、

又以別本、一挍了、金剛乗資浄厳 生年卅六

七月二十六日　是日より九月二十九日に至る間、仁和寺に於て孝源に従い儀軌を伝受す、伝受の傍ら主として栂尾本を以て連日儀軌の写校に勤む、弟子妙厳（蓮体）観心寺龍海ら助筆す

〔受法日記〕○前掲史料につづく

御請来経軌等伝受日次記

延宝二年甲寅七月廿六日始之

（中略）

（九月）廿九日不空羂索毗盧遮那仏大灌頂光明真言

師云、今一本ノ儀軌ハ先哲皆疑レ之、不レ可ニ信用一也

已上当年伝受之分

〔契沖儀軌奥書〕（契沖全集第九・四五一頁上下、四五二頁上、四五三頁下、四五四頁上、四五五頁上、四五七頁下、四五八頁上下、四五九頁上下、四六〇頁下、四六一頁上、四六二頁上、四六三頁下、四六四頁上下、四六八頁下、四六九頁上下、四七三頁上、四七五頁上下、四七七頁下、四七八頁上、四八一頁下、四八九頁下、四九〇頁上、四九三頁上、四九五頁上、四九六頁上、四九七頁上、四九九頁上、五〇〇頁上、五〇四頁上、五〇七頁上、五〇八頁下、五一〇頁上、五一五頁上下、五一六頁上、五一九頁上）

（例）大日経略摂念誦随行法不空海仁珍（契沖全集第九・四五一頁下）

延宝二甲寅九月一日、以梅尾山寺法鼓台之本、於仁和寺写之了、

一挍了　同月四日再挍了、浄厳 卅六

同三年七月廿二日伝授第三挍了

〔大日経供養次第法〕（写一）（河内延命寺蔵）

延宝二年七月晦日、於仁和寺書写了、檜尾山元由（龍海カ）

同年八月九日点挍共了、浄厳 三十六

〔蘇悉地供養法〕巻上（写一）（河内延命寺蔵）
延宝二年甲寅八月四日初更、於仁和寺、以高山寺法鼓台之本書写之、二日二夜写了、同月十日一挍了、
野沢末資浄厳 卅六
延宝三年十月十四日、以浄厳師之本、令他書写了、
賢浄 筆浄證

〔大日経五支念誦法〕（写一）（河内延命寺蔵）
於仁和寺書写了、観心寺龍海
延宝二年八月廿七日一挍了、沙門浄厳挍了
同九月四日再挍了

〔都表如意輪儀軌〕（写一）（河内延命寺蔵）
延宝二年九月使佗写之
同三年正月十四日一挍了、金剛弟子浄厳 三十七
（朱）予曾十二歳従師、寓居仁和寺、書写此一巻、文字舛誤不少、依之、今為授諸徒、重写之了、
宝永五年七月十日 同一挍了、安流嫡資蓮体四十六載

十月 尚、儀軌の書写に努む
〔契沖儀軌奥書〕（契沖全集第九・四八六頁上、四九四頁上下、四九六頁下、四九九頁下、五〇一頁上、五〇三頁上）
（例）文殊師利根本一字陀羅尼法（契沖全集第九・四八六頁上）
延宝二年十月廿一日、使沙弥妙厳写之了、同三年八月十日伝受、一挍了、同四年五月廿二日再挍了、同五年五月、以大明印本第三挍了、浄厳 三十九

十二月十日 是日及び十三・十六日、小西見村如晦庵にて儀軌を書写す
〔契沖儀軌奥書〕（契沖全集第九・四六二頁上～下、四九三頁下、五一三頁上）
（例）録外 破地獄儀軌（契沖全集第九・四六二頁上～下）
延宝二年甲寅十二月十日二更之後、於河内小西見如晦庵書写。
一挍了、正本誤写多也、後日得善本之時、令再挍耳、金剛乗資浄厳 三十六

〔底哩三昧耶経〕（写一）（河内延命寺蔵）
延宝二年十月十三日写之了、野沢末資浄厳 卅六

同十八夜一挍了
是頃　鉄眼に依頼して黄檗山印房より秘密儀軌の刊行を企つ
〔行状記〕延宝二年条→一九二頁下九行〜
〔黄檗版秘密儀軌〕〇八帙七四冊（別に目録一冊）一八七部三二四巻現流

延宝三年乙卯（一六七五）　三十七歳

正月元日　是日及び五日に安流折紙を写す
〔聖教奥書〕No. 514・515
正月五日　是日及び十一・十二・十四・二十三日に儀軌を写校す
〔契沖儀軌奥書〕（契沖全集第九・四五四頁下、四六〇頁上、四六五頁上、四七八頁上、五〇一頁下）
正月十六日　河内古市誉田宮薬師院（羽曳野市古市）にて理趣経を講じ始め二十三日に結講す
〔理趣経講要〕〇本書寛文十一年四月六日条に録す
〔行状記〕延宝三年条→一九三頁上一七行〜

二月十一日　是日より五月二十八日に至る前後百三十五席に亘り、河内丹南郡東野村蓮光寺（狭山町東野）に於て法華経を講じ、講要を草す
〔行状記〕延宝三年条→一九三頁下一行〜
〔妙経新註講要〕（浄厳自筆十一冊・河内延命寺蔵）
〇各冊毎に第一丁表左側に序品方便品以下二十八品の見出しを掲げ、下方に「如晦庵主」と記し、内容ともすべて浄厳自筆である。『行状記』によれば、鬼住村に如晦庵を建てたのが寛文十二年で、庵を延命寺と改称したのが延宝五年であるから、本講要の製作年代はこの間といえる。浄厳の法華講は延宝三年、六年、八年、元禄三年の四回であるから、本書は正しく延宝三年第一回東野村蓮光寺に於ける講義手控と見られる。
四月十九日　儀軌を写校す
六月十四日　儀軌を写校す
〔契沖儀軌奥書〕（契沖全集第九・四七九頁上、四八七頁上）
七月十七日　前年に引き続き仁和寺に於て孝源に従い

儀軌の伝受を始め八月二十日に至る、その間、儀軌を書写対校す、孝源の命により洛西鳴瀧般若寺に住持す

〔受法日記〕○延宝二年七月二十六日条につづく

延宝三年七月十七日又伝受始之

（中略）

（八月）廿日○真言集心覚　三巻

（中略）

○断末魔符

（以下空白）

〔契沖儀軌奥書〕（契沖全集第九・四五一頁上下、四五七頁上下、四五九頁上下、四六〇頁上、四七三頁上、四七五頁上、四八一頁下、四八四頁下、四八六頁下、四八九頁下、四九一頁下、四九二頁下、四九三頁上、四九四頁下、四九五頁下、四九六頁上、四九九頁下、五〇一頁上、五〇二頁上下、五〇三頁上下、五〇六頁上、五〇七頁下、五〇八頁上下、五一二頁上、五一三頁上、五一四頁下、五一六頁上）

（例）仏説毗奈耶経（契沖全集第九・四五九頁下）

写本云円楽寺本書了　三挍了

延宝三乙卯年中秋十五日再挍了

城西般若密寺沙門浄厳卅七

（例）如意輪観門義註秘訣（契沖全集第九・四九四頁下）

（前略）

同（延宝）三年八月三日、奉対仁和寺真乗院孝源法印、伝授之、再挍了、浄厳卅七

〔行状記〕延宝三年条↓一九三頁下九行

九月　河内鬼住村常楽寺に於て即身義を講ず

〔行状記〕延宝三年条↓一九三頁下一一行

是冬　常楽寺にて大般若経を転読す、又道俗に梵網経を講じ五十八人に菩薩戒を授け、大鳥派の玄忍を請じて布薩を行う、また叔父良信の需めに応じて梵網菩薩戒[illegible]諺註を撰す

〔行状記〕寛文十二年条↓一九〇頁下八行〜

延宝三年条↓一九三頁下一一行〜

○常楽寺はもと延命寺に隣接し、薬師如来を本尊としたが、明治初年廃寺となり、仏像寺域共に延命寺に合併す。

〔梵網菩薩戒題諺註〕（浄厳撰・延宝四年刊一）（河内地蔵寺蔵）

菩薩戒諺註自叙

（前略）延宝乙卯之冬、予講二心地戒于郷枌之常楽寺一、道俗靡レ風希二受持一之者夥矣、偶南紀慈光精舎玄忍大徳、有レ故見レ過二蓽戸一、幸請説《ニシテ》戒《セシム》之、前後凡六会、新受菩薩五十有八矣、復弊邑之一盛事也、是非二予脣吻之使一レ然、誠心地戒徳之所レ感耳、因而為二一信士一就二太賢古迹一掲二其戒題一、加二俚諺於其下一将レ便二秉持一也、有二新学菩薩諱性寂者一、覧レ之曰、斯実初志之南針也、請寿二於梓一有レ啓二後来之蒙一、我幹縁之、子其努力、予不レ得レ止、重掇二群賢之遺言一、聊下二註脚一、是非レ呈二博達之緇流一、惟導二庸愚之素士一耳、矧復浅見膚学紕繆定多、後覧者、有レ感二乎斯文一添削正之則不肖之幸也、延宝第三龍集乙卯季冬初七、洛西般若密寺菩薩戒弟子浄厳、書二乎枌楡之如晦菴一

〔神鳳一派僧名帳〕（写一）（堺市百舌鳥赤畑光明院蔵）

恵海房玄忍　天和二年壬戌八月九日寂

〔岡本法起寺住職比丘代々僧名入滅年号月日覚〕（続々群書類従第十一巻五四二頁所収）

（中興第一世真政円忍）

（第四世）恵海玄忍　天和二壬戌年八月九日入滅

〔因縁先霊名〕

良信近士　延宝七己未三月廿六日

〔延命寺過去帳〕

良信近士浄厳和尚叔父　延宝七年己未三月二十六日

是冬　泉州大鳥郡上神谷村に高山寺《こうぜんじ》を創建す

〔行状記〕延宝三年条↓一九三頁下一五行

○高山寺は明治の初めに廃寺となって高山神社となり、現在は荒山神社（堺市和田）と称す。浄厳製作の本尊十一面観音木像は太平寺（堺市太平寺）に移し保存されている。

是頃　契沖によって、摂州今里村妙法寺住職に推挙されたが、故あって実現せず

〔妙法寺記〕（貞享元年契沖自筆一巻・大阪市東成区大今里妙法寺蔵）（昭和二年契沖全集第八巻所収）

一、住持分と申候は、先師在世延宝二三年之比、拙僧

へ譲可申由被申候へ共拙僧は無徳の者其上住持之望無之候。河州錦部郡鬼住村延命寺覚彦房は修学之名聞え申候間、是へ付嘱候はゞ利益も可有之候由勧メ候て、其後覚彦坊御出被致対面、後々は付嘱可仕由被申候（中略）老師相果候後とかく仕候内老母を養不申候而は不罷成義出来候により、無是非覚彦へ又断申、只今迄借居申候、

延宝四年丙辰（一六七六）　三十八歳

正月　泉州高山寺にて早春を迎う

〔遺稿〕巻六 延宝四年条　高山早春

高山寺裏始逢レ春　廚庫蕭然物外身　伝レ暖東風衝牖入　韶光不レ隔林下貧

二月　河内常楽寺にて始めて受明灌頂、結縁灌頂を行じ、六人に許可を授く

〔行状記〕延宝四年条―一九三頁下一七行～

是月　実乗希勤二十七歳出家す

〔希勤墓誌〕―二〇一頁下一二行～

〔行状記〕延宝四年条―一九三頁下一六行

三月　仁和寺にて儀軌伝授成満す、次いで般若寺にて、受具のための好相を祈り、一字頂輪王儀軌を修す

四月　如晦庵に帰り、続けて好相を祈る

〔行状記〕延宝四年条―一九四頁下五行～

○梵網経（第二十三軽蔑新学戒）には、自誓受戒の前に必ず好相を感得することが要請されている。受者は受戒前に前行を修し、その間に仏菩薩の出現（好相）を霊夢中に感得し、その霊夢を記して（好相記）証明師に提出し、受戒の好相とするに堪えることを認可されて始めて自誓して比丘戒を受けることができる。好相を得るまでは、何日でも前行を続けて祈り続けなければならない。

五月十四日　泉州高山寺にて自誓して具足戒を通受す、同受には慈念房慧隆、紀州和佐村慈光寺玄忍証明師を勤む

〔希勤墓誌〕―二〇一頁下一四行

〔行状記〕延宝四年条―一九四頁下一二行～

〔神鳳一派僧名帳〕○前掲参照

慈念房恵隆延宝九年辛酉十月十一日寂
五月下旬　洛西般若寺にて儀軌を校合す
〔契沖儀軌奥書〕（契沖全集第九・四六七頁上下、四七四頁下、四七九頁上下、四八〇頁上、四八四頁上、四八五頁上下、四八九頁上、四九〇上、五〇〇頁下、五〇五頁下、五〇六頁上下）
（例）観自在菩薩説普賢陀羅尼経（契沖全集第九・四九〇頁上）
今延宝第四五月廿八日晡後、於洛西般若寺対梅尾之本一《マヽ》経了　浄厳
六月二十五日　泉州妙高山真言院にて儀軌を書写す
〔契沖儀軌奥書〕（契沖全集第九・四七四頁上）
成就妙法蓮花経王瑜伽観智儀軌経
旹延宝四年六月廿五日、於泉州妙高山真言院、書写之了、願密教遐布人法□《興カ》隆、
密乗末芻小苾芻浄厳生年卅八
是夏　泉州高山寺にて、円行、頼円、蓮体らのために儀軌の伝授を始む

〔行状記〕延宝四年条↓一九四頁下一六行～
七月　河内丹南村来迎寺にて心経秘鍵を講ず
〔浄厳大和尚年譜草稿〕延宝四年条↓二五九頁下一三行
八月　河内竹谷村不動堂明王院にて三教指帰を講ず
〔行状記〕延宝四年条↓一九五頁上一行～
九月十六日　河内石川郡龍泉寺の鐘銘を誌す
〔遺稿〕巻六延宝四年条龍泉寺銅鐘銘（本文略）
（奥書）延宝四年九月十六日密乗末裔浄厳欽識
〔龍泉寺銅鐘〕一口（富田林市龍泉・龍泉寺蔵）
九月二十九日　戒琛慧光十一歳出家す
〔安祥寺流伝授手鏡〕○本書元禄十五年七月十一日条に録す
〔行状記〕延宝四年条↓一九五頁上二行
十月二十一日　讃州塩飽広島神光寺の鐘銘を撰す
〔神光寺鐘銘〕（丸亀市広島神光寺蔵）
奉寄進鋳鐘壱口
八幡宮御宝前

讃州那珂郡立石浦宝珠山神光寺也者、讃陽之甲藍而八幡大菩薩和光之地、無量寿如来降霊之崛也、英檀主池路佐兵衛尉、竭篤信、捨浄財、鋳鉅鐘、架高閣、極於群生之苦酷、致四徳之円常、現住主盟宥算、寄冥鴻之廻来、責禿兎之漫染、貧道樗散不幸遭枉不得敢辞、乃為銘曰、（銘文略）

　金剛乗末裔小苾芻浄厳銘焉

右旨趣者

金輪聖皇、天長地久、御願円満、社頭安穏、国土泰平、風雨順時、五穀成就、人民快楽、庄園豊饒、氏子繁栄、助成施入檀越等、二世悉地、皆令如意、祈所如件

　延宝四丙辰載孟冬廿一日

　　讃州那珂郡塩飽広島立石浦

　　　宝珠山神光寺阿弥陀院

　　　　住持権大僧都阿闍梨宥算和尚位

十一月七日　河内にて希勤らに菩薩戒を授く

〔希勤墓誌〕↓二〇一頁下一五行〜

〔礦石集〕（蓮体撰・元禄六年刊六冊）（河内延命寺蔵）

河州ノ希勤阿闍梨秘密ノ益ヲ得ル事

a 冬河内ニ帰テ（延宝四年）十一月七日和上ニ従テ菩薩戒ヲ受ク（巻四本十一丁左）

b （延宝）五年二月一日金剛界ノ壇ニ入リ学法灌頂ヲ受クルニ金剛波羅蜜ヲ得タリ、和上思念スラク、此子菩提心堅固ナルベシト。同三月和上播州国分寺并ニ報恩寺ニ赴テ梵網経及ビ普門品ヲ講ズルニ希勤同ジク随ヘリ。秋泉州陶器ニ赴テ和上ノ梵網ヲ講ズルヲ聞ク。同冬十一月和上ニ従テ十一面観音ノ一尊法ヲ受（巻四本十一丁左）

c （延宝）六年二月八日大悲胎蔵生曼荼羅ニ入ル（中略）夏四月和上讃州多度郡屛風ガ浦善通寺ニ赴テ法花ヲ講ズ（巻四本十二丁右）

d （延宝）七年正月和上尚讃州ニ在テ高松ノ邑ニ寓居ス、希勤又来テ随フ、夏四月不動ノ印契儀軌ヲ受テ修行ス（巻四本十三丁右）

e （延宝七年）八月ニ一字頂輪王ノ瑜伽ヲ修ス。時ニ和上理趣経及ビ秘鍵ヲ講ズ。希勤此ヲ聴ント欲ス（巻四本十四丁左）

f九月和上河州ニ帰ル希勤モ随フ（巻四本十五丁右）
g（延宝八年）二月二日両界ノ許可ヲ受ク。同十三日伝法阿闍梨ノ職位ヲ受（巻四本十五丁右〜左）
h（延宝九年）五月小西見ノ息心庵ニ移リ十有七日ニ端坐シテ化ス歳三十二（巻四本十六丁右）

十二月　泉州高山寺にて儀軌伝授の傍ら真言行者二時食作法及び施餓鬼作法を撰す

〔行状記〕延宝四年条→一九五頁上四行〜
〔真言行者二時食法〕（浄厳撰・延宝四年刊一・高野山三宝院蔵）
〔施餓鬼作法〕（浄厳撰・延宝五年刊一・河内地蔵寺蔵）

延宝五年丁巳（一六七七）　三十九歳

正月二日　小西見如晦庵にて理趣経を講じ始め、師主朝遍の七回忌に薦む、又、泉州陶器村（堺市）にて因果経、尊勝陀羅尼経を講ず

〔行状記〕延宝五年条→一九五頁上九行〜
〔理趣経講要〕〇本書寛文十一年四月六日条参照

二月一日　小西見常楽寺にて結縁、受明、伝法灌頂を行ず

二月十二日　鬼住村を発ちて播州飾東郡国分寺（姫路市御国野町国分寺）に往き、即身義、梵網古迹記を講じ、又、結縁、受明、伝法灌頂を行ず

五月初旬　播州報恩寺（加古川市平荘町）に往き、普門品を講じ、在俗に三帰五戒八戒光明真言等を授く、又、寺僧には菩薩戒を授けて持律を勧む

〔行状記〕延宝五年条→一九五頁上一二行〜
〔礦石集〕〇本書延宝四年十一月七日条b項参照
〔希勤墓誌〕→二〇一頁下一六行〜

五月十三日　鬼住村に帰り、父の俗宅を改めて延命寺（河内長野市神ヶ丘）を創む

〔行状記〕延宝五年条→一九五頁下一三行
〔地蔵講文書〕（河内長野市神ヶ丘・地蔵講所有）

寄進状

一、貴僧今度、延命寺所望被成候ニ付、寺号山号并境内まて、不残寄進仕候上者、如何様共、其方之

御支配ニ可被成候、若如何様之儀出来仕候とも、
衆中申分無御座候、為後日之如此候、

延宝五年巳極月十三日　河州（錦）部郡鬼住村

講中

彦右衛門　宗兵衛　六兵衛
作左衛門　作兵衛　三右衛門
仁右衛門　徳兵衛　道雲
九左衛門　六兵衛
五兵衛　清兵衛

延命寺覚彦御房

奉

一札

一、今度延命寺を拙僧屋敷へ引移候儀望申候所ニ、仏法興隆を思ひ、御衆中御同心被成、寺号山号之御令旨、此方へ御渡し被下、拙僧別而奉恭存候、然上者、今迠有来ル地蔵講等諸事、如前々於当寺御勤可被成候事、

一、延命寺本尊地蔵菩薩之儀者、如何様とも、御衆中之御計ヒニ任せ置候事、

一、同堂守之僧之事、是又、可被任御衆中之御分別事、

一、同山林田地之儀者、自元、拙僧一分も望不申候間、如何様ニも御衆中之御支配ニ可被成候、若已来、此方より毛頭も妨申候ハヽ、此延命寺并御令旨等迠、御衆中へ御取可被成候、其時一言も異儀申間敷候事、

一、御寄進状之面とハ相違仕候得共、依有別儀、本尊并山林田地之分ハ、御講中之支配ニ相極申候事、

右之条々、只今定置候処、敢以不可有違乱候、仍為後日証文如件、

延宝五年　河州錦部郡鬼住村
丁巳十二月十三日　覚彦
浄厳花押

証人　鬼住村
庄左衛門印

同　同村　庄右衛門印
同　葛野村　杢右衛門印
同　同村　喜左衛門印
同　永野村　平右衛門印
同　清水村　喜右衛門印
同村
地蔵講御衆中　参

五月十九日　是日より月末にかけて儀軌を写校す
〔契沖儀軌奥書〕（契沖全集第九・四六六頁上下、四六七頁上下、四六八頁上、四七二頁下、四七五頁下、四八七頁上、四九一頁下、四九二頁上下、四九三頁上下、四九四頁上、五〇六頁上）

七月八・九日　安流折紙を写校す
〔聖教奥書〕No. 718・726
七月是月　泉州陶器大村寺にて、梵網古迹記を講じ、五十人餘に菩薩戒を授く
〔行状記〕延宝五年条→一九五頁下一四行〜
〔希勤墓誌〕→二〇二頁上一行〜
〔礦石集〕〇本書延宝四年十一月七日条b項参照
八月十・十二日　儀軌を写校す
〔契沖儀軌奥書〕（契沖全集第九・五一〇頁下）
〔八字文殊儀軌〕（写一）（河内延命寺蔵）
延宝五龍次丁巳七月十五日書写了、希以鴻福法印源養速成三冐地者、檜尾山（龍海）
同年八月十日一校了浄厳
九月二十九日　延命寺に於て天台四教集解を講じ始め十二月四日終わる、この間に諸徒のために儀軌の伝授を始めて翌年に至る、契沖も又、鬼住村に寓居して受法し、浄厳写校の儀軌を借覧して転写校合を始む
〔行状記〕延宝五年条→一九八頁下五行〜

〔契沖儀軌奥書〕（契沖全集第九・四六六頁上、四七九頁下、四八〇頁上）

（例）普賢金剛薩埵念誦法（契沖全集第九・四八〇頁上）

延宝五年十一月廿一日、於内州小西見村、寓居之暇写之、

九年辛酉七月一日、依浄厳遮梨以高麗印本挍之本、再挍了

一挍了　沙門契沖

貞享二年龍集乙丑三月廿六日以大明印本校了

九月是月　延命寺に食堂、衆寮成る

〔行状記〕延宝五年条→一九五頁下一六行

十一月　希勤に十一面観音の一尊法を授く

〔希勤墓誌〕→二〇二頁上一二行〜

〔礦石集〕〇本書延宝四年十一月七日条b項参照

是月　不空撰受菩提心戒儀を刊行し、十二月十八日空海撰秘密三昧耶仏戒儀を梓行して密戒の普及に努む

〔受菩提心戒儀〕（不空撰・刊一）（河内延命寺蔵）

（跋文）

菩提心戒者、真言行者始入之要径、一切如来曾遊之玄門也、慨《クラクハ》矣俗及《テ》二澆季《ニ》一、偶爾《ニ》有《ルモ》レ値《コト》、受体都《テ》亡《シ》、護持総《ニ》泯《ス》、吾《カ》道《ノ》陵遅職《トシテ》而由《ル》レ斯《ニ》、厳雖《ナリト》二斗筲《ニ》一措《クコト》二之《ヲ》懐《ニ》一久《シ》、故《ニ》刻《テ》二之《ヲ》梓《ニ》一以寿《フス》二万世《ニ》一、伏希《クハ》仏日増《シ》レ輝《ヲ》、秘風長《ヘニ》扇《テ》、帝道遐《ニ》昌《ヘ》、民物康寧、沙界塵刹、斉《ク》洽《ハン》二密益《ニ》一

延宝丁巳仲冬之吉　河州錦郡《ノ》（ママ）宝輪比丘

浄厳欽《テ》書《シ》并《ニ》識《ス》

受菩提心戒弟子光盛 政誉 捐《テ》レ貲《ヲ》刻《ム》レ焉《ヲ》

〔秘密三昧耶仏戒儀〕（空海撰）（写一）（奈良市伝香寺蔵）

（跋文）

夫三昧耶仏戒者、真言行始入之大道、生仏無二平等之浄則也、悲矣、法已陵夷、受随共亡、貧道誠雖非器、慨嘆罔措、故雕之梓以貽可畏、冀也後哲、欽奉仏戒、堅住心地、乃至三有四生同入仏海者、旹延宝丁巳季冬十有八日

河州小西見宝輪苾芻浄厳欽誌

十二月二十五日　真政円忍遷化す、よってその行状並に影賛を撰す

〔行状記〕延宝五年条↓一九八頁下八行〜

〔遺稿〕巻五 寛文十二年条　円忍律師行状（本文略）

〔遺稿〕巻六 延宝三年条　円忍律師行状并賛行状載于別巻（詩文略）

○円忍律師行状は、寛文十二年三月下旬泉州神鳳寺を四方僧坊となした記事で終わっており、円忍の没年などに言及しないため、『遺稿』編者のみる如く、円忍生前の寛文十二年頃に既に記録されていたと考えられる。又、影賛には、「挙二其遺緒一煽二其餘炎一」というような句があるので、或は円忍没後の作ではないかと思われる。今は蓮体の『行状記』に従って本条に掲示しておく。

〔大鳥山神鳳寺真政忍律師伝〕（律苑僧宝伝巻十五）

恬然而化如入禅然実延宝五年十二月二十五日也

閏十二月二十三日　讃州塩飽牛島長徳院の鐘銘を撰す

〔長徳院銅鐘銘〕（丸亀市牛島長徳院蔵）（遺稿巻六・延宝五年収）

延宝五年冬閏十有二月廿三日、讃之塩飽、牛頭山極楽密寺住持宥誉闍梨、因大檀主宗心信男之施浄財、鋳一巨鐘懸之高楼、因責銘予、不得敢辞則為銘曰、

（銘文略）

河陽宝輪苾芻浄厳欽誌

先考宗円先妣憂

倶薦冥福

是歳　慧球祥光十一歳出家す

〔行状記〕延宝五年条↓一九八頁下一〇行

延宝六年戊午（一六七八）　四十歳

正月二日　鬼住村地蔵講に一札を差し入れ、講所有の山林田畑には関心なきことを約す

〔地蔵講文書〕（河内長野市神ケ丘・地蔵講所有）

指入申一札之事（本文略）

延宝六年戊午正月二日　河州錦部郡鬼住村

延命寺

覚彦浄厳 花押

証人

同村庄屋

庄左衛門 印

同所

同庄右衛門 印

同村

地蔵講御衆中 参

正月九日　安流折紙を写校す

〔聖教奥書〕No. 626・718

正月是月　和州青龍寺の鐘銘を作る

〔遺稿〕六巻 延宝六年条　和州青龍寺銅鐘銘

延宝六年歳次著雍敦牂孟春之月、大和州宇知郡宇野郷、神足山僧来、索銘銅鐘、不得敢辞乃援筆曰（銘文略）

河陽宝輪苾芻浄厳謹銘

二月八日　延命寺に於て受明伝法両灌頂を修す

〔行状記〕延宝六年条↓一九八頁下一一行～

〔希勤墓誌〕↓二〇二頁上五行～

〔礦石集〕〇本書延宝四年十一月七日条c項参照

三月十一日　是日及び十六・二十一・二十四日に延命寺宝輪庵にて安流聖教を書写校合す

〔聖教奥書〕No. 355・463・590・689

三月二十六日　延命寺を発って讃州善通寺誕生院主宥謙の招きに赴き、途中摂津住吉地蔵院（大阪市東住吉区加美新家町）にて遍照院修造幹縁疏を作り、二十八・九両日は大坂の旅館に宿して泉州補陀洛山記を書き上ぐ

〔行状記〕延宝六年条↓一九八頁下一四行～

〔遺稿〕巻六 延宝六年条　備中西阿地遍照院修造幹縁疏戊午三月廿六日於住吉地蔵院作（本文略）

泉州補陀洛山記 竪百五十歩横百八十餘歩 三月二十八日（二十九日）於大坂旅館作（本文略）

旹延宝戊午季春小尽河州宝輪小苾芻浄厳謹誌

四月四日　誕生院西寮にて安流聖教を写校し、十九日には金剛波羅蜜二種印明口訣を草す、この間当寺にて因果経を講ず

〔聖教奥書〕No. 249・293

〔行状記〕延宝六年条→一九八頁下一四行〜
四月二十一日　善通寺に於て法華経を講じ始め九月九日に終わる。この間雨請いをして霊験あり、又講談の暇に弟子蓮体を伴って弘法大師の旧跡を廻る
〔行状記〕延宝六年条→一九八頁下一五行〜
〔希勤墓誌〕→二〇二頁上七行〜
〔礦石集〕〇本書延宝四年十一月七日条c項参照
〔遺稿〕巻六 延宝六年条 高祖大師影賛七月六日於二讃州善通寺一作与二櫛無村庄野権十郎一
（詩文略）
讃陽善通寺逢二中秋一八月十五日（詩文略）
書二上一絶一贈二有謙師一引　同十六日（本文略）
再次二前韻一重簡二有謙師一兼和二謙師俳偕之韻末一（詩文略）
九月九日　法華満講の後、観音寺（観音寺市八幡町）、次いで塩飽牛島長徳院（丸亀市牛島）に赴き、商船主らに随求陀羅尼経を講じ、航海安全の守護として当経の梓行を勧む
〔行状記〕延宝六年条→一九九頁上一七行〜

〔大随求陀羅尼経・仏説大愛陀羅尼経〕（刊本一・河内延命寺蔵）
刻二大随求及大愛陀羅尼経一小引
（前略）讃北塩飽船商等、由来篤実奉レ仏信レ法、聞二玆勝徳一欣慕渇仰、各捨二家貲一雕二鋳于梓一、以備二危厄一、且広二流通一、亦写二大愛陀羅尼経一附二在厥尾一、（中略）良惟、度海之中、風厄最急、発二浄信心一持二此神咒一、於二彼船師一、所レ益不レ少（下略）
延宝第七星紀二己未一臘月之吉
密林樸樕浄厳欽書
附録
鏤版大随求陀羅尼経上下両巻
大愛陀羅尼経　一巻　密派浄厳書
施貲檀主
讃州塩飽牛島
阿闍梨宥誉三匁五分　太郎兵衛七匁　弥之介　茂兵衛
孫左衛門各三匁五分　市左衛門十四匁　庄左衛門　平左衛門　六兵衛　弥左衛門各三匁五分　伊兵衛　作兵衛　源

兵衛各七匁　伝介二十四匁五分　長兵衛十七匁五分　与右衛門
彦右衛門　長三郎　長四郎　太兵衛各三匁五分　長左
衛門七匁　治兵衛　平二郎　彦左衛門　金介
甚兵衛　治右衛門　岩松各三匁五分　権兵衛十七匁五分　二郎
兵衛十四匁　勘七　与三左衛門各三匁五分　五郎兵衛七
匁　五左衛門四十二匁　一郎兵衛　九左衛門各三匁五分
光夏照泉信女三匁七分　阿闍梨覚樹　左兵衛　二郎兵衛
太兵衛各三匁五分

立石浦

伝兵衛　久右衛門　孫七郎　三七郎各七匁　仁左衛
門十匁五分　五郎兵衛　彦吉郎　左兵衛　九郎右衛門
伝四郎　作左衛門　長左衛門　阿闍梨雲阿各三匁五分

青木浦

一郎右衛門十匁五分　七兵衛　伝蔵　弥十郎各三匁五分

尻浜浦

清右衛門十四匁

泊浦

伝兵衛　宗兵衛各十匁五分　太郎兵衛十匁五分　摠兵衛七匁

与島

六右衛門　助左衛門各七匁　宗右衛門　半二郎各十四匁
善左衛門　助右衛門　久二郎　庄左衛門　四郎左
衛門　九兵衛各三匁五分

江浦

一郎兵衛　与兵衛　四郎右衛門

茂浦

権左衛門三匁五分

沙弥島

吉二郎三匁五分

山西

木工（マヽ）右衛門三匁五分

笠島

八左衛門　甚右衛門各三匁五分

牛島

太郎兵衛三匁五分

河州

阿闍梨浄厳十匁　龍璠四匁三分　慧光　祥光二匁

安鑿妙忍五夂

是頃　高松の木村四郎右衛門富久の宅、蔵六庵に宿し、富久の父母の追福のために理趣経千部を誦す

〔行状記〕延宝六年条↓一九九頁下二行～

〔神光山得勝院大護寺由来記〕（香川叢書第一・一七一頁）

一、抑此寺之濫觴者、其本願曰二木村四郎右衛門富久一、富久性淳善　篤信二仏乗一。延宝三年乙卯之春、行年四十而始有下避二塵埃一之志上。於レ是結二構精廬於城東市中一俗曰二内町一三月二十一日上梁。既成具二真俗器物一自号曰二蔵六菴一遂将欲レ為二密教弘通院宇一迺屈二請河内覚彦和尚之令徒円光苾芻一以使レ主二此菴一

一、同（延宝）八年庚申八月十五日、四郎右衛門富久従二覚彦和尚一薙二髪於現證菴一改二名即心字是性一時年四十有五菴在二岩清尾社側一英公嘗請二覚彦和尚一舎二於此菴一

○『行状記』は網干屋是性即心俗名四郎兵衛となすが、今は『由来記』に従って四郎右衛門富久とした。

九月末　屋嶋寺（高松市屋島）に寓して即身義を講じ、大師の旧跡八栗寺三朶峰（香川県牟礼町）に登り、次いで酒田の観興寺に移る

十月二十一日　石清尾《いわせお》の阿弥陀院にて三教指帰を講じ十二月四日に終わる、十二月末に高松城南松平頼重の別業に寓して越年す

〔行状記〕延宝六年条↓一九九頁下四行～

〔遺稿〕巻六延宝六年条　一宝道生号

是歳季秋之末、寓二於屋島之蘭若一、有二一信士一、自二高松城一而来也、

（奥書）延宝六戊午季冬之吉河陽斗藪沙門釈浄厳書二于讃国府城坤阪之僑居一

十一月　契沖、摂州今里妙法寺住職となる

〔妙法寺記〕（貞享元年契沖自筆一巻・大阪妙法寺蔵）（昭和二年契沖全集第八巻所収）

先師元和八年より延宝六年迄被致住持、同八年十月廿八日七十五歳ニ而被相果候、拙僧延宝六年霜月より住持分に罷成候へ共、御公儀へも七年よりと書上ケ申候は、六年迄を先師に属シ候事

是歳　播州多可郡金蔵寺記並に肥前円城寺尊祐法印の

影賛を作る

〔遺稿〕巻六延宝六年条播陽金蔵寺記（本文略）

肥之前州宝樹山円城寺尊祐法印影賛（賛略）

延宝七年己未（一六七九）　四十一歳

正月十日　高松城主松平頼重（源英公）に初めて謁見す、又是月高松城隅（石清尾の阿弥陀院か）にて即身義を講ず

〔行状記〕延宝七年条→一九九頁下一二行〜

〔希勤墓誌〕→二〇二頁上一六行〜

〔礦石集〕〇本書延宝四年十一月七日条d項参照

二月二十五日　高松城外石清尾社側の旅寓にて安流聖教を写す

〔聖教奥書〕No. 3

二月是月　高松聴徳庵にて梵網古迹記を講ず、頼重及び息女、日日聴聞す

〔行状記〕延宝七年条→一九九頁下一四行〜

〔礦石集〕（蓮体撰元禄六年刊・巻三末二十丁右）

延宝七年ノ春吾が和尚讃州高松ニ寓居シテ梵網経ヲ講ジ玉ヘリ

〇聴徳庵は延宝二年高松城主松平頼重が建立して神儒仏の講書を行わせた所。現在は聴徳院（高松市天神前二）と称し真宗仏光寺派に属す。

三月一日　石清尾社側の旅寓にて不動口訣を撰す

〔聖教奥書〕No. 179

三月是月　頼重より庵地を給わり石清尾の社側に現證庵を建つ

〔行状記〕延宝七年条→一九九頁下一七行

〔神光山得勝院大護寺由来記〕〇本書延宝六年是頃条参照

四月　鬼住村に帰って老母を慰問し、二十三日再び讃州に下向し船中にて如意輪字輪観口訣を撰す

〔行状記〕延宝七年条→二〇〇頁上一行

〔聖教奥書〕No. 157

四月二十九日　高松石清尾の旅寓にて安流行法の口訣を撰し祖父慈父の冥福に薦む

〔聖教奥書〕No. 28・156

五月二十一日　讃州豊田郡観音寺（観音寺市八幡）に安居して秘蔵宝鑰を講じ、講談の暇に如法愛染最秘訣を撰す

〔行状記〕延宝七年条→二〇〇頁上二行〜

〔聖教奥書〕No.743

六月　讃州多度津桑多山道隆寺に止まり土砂加持法要一七日を修し、又、阿字観を講ず

〔浄厳大和尚年譜艸稿〕→二六一頁下一八行〜

七月　伊豫宇麻郡に往き、月末高松現證庵に帰り、八月に入って心経秘鍵及び理趣経を講ず

〔行状記〕延宝七年条→二〇〇頁上三行〜

〔希勤墓誌〕→二〇二頁下一〇行〜

〔礦石集〕〇本書延宝四年十一月七日条e項参照

〔理趣経講要〕〇本書寛文十一年四月六日条参照

九月　鬼住村に帰り愛染字輪口訣を起草するも多忙にして中止す

〔行状記〕延宝七年条→二〇〇頁上四行〜

〔希勤墓誌〕→二〇二頁下一七行

〔礦石集〕〇本書延宝四年十一月七日条f項参照

〔聖教奥書〕No.174

十月　河内を発って京に向かい、七・八日には城州山科牛尾山法厳院（現京都市山科・法厳寺）に留って安流聖教を書写校合し、更に江州へ行脚し再び京に入る、行脚中、弟子普光のために阿閦念誦法口訣を記し続け、十月中旬頃洛下烏丸之邸に留錫して草し終わる、更に安流折紙を書写校合す

〔聖教奥書〕No.180・181・198・313・314・601・603・606・608・609

十一月七日　是日及び八・九日延命寺宝輪庵にて安流聖教並に儀軌一本を写校す

〔聖教奥書〕No.269

〔慈氏菩薩愈誐念誦法〕（写一）（河内延命寺蔵）

（前略）延宝七年己未十一月初八夕於河州宝輪菴書写了

同九月夕一挍讐了野沢末資浄厳四十一歳

十二月　大随求・大愛陀羅尼経梓行のため、その序文

を撰す
〔大随求陀羅尼経・仏説大愛陀羅尼経〕〇本書延宝六年九月九日条参照
是冬　河内高安郡教興寺（八尾市字教興寺・西大寺末）を尊学忍空（或は尊覚か）より譲り受けて再興の志を起こす
〔行状記〕延宝七年条→二〇〇頁上六行

延宝八年庚申（一六八〇）　四十二歳

二月二日　延命寺に於て蓮体希勤等八人に許可を授け、十三日伝法灌頂を行じ併せて受明結縁の両灌頂壇を開く
〔行状記〕延宝八年条→二〇〇頁上八行～
〔希勤墓誌〕→二〇三頁上四行
〔礦石集〕〇本書延宝四年十一月七日条g項参照
三月十六日　高松に赴き、四月十五日より聴徳庵にて法華経を講じ始め十月晦日満講す、城主頼重の需めにより法華秘略要妙十一巻を撰す、又、念珠略詮一巻を撰す

〔行状記〕延宝八年条→二〇〇頁上一二行～
〔妙法蓮華経秘略要妙〕（浄厳撰・元禄五年刊十一・河内延命寺蔵）
（巻一序文）
貧道延宝庚申首夏ノ月、諸徒ノ為メニ法華経ヲ開演スル次デ、或ル人予ガ柴関ヲ扣テ請テ曰ク、（中略）冀クハ導師要ヲ取テ略ヲ記シ秘ヲ開イテ懇ニ示シ玉ヘ、
三月是月　普通真言蔵の序を誌して刊行す
〔普通真言蔵〕（浄厳撰刊三・河内延命寺蔵）
（序末）延宝庚申季春ノ之吉密門ノ遺塵浄厳謹誌テス
（巻下末）助縁緇素名簿
泉州大鳥郡
畑村　老少一百二十一人施貲総計五百五十三銭
逆瀬川村　士女六十七人捨銭通算三百六十七文。
大庭寺村　覚翁。玄空。作左衛門。平右衛門。茂右衛門。浄倫。佐左衛門。久左衛門。各施百銭共計八百銭。

小代村　一百銭常念寺主。六十一文太郎左衛門。四十文弥右衛門。四十文清左衛門。銀一匁定信。一匁次左衛門。五分了心信士。五分同室。一匁妙海尼。自外士女都一百九十四人捨財共二十八匁八分九厘。

家原　三匁久蔵院主。一匁行海。一匁宥秀。一匁宣永。一匁信慶。五分長祐。五分宥宣。五分宥海。五分橘丸。二匁清右衛門。二匁二郎兵衛。二匁北村与兵衛。二匁土師太郎兵衛。五十文久右衛門。自外男女三十四人施財総計二十匁。

土塔　深宝施銀一匁。

深井　百文七左衛門。十三郎。伊兵衛各施銀一匁。十右衛門。千代松。宗左衛門。五郎右衛門。長左衛門。薦六親各施五分。一左衛門捨七分五厘。自餘士女七十二人施財共銀五匁七分五厘。銭五百七十六文。

陶器北村　士女七十二人施銭五百一文。

八田寺村　緇俗三十九人施貲四百六十八銭

和田村　庄左衛門施一匁。清左衛門捨五分。自外男女六十二人施財四匁六分。

和田谷　深識。

堺　四郎兵衛。六兵衛各捨五分。

大坂　二十匁薦心月妙慧。一匁浄空。一匁昌貞。二匁浄栄。二匁清月。若干匁薦本性妙心。

河州丹南郡

菅生村　緇素通計六十六人施貲都合三百七十銭。

黒山村　二匁二分永暁尼。

丹南村　来迎寺主。玄札。函随。五郎右衛門。三介各施一銭。自餘男女七十六人施財総計銀五匁青蚨四百十四文。

東大塚村　士女合三十九人捨銭都一百六十六文

西大塚村　緇白総計一十七人施財合数九十二文。

丈六村　清順近住。了渓。彦兵衛各捨一匁。浄春。妙玄。彦兵衛室。今助右衛門。同母。同内室。忠右衛門。吉兵衛。甚兵衛。忠兵衛。吉左衛門。道金。佐右衛門室各捨五分。自外男女二十九人施財総計十五匁五分五釐。

茱萸木村　又兵衛。宗兵衛。各捨一匁。長兵衛。玄栄。金左衛門。宗円。妙寿。仁右衛門。各施五分。仁介室施綿一斤。自外士女七十一人施財総計六百一十三銭。

五月十七日　高松現證庵にて受法最要を撰す

〔聖教奥書〕No. 24

五月二十二日　儀軌一本を写す

〔契沖儀軌奥書〕（契沖全集第九・四六〇頁下）

六月八日　現證庵にて愛染字輪口訣を完結す

〔聖教奥書〕No. 174

六月十一日　是日より下旬にかけ儀軌を校合す

〔契沖儀軌奥書〕（契沖全集第九・四五六頁下、四六九頁上、四八三頁上、五〇一頁下）

七月　京洛書肆の求めによって宿曜経を校訂す、又、十一月に至る間に現證庵にて儀軌及び折紙を写校す

〔宿曜経〕槧版校本

刻二宿曜経一序

（前略）頃日洛下書肆主人、将レ刻二斯真典一、請二校点于余一也、嗟下世伝二贋暦一失中之真説上歳久矣、茲乃再三披閲、原本未レ善、拙解叵レ通、嘗聞洛北高山寺蔵二吾祖海和尚請来伝写之善本一、他日幸得二彼本一、再加二訂正一耳、旹延宝八祀歳次二庚申一初商之吉、

伝二瑜伽教一沙門焉求子書

〔契沖儀軌奥書〕（契沖全集第九・四五五頁下、四六〇頁下、四六五頁下、四六六頁上下、四六七頁上下、四六八頁上、四七〇頁下、四七四頁上、四七八頁下、四八二頁下、四八六頁下、四九〇頁上下、四九一頁上下、四九四頁上、四九七頁上下、四九八頁上、四九九頁下、五〇一頁上、五〇二頁上、五一〇頁上、五一二頁下）

（例）奇特仏頂経中（契沖全集第九・四六六頁上）

浄厳阿闍梨後批云

延宝五年五月十九日以明本一挍了

延宝八年玄冬十一日於讃州高松現證菴以高麗印本挍合之畢

〔聖教奥書〕No. 641

十二月　河内延命寺に帰る

〔行状記〕延宝八年条→二〇一頁上一行

是歳　来年辛酉の歳は天下災厄の由を頼重に進言す、因て頼重は国中十郡十ヶ寺に五大虚空蔵尊像を寄付し、浄厳より金門鳥敏法を伝受して之を修せしめ攘災を祈らしむ

〔行状記〕延宝八年条→二〇〇頁下一行～

是歳　心印の詩に和韻し、豫州三角寺の鐘銘を撰し、淡州の有義に餞別の詩篇を呈す

〔遺稿〕巻六延宝八年条和二心印闍梨見レ題二現證庵一（詩文略）

豫州三角寺銅鐘銘（本文略）

餞二淡州有義闍梨帰二故寺一（詩文略）

天和元年辛酉（一六八一）　四十三歳

正月元旦　延命寺に於て一七日間辛酉攘災のため金門鳥敏法（五大虚空蔵尊法）を修す

〔行状記〕延宝九年条→二〇一頁上二行～

〔聖教奥書〕No. 291・312

〔高野春秋〕（大日本仏教全書本・三六一頁上）

天和元辛酉年春正朔。検挍文啓和尚朝拝。十一日迄二十八朝一随心院尊海闍梨執二行金門鳥敏秘法一。是任二大師御口説一為二五穀成就悃禱一也。

正月二十一日　摂州大今里村妙法寺に於て即身義を講じ二月八日に満ず

〔行状記〕延宝九年条→二〇一頁上一二行～

三月一日　延命寺に於て伝法受明両灌頂を修し始む

〔行状記〕延宝九年条→二〇一頁上一四行～

四月一日　鬼住村常楽寺に於て理趣経を講じ始む

〔行状記〕延宝九年条→二〇一頁上一七行

〔理趣経講要〕○本書寛文十一年四月六日条参照

五月七日　摂州天満宝珠院（大阪市北区東寺町）にて秘蔵宝鑰を講じ始む

〔行状記〕延宝九年条→二〇一頁上一八行～

〔秘蔵宝鑰見聞〕（蓮体自筆三巻・河内地蔵寺蔵）

延宝九年梅雨於天満宝珠院聞講　無窮

○無窮、無尽蔵、六隠乞士等は蓮体の号である。今第三巻を

欠く。

五月十七日　弟子希勤寂す、行年三十二歳

〔希勤墓誌〕↓二〇三頁上一四行

〔行状記〕延宝九年条↓二〇一頁下二行

〔礦石集〕〇本書延宝四年十一月七日条h項参照

六月　現住有盛の需めに応じて讃州曼荼羅寺記一巻を撰す

〔讃州多度郡曼荼羅寺記〕一巻（善通寺市吉原町曼荼羅寺蔵）（遺稿巻六延宝九年収・香川叢書第一収）

（奥書）旹延宝辛酉季夏之吉

　稟瑜伽乗教沙門浄厳欽識

七月四日　高野山南院良意遷化す、依て登山して焼香追悼す

〔行状記〕延宝九年条↓二〇三頁下八行～

〔紀伊続風土記〕第四輯七八五頁　南院前左学頭良意伝

延宝九年辛酉之歳、示微恙、観誦不弛、手結印、七月四日寂然化、年七十五也、

八月十八日　星供口訣一帖を撰す

〔聖教奥書〕No. 275

九月一日　悉曇字記を講じ始め講述六冊を草す、又、悉曇三密鈔八巻を撰す

〔行状記〕延宝九年条↓二〇三頁下一〇行～

〔悉曇字記講述〕（浄厳撰）（写六）（高野山大学図書館金剛三昧院寄托本）

（第一冊表紙裏書）

（朱）挍本表紙有之

延宝末載講述時未畢斯功、今貞享三稔孟春初四、在于江都城隅多聞院裏息障菴、為二三子開演之暇、重裨補其功矣、

（朱）挍本如是

悉曇字記講述

延宝九載秋九月之十一、因于二三子逼請、講演之暇、記之、浄厳

十月八日　摂州小橋村興徳寺（大阪市天王寺区餌差町）にて心経秘鍵を講じ始め次いで津村新坊にて光明真言経を講ず

〔行状記〕延宝九年条→二〇三頁下一二行～

〔受壇記〕（天和元年蓮体自筆一・河内地蔵寺蔵）

天和元年小春初八、於難波城南興徳寺、如是我聞、

十月是月　摂州若王寺縁起を撰す

〔遺稿〕巻六 延宝九年条　摂州尊鉢里多羅山若王寺縁起

〔奥書〕旹延宝九稔歳舎辛酉冬十月之吉

十一月十五日　延命寺にて灌頂を修し始む、又、灌頂用として両界曼荼羅を画く

〔行状記〕延宝九年条→二〇三頁下一五行

〔両界羯磨形曼荼羅〕絹地極彩色・土佐正直筆二幅
（河内延命寺蔵）

〔両界羯磨形敷曼荼羅〕絹地極彩色・正直筆二幅
（河内延命寺蔵）

〔曼荼羅由来記〕一軸浄厳自筆（河内延命寺蔵）

欽奉図写両界羯磨形曼荼羅灌頂壇料 安祥寺流用之
右任聖説法軌、画人断淫肉葷辛、朱粉等彩不合皮膠、
随分潔浄作之、又其形像印契威儀色相等、正依大師
秘蔵記、兼挍于諸本殷勤図絵、是偏希上乗遠布八
埏、醍醐長沾万世、弁薦心自即円信士之冥福、禱悲
母妙忍信尼、阿闍梨浄厳、智洪常眼寿算永保、霊椿
之秋、常楽必受心蓮之台、乃至三有四生、同飫鍐乳
之珍味、斉遊噁字之玉殿矣、
天和元年十一月十五日布灑星合　河州錦部郡小西見延命寺住持 阿闍梨浄厳識
京洛絵所土佐雅楽頭末葉　正直筆焉

〇この内、胎蔵曼荼羅を画くに当たって浄厳は真言密教の伝承である現図曼荼羅を一部改作して大日経及び大日経疏の説に従う英断を示した。即ち、中台八葉蓮華は現図が赤色に画かれているのを白色に改作し、遍知院の三角形の鋭鋒は現図は上向であるのを下向に改作している等である。

十二月三日　安流聖教一帖を書写す

〔聖教奥書〕No.279

是歳　摂州天満大融寺の鐘銘を撰す

〔遺稿〕巻六 延宝九年条　摂州天満郷大融寺銅鐘銘（本文略）

天和二年壬戌（一六八二）　四十四歳

正月元日　延命寺にて一七日間太元帥秘法を修して天下泰平を祈る

〔行状記〕天和二年条→二〇三頁下一七行～

正月十日　如法愛染法を撰して之を修し所求を祈る

〔聖教奥書〕No.739

正月十八日　是日及び十九・二十日に安流聖教を書写す

〔聖教奥書〕No.294・295・296・302・303・304

二月二日　高松城主松平頼重当年六十二歳厄除祈禱一七日間修法のために、一字金輪法を撰す

〔聖教奥書〕No.190

二月五日　摂州小橋興徳寺にて大日経住心品疏を講じ始め、師主良意の一周忌に薦む

〔行状記〕天和二年条→二〇四頁上二行～

二月六日　先年良意より面授された秘護身法を書写す

〔聖教奥書〕No.741

三月二十一日　讃州出釈迦峰虚空蔵堂勧縁の序を撰す

〔遺稿〕巻六 天和二年条　讃州出釈迦峰虚空蔵堂助縁緇素名簿序（本文略）

（奥書）天和二年龍集壬戌春三月廿一日

五月十七日　弟子希勤の一周忌に当たり墓誌を撰じて建つ

〔希勤墓誌〕→二〇三頁下一行

六月一日　延命寺に於て悉曇三密鈔の序を書いて梓行す

〔悉曇三密鈔〕（浄厳撰・刊七・河内延命寺蔵）

悉曇三密鈔叙引（遺稿・巻七・天和二年収）

（序末）旹天和第二龍集玄黓閹茂季夏初朔布灑星日、住河州延命密寺、伝瑜伽上乗、小苾芻浄厳書于宝輪堂、

（刊記）天和弐稔壬戌 季夏初朔日曜鬼宿　西浦四郎兵衛 経士庄左衛門 梓行

六月二十六日　母妙忍没す、行年八十一歳

〔延命寺過去帖〕○本書寛永十六年条参照

〔因縁先霊名〕○本書寛永十六年条参照

〔行状記〕天和二年条→二〇四頁上五行

八月二十六日　河内高安教興寺住職に補され香衣を許可され西大寺衆分に加えらる

〔西大寺集会引付二〕（写一）（奈良西大寺蔵）
（昭和五十一年編霊雲寺派関係文献解題・一三四頁所収）

河州教興寺住持職之事

令補任覚彦房、並皆香衣許可卒、偏為令真俗紹隆律法弘通也、弥励大悲之誓心、益挑顕密之法燈、殊者可被抽　御禁万代国家安全之懇祈者也、仍補任状如件、

覚彦房儀、於教興寺仁、真俗紹隆依異于他、任律成寺呉岳房之例仁、今度覚彦房当寺交衆分仁被加卒、向後、弥出仕等、可被相勤旨、集会評定也、

天和二年壬戌八月廿六日　綱維厳秀

〔行状記〕天和二年条→二〇四頁上六行

八月下旬　高松に下向して聴徳庵にて大日経住心品疏を講ず

〔行状記〕天和二年条→二〇四頁下一五行

十月十二日　安流聖教一帖を書写し、密乗興隆の志を述ぶ

〔聖教奥書〕No.693

十一月中旬　長日修行の所用に如法一字仏頂輪王法を撰す

〔聖教奥書〕No.735

十一月二十三日　讃州万恒寺宥仙の需めに応じて鐘銘を撰す

〔土器万恒寺鐘銘〕（丸亀市土器万恒寺旧蔵・現在高松市上笠居養福寺蔵）（遺稿巻六・天和二年収）

（奥書）

天和二年龍集壬戌中冬二十有三

金剛乗末裔浄厳欽書

寿命院

仏光山住持阿闍梨宥仙

万恒寺

施主　田村伝右衛門易全

十二月二日　高松現證庵にて先年撰述の如法愛染最秘

訣を補訂し、弟子祥光に与えて転写を許す
十二月四日　安流秘訣一帖を撰す
〔聖教奥書〕No. 743・756
十二月十三日　是日より翌年四月に至る間現證庵に於て安流折紙を書写校合し、祥光、義證、妙厳、真寂らの諸弟子をして助筆せしむ
〔聖教奥書〕No. 360・369・374・425・426・427・428・429・431・434・435・437・440・441・442・443・444・445・446・449・450・451・452・453・454・455・456・457・458・587・591・639・682・687・688・718・719・720・722・723・725・727
十二月是月　播州報恩寺之記を製す
〔遺稿〕巻七 天和二年条　播州印南郡報恩寺之記（本文略）
天和二年龍集壬戌季冬之日金剛乗沙門浄厳欽書
是歳　師主朝遍の行状を録す
〔遺稿〕巻六 天和二年条　高野山宝性院第十九世朝遍法印行状（本文略）

天和三年癸亥（一六八三）　四十五歳

正月元日　高松現證庵に留錫して前年に引き続き安流聖教の写校に努め四月に至る、祥光、普光、懐義ら助筆す
〔聖教奥書〕No. 8・173・176・280・288・297・298・299・300・301・305・306・307・308・433・447・448・464・467・494・525・540・541・546・555・559・560・564・566・567・569・570・579・588・589・602・604・605・607・614・618・619・620・639・646・654・656・662・671・674・677・678・688・729
正月二十一日　高松聴徳庵にて一七日間、結縁・受明・伝法灌頂を行ず
〔行状記〕天和三年条↓二〇四頁下一七行～
〔真言開庫集〕（蓮体貞享五年撰）（真言宗安心全書巻上一〇六～一〇七頁）
我ヵ師浄厳和上、去ぬる天和三年孟春二十一日に讃州高松におゐて結縁灌頂を興行せらる。前後一七日、其間入壇するもの五千人なり

三月二十四日　塩飽牛島長徳院方丈宥誉宛に書を呈し、河内教興寺再建のため瓦六万枚の寄進を塩飽島の船商より勧募されんことを乞う

〔長徳院方丈宛浄厳書翰〕（一通）（丸亀市牛島長徳院蔵）

先日者緩々と致逗留、御厄害ニ罷成恭奉存候、愚老廿三日斎後ニ、善通寺罷立、世尊院迠参候所、大雨故致滞留、今日罷帰候、然者彼奉加之儀、弥以宜様ニ奉頼候、随分嶋之衆、御精入にて、何とそ其島ニ而、瓦之分調候様ニ奉頼存候、瓦数六万程入申筈ニ而御座候、左様にも無之候得ハ、愚老以外苦労仕、今てハ不罷成致迷惑候故、如斯御座候、此旨、伝助殿、権兵衛殿、長右衛門殿、五左衛門殿へも御伝達被成可被下候、正覚院御灌頂、定日にて可為御執行と奉察候、可然御取成奉頼存候、尚空雄師へハ、於児島、可得御意候之間、不能詳候、恐惶謹言、

三月廿四日　覚彦

浄厳 花押

拝啓

空雄闍梨

長徳院方丈

御前

三月二十八日　教興寺営構勧進を重ねて宥誉に依頼し、舎利三粒を贈る

〔長徳院方丈宛浄厳書翰〕（一通）（丸亀市牛島長徳院蔵）

尚以教興寺之奉加之儀、弥以奉頼存候、已上

空雄闍梨御出ニ付而、預芳簡忝致拝見候、先日者教興寺奉加之儀ニ付申入候処、御心入被成被下候段、空雄師御談話承、奉忝存候、逾以御勧誘奉頼存候、寔許町衆へも、密々ニ勧化仕候、分斉ニハ、被出精候由承候、其島何も様へ宜被仰聞、先日も申候通、瓦之分、調申様ニ奉頼度存候、随又愚老所持之舎利、御望ニ被思召候得共、不被仰聞候之由、御隔心之至奉存候、即今三粒、就空雄闍梨進上仕候間、随分御祈願被成、密教紹隆寺門繁栄之悉地成就可被成候、密教之深極者、不過舎利候、舎利即如意宝珠之本体ニ而御座候間、御頼敷可被思召候、万緒期再音

之節存候、恐惶謹言、

三月廿八日　　覚彦

浄厳 花押

拝呈

長徳院方丈

猊下

○『行状記』には天和三年三月塩飽島正覚院にて結縁灌頂開壇、翌貞享元年教興寺に五間四面の祖師堂建立、元禄元年六間十一間半の大殿建立の記事がある。右の書翰中に「正覚院御灌頂云々」の文面があるので、本書翰は天和三年三月二十四日付と推定される。従って文面の連絡から考えて次の書翰は同年三月二十八日付となる。後便に「教興寺奉加之義ニ付云々」とあるので、教興寺大師堂及び大殿営構に必要な瓦六万枚の勧進依頼の書翰である。勧進先は塩飽牛島の「嶋之衆」で伝助、権兵衛、長右衛門、五左衛門などの名が挙げられている。真木信夫氏の調査によると（浄厳大和尚と讃岐〈香川県文化財保護協会昭和三十四年五月発行・文化財協会報所収〉）延宝七年頃の牛島は西廻り航路の一拠点で、丸尾五左衛門、長喜屋吉之助、長喜屋伝助、長喜屋長右衛門、長喜屋権兵衛など二千石から一万石以上に及ぶ大船持衆が多く住したという。これらの船持衆に浄厳は教興寺再建の援助を懇請しているのである。その仲介の労を取ったのが牛島長徳院方丈である。延宝五年在銘の長徳院銅鐘には当時の住持は宥誉であったと記されている。（本書延宝五年閏十二月二十三日条参照）従ってこの方丈とあるのは宥誉であると考えてよかろう。真木氏によれば空雄闍梨は宥誉の次の代の長徳院住持だといわれている。浄厳はこれより前（本書延宝六年九月九日条参照）牛島の船持衆に航海安全の守護として随求陀羅尼経の梓行を勧めている。このように塩飽島の船商と浄厳との因縁は深く、大きな外護的存在となっていたことを示すのがこれら二通の書翰である。

又、この頃浄厳は高松現證庵に於て、安流の伝授をしていたから、発信地は現證庵と推定されよう。

三月是月　塩飽島正覚院（丸亀市本島町）にて結縁灌頂を行ず

〔行状記〕天和三年条→二〇八頁下七行

四月下旬　長州の僧澄海大光の勧めにより尾道西国寺に夏安居して、薬師経、心経秘鍵、即身義を講じ、寺僧らに菩薩戒、許可を授け、安流を伝授す、安居の間に、宥範上人相伝の安流の折紙・口訣類を借覧して書写校合し、宥範撰大疏妙印鈔八十巻を書写す、懐義、宥英、慧光、真寂、普光ら侍して助筆す、又、別行次第を撰し、別行次第秘記を起筆して巻三に至って止む

〔行状記〕天和三年条↓二〇九頁上一行〜

〔遺稿〕巻七天和三年条高祖大師童形像賛応長州発光寺僧澄海求

〔別行次第〕（浄厳天和三年撰）（写一）（高野山八葉学会刊一）

御本云

旹天和三癸亥稔、於備之後州尾道西国寺裏金剛院、
為後進者抄書之了、安祥寺流末裔浄厳四十五載
印言等観念功能、雖似文繁、於修行者甚以至要、故
捜諸経軌載之、後賢勿憚勿疑而已、

〔聖教奥書〕No.29・350・357・432・438・468・478・484・485・486・488・490・492・507・508・512・518・519・520・528・544・574・575・577・578・596・597・598・599・600・616・626・633・637・649・650・655・669・670・677・679・687・758・759

767 七月中旬　西国寺に於ける安居を終えて再び現證庵に至り安流折紙の写校を続けると共に諸尊法の秘訣を撰す

〔聖教奥書〕No.153・204・205・243・287・363・364・556

八月下旬　仁和寺門主祝髪の儀を賀するために上洛、それより河内延命寺に帰る

〔行状記〕天和三年条↓二〇九頁上一三行〜

十月　延命寺に於て別行次第秘記の巻四より継筆して十一月に至って全七巻を撰し畢る

〔聖教奥書〕No.29

十一月　布薩の日、光明真言観誦要門二巻を撰して梓行す

〔光明真言観誦要門〕（浄厳撰貞享元年刊二）（河内延命寺蔵）

（序末）旹天和第三歳尚章大淵献に舎る黄鐘（十一月）の月布灑星日なり

十一月末　再び安流聖教を写校して翌月末に至る

〔聖教奥書〕No.315・318・319・462・469・471・474・475・

476・477・479・480・642・643・645・646・669

是歳　摂州小橋興徳寺主憲意の需めに応じて大師の影賛を書く

〔遺稿〕巻七 天和三年条　高祖大師講般若心経影賛

右持レ剣左持レ珠住二于日輪一下右在二天皇一稽首合掌之状
応二摂州東生郡小橋興徳寺主憲意阿闍梨之求一（詩文略）

貞享元年甲子（一六八四）　四十六歳

正月元日　及び四日・十一日延命寺に於て安流聖教を写校す

〔聖教奥書〕No.316・317・320・321・322・647・681・682・683・684・685・686

正月是月　愛染明王の密供を修す

〔遺稿〕巻七 天和四年条　甲子早春修愛王密供（詩文略）

二月二十一日　河内観心寺大衆の需めに応じ弘法大師八百五十回忌曼荼羅供の表白、誦経表白、諷誦文を作成す

〔遺稿〕巻七 天和四年条　高祖大師八百五十回忌曼荼羅供表白（本文略）

同曼荼羅供誦経表白同上

（前略）粤当寺者高祖大師之所二卜食一実慧和尚之所二継興一

同諷誦文

（前略）排二七星如意之瓊殿一諷二理趣般若之妙文一（下略）　天和四年二月二十一日

○観心寺は実慧大徳興隆の地であり七星如意輪観音を本尊とする。右に引用している如く、本文中に、このことに言及されているので、これらの表白諷誦文は観心寺の需めに応じて作成されたものといえよう。

三月七日　教興寺に五間四面の祖師堂を建立して弘法大師と聖徳太子の二尊像を安置し、伝法・受明・結縁の灌頂壇を開いて大師八百五十遠忌の行事に当つ

〔行状記〕貞享元年条→二〇九頁上一五行〜

〔遺稿〕巻七 貞享元年条 伝法灌頂誦経表白 高祖大師八百五十回忌 教興寺道場

（前略）将レ架二仏殿一、先創二祖堂一、緇白投レ貲、隣里勠レ力、信解神変、宝閣不レ日而幻成、遍照妙権霊像、応レ時以出現、粤乃丁二八百五十之回忌一、展二報

恩謝徳之寸丹一、開二四重九会之密壇一、洽二伝法結縁之大利一、

同諷誦文

右於二仏教始興之勝地、聖徳草創之霊蹤一、欽営二祖堂一、土木之功不レ日速就、懇作二法事一、（下略）

貞享元年三月七日受者敬白

是頃　河内天野山衆徒のために大師八百五十回忌曼供の表白を作る

〔遺稿〕巻七 貞享元年条　曼荼羅供表白天野山衆徒（本文略）

三月二十一日　東寺に詣して大師八百五十回忌法要を拝し、仁和寺黄檗山を経て、二十三日教興寺に帰る。

〔行状記〕貞享元年条→二〇九頁下二行〜

四月十日　是日より二十六日に至る間、教興寺に於て太元帥法を修行しつつ連日、安流折紙を写校す

〔聖教奥書〕No.484・485・486・530・531・532・533・534・535・536・537・538・539・542・545・548・551・552・553・554・558・559・561・562・564・565・566・568・579・665・666・671・672・673

五月　是月より七月に至る間延命寺に安居して安流折紙を写校す、蓮体・慧光・祥光・真寂・宥英・性瑩・普光・懐義らの諸弟子も共に安居して助筆す

六月一日　強度の頭痛に堪えて折紙の浄書を始む

〔聖教奥書〕No.371・372・391・407・408・409・410・412・414・420・430・433・436・437・439・440・441・442・443・444・445・449・450・451・452・453・454・455・456・457・458・459・460・461・463・464・466・481・489・491・492・493・495・497・510・521・522・524・547・549・550・563・569・570・571・572・573・583・584・585・586・590・599・621・625・628・629・633・634・637・641・647・649・650・651・652・653・654・657・658・659・660・661・662・663・664・666・667・670・671・674・675・676・677・678・679・680・687・688

六月二十一日　淡州三原願海寺頼教に安流の許可を授く

〔安祥寺流許可印信口訣浄厳記〕（写一）（兵庫県三原町掃守栄福寺蔵）

〔奥書〕旹貞享元甲子歳夏六月二十一日、於河州延

命密道場、親蒙浄厳和尚之許可、同月廿六日書写斯
口訣畢、
　淡州三原願海寺沙門頼教 尊寂房
元禄十四辛巳歳二月廿六日、於淡州護国寺、従頼教
師蒙安流之許可、同廿九日受伝法灌頂、同年四念八
日摸写之訖、
　淡州掃守岡山栄福寺閑居宥算
〔秘密源底口訣〕（写一）（兵庫県三原町掃守栄福寺蔵）
（奥書）旹貞享元甲子歳七月五日酉時、於河州小西
見延命密寺、書始、同夜至寅功畢、其漏忽進帰路、
朱加挍合、願再遇二浄厳覚彦師之本一、対二挍之一、
　淡州三原櫟《イチダ》田村願海寺住頼教
旹元禄四歳次辛未三月二日、於淡州三原掃守放光密
寺隠栖書写之、
　　有算行年五十二
○頼教は淡州高和寺教乗の弟子にして、後に淡州賀集村護国
寺の中興となった人。
七月下旬　儀軌数部を書写す

〔金剛頂降三世儀軌〕檗版挍本
貞享甲子秋七月二十一烏、欽写斯典以廻道資、
河州延命密寺苾芻浄厳謹誌
〔受五戒八戒文〕檗版挍本
（朱）御本云
弟子浄厳欽写斯受五戒八戒文一巻、以貽来葉、切勧
後生、人人同奉浄戒、生生必入仏会者、貞享甲子秋
七月二十七蓂、一挍了、
　河南延命密寺苾芻妙極老人欽誌
七月是月　智積院運敞、悉曇三密鈔及び光明真言観誦
要門に序を贈り、浄厳の字義門に通達せるを賛嘆す
〔悉曇三密鈔〕（浄厳天和二年撰・刊七）（河内延命寺蔵）
（運敞序）
（前略）纂二悉曇三密鈔一部一、（中略）尋撰二光明真言
観誦要門二巻一、（中略）頃承下寄二予二部一且索二拙語一
為弁中於巻首上、
　旹貞享元年歳在甲子抄秋吉且瑞応老比丘泊如運敞
敬題

八月一日　泉州坂本村禅寂寺（和泉市阪本町）にて菩提心論を講ず

〔行状記〕貞享元年条↓二〇九頁下七行

八月二十一日　弘法大師像の賛を書く

〔遺稿〕巻七 貞享元年条　弘法大師像賛 八月二十一日（詩文略）

九月二日　延命寺に於て天野山金剛寺の僧徒の請により、海応ら四十七人のために儀軌の伝授を始む、伝授の暇黄檗版密軌を高麗本及和本密軌と対校す

〔行状記〕貞享元年条↓二〇九頁下八行〜

〔霊雲叢書解題〕（行武善胤・大正五年撰・五八頁上）

（浄厳による儀軌伝授）第二回は内州の延命寺にて之れを行ひ、貞享元年甲子九月二日開席、海応等四十七人の為に之れを伝授したり。第三度は江府牛込多聞院に於て之れを開く。而も実に之の講は上人の江戸に於ける第一次の講伝にして、貞享三年丙寅四月十四日開帷、遍阿等九十六人の為に講授し、四年丁卯六月十一日に至る百七十四座にして究竟。第四回に至りて初めて其の根本道場たる湯島宝林山に之れを開き、元禄六年癸酉五月八日起首して、七年甲戌閏五月十六日に至る一百七十七坐にして畢れり。（中略）第五回は十一年戊寅十月十一日、一派の衆徒百十七人の為に開伝し、翌十二年己卯四月十四日に至る百三十四座にして徹す。第六回は十二年七八月の比、比叡山横川禅定院主獅弦の為に蘇悉地等数部を授く。又翌十三年甲辰十月二十五日発起して龍尾寺玄隆等の為に胎蔵四部軌等を授く、之れ其の第七回度なり。

○浄厳の儀軌伝授について『行状記』を始め真常撰『諸軌禀承録』等は生涯に五回とするのは、皆伝について述べたものであり、元禄十二年及び十三年の伝授は数に入れないことになっている。

〔受菩提心戒儀〕檗版挍本（縮蔵閏一・二丁左）

貞享甲子九月一日挍正之了河州延命寺浄厳 四十六歳

〔三摩地法〕同右（縮蔵閏二・八八丁左）

御本云　貞享元年九月二日、以㆓大師請来本㆒為㆑本、以㆓高麗印本及別和本等㆒而参挍正之、河州延命密寺

三等老人浄厳四十六歳
〔底哩三昧耶不動尊念誦法〕同右
貞享元年甲子九月十八日挍之点之、是為今日授于諸徒也、以三巻儀軌一巻和本幷高麗印本讐之、浄厳
四十六載
〔金剛頂分別聖位経〕同右（縮蔵閏二・二三丁右）
貞享甲子年九月廿日挍之点之、是為明日伝授于諸徒也、廻此功徳薦宗昧信士十三回之冥福耳、浄厳 四十六
〔八大菩薩曼荼羅経〕同右（縮蔵閏九・六九丁左）
貞享元甲子年九月廿一日、以和本幷高麗印本挍之、点之了、是則為明日授于諸禅侶也、金剛乗末資浄厳
四十六載
〔菩提場一字頂輪王経〕同右（縮蔵閏五・八八丁右）
（巻二奥書）御本云 貞享元年甲子九月廿四日、挍点了、是為今日授于諸徒也、 浄厳四十六載
十月十三日 延命寺規矩四十五条を定めて門徒に示す
〔延命密寺規矩〕（浄厳貞享元年撰）（写一）（河内延命寺蔵）
一、応㆘以㆓菩提心㆒而為㆓先登㆒作㆗於諸行㆖
一、応㆔必受㆓持菩薩三聚浄戒㆒
一、応㆘護㆓威儀㆒住㆗持聖法㆖
一、忘㆑自恵㆑佗損己益物大士之用心仏乗之要枢也、必不㆑可㆑外㆑之矣、
一、務伏㆓我慢㆒意存㆓謙卑㆒、尺有㆑所㆑短、寸有㆑所㆑長、相問相誨互相策励成㆓于道学㆒、若自大不㆑順宜㆓速擯治㆒、
一、不㆑存㆓悪愛㆒、不㆑別㆓親疎㆒、和合而住、嗷嗷難㆑治都非㆓仏子㆒、
一、衣食幷住、莫㆑従㆓華飾㆒、斎食則不㆑過㆓一羹一菜㆒、縦使檀主施㆑食莫㆑越㆓一羹両蔬之食㆒、衣須㆓絺葛及以棉衣㆒、若有㆓蚕綿施衣㆒以㆓木綿㆒施㆓之領袖㆒、乃至㆓筆墨几案㆒舎㆓于華美㆒随㆓于質樸㆒、
一、晨昏諷誦自㆑除㆓修法知事知炊㆒之外慎勿㆓闕怠㆒、若接㆓賓客㆒則知賓準知、
一、毎日修供必不㆑可㆓闕如㆒

一、諸衆務存二次序一敬レ上恵レ下

一、不レ応下於二他栄利及以受法一而懐中瞋嫉上、俗士尚恥矧於二仏子一乎、

一、不レ可下逞二諂曲一事二譏佞一害二于方正一嫉中乎賢良上

一、所レ主事役不レ可二或惰慢或闕怠一

一、有レ事出レ界応二速来還一、不レ可三数往二俗舎及有尼之家一、況同宿乎哉、

一、接二待賓客一宜レ須二殷勤一慎勿二疎放一

一、接二于尼衆一唯須二大体一不レ応二親昵一、動惹二虚名一不レ可レ不レ慎、

一、若有三損二亡常住資具一応下速償辦自懺中其過上

一、凡於二上中下座一有レ所二触忤一、或失二礼儀一、応二速乞レ謝、

一、懺謝礼拝、或一七、或二七、或三七、随二過軽重一差二降之一、

一、二食法喫茶喫果威儀庠序不レ可二麤疎一

一、集会威儀上下同等不レ応レ趨レ異、諷経誦呪不レ緩不レ急不レ高不レ下、勿下以二異曲一別レ調而駭中他聴上、

一、不レ応下耽二著戯論妄談一空費中時日上、若佗来入作二無益之譚一、応二黙而擯一勿二相唱和一、

一、不レ可下以二自世事一妨中佗修学上、造営等事非二制之限一、

一、有二事故一使レ用二米飲一不レ可レ雑二乎粒一、非時食之基不レ可レ不レ防

一、不レ応レ使三雑二住無戒之僧一

一、不レ可レ混二雑異門之侶一、縦使二転入一必須二子細一、破法之源不レ可レ不レ湮、

一、不レ応三葷酒諸肉入二于界内一、并啜二莨若煙一禁レ之、

一、奠二祭霊龕一唯須二明信一、勿レ従二浮華一、

一、五日一浴以除二垢膩一、不レ可下恣費中用常住柴炭上、若有二事故一非二制之限一、

一、道場掃治毎レ晨作レ之、院落塵埃一旬一掃、若春前秋後花葉散漫、或復法事衆人来集、亦因二営構一塵埃委聚時時、浄除莫レ拘二日限一、

一、年首七日勤二修大法秘軌一、上祝二金輪祚運一、中禱二幕府武威一、下祈二百穀豊登万民安楽暘若雨若海晏河

清一、報二国家之鴻恩一酬二兆庶之広徳一、

一、半月説戒必不レ可レ闕レ之

一、若有二檀主之求一追二福于先亡一、作二理趣、光明三昧一、誦二大仏頂、大随求、宝篋印、宝楼閣、仁王、尊勝等陀羅尼一、追二薦冥資一、又先亡名字各列二霊簿一須下逐二一称一呼上之、

一、入二予門一之者、必先受二於学法灌頂一而後、学二一尊瑜伽一、乃至両界護摩、随レ力受行、但不レ修二已学之法一、頻希二未受之軌一、是無信而好レ異也、如然之人不レ可下倉卒而授中許之上、若レ尼則毎日一座、若二日一座、修二已受之法一之者、授二許之一不レ爾之者、勿レ授レ之矣、

一、若有二事碍一不レ克レ受二于持明灌頂一、則先誦二大輪金剛陀羅尼一一七日、而後始受二真言密印及三摩地一、

一、護二惜密蔵一、如レ守二眼肝一、不レ授二非器一、亦不三猥露二布秘法之名字一、況示二其軌一及借二其典一耶、又所受之密経法等、若無下紹二継之一者上則応レ還二納于本受法之寺院一、恐夫散落、往往或入二俗士之手一、故苦示レ焉

一、未レ得二阿闍梨伝法一之者、不レ応レ授二大法秘軌密印秘明一、応二必慎一レ之、

一、不レ応下以二私親昵一猥授中深法上、唯択二信智具足之人一応レ聴二許之一、

一、若受二密乗一之後不レ可二猥露一レ之

一、不レ応下蔑二如聖説一不レ依二師伝一擅事中異様上

一、凡所有経教所レ借二于人一、若有レ損二壊之一者、応三速辦レ之並懺二其罪一、

一、事相、教相、梵字、悉曇、諸尊形像三摩耶等、夙夜務習並窮二其奥一、

一、字義句義者、吾乗之枢鍵、仏意之秘蹟也、若暗レ之則非レ伝二密燈一、尽レ心鑽仰嘗二厥妙味一、

一、於二真言一也、則俗士授レ之、於二其印契一也、則不レ応二造次而授一レ之、今世俗士多是詐偽篤実鮮之故也、若内有二其実一外無二其飾一、応三唯授二一二一、不レ須レ過二于三四一矣、凡密教也者以レ秘レ之為レ命、若露二顕之一則法命不レ久、密燈速滅、不レ可レ不レ慎、

一、若有三佗来借二祕籍一也、則必告二之師一然後出借、不レ応二自恣一、
右四十五条撮二其要領一告二之徒衆一、其餘附二之口碑一不レ克二覼縷一、
貞享元年十月十三日
苾芻浄厳
徒衆名字
達賢　妙厳　慧光　祥光　法厳　性寂　懐義　普光
性瑩　恒進　真浄　円證　義證　真寂　蓮海　空慧　浄光　常眼　慧黙　性光　即幻　性実　徳真
智宝　法空　法慧　自体　信徹　如諦　真妙　現覚
真宝　寂眼　性通　本寂　義勇　観明　定忍　真堅　観印
右規矩一巻、使三円仙而摸二開山和尚自牘木板一、以示二誨駆烏徒一恒恭令二慎奉一焉、
寛延三年六月廿七日　苾芻法瑞点二示此一
十月十六日　地頭伊東信濃守長興（備中岡田藩主）教興寺地五斗二升を免除す、その黒印受け取りのため是日延命寺を発って東都に赴く
〔遺稿〕巻七 貞享二年条 去歳十月十六、出二河南延命旧居一赴二于東関一、其前夜五更、瑞雲三道出二延命方丈之上一、其末稍濶、尽二東北霄《ソラ》一、不レ見二厥末一、蓋予慈父家僕宗心之者、独起偶見、餘無二見者一、予始未二之知一、頃日河南令兄玄沢叟及二三子等、裁レ書賀来、（中略）因感而述二一律一、正月二十一日（詩文略）
〔行状記〕貞享元年条→二〇九頁下一〇行～
〔聖教奥書〕No. 740
○『行状記』は浄厳の東都行を十月十三日と録す。今は『遺稿』に従って十六日とする。
十一月六日　江戸に到着し芝三田の商家和泉屋覚心の宅に寓居す
〔遺稿〕巻七 貞享元年条　今茲十一月、有レ事客二于東武一僑二居三田之商家一、茅戸寂寥無レ有二一事一、十二月廿六日午後、彤雲四布、雪下繽紛、頃刻而平地半尺、頃日写二于摂真実経一、其中有レ言、
〔聖教奥書〕No. 695

〔行状記〕貞享元年条→二一〇頁下四行～

是歳　生駒宝山寺湛海の需めに応じて般若窟の記を作る

〔遺稿〕巻七 貞享元年条　和州添下郡般若窟之記応二宝山湛海師之求一也

（本文略）

貞享二年乙丑（一六八五）　四十七歳

正月元旦　江戸大雪、三田の寓居にて安流折紙を写す

〔遺稿〕巻七 貞享二年条　早春寓二于東武城隅一、自二昨暮一天色点然、至レ夜雪下、早起而見、稍成二厚深一、可二六七寸一、及二于午後一天晴、口号一章、（詩文略）

〔聖教奥書〕No. 676

正月十二日　三田の寓居に於て如法大弁才天供次第を撰し教興寺鎮守大弁才天を百座供養す、供養過半にして大弁才天秘訣を撰す

正月十七日　念誦間観想を撰す

〔聖教奥書〕No. 263・332・706

二月三日　儀軌を写校す

〔釈迦降魔讃〕槃版校本

貞享二年乙丑仲春初三写挍了　浄厳

二月是月　三田の明王院（東京都港区三田）に於て菩提心論を講じ、下旬より三月中旬にかけて即身義を講ず

〔行状記〕貞享二年条→二一一頁上三行～

〔即身義開蒙捷図〕（浄厳撰）（写一）（霊雲叢書解題二四～二五頁）

貞享二載二月下浣至三月中浣、於東武城南明王院、講即身義之次、為二三徒侶、率尓排図之了、

浄厳四十（ママ）載

三月八日　越前瀧谷《たけだん》寺（福井県坂井郡三国町）の慶範、北越に帰るを送る

〔遺稿〕巻七 貞享二年条　和二越之前州瀧谷寺慶範師韻一兼餞二別北越之帰一三月初八（詩文略）

三月二十一日　牛込の南蔵院（東京都新宿区箪笥町）の請により三帰五戒等を授く

〔行状記〕貞享二年条→二一一頁上六行～

四月　牛込多聞院（東京都新宿区弁天町）裏息障庵に安

居す
六月　多聞院に於て即身義等を講じて八月に至る、又、九人の僧に印可を授け、在家には授戒或は真言印契を授く

〔行状記〕貞享二年条→二一頁上一一行〜

〔遺稿〕巻七 貞享二年条　乙丑夏、予僑二居東武牛込多聞院裏一、因二学徒之需一、講二説秘教一数巻、自二季夏之始一、以至二中秋一、以二苦思既多一、心胸痞悶、又屢ゝ被二瘴霧一、頭重眼昏、懶二于談論一十二数日于玆一、今宵天陰、志気亦不レ暢、臥二於帳中一口占一首、（詩文略）

八月十七日　及び十八・二十一日安流折紙を写校す

〔聖教奥書〕No. 509・634・637

八月二十八日　南蔵院主の百ヶ日に赴く

〔行状記〕貞享二年条→二一頁上一七行〜

九月　是月より十月にかけて息障庵に病臥す

〔遺稿〕巻七 貞享二年条　病中偶作九月

老身抱レ病臥二江城一　煩悶元従二瘴湿一生　陽射二紙牕一眼猶暗　火升二頭頂一耳恒鳴　双魚時報一天外　賓鴈暁悲万里情　曩日講場人絡繹　而今無二復法雷轟一

又 十月六日

阪屋雨衝成二我災一　殷勤添却耳中雷　労心白日猶朦昧　病眼青天未二豁開一　薬餌鐺中多少味　夢魂燈下幾千回　旋加二艾炷一欲二強健一　多レ汗棉衣垢作レ堆

十月二十八日　安流折紙一紙を写す

〔聖教奥書〕No. 697

十一月二十四日　浪速で経史を学ぶ蓮体に詩と帽子を送って労をねぎらう

〔遺稿〕巻七 貞享二年条　綿帽贈二妙厳子一十一月二十四日 時厳子在二大坂一学二経史一

（詩文略）

十二月十五日　江戸市谷光徳院落慶法要の表白を作る

〔遺稿〕巻七 貞享二年条　江戸市谷光徳院観音閣建立供養并安像慶讃理趣三昧表白 十二月十五日

（本文略）

貞享三年丙寅（一六八六）　四十八歳

正月元日　三ヶ日安流折紙を書写して衆病悉除身心安

楽を祈る

〔聖教奥書〕No.657・676

正月四日　牛込多聞院に於て悉曇字記を講ずる暇、先年草稿の講述を補訂す、又前年に引き続き秘蔵宝鑰等を講ず

〔悉曇字記講述〕〇本書天和元年九月一日条に録す

〔行状記〕貞享三年条↓二一二頁上一七行

二月二十七日　安流の初行作法を撰す

〔聖教奥書〕No.6

閏三月七日　穴八幡放生寺（東京都新宿区高田町）に於て庭儀灌頂を行ず

〔行状記〕貞享三年条↓二一二頁下一行～

〔遺稿〕巻七貞享三年条　武州豊島郡高田八幡宮放生寺庭儀灌頂歎徳表白予為㆓阿闍梨㆒放生寺主宗洗弁本如為㆓受（ママ）者㆒前住密蔵院深説房実清為㆓歎徳師㆒　三月七日

（本文略）

四月十四日　江戸牛込多聞院に於て遍阿ら九十六人のために儀軌の伝授を始め翌年六月十一日に満ず、この間息障庵に於て黄檗版密軌を高麗印本及び和本を以て対校し伝授に備う、又、円満金剛秘訣等の安流の口訣を撰す

〔行状記〕貞享三年条↓二一二頁下六行～

〔霊雲叢書解題〕〇本書貞享元年九月二日条参照

〔秘密瑜伽学習捷図〕（慧光撰）（元禄六年刊一・河内延命寺蔵）

（自序）貞享丙寅之年、稟㆓受曩祖請来秘密経軌㆒得㆓未曽有㆒、身毛皆豎《ヨタチヌ》

〔金剛頂蓮華部心軌〕檗版挍本（縮蔵閏二・五九丁右）

（朱）御本云

貞享元甲子年九月五日、以㆓大師請来本㆒為㆑本、并以㆓円仁請来本、高麗印本、別和本之三本㆒、参挍正之、殊希密教久住利益有情矣、　浄厳四十六歳

同三丙寅仲夏十二日、於武城牛込多聞密院、以大教王経重挍之、是為㆓明日授㆓諸徒㆒也、　浄厳四十八歳

〔檗版校本奥書日付〕

（貞享三年）四月二十三・二十九・三十日五月一・三・十二・十五・十六・二十五日六月四・五・六・七・九・十・十四・十六・十七・十八・二十・二十四・二十六・

二十八・三十日［七月］一・三・四・六・九・十七・十八・十九・二十一・二十二・二十三・二十九・三十日［八月］一・四・六・七・八・十一・二十三・二十七・二十八・二十九日［九月］一・十・十三・十四・十五・十六・二十二・二十四・二十六日［十月］四・十四・十六・十九・二十・二十一・二十三・二十八・二十九日［十一月］一・四・五・六・七・八・十・十一・十四・十六・十七・十八・十九・二十・二十一日

〔遺稿〕巻七 貞享三年条

点二陀羅尼集経一六月十七日（詩文略）

書二同経第四巻観音部後一六月十八日（詩文略）

書二同経第七巻後一六月廿六日（詩文略）

書二同経第八巻後一六月廿八日（詩文略）

書二同経第十一巻後一今日先師良意忌辰故有レ感而作 七月四日（詩文略）

書二同経第十三巻後一七月九日（詩文略）

点二一字奇特仏頂経一七月廿二日（詩文略）

又　同廿三日（詩文略）

書二一字頂輪王時処軌後一中秋之四（詩文略）

書二十一面儀軌後一十月十四日（詩文略）

点二如意輪念誦儀軌一十月十九日夕（詩文略）

書二如意輪瑜伽後一十月二十日夜（詩文略）

書二不空羂索経第三後一十月之晦（詩文略）

又書二第六巻後一仲冬之朔（詩文略）

又書二第十巻後一同月六日（詩文略）

又書二第十四巻後一同月十日（詩文略）

又書二第十九後一同月十四日（詩文略）

又書二第二十三後一同月十八日（詩文略）

〔聖教奥書〕No. 207・248・333・506・511・662

是夏　松平讃岐守頼常（高松城主）の第宅に於て大日経住心品疏及び悉曇字記を講ず

〔行状記〕貞享三年条→二一二頁下二行～

九月二十五日　多聞院に於て敷曼荼羅事を記す

〔敷曼荼羅事〕（浄厳撰）（写一）（生駒宝山寺湛海所蔵本）
（宝山湛海伝記史料集成所収）

〔奥書〕貞享三年九月廿五日在関左武城西隅多聞院裏而書

河州教興伝瑜伽教苾芻浄厳 四十有八

十月十三日 獅子吼山(教興寺)規矩十七条を作る

〔獅子吼山規矩〕(一紙・浄厳筆)(河内高安教興寺蔵)

一応以菩提心而為先、作於諸行、

一応護威儀、住持、聖法、

一忘自恵佗、損己益物、大士用心、仏乗之要枢也、必不可外之矣、

一務伏我慢、意存謙卑、尺有所短、寸有所長、相誨互相策励、成于道学、若自大、不順、宜速擯治、

一不存悪愛、不別親疎、和合而住、嗷嗷難治、都非仏子、

一晨昏諷誦、自除修法知事知炊之外、慎勿闕怠、若接賓客、則知賓準知、

一所主事役、不可或惰慢、或闕怠、

一接于尼衆、唯須大体、不応親昵、動惹虚名、不可不慎、

一不応耽著戯論妄談、空費時日、若佗来入、作無益之譚、応黙而擯、勿相唱和、

一不可以自世事妨佗修学、造営等事、非制之限、

一不応使雑住無戒之僧、

一道場掃治、毎晨作之、院落塵埃、一旬一掃、若春前、秋後、花葉散漫、或復法事衆人来集、亦因営構塵埃委聚、時々浄除、莫拘日限、

一半月説戒、必不可闕之、

一不応以私親昵、猥授深法、唯択信智具足之人、応聴許之、

一事相教相、梵字悉曇、諸尊形像、三摩耶等、夙夜務習、窮其奥、

一字義句義者、吾乗之枢鍵、仏意之秘髄也、若暗之、則非伝密燈、尽心鑽仰、嘗厥妙味、

一若有佗来借秘籍、則必告之師、然後出借、不応自恣、

右十七条、撮其要領、告之徒衆、其餘附之口碑、不克覼縷、

貞享三年十月十三日 苾芻浄厳

十二月一日 知足院隆光、権僧正に昇進す、よって線

香一束を贈って賀す
〔遺稿〕巻七 貞享三年条 知足院主隆光、将軍有レ旨授二僧正一、免二輪役一置二四大寺之上一、猶三南禅之為二五山之上一、贈二線香一束一而賀焉、十二月一日 有レ旨
名実相兼誰敢侔 聖君具レ眼擢二群尤一 香条一束託標レ法 明徳維馨七十州
〔徳川実紀〕貞享三年十二月一日条
知足院隆光権僧正にのぼせらる。
〔高野春秋〕（大日本仏教全書本三七一～三七二頁）
（貞享三年）十二月朔日。知足院隆光任二権僧正一是御祈禱悃誠之賞褒也 離二四个寺列一 金性（ママ）院補レ之 為二在府中摠代一懐英参駕焉 為二賀儀一白銀十枚持二参之一

十二月十三日 教興寺大殿並に僧坊再建のため、秘法如意輪法を修して救世大士の加護を祈る
〔聖教奥書〕No. 740

貞享四年丁卯（一六八七） 四十九歳

正月 昨年に引き続き多聞院に於て密軌を伝授す、因て儀軌の校合に励む
〔遺稿〕巻七 貞享四年条 書二文殊五字瑜伽法後一 正月廿五日
（詩文略）
〔檗版校本奥書日付〕
（貞享四年）一月 二十五・二十六・二十七・三十日
二月 一・二・三・四・七・八・十・十一・十三・十四・十六・十八・十九・二十・二十一・二十三日
〔術霊要門経〕檗版挍本
御本云 貞享四年仲春七日、一挍左点了、和本与今本多違、与高麗本同、 浄厳四十九載

二月十二日 息障庵にて安流聖教二帖を撰す
〔聖教奥書〕No. 331・349

五月、日光山に参詣す、その帰路、俗士女争って三帰十念等の法化に浴す
〔遺稿〕巻七 貞享四年条 和二答武州和戸西方院主良運遮梨一、見レ賀下予自二野之下州日光山一而帰路之次、士女争奔沾中于法化上、五月（詩文略）
〔行状記〕貞享四年条→二一二頁下一四行～

○『行状記』は日光参詣を八月と記す。今『遺稿』に従って
五月としておく。

六月三日　安流聖教一帖を撰す

〔聖教奥書〕No. 265

六月十一日　昨年四月開講の儀軌の伝授を百七十四座にして成満す、次いで梵網古迹記を講じ菩薩戒、光明真言、臨終大事、血脈等を僧俗に授く、又、九十二人に許可を授く

〔霊雲叢書解題〕○本書貞享元年九月二日条参照

〔行状記〕貞享四年条→二二二頁下八行～

七月六日　諸徒に安祥寺流伝授の暇、請われて六角孫九郎広治に一偈を贈る

〔遺稿〕巻七 貞享四年条 六角孫九郎広治者烏丸亜相光広号法雲院天翁宗山之孫也、今入二幕府一為二本庄因守之女婿一、丁卯七月六日丁二乎祖之五十回忌辰一、因レ玆請二供百餘浄侶一薦二彼冥福一、予嘗授二瑜伽乎諸徒一、蓋就二安祥寺之流一、此寺先徳与二藤氏一締二于法盟一、広治殊有レ感二于玆一、頻請二一偈一故書贈焉、七月六日（詩文略）

八月十三日　胎蔵界念誦次第三帖を撰す

八月二十七日　大光闍梨より三輪流の極秘事を受く

〔聖教奥書〕No. 17・580

九月十四日　需めに応じて和州瑞光撰の八斎戒勧善要門を校訂し序を付して梓人に与う

〔八斎戒勧善要門〕（瑞光撰貞享四年刊）（高野山大学図書館光台院寄托本）

（序末）旹貞享丁卯秋九月之未望
河南高安教興沙門浄厳漫冠其首

（刊記）貞享四年首夏日和州沙門瑞光編輯
河南比丘浄厳挍訂
武城中川喜兵衛尉梓

九月下旬　牛込を発して河内教興寺に帰る

〔行状記〕貞享四年条→二二二頁下一八行～

十月二十二日　是日より二十七日に至る間、教興寺に於て安流折紙を写挍す

〔聖教奥書〕No. 648・658・672・673・674・675

是歳　牧野備後守成貞、喜多見若狭守重政、松平大和

守直矩、松平隠岐守定直、松平長門守、本多隠岐守康慶
らに相見す
〔行状記〕貞享四年条→二一二頁下一一行〜
是歳（カ）　智積院運敞に書を呈し、運敞撰開奩編の
論旨に対して数条の質疑を述ぶ
〔開奩編稽疑〕（浄厳貞享中撰）（写一）（霊雲叢書解題一
四頁下）
〔開奩編弁疑〕（運敞撰貞享五年刊一・河内延命寺蔵）
河陽覚彦闍梨、寄レ書質以二開奩編中稽疑数条一、予披レ
之忻然曰、善哉斯問多レ所二利益一、
（刊記）貞享五季歳次戊辰無射《九月》下浣
洛東　寂棲　岡元春謹書
書肆永昌坊前川茂右衛門寿梓
○運敞の『開奩編』は貞享三年秋に刊行されており『弁疑』
が貞享五年九月の刊であるから、浄厳の『稽疑』が提出さ
れたのはこの間のことである。

元禄元年戊辰（一六八八）　五十歳

正月元日　教興寺に於て太元帥法二十一ヶ座修して天
下泰平を祈る
〔行状記〕元禄元年条→二一三頁上一行〜
正月中旬　金胎両部種子曼荼羅を揮毫して、河州錦部
郡松林庵主慧忍に与う
〔紺紙金泥両界種子曼拏攞〕タテ八四・八センチ ヨコ五二・〇センチ 二幅
（河内長野市松林寺蔵）
〔胎蔵界曼荼羅裏書〕
両部法曼荼羅二鋪
応于河州錦部郡四鈎樟村松林菴主慧忍阿遮梨耶之懇
請、貞享五歳次戊辰孟春中澣揮毫、首夏二十七日開
光供養焉、
同州同郡延命寺主苾蒭浄厳　欽識
正月二十八日　摂州武庫郡野間村観音寺に赴き観音殿
の落慶供養を勤む、それより淡路福浦慈眼寺（兵庫県三
原郡南淡町福良）に渡って灌頂開壇す、次いで讃岐高松に

渡って頼重に謁し次に備中河辺に到って伊藤信濃守長興に謁しそれより尾道西国寺に至る

〔行状記〕元禄元年条↓二一三頁上九行〜

三月七日　西国寺に於て寺主密照のために伝法灌頂を行じ、ついで結縁灌頂を修す

〔行状記〕元禄元年条↓二一三頁下二行〜

〔遺稿〕巻七元禄元年条　伝法灌頂後朝嘆徳表白　戊辰春備後尾道浦西国寺主密照灌頂之時予為三大阿闍梨一妙厳勤レ之（本文略）

同時諷誦文　三月七日（本文略）

三月下旬　鞆浦福禅寺増福院（福山市鞆町）に信宿し、寺僧らに菩薩戒を授け四月初め河南に帰る

四月五日　教興寺大殿を建立す

〔行状記〕元禄元年条↓二一三頁下五行〜

四月十八日　泉州堺村十輪院（堺市九間町）にて梵網古迹記を講じ菩薩戒を授く

〔行状記〕元禄元年条↓二一三頁下一〇行〜

〔梵網古迹記撮要〕（洞空貞享三年撰）（刊六・河内延命寺蔵）

題梵網古迹記撮要小引

（前略）去春肆二筵於武城一、今夏施二帳于泉浜一、僉憑二撮要一得レ利居多、豈不レ思二空老之鴻徳一乎、（下略）

旹元禄元稔龍飛著雍執徐暢月（十一月）之吉、河南教興伝瑜伽乗沙門浄厳欽題、

○去年貞享四年六月武城多聞院にて古迹記を講じ、今年元禄元年四月泉州十輪院にて古迹記を講じた時、何れも『撮要』を参考にしたことを述べているのである。「去春」といったのは「今夏」に対する対句で六月の講筵を指すと思われる。

五月十六日　心誉清円善女の書写せし阿弥陀経一千巻の終わりに賛す

〔遺稿〕巻七元禄元年条　書下心誉清円善女人写二阿弥陀経一千巻一之終上五月十六（詩文略）

五月二十四日　堺村十輪院にて、淡州放光寺宥算らに普通真言蔵を授く

〔普通真言蔵聞書〕（宥算元禄二年）（写一）（兵庫県三原町掃守栄福寺蔵）

（第一丁）普通真言蔵聞書
貞享五戊辰年五月廿四日、於堺浦十輪院、随従河州教興寺覚彦浄厳和上、而伝授之、
　淡州三原郡掃守放光寺閑居有算
（奥書）貞享五年九月八日、於河内教興寺、奉伝之《（ママ）》了、
右聞書後日挍合之者也
（朱）右諸印ハ、浄厳師之弟子超染房受之、是則依師命也、間尋密師受口訳了、
元禄二己巳年二月吉日淡州三原郡掃守村放光密寺閑居有算

○放光寺は法光寺とも書き元禄十四年頃には栄福寺と改称して現在に至っている。有算栄伝はその中興開山で元禄四年五十二歳の奥書があるので、浄厳より一歳年少であったことが判明する。栄福寺蔵書写聖教の奥書から見て、最初は浄厳に従って中院流の伝授を受け、元禄十四年淡州護国寺の頼教に従って浄厳相伝の安流の許可を受け以後安流の研鑽に努めている。浄厳とは延宝四年頃から面識があったようである。（本書延宝四年十月二十一日条参照）

六月五日　泉州小寺（和泉市万町）の住持存有書写大般若経の跋文を撰す。

〔遺稿〕巻七 元禄元年条　泉州大鳥郡池田谷万町村小寺住持阿闍梨存有書㆓写大般若経㆒、同村父老伏屋長左衛尉重賢、傾㆑財供㆓紙筆料㆒、予跋㆓其尾㆒、六月初五（本文略）

○泉州池田谷万町村伏屋長左衛門重賢は古典学の祖契沖の外護者で、延宝二年契沖は重賢宅の養寿庵に寓し以後五年間伏屋家蔵の国書を研究している。

六月是月　教興寺に安居して門徒のために妙極堂教誡一巻を撰し翌年梓行す

〔妙極堂教誡〕（浄厳元禄元年撰・刊一）（河内延命寺蔵）
（序末）旹元禄二歳次己巳孟春之吉　河南奉菩薩戒苾芻浄厳題
〔行状記〕元禄元年条↓二一三頁下一二行〜
〔伝授補忘記〕（蓮体筆一巻）（河内地蔵寺蔵）
（奥書）貞享戊辰六月十一日於河南高安教興寺

肇下毫

七月　先年草稿の法華新註冠註略解十二巻を刊行するため再校して序文を撰す

〔冠註略解　妙法華経新註〕(浄厳撰)(刊十二)(河内延命寺蔵)

(序末) 貞享五歳次戊辰秋七月布灑星直日

河南教興苾芻浄厳欽誌

八月一日　教興寺に巨鐘を鋳造す

〔行状記〕元禄元年条→二一三頁下一三行～

〔教興寺銅鐘〕一口（八尾市教興寺蔵）

(銘文奥書) 貞享五歳次戊辰八月初一日

幹縁化主摂之大坂泰心　冶工同処岸本七右衛門信久

九月　教興寺御影堂(祖師堂)に於て中院流両部次第等を有算らに伝授す

〔両部次第伝授聞書〕(有算)(写一)(兵庫県三原町掃守栄福寺蔵)

(奥書) 貞享五年九月九日ノ夜於河州教興寺御影堂奉伝受畢　受者有算

大阿闍梨浄厳大徳 覚彦房

〔普通真言蔵聞書〕○本書元禄元年五月二十四日条に録す

〔金剛界念誦頸次第中院流〕(写一)(掃守栄福寺蔵)

御本云

旹明暦元稔旃蒙協洽白蔵賓涼初九烏人定之比謄写之

功已畢矣　仏子覚元《ママ》十七齢

貞享五年五月上旬賜浄厳師之的本写之了　助筆淡州

神本寺隆清

求法同州放光寺閑居 □

(朱) 同歳於河州教興寺従浄厳密師奉伝授之了

十月　教興寺に於て灌頂を修す

十一月十五日　弟子宝盤に具足戒を授く

〔行状記〕元禄元年条→二二四頁上四行～

十一月是月　浄土律匠洞空撰梵網経古迹記撮要に序を贈る

〔梵網経古迹記撮要〕○本書元禄元年四月十八日条に録す

〔遺稿〕巻七 元禄元年条　書二梵網撮要之首一(本文略)

十二月十三日　弟子蓮体に具足戒を授く

〔行状記〕元禄元年条↓二一四頁上五行〜

是歳　信貴山の快誉上人、宝塔の復興を計り、浄厳を請じて地鎮並に吠天供を修せしむ。

〔毘沙門天王秘宝蔵〕（蓮体撰）（刊五）（河内地蔵寺版）

快誉上人檀興ノ事（巻四・一六丁右）

（前略）浄厳律師ヲ請ジテ先ツ地鎮ヲ修シ吠天供ヲ修セシメテ宝塔ノ成就センコトヲ祈ル予時ニ二十六歳伴僧トシテ往テ勤ム

○蓮体は寛文三年（一六六三）生、享保十一年（一七二六）六十四歳没であるから、二十六歳は元禄元年に当たる。

是歳　瑜伽課誦（真言課誦）三巻を撰す

〔行状記〕元禄元年条↓二一三頁下一三行

〔瑜伽課誦〕（浄厳撰）（享保三年刊三）（河内延命寺蔵）

（巻下奥識）

摂州大坂信士中筋氏次右衛門施銀十両。伊川氏正行。正木氏長兵衛。十八氏閑右衛門。塩飽氏九兵衛。境氏勘兵衛。薩摩氏又右衛門。壺屋半兵衛。野崎成尚。虚舟行空。康山喜安。興徳寺理海。恭心専亮。妙極（浄厳）老人。各施銀十銭。安流末資蓮体識

享保三戊戌年十一月十五日河南九華山（地蔵寺）蔵版　不許翻刻

○元禄五年刊『元禄書籍目録』に「真言大課誦三」を浄厳作として掲載しているのは本書を指している。従って元禄五年以前に初版本があり享保三年刊本は再版とみるべきであろう。

是歳　鴻池妙剛、黄檗版一切経を教興寺に奉納す、よって経蔵一基を教興寺に建立す

〔行状記〕元禄元年条↓二一四頁上一行

〔浄厳大和尚年譜草稿〕↓二六四頁下五行

元禄二年己巳（一六八九）　五十一歳

正月元日　一七日間教興寺に於て恒例の太元帥法を修して天下泰平を祈る

〔行状記〕元禄二年条↓二一四頁上一二行

〔遺稿〕巻七元禄二年条　己巳元旦修供之次試毫（詩文略）

正月二日　先年起筆の円満金剛秘訣を完結す

正月十二日　随行一尊供養念誦要記を撰す

〔聖教奥書〕 No.11・248

正月二十九日　教興寺を発って江戸に赴き閏正月十九日到着す

〔行状記〕元禄二年条→二一四頁上一二行〜

〔聖教奥書〕 No.242

二月二日　江戸谷中多宝院（東京都台東区谷中）にて天台四教集解を講じ始む

〔行状記〕元禄二年条→二一四頁上一三行〜

四月三日　松平綱広の請により太元帥法を修して病気平癒を祈る

〔浄厳大和尚霊徳記〕→二三九頁下五行〜

〔徳川実紀〕元禄二年四月十八日条

致仕松平大膳大夫綱広昨日うせければ。長門守吉就のもとに。奏者番本多紀伊守正永もて香銀二百枚たまふ

五月二日　弟子法厳、浄厳の肖像を画いて題辞を求む

〔遺稿〕巻七 元禄二年条　法厳闍梨撰二予肖像一以レ求レ題レ上五月二日（賛略）

七月　請われて慧門・瑞芳共著標科会記羯磨疏に序を贈る

〔遺稿〕巻七 元禄二年条　題二標科会記羯磨疏一小引

旹元禄二歳星紀二己巳一秋七月月次天駟之辰、住二河南高安教興一、伝二密乗一、苾芻浄厳欽序、

九月七日　谷中多宝院にて祥流許可印明祕訣を撰し七十二人に許可を授く

〔聖教奥書〕 No.352

〔行状記〕元禄二年条→二一四頁上一五行

十二月十八日　聖観自在心真言字輪玄義を草す

〔聖教奥書〕 No.154

是冬　本多伊豫守忠恒（河内西台藩主）の八町堀第宅にて病気平癒祈願のため一七日間太元帥法を修して験あり、後に延命寺に寺領を寄付さる

〔浄厳大和尚霊徳記〕→二三九頁上八行〜

〔行状記〕元禄九年条→二二一頁上一二行〜

是歳　阿弥陀三字弁を撰して隠公夫人侍女長野に与う

〔阿弥陀三字弁〕（浄厳撰）（写一）（霊雲叢書解題三四頁）

隠公大夫人侍女長野の為めに書き与ふとなり。阿弥陀三字の字義及び功能を説きて阿弥陀如来信仰の要を解けり。序文は已に貞享四年に認められしものにて本文の末端には元禄二年於東武叡之隅とあれば、谷中多宝院滞在中の撰なるべき乎。常陸淳元（十九歳）の写本一部宝林にあり。

元禄三年庚午（一六九〇）　五十二歳

正月元日　一七日間太元帥法常の如し

二月二日　（谷中多宝院に於てか）法華経を講じ始め十月初に講了す、前後百二十五席

〔行状記〕元禄三年条→二四頁上一七行〜

四月六日　越前瀧谷寺慶範に許可を授く

〔行状記〕元禄三年条→二四頁下二行

○慶範（一六三五—一六九九）は瀧谷《たけだん》寺（福井県坂井郡三国町）の僧にして、後に浄厳門下となり、柳沢吉保の外護を得てその邸内に福勝院（初め智宝庵と号す）を創め、しばしば城中に召され祈禱を命ぜらる。

五月二十八日　法華新註冠註略解巻十二を撰了す

〔冠註略解妙法華経新註〕（浄厳撰）（河十二）（河内延命寺蔵）

（巻十二奥書）元禄三稔星紀庚午蕤賓（五月）二十八烏絶毫

河南産妙極老人浄厳

（刊記）書林中川喜兵衛 同名五郎兵衛 版

六月六日　安流折紙一紙を写校す

七月十四日　真言修行大要鈔を撰す

〔聖教奥書〕No. 23・718

十月六日　請わるるままに柳沢保明の霊巌島の別業に移り瑞雲庵に住す

〔行状記〕元禄三年条→二五頁上一四行〜

十月二十日　安流聖教一帖を撰す

〔聖教奥書〕No. 232

十一月二十四日　王子村金輪寺（東京都北区岸町）にて十七人に許可を授く

〔行状記〕元禄三年条→二五頁下一行

元禄四年辛未（一六九一）　五十三歳

正月元日　瑞雲庵にて一七日間太元帥修法常の如し

〔行状記〕元禄四年条→二二五頁下三行

正月十一日　弁惑指南四巻を撰して刊行し、和文を以て顕密の浅深を論じ、民衆に真言密教の本旨を鼓吹す

〔弁惑指南〕（浄厳元禄四年撰）（刊四）（河内延命寺蔵）

（序末）時ニ元禄四年辛未孟春ノ十一日河南教興蘭若ノ煏芻妙極老人題ス

正月二十六日　上州立石寺（群馬県藤岡市立石）の請に赴く

二月二日　立石寺にて梵網古迹記を開講し菩薩戒を授く

〔行状記〕元禄四年条→二二五頁下六行〜

三月二日　武州板橋安養院（東京都板橋区東新町）にて菩提心論を講じ十五日に満講して瑞雲庵に帰る

〔菩提心論講要〕（浄厳撰）（写一）（真言宗全書八所収）

于時元禄四辛未三月二日開白、同十五日迄、武州於板橋村安養院、浄厳律師菩提心論御講談之砌、御作被遊写本、令書写者也、

享保九辰歳壬四月穀旦栄舜高才之以本書写畢

〔行状記〕元禄四年条→二二七頁上一行〜

三月二十二日　将軍綱吉、柳沢保明の邸を訪う、浄厳はかねて鎮宅等を修し、是日初めて綱吉に謁見、御前に於て普門品を講ず

〔徳川実紀〕元禄四年三月廿二日条

御側用人柳沢出羽守保明が邸に初て成らせ給ふ。かねてより其御あらましなれば。この二月初より小笠原遠江守忠雄があづかりたる地をもそへ給はり。此ほどの御いそぎにて。あらたに御坐所をば方五十間ほどにしつらひそれにつぎて北の間中の屋西東の屋納所庖所など建つゞけ舞台楽屋又は供奉の輩の憩息所まで造りとゝのへ。庭前の泉石心をつくしみがきなしき（中略）それより西びさしに出たまひ。御みづから大学を講じ給ふ。保明が一族はさらなり。老臣以下さるべき輩みな拝聴す。知足院権僧正隆光、金

地院崇寛、覚王院僧正最純なども御もてなしのためまかりしが、こゝに侍りて聴奉る。御講畢て保明にも仰しば〳〵ありてこれも同じく八条目を講ず。次に家人の文学あるもの等召に従ひ出てさま〴〵進講す。僧正隆光はじめみな仏経を講じ、真言僧覚彦も初てめされ拝謁し、観音経を講ぜしめらる。

〔行状記〕元禄四年条―二一七頁上三行～

四月十一日　弟子真宝、瑞雲庵に於て浄厳撰の阿閦法口訣を転写す

〔聖教奥書〕No. 198

五月三日　安流聖教一帖を撰す、是頃瑞雲庵にて許可を授く

〔聖教奥書〕No. 166

〔行状記〕元禄四年条―二一七頁上八行

五月是月　綱吉の御前にて経を講ず

〔有算宛覚彦消息〕（兵庫県三原町掃守栄福寺蔵）

二月廿三日之御懇書、四月廿五日ニ届達候忝致拝見候、弥以　道儀動履、万福珍重不過之、奉存候、御帰国已後、両部之本次第等御伝授、朝昏之課誦等迄も、逐日如法ニ御勤被成候由、法化流通珍重ニ候、愚子去年冬初迄ハ、法華講演冠註ニ一向不取寸隙、其已後、化縁逐日多罷成、早春ゟ上野ヘ赴、受法之僧俗合六十六万人許御座候、三月ニ帰候而大樹ヘ謁見、五月ニ於御前講経仕、其ヨリ至今法花之略要、漸終功候所、八月末ニ新ニ寺地拝領、如法之本寺興起仕大悦存候、就其当月初ゟ、草菴之営構始申候ニ付、逾不取暇候、十月ニハ新寺ヘ移住可仕と存事ニ御座候、然故返書不具候、護国寺ゟ去年四月今年五月ニ預御懇書候ヘ共、是又左者仕今故、不得返酬候、従慈眼寺も六月ニ願書候間、以是等も不克酬答候間、御法会之節ハ宜御心得被成可被下候、慈眼寺ハ御病気故京ニ御滞留候□如何無覚束奉存候、逾以正法流通之御計略可目出度候、尚期後音之時候不悉

頓首

閏八月廿二日　覚彦

拝答
宥算老大徳

御前
○淡州栄福寺中興宥算は浄厳に従って中院流を受法した人。貞享元年以降浄厳没年までの間に八月に閏月のあるのは元禄四年だけである。又、綱吉に謁見寺地拝領などの消息が伝えられているから明らかに元禄四年閏八月二十二日付の消息といえる。『徳川実紀』元禄四年五月九日条に綱吉の柳沢邸臨駕、家臣進講の記事がある。浄厳の講経はこの時であろうか。本消息には前条三月二十二日の講経には触れていないので、しばらく疑問に付しておく。

八月二十二日　柳沢保明の推挙によって幕府より湯島に三千五百坪の地と金三百両を下賜され、宝林山霊雲寺(東京都文京区湯島)を創建す、閏八月二日着工し十月半ばに完成、永代幕府の祈願所となす

〔行状記〕元禄四年条↓二一七頁上一〇行〜

〔遺稿〕巻七元禄四年条 武州豊嶋郡湯島郷宝林山霊雲寺銅鐘銘(行状記元禄四年条収録)↓二一七頁上一七行〜

〔御当代記〕元禄四年条

一、八月下旬湯島明地にて律僧かくげん屋敷拝領

〔徳川実紀〕元禄四年八月廿二日条

此ごろ真言僧覚彦は有験の聞えありしかば。これより先柳沢出羽守保明が薦挙にて見参し。府に駐錫の地を給はるべしとて、本郷湯島の閑地三千五百餘坪を給ひ新寺を建立せしめらる。又保明が邸にめし金三百両たまひ構造の費にあてられ、今より永く天下泰平の御祈丹精を抽べき旨を命ず。

〔徳川実紀〕元禄四年閏八月廿八日条

こたび覚彦建立の新寺宝林山霊雲寺と称せんむねこふまゝにゆるさる。

〔宥算宛覚彦消息〕○前条参照

閏八月十日　北斗供次第を撰す

九月一日　準提仏母念誦要軌を撰す

〔聖教奥書〕No.196・272

十月十八日　瑞雲庵を出て霊雲寺に移る

十月二十七日　霊雲寺にて普門品を開講し次いで随行一尊法を伝授す

〔行状記〕元禄四年条↓二一八頁上七行〜

十一月　霊雲寺妙極堂に於て大日経随行一尊供養念誦儀を撰し、十六日には属星供次第、二十九日には行法軌則を撰して以後門流の定準となす

〔聖教奥書〕No. 14・21・273

十二月四日　牧野備後守成貞の寄進により霊雲寺鐘楼並に銅鐘完成す

〔武州豊嶋郡湯島郷宝林山銅鐘銘〕○本書元禄四年八月二十二日条参照

十二月十日　息災護摩私記を撰す

〔聖教奥書〕No. 18

十二月十一日　綱吉より初めて祈禱料銀十枚を賜わる

〔徳川実紀〕元禄四年十二月十一日条

霊雲寺覚彦に初て祈禱料銀十枚布施せらる。

十二月十四日　如法愛染王供養要法を撰す

〔聖教奥書〕No. 738

元禄五年壬申（一六九二）　五十四歳

正月元日　霊雲寺に於て一七日間一日三時の太元帥法を行じ息災増益両壇の護摩を修して国禱す、正五九月の三長斎月に修するを恒規とす

〔行状記〕元禄五年条↓二一八頁上一〇行～

正月十六日　綱吉の長日祈禱のために太元帥供養法を撰す

〔聖教奥書〕No. 285

二月二日　霊雲寺に於て心経秘鍵を開講し十八日より盂蘭盆経の疏新記を講ず、又、受明・結縁灌頂を行じ護国寺第二世賢広ら五十三人に許可を授く

〔行状記〕元禄五年条↓二一八頁上一二行～

四月　是月より七月の間に安流聖教五部を新撰す

〔聖教奥書〕No. 172・219・230・239・245

七月十五日　霊雲寺に於て理趣経千巻読誦して万霊回向をなし以後毎年恒式とす

〔行状記〕元禄五年条↓二一八頁上一八行

○『行状記』には「七月」とのみ録すが『浄厳大和尚年譜草稿』元禄六年条に「秋七月中元日転二理趣千部一擬二先亡之追薦一」とあるので七月十五日に行われたことが分る。

八月十八日　酒井伊豫守忠興（竹巌）の請により大黒天、不動尊、聖観音像の開眼に赴く、竹巌死後、三像を霊雲寺に納む

〔浄厳大和尚霊徳記〕↓二四〇頁上

九月十三日　病床に臥す

〔遺稿〕巻七元禄五年条　病中頌九月十三日発病時疲

霊雲山中子　頽然臥病牀　有眼不能見　有耳不聞声
有舌不別味　有鼻不弁香　有身不覚触　有識不克量
一心不外覔　渾々眠暗窓　若能常如此　速入密厳場

又

噫個病僧根識疲　耳鳴眼暗坐如尸　等閑応被西風笑
老却黄花未有詩三四両句全取ニ危元吉対レ菊詩一

十月二十九日　受明灌頂私記、胎蔵界灌頂私記を撰す

〔聖教奥書〕No. 334・347

十一月十五日　先年撰述せる法華秘略要妙を補訂して十一巻となし跋文を付して刊行す

〔妙法蓮華経秘略要妙〕（浄厳撰元禄五年・刊十一）（河内延命寺蔵）

（跋末）元禄第五歳次玄黓涒灘仲冬之望大日本国武都北郊霊雲苾芻浄厳書

元禄六年癸酉（一六九三）　五十五歳

正月十一・十二日　霊雲寺にて大般若経を真読して国禱をなし以後毎年恒規とす、因に大般若菩薩法、般若菩薩法要鈔を撰す

〔行状記〕元禄六年条↓二一八頁下六行〜

〔聖教奥書〕No. 224・247

三月下旬　不動明王念誦供養法を撰す

四月二十五日　三摩耶戒式を撰す

〔聖教奥書〕No. 161・337

五月八日　霊雲寺にて儀軌の伝授を始む

五月二十一日　悉曇字記を講じ始め十五座にして終る

〔行状記〕元禄六年条↓二一八頁下八行〜

〔諸儀軌訣影〕浄厳口・妙粋記・性寂註（続真言宗全書第一所収）

諸儀軌訣影大阿闍梨耶浄厳大和上元禄六癸酉年五月八日開帙　（続真言全・二一三頁

上）（中略）
霜月三十日　今年ハ是迄
来春ハ二月朔日ヨリ始メン
元禄七甲戌年二月朔日第八十六会（続真言全・一九四頁上）（中略）
（閏五月）十六日第百七十八会　（続真言全・四〇八頁上）（中略）
以上諸経軌御伝授満足畢
皆大歓喜作礼而去　大衆別三拝
始終座敷（マヽ）凡一百七十八会此外字記御講説十五座　部
目大底二百十八部　此外有不及伝授之者
受者初分二百人許中分三百人許後分二百人許
発起首　王子ノ金輪寺　（続真言全・四一〇頁下〜四一一頁上）

五月是月　五大尊供を修して綱吉のために長日祈禱をなす
〔聖教奥書〕No.163・702

六月十三日　仏眼仏母法を撰す

六月十五日　安流伝法印明並紹文口訣を撰す

六月二十三日　儀軌一本を書写す
〔聖教奥書〕No.353・708
〔火吽供養儀軌〕（写一）（河内延命寺蔵）
旹元禄六歳舎癸酉六月二十三烏、于東都北郊霊雲密寺無等房繕謄之了、
開基苾芻浄厳五十五齢欽識

九月一日　諸観音部秘要を集録す

九月十四日　結縁灌頂諸尊印言を撰す
〔聖教奥書〕No.336・698

九月二十一日　是日より十月八日に至る間霊雲寺に於て結縁、受明、許可、伝法灌頂を行ず
〔行状記〕元禄六年条→二一八頁下一三行〜
〔霊雲寺記録写〕（甲子夜話続篇巻三収録）
元禄六癸酉年上書
一、来る九月下旬結縁灌頂仕候に付東の角の小門あけ申度奉レ願候　此門は以後にも所用御座候間明置申度奉レ願候

一、（略）

右両種之願被二仰付一被レ下候はゞ可レ奉二忝存一候則
別紙致二絵図一掛二御目一申候　以上

酉八月六日　湯島霊雲寺覚彦　判

寺社御奉行所

十月二十三日　阿吒薄拘大将念誦次第を撰す

〔聖教奥書〕No. 710

十一月二日　幕府より寺領百石賜わる

〔行状記〕元禄六年条→二一九頁上六行

〔徳川実紀〕元禄六年十一月二日条

霊雲寺覚彦天下泰平の御祈禱丹精をぬきんで。其上しば／＼召に応じ。まかりつかふまつるにより寺領百石給ふ。

〔徳川実紀〕元禄六年十一月十五日条

霊雲寺覚彦寺領を謝し奉る。

〔隆光僧正日記〕元禄六年十一月廿七日条

一、廿七日易経御講尺被遊、同日新御朱印頂戴之（中略）真福寺、弥勒寺、根生院、霊雲寺等ハ於阿部豊後守殿宅被渡之也

十一月十三日　天等部秘部類集を集録す

〔聖教奥書〕No. 701

十一月三十日　儀軌伝授今年分八十五会にして終わり来春二月一日の再講を約す

〔諸儀軌訣影〕○本書元禄六年五月八日条参照

十二月十八日　聖観音念誦次第を撰す

十二月二十日　先年草稿の地天供を補訂す

〔聖教奥書〕No. 258・736

是歳　霊雲寺に三間四面の地蔵堂を建つ

〔行状記〕元禄六年条→二一九頁上四行

元禄七年甲戌（一六九四）　五十六歳

正月三日　乗輿して城中に入ることを許さる

〔行状記〕元禄七年条→二一九頁上九行

〔徳川実紀〕元禄七年正月三日条

霊雲寺覚彦乗輿の御ゆるしあり

正月二十九日　毘沙門天念誦要軌を撰す

〔聖教奥書〕 No. 254

二月一日　昨年に引き続き儀軌の伝授を再開す

〔諸儀軌訣影〕○本書元禄六年五月八日条参照

〔文殊師利法宝蔵陀羅尼経〕檗版挍本

本云、元禄七年二月八日、以高麗印本比挍、倭訓之、是為授諸徒也、

東武城北岡霊雲始建沙門浄厳　五十有六載

〔大雲輪請雨経〕檗版挍本（縮蔵閏六・九八丁右）

元禄七甲戌年二月十七、以異訳本、比挍示異同、又以和字、訓其傍、及点陀羅尼之音矣、

同十四辛巳年六月初七再挍了

　東武府城北岡宝林草創乞士浄厳　五十六載

〔一字仏頂輪王経〕檗版挍本

（巻一）元禄七甲戌年三月廿八日訓点了

東都霊雲艸創沙門浄厳　五十六歳（縮蔵閏六・一〇丁右）

（巻三）元禄七年四月二日加和点了

武都霊雲沙門浄厳　五十六歳（縮蔵閏六・二二丁左）

（巻五）元禄七甲戌年四月三日加倭点了

　東都霊雲艸刱沙門浄厳五十六歳（縮蔵閏六・三〇丁左）

（巻六）此中大法壇一品自第四首至第五半 貞享三年七月廿九日

訓点了浄厳　四十八載

第六一巻元禄七甲戌年四月四日訓点了

武城霊雲艸刱沙門浄厳五十六載（縮蔵閏六・三六丁左）

三月十五日　毘沙門天秘法を撰す

三月二十一日　彼達磨を撰す

三月二十六日　軍荼利明王念誦供養法を撰す

〔聖教奥書〕 No. 164・705・733

三月是月　高野山聖方大徳院、霊雲寺覚彦の弟子を後住にして律院に改派したき旨公庁に上書して不許可となる

〔高野春秋〕（大日本仏教全書本四〇六頁）

（元禄七年三月）廿日。江戸在番飛札来着曰。聖方大徳院上二書公庁一奉レ願レ改二派律院一。是旧冬以来彼是之希望。公儀無二御許容一也。〔夾註・今般大徳院願之品預二御尋一候返答之覚。覚彦弟子を聖方大徳院後住ニ仕候而

障儀之有無御尋被レ成候。覚彦弟子を貫住ニ仕リ覚彦之衣体作業を仕候而ハ。色々相障リ申候。子細者聖方之作法は分際御座候。覚彦者宝性院弟子ニ而学侶ニ不二相替一作法ニ候故。障リ出来仕候。又大徳院致二後住一聖之衆ニ入後々迄。聖之作法仕候分ハ障リ出来不レ仕候已上。元禄七戌年三月六日。」

是春　即身義、六物図等を講ず、又、冠註即身成仏義を起草し多事のため中止す

〔行状記〕元禄七年条→二一九頁下一行

〔冠註即身成仏義〕（浄厳撰）（元禄十一年刊二）（河内延命寺蔵）

元禄七年甲戌之春、倉卒起レ毫多事ニ而中止、今年中冬初朔以至二今夕一賡二成之一云、
同十年丁丑季冬初四、東武城北霊雲艸創菩薩戒苾芻妙極、春秋五十有九、

元禄十一年板

四月十八日　答四問篇を著して紀州藩士大島伴六（古心翁）の四種の来問に答う

〔答四問篇〕（浄厳元禄七年撰）（元禄十五年刊一）（金刀比羅図書館蔵）

答四問篇

一切衆生成仏已後諸仏同《トキヤ》否《イナヤノ》事
衆生本来成仏何《ナラハ》生《ソノ》死《ニ》流転《スルヤ》否《ヤノ》事
塔寺造立《ノ》時小虫《ヲ》殺《ス》害福却《カヘツテ》罪《ナリヤ》否《ヤノ》事
光明真言与《ト》二不動尊《ノ》呪一同《ナリヤ》否《ヤノ》事

答二大島氏《ノ》問一　浄厳述

第一問（以下第二、第三問答略）

第四問某密宗ニ帰依《キエ》スルコト年久シ、就レ中不動明王ニ皈命シ慈救呪《シクノシユ》ヲ持スルコト五洛叉ニ近シ、然リト云ヘドモ比来官路紛冗《フンぜウ》ニシテ三業清浄ナラズ、専ラ不浄ヲ避ント欲スレバ甚ダ日用ノ事業ニ障《リ》アリ、是ノ故ニ唯《タ》光明真言ヲ持ス、一切諸仏本来同一体ノ理ヲ観ぜバ心ニ不動尊ニ帰シ、口ニ光明真言ヲ持ストモ霊応差異ナカラン歟、若《シ》又各仏各尊ノ呪ニ非サレハ、函蓋《ガイ》相応せズシテ功能少ナカラン歟、伏冀《フシテネガハク》ハ丁寧《テイネイ》ニ開示シテ某ガ信心ヲ増長シテ明王ノ冥助ヲ

得せシメ玉ヘ、至禱至禱、
癸酉（元禄六年）秋日　大島氏
答曰若《シ》光明真言観誦要門ヲ熟覧《ジュクラン》シテ字義句義ノ深旨ヲ会得シ玉ハヾ此ノ疑来ルベカラズ（以下略）
右応《ヌ》二来問《ニ》一略《メ》述《フ》二深旨《ヲ》一若《シ》究《メテ》論《セハ》レ之《ヲ》歴《テモ》レ劫《ヲ》亘《シ》レ尽（下略）

元禄甲戌（七年）四月十八日　霊雲乞士浄厳欽記

今《マ》寄《セテ》二光明《ノ》一一言《ニ》一　開二通《ス》字義甚深《ノ》門《ヲ》一
勧《スヽム》レ君《ニ》早《ク》達《メ》二真心《ノ》躰《ニ》一　現二証《セヨ》総持不動尊《ヲ》一

大仏頂経《ノ》偈《ニ》云妙湛揔持不動尊

（後叙）是這《ノ》四問四答《ノ》之篇《ハ》者紀《ノ》之州《ニ》有二大島氏某者《ト云》一、謁《メ》二于東武霊雲寺《ノ》浄厳和尚《ニ》一挙《テ》二四箇《ノ》疑惑《ヲ》一而問レ之、和尚応《メ》二於来問《ニ》一而一一《ニ》答《フ》レ之矣、粤《ニ》河陽《ノ》東埜邑蓮光蘭若《ノ》玄律師、為《ニ》二求法《ノ》一暫《ク》掛《ク》二錫《ヲ》於霊雲門下《ニ》一、事已《ニ》竟《テ》後還《チル》二乎河南《ニ》一焉、于時《ニ》某染《ニ》二沉痾《ニ》一、一日懐《ニ》二狭此《ノ》篇《ヲ》一就《テ》レ訪《フ》二予《ニ》病《カ》患《ヲ》一、譚及《ニ》二于此《ニ》一、余拝閲《メ》而不《ス》レ堪《ニ》二感心《スル》一、強《テ》操《テ》レ觚《ヲ》遂《ニ》書二写《シ》之《ヲ》一畢《ヌ》、嗟呼《アヽ》夫《レ》為《ルヤ》二厳師《ノ》提耳《ノ》一也開二秘密一乗《ノ》蘊奥《ヲ》一示《スコト》二生仏不二《ノ》玄旨《ヲ》一寔《ニ》至哉深哉矣、就レ中此《ノ》書也為《ル》二病中日用《ノ》之最要、心悩治方《ノ》之醍醐《ノナリ》一者也、何為《メ》待《ソヤ》二他求《ヲ》一乎、慎《テ》勧《ニ》二来哲《ニ》一莫《レ》レ処《スルコト》二容易《ニ》一也、
旹元禄乙亥（八年）初冬之日
河南高松蘭若密乗末裔義海謹誌
元禄十五年孟春上澣日　寺町 新屋平次郎版行

〔光明字義釈〕（聖教奥書 No. 208）

○『答四問篇』の内第四問答を収録し（僅少な語句の出没あり）その後に胎蔵界の四菩薩及び金剛界の四仏に光明真言の字義を会通して追録し、元禄十一年十月に脱稿したのが『光明字義釈』一巻である。

〔遺稿〕巻七 元禄七年条 書二光明無礙観後一示二大島氏一 甲戌四月十八日

○『答四問篇』の末尾「今寄光明一一言」の詩に同じ。

〔浄厳大和尚年譜草稿〕元禄七年条↓三六五頁下一八行～

是頃　河内蓮光寺律僧直心通玄、霊雲寺に求法して密教の奥旨を問い、浄厳の試問に応じて光明真言不動義釈を示す

〔聖教奥書〕No. 208

〔答四問篇〕○本書前条・義海跋文参照

○通玄（一六五六—一七三二）は讃州多度津の産、出家して高野山に求法し、後、河内野中寺にて比丘戒を受けて一派の律僧となり、河内蓮光寺（狭山町東野）を復興して野中寺派の律院となし弘律に努む。三教指帰簡註など著述多し。
（真言宗全書解題参照）

五月三日、諸真言諸尊梵号等の墨跡を需める人々に対し、日課真言を誓約せしめて教化す

〔浄厳大和尚霊徳記〕↓二三七頁下一一行～

〔墨書真言等奉請日課録〕（写一）（正蔵院蔵）（霊雲寺派関係文献解題三八三頁所収）

一、墨書大日五字真言或阿字或弥陀尊号奉請之人
日課　光明真言　三百遍
或　弥陀名号　一千遍
或　五字真言　五百遍

一、墨書光明字輪奉請之人
日課　光明真言　五百遍
或　弥陀尊号　二千遍

一、墨書諸尊梵号及真言奉請之人
日課　光明真言　三百遍
若彼彼真言者逐字数増減咒遍謂
三十字已上真言者　日課一百八遍
十五字已上真言者　日課三百遍
十字已上真言者　日課四百遍
五字已上真言者　日課五百遍

右之日課、尽形寿、可被念誦之、若有病縁若故障、其勤怠之時者、後可被唱足之、若猶不能足之者、可使別人誦之、仍所定如件、

元禄七年五月三日

霊雲　浄厳　覚彦氏　妙極

右御筆跡奉請之上者、御定之日課、尽寿無懈怠可勤之候、若背此誓言候者、可蒙三宝神明之冥罰者也、

仍誓文如件、

五月二十八日　慧光に具足戒を授く

〔行状記〕元禄七年条↓二一九頁上一一行

閏五月三日　瑜祇経私記を撰す

〔聖教奥書〕No. 716

閏五月十六日　儀軌伝授百七十八会にして成満す

〔諸儀軌訣影〕○本書元禄六年五月八日条参照

閏五月是月　大和法隆寺大衆のために募縁の疏を代作す

〔遺稿〕巻七元禄七年条　大和州法隆学問寺殿塔修補募縁疏

（本文略）

旹元禄七年閏中夏日法隆寺合山大衆欽疏

六月二十八日　蓮体、生駒宝山寺記を撰す

〔都史陀山般若窟宝山寺記〕（蓮体自筆一）（河内地蔵寺蔵）

旹元禄第七龍飛閼蓬掩茂六月布灑星日

沙門無尽蔵欽記

六月二十九日　霊雲寺は関八州真言律の本寺を命ぜらる

〔行状記〕元禄七年条→二一九頁上一一行～

〔隆光僧正日記〕元禄七年六月廿九日条

一、廿九日、霊雲寺、関東真言律之本寺ニ被仰付

〔徳川実紀〕元禄七年六月廿九日条

霊雲寺覚彦は関東八州真言律の本寺を命ぜらる。

〔徳川実紀〕元禄七年七月廿八日条

湯島霊雲寺覚彦関東真言律本寺命ぜられしを謝し。

七月五日　法隆寺蔵古貝葉を得、その梵文を謄して梵唐対訳を始む

〔梵唐対訳摩訶般若波羅密多心経〕（写一）（霊雲寺派関係文献解題三九〇頁収）

旹元禄七甲戌年七月五日謄之、梵字学法隆寺宝蔵所珍貝多梵文、而書之、　武都霊雲沙門浄厳五十六載

元禄十六年正月四日以御本写之了　尊教

宝暦十辰歳三月廿二日謄之了　智哲

七月十三日　幕府の下問に対し真言律の名称宗義を答申す

〔真言律宗注進書〕（浄厳元禄七年記）（写一）（高野山大学図書館蔵正祐寺寄托本）

（奥書）

元禄七年七月十三日　霊雲寺覚彦欽上

寺社奉行所

○本書は真言律宗注進記、—問答書、—注解、—御尋之答など種々な名称を付して流布している。高野山大学図書館蔵書中だけでも『真言律宗注進書』（正祐寺寄托本）明和九壬辰年暮春末廿四日金剛乗勤息大仙（写）、『真言律注』（光台院寄托本）享保改元丙申季春二月廿有七日笔閣伝瑜伽沙門無尽荘厳寺心眼了玄在判、『真言律注進記浄厳答進録』（三宝院寄托本）享保十一年歳次丙午六月仲旬泉州大律、安政六己未冬獅走廿日令智全法師書得畢南嶺瑞泉院住心雄、がある。河内延命寺にも『覚彦真言律宗注進記』某写一冊がある。明治十五年に釈雲照律師によって校訂出版された時には『真言律弁』と題されている。これらの表題は何れも後人が便宜上付したもので本来なかったことは、本書が幕府の審問に対する浄厳自筆の答申書であった性格からみて当然である。何れの写本にも共通する書出しが「真言律（宗）《イ》ノ《(之)イ》事御尋（ヲ）《イ》蒙（リ）《イ》候間《イ》粗《(アラアラ)》 注進上申《(仕)イ》候」となっているから原本もこの通りであったと思う。末尾は写本によって「元禄七年七月十三日霊雲寺開山律師浄厳謹進」（光台院本）「注進記終」（延命寺本）或は無記など様々であるが、恐らく正祐寺本の如く

元禄七年七月十三日　霊雲寺覚彦欽上
寺社《(御)》奉行所

となっていたと思われる。雲照校訂本も十三日の日付を欠くが、このようになっている。

各写本の内容は実に出没が多いが大別して二系列になる。㈠は説明が詳細であるが難解な個所もあり文脈が整理されていない。延命寺本と三宝院本はこの系列に属する。㈡は㈠を要約し在家にも理解し易いように改められ文脈も整理されている。正祐寺本、光台院本、雲照本はこの系列である。恐らく浄厳は最初に注進の草稿を作り、二度三度手入れの上清書して提出したのであろう。㈠は草稿段階の原本の転写であり、㈡は再治本の転写といえよう。

七月十八日、頓証秘訣を撰して蓮体に授く

七月二十三日　諸流一貫を撰す

〔聖教奥書〕No. 764・765

九月三日　柳沢邸に於て法隆寺寺宝開帳す、綱吉並に桂昌院拝観して寄進す、浄厳は宝物の縁起を説く

〔隆光僧正日記〕元禄七年九月三日及び五日条

一、三日柳沢出羽守殿へ被為成、和州法隆寺之霊宝御拝見被遊、仏舎利・乾陀穀子之袈裟・梓真弓・蕪矢・太子御宸筆梵網経以上五種也、覚彦比丘右之縁起被申立。

一、五日法隆寺之出家中、柳沢出羽守殿へ被召寄、白銀千枚被下之、彼寺為修復、於御当地開帳有之、依之、御施入被遊也。

〔遺稿〕巻七 元禄七年条 又 ○元禄七年閏五月法隆寺募縁疏に次いで収録す

曰若《ココニ》、大樹殿下并尊大夫人名二桂昌院殿宗子一、拝二真身舎利、糞掃袈裟、王子真跡、戒経、宝弓箭等一、仰信非常、檀施甚夥、以故公女公族、瞻奉競資、諸侯大夫、喜捨相継細目具レ下、其若レ之則、修補之績不レ日而成、不二亦説一乎、

十月十三日　法隆寺古貝葉二片の梵文を対訳し了えてその跋文を書く

〔浄厳写梵文般若心経等〕（東京国立博物館蔵）

（跋文）粤大和州法隆寺宝庫旧蔵中天貝多両片、乃是心経梵言、仏頂尊勝、及悉曇十四音也、今兹不揣得遇覧之、甚愜素願、歓喜無量、（中略）卒謄一本、更加対註朱点句義、以貽后昆、殊恨原本筆力遒勁龍飛獅奔、故未免画虎類狗之誚、旹元禄第七龍集甲戌十月未望、東都霊雲沙門釈浄厳書并跋、

〔遺稿〕巻七 元禄七年条　書下謄二貝多心経尊勝咒及悉曇十四音一之後上　十月十三日

○本文は東京国立博物館蔵自筆に同じ

十一月　安流聖教三帖を新撰す

十二月　安流聖教三帖を新撰し折紙一件を写校す

十二月是月　随行一尊供養念誦要記私鈔巻一を起草す

〔聖教奥書〕No. 30・149・188・203・250・338・339・674

是歳　蓮体、祥光らに安流秘部最秘部小皮子等を伝授して冬に至って畢る

〔行状記〕元禄七年条↓二一九頁下一行〜

元禄八年乙亥（一六九五）　五十七歳

正月十三日　五大尊供次第を撰して綱吉の長日祈禱に当つ

正月二十七日　愛染明王法を撰し、二十九日如法愛染護摩を撰す

二月十三日　不動要鈔上巻を撰し、二十三日中巻を撰す

〔聖教奥書〕No. 165・167・169・704

二月二十八日　梵網古迹記を講じ始む

〔行状記〕元禄八年条→二一九頁下四行～

四月十二日　前の高松城主松平頼重卒す

〔徳川実紀〕元禄八年四月十九日条

致仕龍雲軒源英入道この十二日卒せしにより。水戸宰相綱条卿のもとに、戸田山城守忠昌弔慰の御使にまかる。

四月二十一日　南山教誡律儀を講ず

〔行状記〕元禄八年条→二一九頁下五行

五月十日　松平輝貞、上州高崎城主となる

〔徳川実紀〕元禄八年五月十日条

松平右京大夫輝貞が邸に初てならせたまふ（中略）又輝貞には下野国壬生の旧封を転じて、上野国高崎の城給はり、一万石益封せらるゝ旨面命あり。

五月十一日、綱吉自画の太元帥像を霊雲寺に与え、正五九月国禱の本尊となさしむ

〔行状記〕元禄八年条→二一九頁下五行～

〔徳川実紀〕元禄八年五月十一日条

霊雲寺覚彦をめし。かれが常に本尊とする太元帥明王の像を。御みづからゑがゝせ給ひし挂幅をたまふ。これかの寺にて今に至るまで鎮護国家の本尊となし、年々の御祈に用ふる所とぞ。

六月一日　大日経住心品疏を講じ始む

〔行状記〕元禄八年条→二一九頁下七行～

六月二日　隆光らと共に登城して綱吉の易経の講演を聴く

〔徳川実紀〕元禄八年六月二日条

易の御講説あり。知足院僧正隆光、霊雲寺覚彦拝聴して後、晒布十疋給ふ。
七月二十四日　地蔵法を撰して先師雲雪及び先亡の菩提に資す
〔聖教奥書〕No. 217
九月中旬　虚空蔵求聞持法要等数帖を新撰す
〔聖教奥書〕No. 184・220・221・338・340・742
九月十八日　知足院は護持院と改称して院家寺に列し、隆光は大僧正となり新義真言宗の僧録を命ぜらる
〔徳川実紀〕元禄八年九月十八日条
知足院へ臨駕あり。この院は御祈願所に定られたればとて院家寺に列し護持院と改めたまひ、隆光を大僧正に任ぜられ、かつ真言新義の僧録に定らるれば今よりのちその宗門僧徒、色衣免許の事、当院より沙汰すべきむね御朱印の御書を給ふ。
九月二十一日　是日より三十日に至る間、霊雲寺に於て灌頂壇を開く、結縁入壇三万四千四百四十二人、受明受者六十五人、許可二十一人、伝法二人
〔行状記〕元禄八年条→二一九頁下八行～
十月十六日　先年草案の受明灌頂表白を浄書して曲譜を点じ了る
十月二十二日　聖如意輪法を撰し、二十八日光明真言法を撰す
十一月六日　是日及び十一日に文殊法等を新撰す
〔聖教奥書〕No. 159・193・212・228・244・343
十一月二十日　悉曇字記を講じ始め悉曇字記鄔那地鈔一巻の草稿成る
〔行状記〕元禄八年条→二二一頁上四行～
十一月是月　松平輝貞、上州高崎に大染寺（廃寺）を建てて霊雲寺末となし慧光を請じて住持とす
〔行状記〕元禄八年条→二二一頁上三行～
十二月十二日　登城して綱吉の易の講説を聴く
〔徳川実紀〕元禄八年十二月十二日条
この日易の御講説あり。霊雲寺覚彦拝聴せしめられ。伽羅一木、時服二、銀廿枚給ふ。
十二月十三日　大弁才天法を撰す

十二月十七日　弟子空慧所記の虚空蔵菩薩要鈔を添削す

十二月二十日　諸星各別印言を撰す

〔聖教奥書〕 No. 246・262・274

〔遺稿〕巻七 元禄八年条 書ニ虚空蔵秘訣後ニ十二月十七日（詩文略）

十二月二十四日　登城して綱吉に謁し色羽二重十五疋を給う

〔徳川実紀〕元禄八年十二月廿四日条

霊雲寺覚彦まうのぼり拝謁し。色羽二重十五疋給ひ。護持院大僧正隆光に時服二。銀十枚。葛西海蔵。茶を給ひ。護国寺僧正快意は時服二を給ふ。

元禄九年丙子（一六九六）　五十八歳

正月四日　日光東照宮神体の怪異によって、祈禱仰せ付けらる

〔隆光僧正日記〕元禄九年正月四日条

日光御門跡より御註進、旧冬御宮御煤納之節、御宮別当奉拝神躰之所ニ御太刀六七寸抜出、御彩色御怒之御様躰、御笏・御幣も不尋常之旨也、依之、御祈禱可仕之旨也、尤日門主ニ御祈禱被仰遣、同日、覚王院・霊雲寺・智宝庵も被為召、御祈禱被仰付也、

正月二十日　綱吉に召され、この四月東叡山御祭前にて密供修行を面命さる

〔徳川実紀〕元禄九年正月廿日条

霊雲寺覚彦。この四月御祭前に密供修行の面命を蒙り銀卅枚給ふ。

正月是月　不動瑜伽要鈔巻下を撰了して生駒の湛海に与う、又、普賢薩埵行要を撰す

〔聖教奥書〕 No. 165・222

〔続礦石集〕（蓮体享保十年撰）（享保十二年刊四）（河内延命寺蔵）

予曾テ東都ニ赴ク時宝山和尚ヲ礼別ス。和尚ノ曰ク幸ナルカナ我ガ為ニ師ニ伝ヘヨ、不動ノ十四契十九布字等ノ秘訣遙カニ垂示セラレヨト。予敬諾シテ伝語ヲ申。師頷シテ、不動瑜伽秘要鈔三巻ヲ述シテ生

駒ニ贈ラル。和尚大ニ悦ビ平生愛護スルトコロノ二杵アリ、中ニモ三股杵ヲ秘惜シテ成就物ニ擬ス。報恩ノ為ニ一杵ヲ宝林山ニ贈ント欲スルニ猶予シテ不レ決。即チ本尊ノ前ニ於テ鬮スルニ三股杵ヲ贈ルベシトノ鬮降タリ。故ニ秘惜ストイヘドモ浄厳の方ニ贈ラル。今ニ宝林山ニアリ。（巻上末四丁右～左）

〔湛海宛浄厳書状〕（一通）（生駒宝山寺蔵）（宝山湛海伝記史料集成・二八四頁～二八七頁）

尚々被仰下候儀、早々調進可仕之所、襲来用事如山御座候故、一日〳〵と延引、無礼之至、可申上様も無御座候、伏乞宥恕已上、

去年八月廿一日之尊簡、同九月九日到着、欽致拝見候、先以道体益御勇健ニ而、御勤修被遊候由伝承、為法門之、大幸不可過之候、愚老逐日死地近ク成候ヘ共、当時無恙罷在、今月七日より楞厳講説仕候、然者去秋之尊簡ニ、馬頭儀軌之内、大咒梵文之事蒙仰候所ニ、手前急用多之延引仕候、頃日以他筆使書之、梵字愚推之通書入之、句義も所存之分書加之候、但、馬頭軌所出者、陀羅尼集経ノ第二ノ大咒ニ而而モ集経ノ方好候様ニ存候故、集経ニ而うつさせ進之候、次ニ薬廁抳之像之事ハ、夜叉女ニ而御座候由、愚老書進之候不動ノ決之内ニ御座候、然ラハ只女鬼之形ニ被遊候ハヽ、可然奉存候、胎蔵曼拏羅之内ニモ、夜叉女之形ハ無御座候、只以御料簡可被遊之候、尚重而可申上候間、不克詳悉候、頓首百拝、

（元禄十一年）三月十八日　覚彦

浄（花押）

般若勝窟老大和上

座下

○文中「今月七日より楞厳講説仕候」とあるのは、「行状記」元禄十一年条「三月七日ヨリ大仏頂首楞厳経ヲ講ズ」に相当する故、本書状は元禄十一年三月十八日付と推定できる。編者傍点の「不動ノ決」が不動瑜伽要鈔を指すと考えられる。

二月五日　真言行者初心修行作法を撰して門徒修行の定規となす

二月二十四日　金剛界供養法巻上を撰す

〔聖教奥書〕 No. 16・20
三月五日　鶴姫の安産祈禱を命ぜらる
〔徳川実紀〕元禄九年三月五日条
霊雲寺覚彦めされて伺公す。鶴姫君御懐妊により御祈之事仰付らる。
〔徳川実紀〕元禄九年三月廿三日条
霊雲寺覚彦に鶴姫君御安産の御祈仰付らるゝによて銀三十枚賜ふ。
三月十三日　河内観心寺大衆、実慧大徳八百五十回忌大曼供を修行す、仁和寺真乗院孝源導師を勤め、浄厳に命じて曼供表白を製せしむ
〔遺稿〕巻七元禄九年条 河州観心寺実慧僧正八百五十回忌曼荼羅供表白仁和寺真乗院前法務大僧正孝源為二其導師一命レ予製レ之 （本文略）
〔行状記〕元禄九年条↓二二一頁上一六行～
三月二十六日　雷除のため最勝王経如意宝珠品六本を書写して城中六ヶ所に納め、綱吉に雷除の護符を献ず、又、春夏秋の間不断に消除雷電の秘法を修す、因て消除閃電陀羅尼法を撰す

〔徳川実紀〕元禄九年三月廿六日条
霊雲寺覚彦雷震の厭勝とて。最勝王経如意宝珠品六本を書写し殿中六ヶ所に納む。よて羽二重廿疋昆布一匣賜ふ。
〔行状記〕元禄九年条↓二二一頁上六行～
〔聖教奥書〕 No. 737
四月六日　不空供養菩薩法を撰す
五月四日　先年起筆の随行一尊供養念誦要記私鈔巻一を撰し了る
〔聖教奥書〕 No. 30・229
六月二十二日　相次ぐ天変地異のため護持院隆光らと共に城中に召され静謐の祈禱を仰せ付けらる、是日又河内延命寺境内並に山林田畑を領主本多忠恒より寄付さる
〔隆光僧正日記〕元禄九年六月条
一、廿一日之夜七つ前大地震、去十九日之夜以後毎夜地震ス、此比打続雨降、天気濛朧、不応時節寒冷也、
一、廿二日明六つ過御奉書到来、四つ時登城可仕之旨

也、覚王院・護国寺・根生院・上野役者仏頂院・霊雲寺・智宝庵登城、四つ半比仏頂院奥へ罷通、出羽守殿被申渡退出、其後愚衲・覚王院・護国寺・根生院四人一同ニ御前罷出、上意ニ、此比天気不順而寒暑不応時節、且又打続地震有之、就中、昨夜大震少雷、猶打続雷震大ニ発動、雨損風災難斗、如此之時節、仰仏神不如祈禱、何も可存此旨也、

〔徳川実紀〕元禄九年六月条

（十九日）この程連夜淫雨。今夜より廿一日の夜にいたり地震す。

（廿一日）この夜大地震により。宿老まうのぼる。

（廿二日）護持院大僧正隆光幷に霊雲寺覚彦地震の祈禱を仰付らる。

〔行状記〕元禄九年条→二二一頁上一二行〜

〔坂井五郎兵衛宛覚彦消息〕（一通）（河内延命寺蔵）

思召寄願御状恭拝上候、先以御親父平右衛門様七十三ニ而御息災之由（カ）珍重ニ存候、御伝筆恭存候、宜様ニ被仰可被下候、如仰此度延命寺山林等迄地子御免許被下候、是偏権右門殿御取持候上ニ而御座候間、万一権右門殿へ次而も御座候ハヽ、可然様ニ御礼被仰入可被下候、愚老老後之大慶不過之事ニ御座候、頃日本堂棟上ヶ様子好ク御座候由、於寔元悦罷在候、何とか近年中ニ庫裏寮共ニ首尾仕度候へ共、寔元ニも毎年普請仕候其外上下四十人餘御座候、知行ハ百石ニ而四十俵百俵餘りてハ可有之と奉存候、愚僧も逐年衰老仕候へ共、先発病不仕、とやかくとつとめ居申候間御心安思召可被下候、御親父様へも右之通ニ仰達可被下候、折節御祈禱ニ取込不得寸隙候故、早々申残候、恐惶謹言、

（元禄九年）九月三日　覚彦

坂井五郎兵衛様

報章

○書翰中に「此度延命寺山林等迄地子御免許云々」とあるのは『行状記』元禄九年六月廿二日条「当寺境内幷ニ山林田畠四石七斗七升九合ヲ寄附セラル云々」に当たる。又「頃日本堂棟上ヶ様子好ク云々」とあるのは『行状記』同年八月十八

日条「当寺円通殿ヲ建ツ」に当たる。因て、本書翰は元禄九年九月三日付と推定できる。又『行状記』にいう円通殿を建つとは書翰によって本堂上棟であったことが分る。

〔本多忠良寄附状〕（一通）（河内長野市神ヶ丘地蔵講所有）

延命寺寄附之事

一、境内 東西四拾五間 南北七拾間

此高三石七升弐合

一、山林 拾壱箇所

此高三斗七升

一、田畠 三箇所

此高壱石三斗三升七合

都合四石七斗七升九合

右為祈天下泰平御武運長久、并自門之繁栄、任先規令寄附畢、当地拝領之内不可有相違之状如件、

宝永五年正月十六日 本多伊豫守忠良花押

延命寺長老

七月十日 登城して易講を聴き晒布十疋賜わる

〔徳川実紀〕元禄九年七月十日条

易の御講筵あり。護持院大僧正隆光に法服の絹。両役者に晒布を給ひ、霊雲寺覚彦に晒布十疋たまふ。

七月是月 五字文殊字輪観等を撰す

八月二日 阿弥陀法を撰す

〔聖教奥書〕No. 185・226・241

八月十五日 相州高森八幡宮の鐘銘を作る

〔遺稿〕巻七 元禄九年条 相州大住郡高森里八幡宮銅鐘銘 八月十五日（本文略）

八月十八日 河内延命寺本堂上棟、蓮体ら事を行う

〔行状記〕元禄九年条→二二一頁上一四行〜

〔坂井五郎兵衛宛覚彦消息〕○前掲六月二十二日条参照

○坂井五郎兵衛とは浄厳の叔母了慶尼の孫に当たる人物であることは延命寺過去帖によって判明する。本書寛永十六年条参照

九月十六日 理趣経行法を撰す

十一月 金剛界供養法巻中巻下及び慈氏法要を撰す

〔聖教奥書〕No. 16・214・292

十二月四日　新山不著居士、手写の法華経を霊雲寺に持参して供養を乞う、因て八日仏成道日に設斎供養す

〔遺稿〕巻七 元禄十年条　書二新山不著居士手写法華経之後一

六月二十八日

去年窮臘之初四、武都清信男新山氏道水居士其字不著、携二妙法蓮華経七大冊子一来示レ余曰、是我今年元旦起筆至二十月九日一所レ畢二其功一、望請于二仏成道日一奉レ供二養之一、是我所願也（中略）遂於二臘八一設レ斎供養、今茲夏重来求二余書二其尾一、

十二月六日　八供四摂八大菩薩集要を撰す

〔聖教奥書〕No. 240

十二月十四日　登城して人参を給う

十二月二十一日　登城して時服二、銀十枚給う

〔徳川実紀〕元禄九年十二月条

（十四日）霊雲寺覚彦に人参をたまふ。

（廿一日）護持院大僧正隆光に時服三。銀三十枚。霊雲寺覚彦に時服二、銀十枚たまふ。

是歳　十人に許可を授く

〔行状記〕元禄九年条↓二二五頁上二行

元禄十年丁丑（一六九七）　五十九歳

正月七日　諸明王秘要巻上を集録す

〔聖教奥書〕No. 699

正月二十六日　二教論を講じ始め二教論指要を草す、又、二教論通解並に二教論娑誐羅鈔の稿成る

〔二教論指要〕（写五）（高野山大学図書館・三宝院寄托本）

（第五冊奥書）旹元禄十年丁丑二月廿四日第二回講之次倉卒集記之了　霊雲開山浄厳

門人慈雲護之

〔弁顕密二教論通解〕（浄厳撰・刊一）（未完）（河内延命寺蔵）

〔弁顕密二教論娑誐羅鈔〕（浄厳撰・刊一）（未完）（河内延命寺蔵）

〔行状記〕元禄十年条↓二二五頁上三行〜

二月十日　登城して易講を聴く

〔徳川実紀〕元禄十年二月十日条

易の御講説あり。増上寺大僧正了也拝聴す。霊雲寺覚彦もこれにあづかり地黄丸二壺給ふ。

二月十三日　綱吉、松平輝貞邸へ駕す、因て浄厳ら相詰める

〔隆光僧正日記〕元禄十年二月十三日条

一、十三日松平右京亮亭江被為成、九時入御、暮六過還御、愚衲・金地・護国・覚王・根生・平林寺相詰、霊雲寺・智宝庵相詰、御講尺、御仕無五番被、又仕舞・能等有之、

二月十四日　金剛幢菩薩法を撰す

〔聖教奥書〕No.218

閏二月十八日　結縁灌頂開壇して三月九日に至る二十一日間修行す、入壇者八万九千九百六十七人、近国の信男女相寄り灌頂講を結成、霊雲寺に於て三年に一度の灌頂を恒規とす

〔行状記〕元禄十年条↓二二五頁上五行～

〔屈請諸徳疏〕(写一)(河内高安教興寺蔵)

居士等、発清浄信度衆生心、将欲興起三年一大会、建灌頂道場、普引士女、入曼荼羅、於是周告都鄙、募其助縁事已成矣、故欲起自今年閏二月十八日三七日間、於霊雲寺行結縁灌頂、貧道雖非其器、聞夫善願不得違拒、伏希諸大徳、不辞艱苦、垂賜降臨助成法事、妙極欽白、

不守臘次「行事」王子　宝持房「集会処」中台　正福寺

中山　淵泉寺(下略)

元禄十年二月十六日

芳伝房　晴山房　招智房　伝栄房　春乗房

三月二十二日　諸明王秘要巻下を集録す

五月中旬　京都遍照心院南谷の求めに応じて十一面観音法を撰す

六月十四日　五字文殊法を撰す

〔聖教奥書〕No.158・211・700

○南谷照什(一六六三―一七三六)は石見の人。京都六孫王遍照心院(京都市南区大宮・大通寺のこと)にて得度し、智積院伯如、禅林寺快玄、安楽院光謙などに受学。三十歳のとき大通寺多聞院に帰住して梵網古迹記などの講席を張る。六

孫王経基の廟を復興して紫衣を勅賜さる。又、能書家にして揮毫を需める者夥し。（続日本高僧伝巻第十一参照）

六月二十七日　登城して綱吉の易講を聴く

〔徳川実紀〕元禄十年六月廿七日条

易の御講筵あり。大僧正隆光に紗綾三巻晒布十疋、その外霊雲寺覚彦はじめ衆僧晒布十疋づゝ給ふ。

七月五日　神供要法を撰す

〔聖教奥書〕No.270

七月二十一日　声字義を講じ始む

〔行状記〕元禄十年条→二二五頁下七行

七月二十二日　綱吉より祈禱を命ぜらる

〔徳川実紀〕元禄十年七月廿二日条

けふ霊雲寺覚彦御祈の事奉はり地黄一壺給ふ。

八月中旬　釈迦法等三部を撰す

〔聖教奥書〕No.171・186・328

八月三十日　河内教興寺を蓮体に付す

〔遺稿〕巻七元禄十年条河州教興寺附嘱状○本文は自筆に同じ

〔附嘱状〕（浄厳元禄十年自筆一紙）（河内地蔵寺蔵）

一、教興一寺在河州高安郡、聖徳太子開基、仏殿祖堂方丈厨庫衆寮客寮山林園圃三宝属物如別所記 悉以附嘱已訖、自今已後紹隆三宝、修葺殿堂、興法利生、報仏祖恩、

一、或存日、或歿後、所附託主、必須比丘、勿附餘人、定須実戒

一、錦部郡小西見延命寺在于同州 者、我先考之所殷勤遺嘱也、故我励微力随分興起、我考也則你之祖也、豈応忽之、佗後両寺徒侶、互相融会、護持三宝、是我之素願也、故告、旹元禄十年星紀丁丑八月尽日、武都霊雲開山五十九老苾芻浄厳、寄河州錦部郡清水里地蔵寺住持妙厳近円、

〔授印可灌頂等記録〕梧右（蓮体自筆二）（河内地蔵寺蔵）

（元禄十年）九月二十六日入住河南高安郡教興寺 蓮躰三十五

九月十六日　武北僧衆の求めに応じ大仏頂念誦法要を撰す

〔聖教奥書〕No.197

九月十七日　吽字義を講じ始む

〔行状記〕元禄十年条↓二三五頁下七行〜

九月二十六日　登城して易講を聴く

〔徳川実紀〕元禄十年九月廿六日条

この日御座所にて易の御講筵あり、増上寺大僧正了也はじめ僧侶神主等拝聴せしめらる。ことに霊雲寺覚彦に人参膏、参朮膏をたまふ。

九月下旬　水天供次第を撰す

〔聖教奥書〕No. 252

九月是月　高野山宝性院主唯心、公許を得て霊雲寺浄厳より安流の奥旨を伝授さる

〔行状記〕元禄十年条↓二三五頁下一〇行〜

〔安祥寺流伝授手鏡〕（慧光宝永七年撰）（写一）（河内延命寺蔵）

浄厳付法数十人中伝二最秘大事一者、妙厳本浄房内州教興寺後移二延命寺一是先師甥慧光上野州大染寺後移二霊雲寺一祥光慧球房早世真寂円光房讃州法住菴空慧慈妙房筑後州東林寺希勤実乗房是道人普光紹印房早世慶範福勝院賢広武州護国寺僧正唯心高野山宝性院検挍法印義證密乗房宝厳戒琬房讃州明王院就中、入室瀉瓶、是妙厳慧光祥光三人也、余及祥光臘雖二第二第三一、而於二瀉瓶一超二越妙厳法兄一第一第二、宿縁所レ催深悲喜耳、

十月二十二日　水天法要鈔を撰す

〔聖教奥書〕No. 253

十月是月　讃岐丸亀威徳寺の過去帖の序を撰す

〔威徳寺過去帳〕（丸亀市北平山町威徳寺蔵）

（序末）元禄十載星紀丁丑初冬之吉

武都霊雲開基焜芻妙極識

十一月一日　愛染法字輪義を撰す、又、先年起筆の冠註即身成仏義を継筆し十二月四日に至って撰了す

〔聖教奥書〕No. 175

〔冠註即身成仏義〕○本書元禄七年是春条に録す

〔遺稿〕巻七元禄十年条冠註即身成仏義絶筆頌三首十二月七日（詩文略）

十一月二十日　風天法を撰し、息風火災の修法をなす

十二月七日　七支念誦随行法を撰す

〔聖教奥書〕No. 13・259

十二月十八日　登城して日光門跡辞見の席に列座す

〔徳川実紀〕元禄十年十二月十八日条

日光門跡公弁法親王登山の辞見あり、饗給ひ易を講ぜられ又囃子の御遊あり。護持院大僧正隆光に時服三。銀三十枚。霊雲寺覚彦に時服二。銀廿枚給ふ。

十二月二十二日　諸流灌頂秘蔵鈔を書写す

十二月二十五日　普賢延命法を撰す

〔聖教奥書〕No. 281・746

十二月是月　蓮体、生駒の宝山和尚行状を撰す

〔宝山和尚行状〕(蓮体元禄十年自筆一)(河内地蔵寺蔵)

旹元禄第十歳次丁丑臘月普沙星日

河南玉井山楠嵎蘭若苾芻惟宝無尽蔵欽記

元禄十一年戊寅（一六九八）　六十歳

正月六日　恒例の正月参賀のために登城す

〔遺稿〕巻七 元禄十一年条　正月六日謁見大樹源内府綱吉公

風冷途泥猶未融　年々此日謁源公（下略）

〔徳川実紀〕元禄十一年正月六日条

寺社拝賀。七日若菜御祝例にかはらず。

二月四・五日　儀軌を校合す

〔矩里迦龍王像法〕(写一)(河内延命寺蔵)

元禄十一年二月四夕一挍了　浄厳六十歳

〔熾盛光仏頂儀軌〕(写一)(河内延命寺蔵)

元禄十一戊寅年正月七日書之　右翰真教

同　二月五夕一挍了　武都霊雲開基浄厳 六十歳

二月十二日　伝法灌頂胎蔵界行法を撰す

〔聖教奥書〕No. 346

二月二十五日　鎌倉荏柄天神社上遷宮の祭文を撰す

〔遺稿〕巻七 元禄十一年条 鎌倉荏柄天神社上遷宮祭文（本文略）

三月七日　大仏頂首楞厳経を開講し、冠註の草稿成る

三月十八日　生駒の湛海に返書を送り馬頭観音の大咒梵文並に薬叉女像について教示す

〔行状記〕元禄十一年条→二二五頁下一八行〜

〔湛海宛浄厳書状〕○本書元禄九年正月是月条に録す

三月二十三日　金剛愛菩薩法要を撰す

九月一日　安流相伝諸流大事秘訣を撰す

〔聖教奥書〕No. 234・752

九月三日　東叡山根本中堂供養に聴聞衆として参列す
〔隆光僧正日記〕元禄十一年九月三日条
一、三日上野根本中堂供養也、公方様被為成、愚衲・金地院・護国寺・大護院・四ヶ寺・霊雲寺・福勝院以上十人、聴聞被仰付、
〔徳川実紀〕元禄十一年九月三日条
東叡山根本中堂供養勅会なり（中略）護持院大僧正隆光、金地院元云、護国寺僧正快意、大護院孝治、円福寺専戒、真福寺性遍、弥勒寺亮貞、霊雲寺覚彦、福勝院は聴聞衆として西の方に着座す、
九月十五日　是日より十月十五日に至る間に安流初授の内天部一結九紙を新撰す、又聖教二部を書写す
〔聖教奥書〕No.115〜123・750・754
九月二十八日　第五回目の悉曇字記を開講し十月上旬に講了す
〔悉曇字記講述〕（浄厳撰）（写七）（高野山大学図書館金剛三昧院寄托本）
（第七奥書）元禄十一年九月末至十月上澣第五回講之
時補二字義解一竟　桑門浄厳 六十歳
〔行状記〕元禄十一年条→二二六頁上一行〜
十月十一日　儀軌の伝授を始め翌年に至る、伝授の暇老体に鞭打って安流聖教九帖を新撰す
〔諸儀軌伝授記〕（浄厳記）（延享二年慈幢写一）（河内延命寺蔵）
諸儀軌伝授五部十九葉元禄十一年十月十一日始之
三十五仏名礼懺文
（中略）
（十二月）廿三日第五十八会
（中略）
都合二千二百八十八葉乎
元禄十二己卯年正月廿二日続授第五十九会
（中略）
四月十四日　第百卅四（三）会
同十一品餘同十二品　七葉
阿闍梨灌頂儀軌　十三葉
十二真言王儀軌　一葉

右始自戊寅十一（十月）月十一日至于今日都一百三十三会授
二百餘部金剛乗教了
徒侶都一百一十七人
宝永五戊子十月廿日、於東都湯嶋霊雲寺、開山浄厳
大和尚草藁之御本、草書而易誤、間有闕軌之名等、
欲以本軌糾正之、帰国之日薄、忽卒而書写之、讃州
宝厳　四十四

〔秘密儀軌聞書〕（写六）（河内延命寺蔵）

秘密諸儀軌伝授記第一巻
　仏説三十五仏名礼儀文
　　元禄十一戊寅九月（十月）十一日江都霊雲開山浄厳大阿
　　闍梨耶伝授之
秘梨儀軌聞書第六
（奥書）自元禄十一戊寅（マ、）九月十一日至同十二己卯四月十四
日畢已上前後合百三十三席伝授了　此外字記講演十
一座　都合百四十四席
右秘密儀軌聞書六巻者、紀州護国寺妙観心覚律師在
河内高向村庵室時、集浄厳和上門弟五六人之聞書記
之、予以展転書写之本写之他日挍合之而已、延享二
乙丑歳五月廿七日河州板茂村知足庵沙門證阿　俗寿
五十有五

〔諸経儀軌伝授次第目録〕（浄厳述・浄体写）（続真言宗全書第一収）

元禄十一戊寅十月十一日大阿闍梨耶浄厳大和尚（続真言宗全書三頁）

〔行状記〕元禄十一年条↓二二六頁上二行～

〔聖教奥書〕No. 25・150・151・152・155・208・209・260・261

十二月六日　幕府より没後の墳墓の地として谷中に千三百坪を給わる

〔行状記〕元禄十五年条↓二三一頁上一行～

〔徳川実紀〕元禄十一年十二月六日条
この日霊雲寺は御祈願所たるにより、別に墳塋の地を、不忍池の辺にて千三百坪よせたまふ
○東京都台東区池ノ端妙極院が墳墓の地である。

十二月二十三日　儀軌伝授今年分を終わる

〔諸儀軌伝授記〕前掲十月十一日条参照

是歳、冠註即身成仏義二巻を刊行す
〔冠註即身成仏義〕○本書元禄七年是春条に録す

元禄十二年己卯（一六九九）　六十一歳

正月六日　病に臥す、よって恒例の参賀登城を止む
〔遺稿〕巻七 元禄十二年条　早春臥病
寒湿交侵頻苦頭　復加痰喘患増尤　新年臥病何須諱
不礼三尊是我憂
正月六日　病中作 此日疾風暴雨
歳歳今朝見相君　塗泥氷雪不須論　審知真個病中楽
風雨不臻炉火温

正月十五日　七支念誦随行法口訣を撰す
〔聖教奥書〕No.27

正月二十二日　儀軌伝授を昨年に引き続き再開す
〔諸儀軌伝授記〕○本書元禄十一年十月十一日条参照

正月二十五日　黒田豊前守直重の来問に答えて施餓鬼法訣並真弁を著す
〔施餓鬼法訣並真弁〕（浄厳撰）（写一）（霊雲叢書解題 六〇頁）
己卯孟春二十五日黒田豊前守直重公の問によりて施餓鬼の来由及功徳を記述せるものなり。

二月三日　八字文殊法要を起筆して二十六日に稿了す

二月二十一日　随行一尊供養念誦要記私鈔巻二を草し了る

三月十五日　是日及び二十九・三十日に安流聖教を新撰す
〔聖教奥書〕No.30・191・192・213・216

三月三十日　霊雲寺を蓮体に付し河内延命寺に退隠せん旨を告ぐ

四月五日、蓮体を具して柳沢保明に謁せしむ
〔行状記〕元禄十二年条→二三八頁上一行～

四月七・八日　儀軌を書写す
〔聖無動尊一字出生八大童子秘要法品〕（写一）（河内延命寺蔵）
元禄十二己卯年四月七日写之
武都霊雲開榛沙門浄厳 六十一歳

〔般若守護十六善神王形体〕（写一）（河内延命寺蔵）
本云以松橋之本書写之
旹元禄十二年四月八日写得了　浄厳　六十一

四月十四日　儀軌伝授百三十三席にして成満す、又金剛法波羅密法要を撰す

〔諸儀軌伝授記〕○本書元禄十一年十月十一日条参照

〔秘密儀軌聞書〕○同右

〔聖教奥書〕No.231

四月十八日　登城して綱吉の易の講演を聴く

〔徳川実紀〕元禄十二年四月十八日条
易の御講説あり。霊雲寺覚彦拝聞し紅白羽二重五疋賜ふ。

四月二十三日　霊雲寺灌頂殿落慶供養曼荼羅供を修す、因に曼荼羅供内場作法を撰す

〔行状記〕元禄十二年条↓二二六頁上八行～

〔江戸名所図会〕巻五
宝林山霊雲寺　大悲心院と号す円満寺の北の方にあり関東真言律の惣本寺にして覚彦比丘の開基なり
灌頂堂　両界の大日如来を安置す
大元堂　灌頂堂のうしろ方丈の中にあり本尊大元明王の像は元禄大樹の御筆也
鐘楼　本堂の右にあり開山覚彦和尚自ら銘を作る
地蔵堂　本堂の左の方艮の隅にあり本尊地蔵菩薩弘法大師の作なり左右の脇壇に弘法大師ならびに覚彦比丘の両像を安置す

〔聖教奥書〕No.326

五月十四日　登城して易講を聴く

〔徳川実紀〕元禄十二年五月十四日条
易の御講説あり。霊雲寺覚彦拝聞し人参三十斤たまふ。

五月是月　秘蔵宝鑰、即身義、菩提心論を講ず

〔行状記〕元禄十二年条↓二二八頁上八行～

七月二十二日　登城して易講を聴く

〔徳川実紀〕元禄十二年七月廿二日条
周易御講説あり。増上寺大僧正了也はじめ拝聞する僧侶例のごとし。ことはてゝ饗せられ、又御舞を見

せしめたまふ。霊雲寺覚彦には晒布十疋たまふ。

八月二十一日　若狭羽賀寺主冉実の需に応じて寺宝に賛頌を贈る

〔遺稿〕巻七 元禄十二年条　今月初三、若州羽賀寺主冉実大徳見レ来二訪敝廬一之次、覧二彼寺実録及　勅書教策数十通一、其実録也則、陽光院之宸筆、虎踞龍臥、心寛飛揚至レ不二自勝一、粤実公責二貧道一生筆二其事一、貧道 生来不レ知二文翰一、固辞不レ允、彊為レ頌曰、八月二十一日

（詩文略）

是頃　比叡山横川禅定院主獅弦のために蘇悉地等数部の経軌を授く

〔霊雲叢書解題〕〇本書貞享元年九月二日条参照

〔行状記〕元禄十二年条↓二二八頁上九行〜

閏九月　是月より十月初旬にかけて安流の聖教四部を新撰す

〔聖教奥書〕No. 160・194・233・732

十月　上州高崎大染寺に赴いて結縁灌頂を行ず、又是月武州練馬村金乗院の鐘銘を書く

〔行状記〕元禄十二年条↓二二八頁上一一行

〔遺稿〕巻七 元禄十二年条 武州豊島郡練馬村金乗院鉅鐘銘 彼寺第十一世慧弁求銘内田四郎兵衛施鐘

（本文略）

（奥書）元禄十二十月之吉

十一月三日　安流聖教一部を撰し、六日には一部を書写す

十一月九日　実厳記を校合して、大師門流中、実厳の右に出る者なしの感を深む

〔聖教奥書〕No. 237・356・760

十一月十六日　儀軌一本を写す

〔八字文殊儀軌〕（写一）（河内延命寺蔵）

元禄十二己卯年十一月十六夜謄功了　一挍了

武都霊雲開基六十一老比丘浄厳

十一月三十日　城中に召され明正月元旦日蝕除災の祈禱を命ぜらる

十二月三日　因て一七日間仏眼供を修して、日蝕除災の祈禱をなし護符を献上す、因に仏眼法秘要を撰す

〔隆光僧正日記〕元禄十二年十一月三十日条

覚王院・護国寺・観理院・根生院・霊雲寺・愚衲・樹下民部被為召、各四つ時登城、御休息ニ而御直ニ被仰出候、来正月朔旦日蝕ニ付、弥安全之御祈禱可仕候、則出羽守殿目録持参、各白銀廿枚つゝ被下之、樹下民部へハ表ニ而出羽守殿申渡、御能被遊、何も拝見、夜入四つ時過退出、能十一番・狂言三番、

〔隆光僧正日記〕同十二月廿九日条

孔雀経法結願、五つ半頃登城、御守持参（中略）霊雲寺も被罷出、是も御守献上之、

〔徳川実紀〕元禄十二年十一月三十日条

明年正月元旦日蝕によて。護持院大僧正隆光、覚王院僧正最純、護国寺僧正快意、観理院僧正智英、霊雲寺覚彦、樹下民部資範に祈禱命ぜられ、各銀廿枚給ふ。

〔聖教奥書〕No.709

十二月八日　五大虚空蔵法を撰す

〔聖教奥書〕No.711

是歳　米倉丹後守昌明、相州に徳石山道明寺を創建して霊雲寺末となし鐘銘を浄厳に求む

〔遺稿〕巻七 元禄十二年条　相州大住郡田原邨徳石山道明寺銅鐘銘并序

米倉丹後守源昌忠、法号徳石道明、其家嫡昌明為レ報二父恩一、於二其弟昌仲之采地田原村一創二建紺宇一、山名二徳石一寺号二道明一、蓋永世不レ使レ忘二祖業一也、而属二予寺一而為二末寺一、昌明索二鐘銘于余一故尓、

是歳　城州愛宕宝蔵院主、仏師運長に命じて不動愛染を合子に彫刻せしめ開眼を浄厳に求む

〔遺稿〕巻七 元禄十二年条　城州愛岳宝蔵院主、嘱二像匠法橋運長一使レ雕二造不動如来使金剛愛染王両尊容於合子一、是為三長帯二於身一也、非三唯荘飾極レ美抑亦絶代之妙手也、而使二予開光一焉、

〔戒壇院過去帖〕（奈良戒壇院蔵）

法橋義長　宝暦五年九月十二日 京都北川運長

法眼義高　享保十四年正月九日 字湛光　京都仏工師北川父

元禄十三年庚辰（一七〇〇）　六十二歳

二月十一日　登城して綱吉の易講を聴く
〔徳川実紀〕元禄十三年二月十一日条
易の御講筵あり。増上寺白玄はじめ僧侶拝聞し饗せられ。また御舞をみせ給ふ。霊雲寺覚彦羽二重十疋たまふ。

三月七日　河内延命寺食堂衆寮改築成り、本堂落成す、因て是日より結縁受明両灌頂を行じ、蓮体・祥光之を司る

三月十八日　延命寺本堂落慶法要、蓮体導師を勤む
〔行状記〕元禄十三年条→二二八頁上一三行〜

三月二十五日　登城して易講を聴く
〔徳川実紀〕元禄十三年三月廿五日条
易の御講説あり。霊雲寺覚彦に八味地黄丸をたまふ。

五月二十七日　綱吉の命により柳沢保明の病気平癒祈禱をなす、一七日間毎日三時に愛染法を修して霊験あり
〔行状記〕元禄十五年条→二三二頁下二行〜
〔如海性寂宛覚彦消息〕（一通）（河内延命寺蔵）
八月十五日之御簡披見申候、先以貴丈御堅固之由珍重存候、当地絶無火災、
大樹倍御安亨、愚老も無恙結縁灌頂等并奥疏伝授も第四巻終申候而先休息申候、来夏五月廿一より次而伝授可申と申契約にて候、且又住心品疏冠註も前川ニ令板行候故、是も急ニ被催促片時も不得隙、難儀申のミニ候、其外二教論通解、同抄、悉曇字記抄等、印行候故弥以忽劇ニ候、
一、苫屋茂作町年寄ニ被成候ニ付、三奉行へ宜可申入候由、玄蕃殿ニ未相見不申候故、急ニハ難申候、如何様相見可申候間、其節ハ可申出候、玄蕃殿も頃日眩暈ニ而蟄居之由承及候、然故相見候筈ニ石野八兵衛へ申合候へ共、延引被申候、此度茂作へ返事申入候、
一、来春ハ慧球寔元へ下リ候様ニ申遣シ候間、左候ハヽ、貴丈延命寺之看坊役頼存候、観淳超染両人ヲ留守ニ置、ソレニ惟宝弟子之内、飯料償ヒ不申者ヲ、延命寺へ弐人越シ申様ニ御申頼入候、惟宝へハ其通申渡シ候、左候ハヽ、惟宝苦労軽く成可申と存候故如

此候、且又惟宝寔元ニ逗留之事少も気遣有之間敷候、老僧衰弊候間、参候而助ケくれ候へと申遣シタル事ニ候へハ、老僧退隠候迄ハ上セ不申候間可心安候、

御前之講拝聴之事も追々願申入候覚悟ニ□《而カ》候、老僧か次ニハ、当寺ニも此者ヲ五年成共可令住持と存居申候、雖尓公儀ハ只一人後住ニ願ヒ申事ハ不成法ニ而候故、両人願ヒ可申候へハ、何レヲ可被仰付も難測候、惟宝か次ハ戒琛、如此次第仕ルカ、次第も好ク候、願クハ愚老早ク退隠仕、延命へ参度候へとも、定而左様ニハ難成候んと存候、当度出羽殿病気祈禱之時も愁ニ霊験速ニ候故愈退隠可難成と存候、乍去　公儀首尾好候へハ、為法宜候故大慶ニてハ御座候、為身ニハ迷惑ニ而候、尚自跡委曲可申入候間不具、巳上

（元禄十三年）十月廿三日　覚彦

如海闍梨

○本書状中「結縁灌頂等幷奥疏伝授も第四巻終申候云々」は『行状記』元禄十三年「九月廿一日ヨリ結縁灌頂ヲ行ズ」「十月四日ヨリ大疏具縁品已下（奥疏と呼ぶ）伝授ヲ始ム。此年ハ第四巻畢テ止ム」に相当し、また、柳沢保明の病気祈禱に言及しているが、『徳川実紀』元禄十三年六月十五日条によれば保明の病は同年五月半ばよりといわれていることより、本書状は元禄十三年十月廿三日付と推定できる。如海性寂（一六五一―一七一七）は妙法寺契沖の室に入って得度し、後、浄厳門下となり、契沖の後をうけて妙法寺住職となった人。秘密儀軌随聞記三十巻の口説がある。書状中編者が傍点を付した個所が本条に該当する記事である。

〔隆光僧正日記〕元禄十三年六月条

一、十四日柳沢出羽守殿病後登城有之、

一、十五日月並之御礼無之、橘隆菴、今日、法印ニ被仰付、今度出羽守殿療治故也、

〔徳川実紀〕元禄十三年六月十五日条

寄合医員橘隆菴元常法印に叙す。こは先月の半より柳沢出羽守保明病臥せしかば、ことに憂させ給ひ、御近習の医員かはるぐつかはされ、治療せしめられしかど、そのしるしなかりしに隆菴元常そのころ

刀圭に名ある事きこえければ、ことさらなる仰ごと蒙りかの邸にまかり、このほど夙夜つきそひ治療せしに、其効しるく、とみに快復せしかばその賞とてかく昇進せらるる所とぞ聞えき。

六月二十日　登城して易講を聴く

〔徳川実紀〕元禄十三年六月廿日条

易の御講筵あり。増上寺白玄はじめ諸僧拝聴し饗たまふ。霊雲寺覚彦に晒布十疋下さる。

是頃　今年大日経奥疏の講伝をなさんとして先ず住心品疏より講じ始む、又書林の需めに応じて杲宝の演奥抄五十六巻の校正を始む

〔行状記〕元禄十三年条→二二八頁上一八行～

七月十八日　随行一尊供養念誦要記私鈔巻一の再治を始め八月二日に終わる、八月四日より十八日に至って巻三を草し了る

〔聖教奥書〕No. 30

九月二十一日　結縁灌頂を行ず

十月四日　大日経奥疏の伝授を始め第四巻に至って終わり翌年五月の再開を約す

〔行状記〕元禄十三年条→二二八頁下一四行～

〔如海性寂宛覚彦消息〕○前掲五月二十七日条に録す

十月二十三日　如海宛返信の中で河内延命寺隠退の希望を述べ、霊雲寺後住に言及す

〔如海性寂宛覚彦消息〕○前掲五月二十七日条に録す

○消息中、惟宝は蓮体、戒琛は慧光の字である。

十月二十五日　龍尾寺玄隆らのために胎蔵四部の密軌の伝授を始む

〔霊雲叢書解題〕○本書貞享元年九月二日条参照

十一月十八日　登城して御前にて梵網経を講ず

〔徳川実紀〕元禄十三年十一月十八日条

霊雲寺覚彦召れ、御前にて梵網経を講じ、銀廿枚、羽二重十疋たまふ。

十一月下旬　安流聖教二部を撰す

十二月二十五日　安流聖教一部を撰す

〔聖教奥書〕No. 183・189・202

十二月是月　明正月元旦日蝕除災祈禱を命ぜらる

〔隆光僧正日記〕元禄十四年正月元日条
一、正朔、今日日蝕ニ付、旧年御祈禱被仰付、覚王院・護国寺・観理院・霊雲寺・当寺・山王神主民部・根生院以上七人也、各抽丹精修之、
〔徳川実紀〕元禄十四年正月元旦条
この日日蝕によて、去年より護持院、護国寺、観理院、霊雲寺、根生院、山王祠官等をして祈禱を行はしめらる。

是歳　二教論通解、同娑誐羅鈔、悉曇字記鄔那地鈔、大日経住心品疏冠註略解刊行の準備を進む
〔如海性寂宛覚彦消息〕○前掲五月二十七日条に録す

元禄十四年辛巳（一七〇一）　六十三歳

正月十四日　鶴姫痘瘡を病む、因て平癒祈禱を命ぜられ愛染供を修し大般若経を読誦して効験あり
〔行状記〕元禄十五年条↓二三二頁下一六行〜
〔隆光僧正日記〕元禄十四年正月十四日条
今日、姫君様御顔ニ吹出来物見へ候、御疱瘡歟之由、女中衆並ニ出羽守殿ゟ申来。
〔同右〕同　正月廿七日条
四つ時登城、覚王院・観理院・霊雲寺被罷出、今度、姫君様御疱瘡ニ付御祈禱被仰付、依之、白銀被下之、銀五十枚（中略）次ニ霊雲寺被召出、銀廿枚被下之。
〔徳川実紀〕元禄十四年正月廿一日条
また鶴姫君痘瘡やみ給ふによて、五丸のかたかしこへわたらせたまへば、柳沢出羽守保明、秋元但馬守喬知等もあらかじめ紀邸にまかる。

正月二十五日　浪速の契沖没す、行年六十二歳
〔契沖年譜〕（契沖全集第九巻四四五頁）

正月三十日　金剛手菩薩法要を撰す
〔聖教奥書〕No. 223

二月、梵網古迹記を講ず
〔行状記〕元禄十四年条↓二二九頁上四行

四月十三日　三摩地法要を撰す
〔聖教奥書〕No. 182

五月二十四日　昨年に引き続き大日経奥疏の伝授を始め八月二十四日に成満す、前後七十八会、受者凡そ一百人、同日、後問答印信を授く

〔聖教奥書〕No. 715

〔行状記〕元禄十四年条↓二二九頁上四行〜

六月二十五日　弟子祥光没す、行年三十五歳

〔行状記〕元禄十四年条↓二二九頁上七行〜

○『聖教奥書』No. 270によれば元禄十一年祥光三十二載と記されているから没年は三十五歳である。

七月四日　召されて登城す

〔徳川実紀〕元禄十四年七月四日条

けふ霊雲寺覚彦めして晒布五疋たまふ。

九月　安流聖教四部を新撰す

〔聖教奥書〕No. 215・747・748・766

十月九日　綱吉柳沢邸に駕す、よって浄厳も召出さる

〔隆光僧正日記〕元禄十四年十月九日条

一、九日、柳沢出羽守宅へ被為成、四つ半過入御、暮六つ半過還御、黒田豊前守、藤沢備前守宅へも被為成之由、依之七つ半時ゟ御仕舞始、如例金地・覚王・護国・根生・観理・喜多・霊雲・愚衲相詰、其外禅家相詰、

〔徳川実紀〕元禄十四年十月九日条

柳沢出羽守保明が邸に臨駕あり。（中略）霊雲寺覚彦もめされて地黄一壺たまふ。

十月是月　安流聖教三部を新撰す

〔聖教奥書〕No. 225・236・283

十一月二十九日　城中にて斎飯を給い斎後に般若心経を講ず

〔行状記〕元禄十五年条↓二三二頁上三行〜

〔徳川実紀〕元禄十四年十一月二十九日条

霊雲寺覚彦に斎飯たまひ、御手づから御茶を下され、又奇南香二木、羽二重十疋を賜ふ。

十二月二十九日　登城して来年の護符を献上す

〔隆光僧正日記〕元禄十四年十二月廿九日条

四つ時登城、如例御守持参（中略）次ニ霊雲寺又被罷出、拝領物有之

十二月是月　安流聖教二部を新撰す

〔聖教奥書〕　No. 238・734

是歳　大日経疏演奥鈔の校正八巻（巻一〜巻四、巻十一〜巻十四）終わって刊行せしむ、残巻は弟子慧光、先師の没後に校正刊行す

〔行状記〕元禄十四年条→二三九頁下二行

〔校定大日経疏演奥鈔〕（正徳元年刊五十六）（河内延命寺蔵）

（校定大疏演奥鈔凡例）

一、先師本志ト二于挍定一、而厥功未レ成逝矣、嗚呼所レ謂命也者耶、余雖二不似一将レ足二厥志一、

大日経疏演奥鈔第一

東寺観智院法印　杲宝　撰述

東都霊雲寺苾芻　浄厳　挍閲

○第一巻〜第四巻及び第十一巻〜第十四巻に右の如く示し、他の巻は凡て次の如く記す

大日経疏演奥鈔第五十五

東寺観智院法印　杲宝　撰述

東都霊雲寺比丘　慧光　挍閲

（第五十六巻奥書）

元禄壬午（十五年）仲秋之日、代二故和尚一始関二挍閲一、国禱之余仏事之暇、多挑二深更之釭一、屢坐二早晨之牖一、至二于是歳宝永第五春三月一而畢矣、慧光識、

（跋文）

（前略）一日、成満隆光、護持快意二大僧正、相二謂余一曰、宝師演奥鈔者大疏之鼓吹也、嘗欲三流二衍諸世二而求三挍定於厳師一、師既遇三向之不幸一、予力遂三歆之功業一、粤不レ顧二傷手之誚一、剛遵二厥勧奨一矣、（中略）今兹会三丁先師之七回忌一、挍定已畢印刻亦済、庶廻二此微功一以酬二其罔極一、因次二一語一而為二之殿一、旹宝永第五歳在二戊子一季夏二十有七武城宝林比丘慧光書、

元禄十五年壬午（一七〇二）　六十四歳

正月二十二日　大日経住心品疏冠註略解の草稿完成して版元に渡す

〔行状記〕元禄十五年条→二三九頁下三行〜

〔大日経住心品疏冠註略解〕（浄厳自筆草稿六）（河内延命寺蔵）
旹元禄十五星紀ニ壬午ノ孟春黒七（二十二日）絶ニ筆于東都之霊雲精舎ニ
正月二十三日　不思議疏の伝授を始め二十八日に終る
正月二十九日　元智ら二十四人に安流の許可を授く
〔行状記〕元禄十五年条→二二九頁下四行〜
〔瑜伽伝燈記〕○本書寛文七年四月五日条参照
二月六日　秘蔵記の伝授を始め所労の故に一巻了って中止す、その間受者の望により請雨経法を撰す
〔行状記〕元禄十五年条→二二九頁下六行〜
〔聖教奥書〕No.284
二月二十四日　病中に底哩三昧耶不動法を撰し、奥書にて本尊不動明王に寿命長遠を哀願す
〔聖教奥書〕No.162
三月二日讃州弥谷寺（香川県三豊郡三野町）の雲阿に綱吉下賜の沈水香三片を送る
〔雲阿宛浄厳消息〕（小林雨峰『四国巡礼』弥谷寺の条所収）
欽奉寄雲阿大徳上好沈水三片、此是　大樹殿下為供献三宝、祝禱国家、所手賜也、最上絶妙天下無双大徳亦芸向炉上、好祝国運幸甚
　元禄壬午三月二日　武都霊雲開基浄厳
三月四日　天鼓音仏法を撰す
〔聖教奥書〕No.187
四月五日　夜、柳沢吉保邸全焼す
五月三日　柳沢邸新築の地鎮をなし、安鎮鎮宅等のため五月中に六、七度邸に赴く
〔行状記〕元禄十五年条→二三〇頁上一四行〜
〔隆光僧正日記〕元禄十五年四月五日条
今夜九つ半時過、松平美濃守殿宅出火、御成御殿迄不残焼失、明六つ時火消、
〔徳川実紀〕元禄十五年四月五日条
この夜松平美濃守吉保が邸失火してことごとく焼亡し、行殿も炎にかかる。
〔松蔭日記〕玉かしはの章（女流文学全集第一・一五二

頁）

御館焼にし後、方々におぼし営む事隙なし。とりどりにかたわきて住給へばさいへどいとおどろおどろしき御急なり。五月の初つかた先づ我がおはします所出来たり。霊雲寺の覚彦比丘おはして安鎮の法など執行ひ給ふ程いと頼もし。

〔惟宝蓮体宛覚彦消息〕（二通）（河内延命寺蔵）

（消息A）

三月十三日之簡ハ同廿七日ニ届、先月十九日之柬ハ、今月朔日ニ届申候

（a）一、本堂修理料惣合三貫六百目許入可申候内、壱貫五百目許ハ何時も出申候へ共、残所ハ無之候由、左候へハ三十五両老僧加へ候へハ可罷成候条、三十五両迠ハ盆前ニ借りて成共遣シ可申候、先即今拾五両遣し申候間請取可給候、来年迠延引候事も無用之事ニ候、当年可被加修理候、

（b）一、梵網古迹開講之事一段之事ニ候、随分委細ニ被講催人々信心候様ニ可被致之候、解脱上人之聴聞集五冊ヲ二冊うつし取申候、全部写取候ハヽ、遣し可申候間披見可被申候、

（c）一、金台両部大法之事、自筆ノヲ遣シ可申候、元来自筆ノ新次第ハ、悉延命ニ置可申と存候故、恵球書候テハ取下シ申候、乍去一授候て遣し申度候間、今少待被申可給候、批等少々闕漏有之事も候んと存候故如右候、

（d）一、四面器ノ事、去年二通求得候故、一通ハ無用ニ而御座候、頃日慈妙ヲ有馬殿国元へ呼被申、一寺取立、当寺之末寺ニ被致度之由、就之祈禱之法具等、於寔元支度候而参候が、急ニハ難調候間、一通望ニ存候由申候、只今ハ価直貴ク成候故、愚老損ニ而候へ共、不及是非遣し申候、今一通ハ餘慶ニ持申度候、乍去一通之価ハ此方へ取申事ニ候而、今少加へ候て又一通求可申と存候、左候ハヽ、延命ニ有之ヲ先遣シ可申候間、請取可被申候、延命ニハ急キ申間敷候条、粉川へ申遣シ取寄申様ニ、観淳へ申遣シ候、

(e)一、米倉長公去比、癰ニ而俄尓ニ終焉、依之智海も此方へ参居申候、近々帰寺可申候、

(f)一、濃公居舘、四月五日之夜丑刻独焼申候、依之急ニ造営之事、大工千人餘、人夫共ニ七八千人つゝニ而仕候、明夕地鎮安鎮ニ参筈ニ致契諾候、万事無常、頓而身ノ上ニ成可申候、乍去公儀ハ成程首尾好、頃日又屋敷別ニ拝領被致之候、

(g)一、賀公へ先月廿六日　入御、賀公大慶不過之候、愚老も祈禱仕候故、白金弐百両賜申候、雖然番内ニ拾両取替、節供払ニ弐拾両入申候故、金子餘残無之、先十五両遣シ申候、残る弐拾両ハ盆前ニ遣シ可申候、先日之七両も借り候て遣シ申候、

(h)一、延命寺ニハ経蔵のミ愚願ニ而餘ハ愚願ニてハ無之候所、観淳大気過、老僧迷惑不過之候、惣而万事質樸ニいたし候様被申聞可給候、愚老も溼ニ風ニあたりやすく迷惑申候間、三推ニ灸治可仕と存候、肝胃ハつよく候由医師申候、地黄丸も八味ニてハ痰出申候、六味ニ可仕と存候、手前取込申候間、早々申残候、重而委旨可申承候、已上、

(元禄十五年)五月二日　　覚彦

惟宝近円
報章

慧雲、慧寛、亮印、慧俊、何も無事ニ而、頃日ハ儀軌之伝授ニ逢申候仕合と申事ニ候、

(消息B)

去十二日之懇簡廿四日ニ到着披見申候、先以其元無事ニ而当月三日ゟ開講之由、此節ハ大方講竟と推察候、雖然解脱上人之聴聞集希見之由被申越候間、此方未写竟候へ共、幸便と存、智鑒房ニ頼遣シ候、一読之後ハ又々此方へ下シ可給候、

(a)一、超空房如海等へ伝授被致之由、彼是事教之繁畳、目出度候、[illegible]上ノ口訣ハ此方ニハ有之歟と覚え申候、乍去先うつし取可被申候、

(b)一、白宝口抄之内瑜伽伝燈抄十巻、西大花義法等有之由一段之事ニ候、借りて書写可仕候、不動尊之事ハ此方ニ悉全備有之候、阿乞叉抄ハ高野宝性院ゟ借りて書写申候キ、

(c) 一、金台大法、此度挍合仕遣シ候、其元之用済候ハヽ、延命ヘ遣シ、樟脳ナト入候て珍宝之様ニ、観淳ニ被申渡可給候、

(d) 一、忍鏡房十死一生之病気之由気毒之事ニ候、悪僧共調伏申たるも知レ申間敷候、

(e) 一、老僧も先書ニも申遣候様、時瘧ニ候所、五十餘貼之薬用、頃日ハ平復申候、雖尓御前衆ノ守、其外濃公新宅之鎮宅等ニ六七度参、元公へも祈禱ニ参候故、当月中ハ無寸暇候、濃公新宅輪奐三倍に昔し、御成御殿之跡ハ悉三妾三子之宅と成申候、先年大楽院寄進之多聞天儀、尓之災故焼失、以外気毒がり被申候所、予幸ニ双身毘沙門持合セ候故、明朔日持参寄遣申候筈ニ契約申候ヘハ、以外歓喜被致候、火災故結句繁昌ニ而候、

(f) 一、其元麦秋豊登之旨珍重ニ候、寔元も五六年ニ無之豊熟之由承候、

(g) 一、本堂修覆料金弐拾両遣候間請取可被申候、但此内弐両ハ了観替シニ仕候由ニ候間、於其元請取可被申候、春ゟ已来之四十五両之金、只今ハ借候モスマシ候て苦ニ成不申候間、心安可被存候、当年ハ常之外ニ百両餘之金遣候ヘ共、借申事も無之候ヘハ、最上之仕合ニ候、案シ可申事ニても無之候、乍去寔元随分質樸ニ仕候。

(h) 一、慧雲、慧寛、亮印、恵俊、儀軌之伝授ニ逢申し大悦申候、恵雲事、心得申候随分穏当ナル気質ニ而、重宝ナル事ニ候、

(i) 一、寔元梅雨中あまり無雨候、乍去病人ハ如山候

(j) 一、天狗人ヲツレ去リ候トテ、皆人作恐怖之思候、珍敷事共ニ候、其外ハ無有別義候、尚重而可申述候間、早々申残候已上

(元禄十五年) 五月小尽日（二十九日）　覚彦

惟宝近円
　案下

○消息Aのf項に濃公（柳沢吉保）居館四月五日夜焼失の記事があるので、本消息は元禄十五年五月二日付と決定できる。消息Bのe項に濃公新宅の記事があるので、消息Aにつづく元禄十五年五月二十九日付と判明する

五月二十九日　自筆の安流聖教を悉く河内延命寺に移し保存せしめんとして先ず金胎両部大法の自筆を送る、また、教興寺本堂の修理料を蓮体に送り遣わす

〔惟宝蓮体宛覚彦消息〕○前条に収録

○消息A↓acg項、消息B↓cg項が本条に当たる。教興寺本堂の修理料と推定するのは、延命寺本堂は元禄十三年に落成したばかりであり、一方、蓮体はこの頃教興寺を附嘱されてその経営に当たっていたと思われるからである。

〔行状記〕元禄十五年条↓二三〇頁上八行〜

六月一日　焼失の毘沙門天像の代わりに浄厳所持の双身像を柳沢吉保に献上す、また、平常用心一巻を撰す

〔惟宝蓮体宛覚彦消息〕○前条に収録

○消息B↓e項が本条に当たる。

〔行状記〕元禄十五年条↓二三〇頁上一七行〜

〔松蔭日記〕玉かしはの章（女流文学全集第一・一五四頁）

誠や持仏堂に居させ給ひし毘沙門天は世になく珍かなる尊体にて、あらたなる事おはしましけり。同じ様の像をうしろざまにあはせて立せ給へり。はやうよりたうとみ奉らせ給ふにいづれの時にかありけんいみじき像えさせ給ひて年月拝し奉り給へるを、ありつるさわぎにもとの持仏堂は皆焼けぬる程に移し奉る隙だになくていかゞなりけんいと心憂き事と覚して歎きつるを、その頃覚彦比丘の許へある修行者今の像ゐて奉りける程に、此の君の持せ給ひしにいと能似たりければ、あやしうあるやうこそと思ひてとどめつ。扨比丘「しかぐ\なん侍りつ」と申給へれば「それいかでえさせ給へ」との給ひて終に乞うけ給へり

〔法譚教説　平常用心〕（写一）（霊雲叢書解題二〜三頁）

元禄十五年六月朔日武都霊雲寺妙極老人記

六月九日　摩訶迦羅天法を撰し密法興隆の大願成就を祈る

六月十一日　弟子所用のため金剛善哉法を撰す

〔聖教奥書〕　No. 235・264

六月十四日　暑湿に当たり発病、田中東説の薬を用い

て効なく十八日より近藤雲泉の薬を用いるも効なし
六月二十一日　病状を綱吉に達す、よって大医令薬師寺宗仙ら数人の奥医を遣わさる

〔行状記〕元禄十五条↓二三〇頁下三行〜

〔鬱多羅僧衣記〕（実詮享保二年記）（自筆一巻河内延命寺蔵）

先師霊雲故和尚者元禄壬午年六月十四日俄然罹痾、大樹君雅帰于和尚、乃命七醫療術殷勤也、咸当時国手也、同十有八日疾大漸、十有九日整威儀而礼拝二竟、顧左右曰嗟乎甚哉吾衰也支節如解不耐三礼、宿殃餘感逢此苦楚、恙豎必入膏肓焉、便茵上而稽首矣、余侍薬餌不暫離枕上、至于二十有一日、雖不堪匕箸自把、闕衣盔則不受食、卒以同二十有七日出時、安祥而順世矣、歿後依法頒其遺具、余亦与焉受硯及襯衣祇支涅槃僧、是乃迄掩化時所被著也、余以其祇支等手自化鬱多羅僧衣二領、其一領贈親友以薦師之福焉、肥後州正福主人兼通闍梨、曾投和尚於霊雲留錫親炙四更星霜、禀灌頂及密軌亦受菩薩心地戒也、薙染之師、歎正福蘭若朽廃、欲使闍梨復輪奐、終帰于故山足師志願、尋補其席匡徒悦衆功成名遂矣、去年丙申秋辞正福、占居於郡之八代城外、名天宮観、素奉慈氏大士也、閲蔵修禅動忘寝食、今玆遊于京師叩草庵曰、久従事営構自仔肩土木、以故□（闕カ）僧儀、今幸従心所之護持衣鉢、如説修行報仏祖恩、余随喜其虔誠、便供先所綴衣、因述顛末以為之記、
享保丁酉（二年）仲夏於洛第七衢西郊僑戻記
老乞士実詮
判　判

○本記は浄厳没後、遺物の頒与を受けた実詮がその中の祇支などを自ら縫改めて鬱多羅僧衣（七条袈裟）二領となし、その一領を肥後正福寺兼通に贈った顛末を述べたものである。実詮（一六六三―一七四〇）は浄厳晩年の門人にして、晩年は京都清水寺光乗院に住す。霊雲門下の学僧として華厳宗の鳳潭と宗論反復す。本記前半は師の臨終に近侍した門人の記録として蓮体の行状記と共に浄厳の遷化の状を知る貴重な史料である。礼拝二度にして止み、三礼できなか

ったという生々しい臨終の光景を、本記は六月十九日とするが、行状記は「二十一日夜南方に向つて弘法大師を師し玉へるか」となす当たりまことに興味がある。蓮体はこの時枕上にはおらず、伝聞を記録しているのであるが、実詮は近侍していたのである。

○綱吉派遣の医師は『行状記』によると次の人々である。

〔徳川実紀〕元禄六年十二月十八日条

医員渋江松軒直治。井上玄徹某は法眼に叙せらる。

〔同右〕元禄十年四月二十六日条

奥医舟橋宗迪玄恂尚薬命ぜられ役料百俵づつ給ふ。

〔同右〕元禄十年五月四日条

奥医数原通玄宗達尚薬を命ぜらる。

〔同右〕元禄十二年十八日条

法眼に叙せらるる者五人。奥医奈須玄竹恒于。河野松庵通房。井関正伯祐甫。

〔同右〕元禄十三年六月十五日条。

医員橘隆菴元常法印に叙す。

〔同右〕元禄十三年九月六日条

この日医員薬師寺宗仙院元常をかの邸（柳沢邸）に召れ二百石加禄賜はるむね面命せらる。さきに保明が病を治療して速功を得し賞とぞ聞えし。

〔同右〕元禄十四年十二月十一日条

木村謙庵季益。佐合益庵宗諄。村田長庵昌伯は共に法眼に叙し。

六月二十七日　卯下刻遷化す

六月二十八日　戌刻谷中の妙極院に葬送す、門徒ら七日間毎日三時に光明三昧を修して追福す

七月五日　河内延命寺にて性寂・智宝らの門徒毎日三時一七日間光明三昧を修して追福す

〔行状記〕元禄十五年条↓二三〇頁下一七行～

〔延命寺過去帖〕○本書寛永十六年条参照

〔悉曇字母表捷径〕（普寧周観著）（正徳三年刊一）（河内延命寺蔵）

〔跋〕惟午（正徳四年）六月廿七日則武都宝林開祖厳大和尚十三回忌

〔大日経疏演奥鈔〕○本書元禄十四年是歳条、跋文参照

〔浄厳和尚真影〕タテ一一八センチ ヨコ五九センチ 一幅（河内教興寺蔵）

（裏書）河州高安郡教興寺中興覚彦浄厳和尚真影

元禄十五壬午 歳六月廿七日寂

第三〔回〕忌之日作之小苾芻正徧欽言

七月十一日 慧光城中に召され霊雲寺住職を命ぜらる

〔行状記〕元禄十五年条↓二三一頁下一一行～

〔安祥寺流伝授手鏡〕（慧光宝永七年撰）（写一）（河内延命寺蔵）

浄厳付法慧光戒琛房延宝四年丙辰九月二十九日入レ室、于時行年十有一載、常随給仕、天和三年癸亥正月廿八日受二両部伝法灌頂一、貞享二年乙丑九月十九日至二十月七日一受二唯授一人大事口伝等一、元禄七年五月二十八日受二具足戒一、同十五年壬午二月九日酉刻大衆上堂之暇、先師召レ余告云、頃年太憊《ツカレテ》不レ堪二寺務一、啓二之将軍一、真俗両事委二付于汝一、辞謝而退、同年七月十一日、召二於城一而命補二霊雲寺住持職一、

〔隆光僧正日記〕元禄十五年七月十六日条

一、十六日、霊雲寺へ入院之祝儀ニ参

七月十九日 仁和寺真乗院孝源遷化す

〔行状記〕元禄十五年条↓二三一頁下一三行～

十月五日 蓮体、先師に代わって教興寺住職に補せられ西大寺衆分に加えらる

〔西大寺集会引付四〕（西大寺蔵）（霊雲寺派関係文献解題一三六頁）

河州教興寺住持職幷皆香衣許可事、為真俗紹隆律法弘通、令補任蓮体本浄房畢、弥励大悲之誓心、益挑顕密之法燈、殊者可被抽一天泰平御武運長久精誠者也、仍令補任処如件、

元禄十五年十月五日西大寺綱維 真海 印判

教興寺本浄房儀、任先師覚彦和上之例、今度当寺被加交衆分仁畢、弥向後出仕等、可被相勤旨、集会評定者也、

同月日 綱維 真海

十月是月 蓮体、先師撰大日経住心品疏冠註略解を梓行す

〔大日経住心品疏冠註略解〕（浄厳撰）（刊本九）（河内延命寺蔵）

（刊記）元禄十五年九月吉日梓行

書肆 前川茂右衛門

長谷川市郎兵衛

前川伊兵衛

村上勘兵衛

（後叙）

（前略）印版未レ済先師寂矣、不肖材則啞羊、技則鼯鼠、雖下空負二瀉瓶之名一無中輔教之実上、今也不レ得二敢辞一讐挍而行二于世一者也、（下略）

旹元禄第十五歳次二壬午一小春二十七日住二河南薬樹山延命密寺一苾芻蓮体書

十二月二十九日　蓮体、浄厳大和尚行状記二巻を撰す

〔浄厳大和尚行状記〕（写二）（河内延命寺蔵）

（下巻奥書）元禄十五年十二月廿九日

河南薬樹山延命寺苾芻蓮体書　四十載

是歳　柳沢吉保の命により慧光、霊雲開山和尚一生編年雑記一篇を撰して注進す

〔霊雲開山和尚一生編年雑記〕（写一）（東京霊雲寺旧蔵）

（霊雲叢書解題二〇頁～二一頁）

元禄十六　癸未（一七〇三）

正月二十九日　蓮体、河内延命寺住持となる

〔授印可灌頂等記録〕（蓮体自筆二）（河内地蔵寺蔵）

元禄十六癸未年四十一正月廿九日入延命寺

三月十三日　柳沢吉保、鶴姫を駒込の六義園に迎えるに当たり霊雲寺に祈禱を依頼す

〔隆光僧正日記〕元禄十六年三月十三日条

今日、鶴姫君様、松平美濃守駒込之屋敷へ被為成、

〔徳川実紀〕元禄十六年三月十三日条

この日鶴姫君松平美濃守吉保が染井の六義園にあそばせ給ふにより。御側大久保長門守教寛御使して檜重二組提重一組つかはさる。

〔松蔭日記〕山水の章（女流文学全集第一・一六五頁）

其日と定め給ひし後、大方の御急ぎはさる物にて雨風など心ならずうしろめたきにいかで此日だにと覚して、霊雲寺にて御修法などとりわき密《みそか》に行はせ給ひけり。

十月十八日、蓮体、河内教興寺を正遍（或は正偏）に付嘱す

〔附嘱状〕（一紙）（河内教興寺蔵）

元禄十六癸未年十月十八日
河南鬼住延命寺第二世蓮体　判
正遍律師梧右

十二月二十八日　慧光、綱吉より地震祈禱を仰せ付けられ不動秘法を修す

〔徳川実紀〕元禄十六年十一月廿八日条
霊雲寺恵光地震祈禱の事仰付られ、不動秘法廿一座行ふ。

宝永元年甲申（一七〇四）

六月二十七日　浄厳の三回忌に当たり教興寺正偏、その真影を画かしむ

〔浄厳和尚真影〕○元禄十五年六月二十七日条収録

十一月十日　本多伊豫守忠恒没す行年四十八歳、よって忠統、遺領一万石を継ぐ

〔徳川実紀〕宝永元年十二月二十三日条
近江国膳所支封本多伊豫守忠恒子兵部忠統に遺領一万石をつがしめらる。此忠恒は（中略）近江・河内の内にて一万石領し（延宝七年）十二月廿八日叙爵して伊豫守と称し此十一月十日四十八にて身まかりぬ。

宝永六年己丑（一七〇九）

正月十日　綱吉没す

〔徳川実紀〕宝永六年正月十日条
しかるに卯刻にはかに御病気危篤に及ばせ給ひ、正寝にて薨じ給ふ。尊齢六十四にぞわたらせたまひける。

享保八年癸卯（一七二三）

八月　光道、浄厳大和尚年譜草稿一巻を撰す

〔浄厳大和尚年譜艸稿〕（写一）（東京妙極院蔵）
維時享保第八星紀㆓癸卯㆒仲秋之穀、寓㆓武都北郊宝林蘭若㆒後学駆烏沙門光衜併題撰

享保十六年辛亥（一七三一）

六月　光天、霊雲開基妙極大和尚伝一巻を撰す

〔霊雲開基妙極大和尚伝〕（刊一）（東京霊雲寺蔵）
時享保十六年辛亥季夏之穀、法孫光天謹撰

〔補遺〕

寛文十年庚戌（一六七〇）　三十二歳

四月四日　破壇作法一帖を書写す
〔聖教奥書〕　No. 8

延宝六年戊午（一六七八）　四十歳

四月二十一日条
〔妙経新註聞講随筆〕（蓮体記・写三カ・河内地蔵寺蔵）
旹延宝第四（六）戊午年五月自初八至廿日都六座〈七日闕〉於讃州善通寺高祖大師厳（ママ）殿浄厳闍梨講之　大日本国求法沙門　本浄
〔法花新註稿聞記〕（蓮体記・写一・河内地蔵寺蔵）
旹延宝六年七月二十五日竟讃州多度郡五岳山善通寺誕生院　内州沙門釈本浄

天和三年癸亥（一六八三）　四十五歳

三月一日　是日より二十六日まで、現證庵に於て安流の伝授を行なう
〔安流伝授紀要〕（瑞宝著三十七巻・真言宗全書所収）
浄厳和上天和三年癸亥従㆓三月朔日㆒至㆓二十六日㆒。於㆓岩清尾現證菴㆒伝㆓授初授牒張㆒。真寂対受ス。（第三巻・真全五七頁上）

元禄元年戊辰（一六八八）　五十歳

三月七日条
〔安流伝授紀要〕（第十二巻・真全二一九頁下～）
尾道西国寺住持密證ハ浄厳和尚附法也。受㆓浄厳師庭儀灌頂㆒人也。其時故実者慧光師。歎徳師ハ蓮体師。阿闍梨浄厳師。密證常ニ自慢シテ曰。我ホトノ灌頂ヲ受者ハ外ニ無。

元禄十四年辛巳（一七〇一）　六十三歳

十一月二十日　安流聖教一帖を撰す
〔聖教奥書〕　No. 255

伝記

伝記解題

浄厳和尚の伝記としては、㈠慧光元禄十五年撰『霊雲開山和尚一生編年雑記』一巻、㈡蓮体元禄十五年撰『浄厳大和尚行状記』二巻、㈢光道享保八年撰『浄厳大和尚年譜草稿』一巻、㈣光天享保十六年撰『霊雲開基妙極大和尚伝』一巻、㈤仁井田好古天保十年撰『苾芻浄厳伝』（紀伊続風土記・高野山之部巻之三十七所収）、㈥道契慶応三年撰『江戸霊雲寺沙門浄厳伝』（続日本高僧伝巻第一所収）、㈦照遍明治十七年撰『如法真言律興起縁由』（照遍和尚全集第六輯所収）、㈧正行明治三十四年撰『霊雲開基浄厳和尚略伝』一巻（印施）がある。

〔編年雑記〕は、霊雲叢書解題には掲載されているが、その後散佚している。柳沢吉保の命に応じて注進された公的記録であったといわれるから、その表題より推して編年体の簡略な伝記であったと思われる。

〔行状記〕は、第一に浄厳の行跡を実証的な史料に基づいて正確に記録している点で諸伝中極めて史料価値の高い書である。第二に仮名書きの平易な文体で民衆を対象に書かれており、仏教説話としての要素を持っている点が、諸伝に比して大きな特色となっている。

第一の記録の正確性については煩雑をさけて縷説しないが、行状記の記録が、浄厳自筆の史料や遺稿著作或は遺品とよく符合し、他の記録によっても傍証できることは、本書史料編を参照して頂ければ明らかになると思う。その理由として次の点が考えられる。

一、行状記が浄厳遷化直後、記憶の鮮明な時に述作されていること。

二、行状記の述作は師の没後に発意したのではなく、既に延宝五年蓮体十五歳の時に、父玄沢の教導によって、師の伝記を撰述する決意をし、その心積りで師の行動を観察し史料を集めていたと思われる。即ち行状記延宝五年条に「汝、其日夜ニ給事シテ法ヲ伝ヘ他ノ不思議ノ霊瑞アランヲバ、汝必ズ密ニ記シテ掩化ノ後ニ伝記ヲ撰シテ後代ニ遺スベシト、此ニ依テ予慈父叮嚀ノ教訓ヲ憶持シテ、常ニ和尚ニ随侍スル事二十九年、一生ノ化導ノ事ヲ録シ、其ノ餘ノ霊験ヲ記スルモノナリ」と蓮体自らが述べている。

三、撰者蓮体（一六六三―一七二六）は、右文にもある如く、十二歳で浄厳に入室してより二十九年間師に随侍した浄厳門下第一の高弟であった。したがって仁和寺の儀軌受法、讃岐教化、延命寺教興寺霊雲寺経営等師の画期的行跡には必ず最初から参画しており、行を共にしない時も文通によって師の行状を知悉していたと思われる。

四、蓮体は高弟であったと同時に浄厳の俗縁の甥に当たるため、他の弟子には窺い知ることのできない師の一面を、俗縁を通し或は浄厳自身の口から聞いていたと思われる。この点はまた、行状記の浄厳に人間的な親近性が感じ取れることの原因でもある。

五、したがって師の行動を直接観察する機会に恵まれていたと同時に、記録類も豊富に入手することができたと思われる。行状記明暦元年条に中院流の四度加行期間を三月二十一日より十月十八日と日付を明確にできたのは、和尚の自筆願状一通に依ったことを夾註で述べている。寛文元年正月十一日伝法阿闍梨位を受けた記録は良意より浄厳に与えた「付法状」に基づいていることを述べている。

行状記でも蓮体随侍以前の高野山求法時代の浄厳像が不鮮明であり、或は脱落錯誤の記録もある。菩薩戒を「快円」から受戒した点、答四問篇を著して紀州藩士大島伴六に答えた事実などは、年譜草稿に録されているが行状記には欠けている。また、寛文十年秋「朝遍法印東都ニ下向アリシ時宝性院ノ監司ヲ和尚ニ嘱託ヲキ玉ヘリ」という記録は『高野春秋』

及び浄厳撰『朝遍法印行状』に照らして誤記である。元禄六年霊雲寺に寺領百石が支給された事を、行状記は十月二日とし同廿七日に御朱印を賜うとするが、『隆光僧正日記』及び『徳川実紀』はいずれも十一月二日、十一月廿七日とする。このような日付の多少のずれは他にもある。しかし、これらの欠点によって行状記の史料的価値が下がるわけではない。

第二に行状記が仏教説話としての要素を具えている特性については次の例が挙げられる。浄厳が開壇した結縁灌頂にまつわる因縁説話が、天和三年条に三話、元禄八年条に三話物語られている。

また、浄厳を「今大師」即ち弘法大師の再生に仕立てる風聞は、近親者の間から出ているようであるが、それを再生説話として作り上げているのが行状記である。(少年期の喜八託宣説話、貞享元年条の僧叶声夢想譚、貞享二年条の南蔵院主夢想譚、希勤夢想譚、元禄四年条の僧良清和尚を謗じて現罰を受ける話)

また行状記撰述について「一生ノ化導ノ事ヲ録シ其ノ餘ノ霊験ヲ記スルモノナリ」と述べられているように、末尾には浄厳の霊徳譚が付されている。

行状記のこの説話的性格は、作者蓮体の庶民的仏教者としての性格に基づいている。蓮体には『鉱石集』、『観音冥応集』、『毘沙門天王秘宝蔵』、『役行者霊験記』など多数の説話集があり、その他、『真言開庫集』など多くの著作は殆ど、仮名書きであって、民衆教化の目的で書かれている。また、庶民を真言門の信仰に引入するためには、易行性の強い真言念仏を唱導するなど、近世屈指の庶民的仏教者といっても過言ではない。(拙稿「近世真言宗の庶民教化」密教文化九九号、「近世仏教の庶民教化」密教文化一〇二号、「結縁灌頂の庶民化(上)」印度学仏教学研究二〇の一参照)

このように秀れた浄厳伝が、今までに一度も活字にならなかったのは不思議なことである。本書に掲載するに当たっては河内延命寺本二巻を底本に用いた。蓮体自筆の原本は既に散佚しており、延命寺本はその転写であったと伝えられるが、これも昭和十七年に焼失した。幸いに当地の追矢正巳氏が昭和初年に転写されていたものを、編者が昭和三十二年に借覧筆写したのが現在の延命寺本である。

延命寺本は行状記の末尾に霊徳記、平生雅訓十七条、講経伝授等座数、授法者数、撰述書、上田道雲世系ノ事、如順尼神遊兜率記、病中偶成を付載している。元禄十五年十二月二十九日延命寺在山時代の蓮体が記録したのは撰述書までであったが、その直後の元禄十六年に上田道雲世系ノ事を追記したことは本文の内容から明らかである。その後享保三年十一月、地蔵寺隠退時代に如順尼説話以下と元禄十五年条の頭註を追加している。

対校本として福山市薬師院蔵二巻（明和八年大恵写）と高野山大学図書館蔵三宝院寄托本二巻（某年某写）・光台院寄托本二巻（文久二年道耕写）を用いさせて頂いた。

薬師院本は行状記の部分のみを書写し霊徳記以下は省略し頭註も除かれている。また行状記の中でも天和三年、元禄八年条に含まれる六説話は除かれ、元禄十四年条の「松平右京大夫殿云々」の一節など直接浄厳の行状に無関係と思われる個所も削除されている。したがって原本の忠実な転写とはいえない。しかし書写の部分については誤字脱字などは少ない。

三宝院本も頭註及び末尾の上田道雲世系ノ事以下を記していない。書写の部分については延命寺本とよく一致するが筆跡が幼稚であり誤字もすこぶる多く脱字もかなりある。

光台院本は大阪妙法寺住持泊中法典（一七七八—一八二九）の筆写本を、道耕が転写したものであるが、故意に原文を省略或は要約した個所がかなりあり脱字も多い。原本の頭註や如順尼説話は要約して本文中に挿入されている。

なお、底本の誤字、脱字は対校本によって補訂し、（　）イとして傍記し、底本の意味が通じても、対校の二本或は三本が一致して底本と異なる表現を用いているものは、同じく（　）イとして示した。

この他、通読の便宜のため本文の行を適宜改行し、句読点を付したほか、上欄の書き入れを〔頭註〕、傍記は〔傍註〕として本文に組み入れた。漢文体の返り点も適宜改め、補ってある。

また「浄厳大和尚霊徳記」の見出しは、底本・対校本ともに原本にはないが、読者の便宜のために設け、編者による記入はすべて（　）で示してある。

〔年譜艸稿〕の著者光道については、霊雲寺第二世慧光の門下であろうかと推測される以外のことは分からない。その内容は行状記を要約して漢文の編年体にしたものである。明らかに行状記を誤読したと思われる個所は、行状記寛文十一年条「九月廿九日父道雲逝去家兄道清尋テ卒ス」を「秋九月厳父道雲家兄良清尋逝」と記し、道清を良清と誤伝している。このことについては本書史料寛永十六年条編者註で指摘しておいた。行状記元禄十三年条の「三月七日ヨリ結縁灌頂ヲ行ズ」とあるのは、延命寺に於て蓮体祥光らが修行した灌頂を指していることは、前後の文脈から明白である。それを、年譜草稿には「和尚六十二歳修二国禱一如レ規春三月宏建二灌頂壇一沐浴者凡万五千有餘」と記し、あたかも霊雲寺に於て浄厳が修したように解しているのは誤りである。人名、書名、地名、日付等にも誤りと思われるものがある。

しかし次の記録は行状記には不載のものである。

一、延宝元年の条の「而還二如晦菴一礼二快円慧空律師一受二菩薩大戒一」。快円に従ったということは実証できないが、恐らく事実であったと思われる。このことを蓮体の行状記は故意に伏せたのではないかと考えられる。（拙稿「浄厳の受戒の周辺」印度学仏教学研究十七の一参照）

二、元禄七年の条の「夏四月為二大島氏一後号古心答二四種問一随記至要」とあるのは、浄厳撰『答四問篇』が現存するので実証できる。しかし、行状記は明らかにこの記録を欠落している。

三、元禄十三年条に演奥鈔校訂功半ばにして没し「上足光師力遂二其遺意一」の記録も、現存の演奥鈔刊本叙文より立証せられる。行状記は浄厳の校訂梓行には触れるが、慧光の功には言及していない。このことは光道が霊雲門下であったことから理解される。

一と二は慧光の『編年雑記』に基づいているのではなかろうかと考えられる。鷲尾順敬編『仏家人名辞書』の浄厳伝には、快円に受戒したことを記し、また、教興寺を尊覚忍空より譲り受けたと記すのは年譜草稿に依っているのである。行状記は「尊学」としている。

年譜草稿もこれまでに一度も上梓されたことがない。光道の草稿は霊雲寺で焼失したが、幸い東京妙極院鈴木義定和尚が昭和三年に筆写されていたのを、今回、和尚並に霊雲寺当局のご好意により底本として使用させて頂いた。

〔妙極大和尚伝〕は刊本として残っている。義彦光天（一七二一―四三）二十一歳の作である。光天は慧光門下の秀才であり、詩才にも富んでいたが僅か三十三歳で早世した。

本書は漢文体の名文であるが、行状記や年譜草稿の記録以上には何もつけ加えがない。しかし、ただ一点新説を出している。それは貞享二、三年和尚牛込多聞院留錫の頃、罹病して危篤中に、夢中に龍猛菩薩が現われて、付法に慧光を当つ可きことを告げられた。そこで夢覚めて後、慧光に余す所なく瀉瓶したという記述である。これは他の諸伝には載っていない。

慧光著『安祥寺流伝授手鏡』の相承の項に、浄厳の「入室瀉瓶ハ是妙厳(蓮体)、慧光、祥光ノ三人也、余及祥光、臘ハ雖モニ第二第三ナリト一、而於ニ瀉瓶一超ニ越妙厳法兄一第一第二トナリ、宿縁所レ催ス深ク悲喜スルノミ耳」と述べられている。行状記元禄十二年条には、霊雲寺を蓮体に付嘱する意志を浄厳が表明する記事があり、これは霊雲寺系の二伝には触れられていない。浄厳亡き後の蓮体慧光両上足の微妙な対立感情が、慧光門下の光天の筆跡に投影されてこの新説が生まれたように思われる。

本伝を本書に収録するに当たり、高野山大学図書館の許可を得て、同館蔵の光台院寄托本刊一を底本として使用させて頂いた。また霊雲叢書解題には表題を「霊雲開山」としているが、光台院本及び霊雲寺蔵刊本は共に「霊雲開基」としているので今回はこれらに従った。

〔苾芻浄厳伝〕は行状記を要約して漢文体にした二千字程の小篇である。浄厳の行状を略記した後に「一代之奇異霊験具如広伝也」と記し、授法者数と著述を概観して「已上拠広伝蓮体和尚記」と割注しているので、蓮体の行状記に依拠して書かれたことは明らかである。しかも末尾に高野山明王院所蔵の古文書に依って如順尼兜率神遊譚を出し「広伝脱此事今系伝後世焉」と記している。この説話は延命寺本行状記に収録されている「如順尼神遊兜率記」と内容が一致している。したがって、『紀伊続風土記』の作者は、如順尼説話の追記されていない、即ち元禄十五、六年撰の行状記に依拠していると考えられる。『苾芻浄厳伝』には明白な誤伝が一箇所ある。即ち「延宝二年与円忍湛海詣仁和寺就顕正《（マヽ）》孝源二師伝諸尊儀軌経」とあるのは行状記を誤解したものである。また誤字が多い。今回風土記より転載するに当たって（　）に入れて訂正しておいた。

〔江戸霊雲寺沙門浄厳伝〕は『大日本仏教全書』一〇四巻から転載した。『続日本高僧伝』の援引書目（仏全本・一四四頁）中に浄厳和上行状記の名が見えるので、行状記に依拠して書かれていることが分かる。漢文体で千字足らずの略伝である。本伝中、寛文十二年春「帰二于河内一。建二如晦庵于観心寺一。講二菩提心論、理趣経等一。」と記すのは行状記を誤解したものである。行状記は「春、如晦庵ヲ建ツ。観心寺地蔵院ニ於テ印可ヲ授クルコト三人。同夏菩提心論並ニ理趣経ヲ講ジ」となっている。如晦庵は鬼住村の父の俗宅内に建てたのであるし、同夏の講経は天野山で行われたことは他の史料によって実証される。（本書史料寛文十二年条参照）また延宝元年条の「自誓受二菩薩戒一」の記も不自然で、行状記には唯「菩薩戒ヲ受テ」とのみ記すだけである。南都系では梵網菩薩戒は自誓受戒しないで従他受戒するのが普通である。延宝四年五月に自誓受具した記録が行状記に出るので、恐らく続高僧伝の作者は、この「自誓」を両度の受戒にかけてしまったと思われる。

照遍の〔如法真言律興起縁由〕も行状記に依った小伝であり、正行の〔浄厳和尚略伝〕は二百回遠忌に印施された小冊子である。共に今解題を省略する。

『年譜艸稿』以下の諸伝についても『行状記』にならい、漢文体の返り点を適宜補正し、原則として異体字を正字に改めるなど、読者の便宜をはかってある。また送り仮名のうち、清音濁音の不統一、「シテ」と「ㇱテ」、「トモ」と「ㇳモ」などの不統一は、底本及び対校本に従って不統一のままにしておいた。

浄厳大和尚行状記　上巻

蓮体　録

当寺開山浄厳大和尚ハ当村河州錦部郡鬼住村ノ産ナリ。父ハ上田氏累代此処ノ荘官ナリ。母ハ秦《ハダ》氏同此村ノ人ナリ。懐姙ノ間、苦ミナク身軽ク心清〆、倍三宝ヲ信〆葷羶ヲ食スルヿナシ。若シ肉ヲ食スレバ、腹痛シテ堪ヘカタシ。故ニ常ニ食セズ。寛永十六年己卯《ツチノトウ》十一月廿三日子時ニ生ル。誕生ノ時ニ一ノ不思議アリ。尋常《ヨノツネ》ノ人ノ生ル、ニハ母大ニ苦シミ不浄ノ腥血流レ出ルニ、和尚ノ誕生ニハ不浄アルヿナシ。喩ヘバ、帛《キヌ》ニ裹《ツツ》ミタル子ヲ取出セルカ如シ俗ニ此ヲ乾《カラ》子ト云母モ亦少シモ苦悩ナシ。諸人奇特ノ念ヲナセリ。

生年二三歳ノ間、母ノ懐《フトコロ》ニアツテ乳ヲ吮ニ、常ニ右ノ手ノ頭指ヲ以テ、母ノ胸ニ梵字漢字等ヲ書ク。凡ソ一切ノ文字、読習フヿナク自然ト知テ、三四歳ノ比ヨリ能ク普門品、尊勝陀羅尼等ヲ誦シ玉ヘリ。或時、カセノ一方ヌケタルヲ(下)手ニ執テ斜《ナナメ》ニ〆曰ク、此、入ノ字ト。又、翻〆曰ク、此、人ト云字。又、指ヲ以テ点ト〆、此、上ノ字ト。翻〆曰ク、此、下ノ字ナリト。凡ソ敏慧ナルヿカクノ如シ。

又、本ヨリ葷辛酒肉ヲ食セズ、女人ニ近キ玉ハズ。或時、父ニ向テ曰ク、我ハ出家トナルヘシ、名ヲ空海ト付ヘシト。父ノ曰ク、空海トハ忝モ弘法大師ノ御諱ナリ、汝ハ付ヿ叶フマジトアリケレバ、然ラバ我ハ空経ト名ツクベシトテ、自ラ空経ト名乗玉ヒテ、生ナカラノ僧ナリ。父母兄弟郷里ノ宿老、皆其ノ聖智ヲ尊ミ、又其ノ辞ヲ聞テ、誠ニ凡人ニハアラズ大師ノ再来ナラントイヘリ。

又四五歳ノ比ヨリ能ク物ヲ書タマフ。父、巨筆ヲ与ヘラレシカバ、此ヲ芋《イモ》筆大ニ〆《シテ》芋ニ似タルガ故ニト号〆常ニ阿弥陀仏、観音、地蔵等ノ名号ヲ書シ、或ハ色即是空空即是色、三界唯一心心外無別法、諸法本不生自性離言説等ノ文ヲ書玉ヘルヿ甚妙ナリ。諸人、其一紙一字ヲモ得ルモノハ甚悦テ秘蔵シケリ。元禄中ニ、松平加賀守殿家中ノ武士某甲、一幅ノ名号ヲ裱褙ヲ具シ綿《(錦)イ》繡十重ニシテ秘蔵シ大師ノ御筆ナリト云ヲ持来リテ、和上ノ証明ヲ乞フ。和尚見レ之《テ》掩《ヲテ》レ口《ヲ》盧胡《(トン)イ》メ笑テ曰ク、此予カ六七歳ノ時ニ書ルナリト、彼武士大ニ悦テ愈秘蔵シ貴ミケリ。

又或人、熊野ヘ参詣セル物語スルヲ聞テ曰ク、我モ能ク道ヲ知レリ、高野ヨリ其道ヲ往テ其《(キ)イ》ノ坂ヲ通ルナド詳ニ知テ宣ヒケレバ、其人問テ曰ク、君ハ早晩《(イツ)イ》誰人ト共ニ参詣シ玉フヤト、空経ノ曰ク我ハ我師ト倶ニ頃日参詣セリトテ近国ノ名山霊区ノ事ヲ委細ニ語リ玉ヒケレバ、聞人、身毛竪《ヨダチ》テヲソロシク不思議ノ念ヲナシ、トカク凡人ナラザルヿヲ知レリ。

〔頭註〕又誕生時ノ事ヲ能ク覚ヘテ成長ノ後マテモ語リ玉フ。我生レシ時大師ハ其処ニ住シ玉ヘリ、我ハ此処《(此ノ)イ》ニテ生レタリトテ、其ノ坐ニハ平常ノ人ヲ坐セシメ玉ハサリケリ。

又女人ヲ見ルヿヲ嫌ヒ玉ヒテ、母ノ抱《イダク》ヨリ外ハ女人ニ抱レ玉ハズ。故ニ、喜八ト云僕、常ニ負テ行、《(キ)イ》或ハ抱《(キ)イ》テ養育シケリ。若、水ヲナブリ或ハ嬉戯メ止メ玉ハザル時ハ、今此ニ女人来ルト云ヘバ忽ニ遁去リ玉フ。或時、水船ノ辺リニテ水ヲ汲散シ灑キ玉フ間、喜八、乾魚ノ頭ヲ以テ水船ノ辺リニ置ケレバ、其ヨリ再ビ其水船ノ辺リニ行玉ハズ。凡ソ女人ヲ見ルヿヲ嫌ヒ、葷羶《ナマグサキ》ヲ厭玉フヿ此類ナリ。又、母、肉ヲ食スル時ハ終ニ乳ヲ飲タマハズ。故ニ母常ニ潔斎シ玉ヘリ。或時喜八、戯ニ申サク、羹《シル》ニ魚ヲ入テ羞《スヽ》メ奉ルベシト、度々戯レ恐怖シケレバ、七歳ノ時、正保二年九月廿九日夜忽ニ喜八ニ託シ玉フ、喜八、声色カハッテ血眼ニナリ瞋レハ《(ル)イ》声ヲ出メロバシリテ曰ク、我ヲ誰トカ思フソ、我ハ弘法大師ナリ、高野山ニ登リ宝性院ニ住スル者ナリ。然ルヲ汝造次《(カリソメ)イ》ニモ我ニ魚肉ヲ食セシメント云ヿ甚以テ重罪ナリ。我ハ密教ヲ興隆センカ為ニ来レリ。我ハ是空海法師ナルソ、ユメ〳〵疎略ニセバ現罰ヲ蒙ルベシ。父母モ又菩薩ノ化身ナリ、父ハ観音母ハ地蔵ノ応化ナリ、少モヲロソカニスベカラズト、クリカヘシ〳〵二時バカリロバシリ止《(テ)イ》ズ。父上田道雲並ニ母、伯父良信、家兄玄沢、道清五人、其座ニアッテ宝篋印陀羅尼、尊勝陀羅尼、千手陀羅尼、各百餘遍誦シテ、願ハク《(ク〇)イ》此ノ奇特ノ瑞ヲヤメ玉ヘト種々ニ祈誓セシカバ、二時半バカリアリテ喜八熟睡ス。明日起テ後、昨夜ノ事ヲ問ニ、少シモ覚ヘズ、只身心戦慄シテヲソロシカリツルヲ覚ヘタルバカリナリト云。此ニ於テ《(依)イ》父母、伯叔、兄弟不思議ノ思ヲナシ、イヨ〳〵尊重セリ。此事深ク秘メ人ニ語ラストイヘドモ、九皐ノ鶴ノ声天ニ達シヤスウシテ天下ニカクレナク、今大師ト号メ諸人群集メ礼拝結縁セリ。

又、四歳ノ時ヨリ耳目ニ触ルヿ一モ忘レス、老年マテ能ク憶持シ玉ヘリ。五六歳ノ時、肥前ノ桂巌禅師師ハ道雲ト莫逆ノ交《(友)イ》タリ観心寺ニ於テ碧巌録ヲ講ゼラレシヲ和尚聴テ、始終ヲ皆請《(諳)イ》記シテ却テ父母親族ノ為ニ説ヿ桂巌師ノ説ニ少シモ違フヿナシ。桂巌還リ来テ空経ノ覆講ヲ聞テ驚歎シ玉ヘリ。凡ソ一切ノ経巻手ニ信《マカ》セテ取テ此ヲ読ヿ流ル、カ如シ。六七歳ノ比、天野山、上ノ太子等ニ参詣シ玉フ。時ニ、寺僧縁起旧説等《(記)イ》ヲ出スニ、披読シ玉フヿ熟読セルモノノ如《(〇)イ》シ。諸人驚歎セズト云フヿナシ。

抑、小西見村ハ、人傑ニ地霊ナリト云ツベシ。高野山新別処ノ中興良永玄俊《(ママ)》比丘律師、伊勢ノ良典房文性上人ハ皆ナ当時ノ高僧ナリ。共ニ当村ニ住シ玉フヿ或ハ一夏二夏ナリ。桂巌禅師ハ見桃菴ニ住スルヿ十有餘年、日々道雲ノ宅ニ来テ閑譚自若タリ。和尚八歳ノ時ニ、良典上人詩ヲ贈リ玉フ。和尚即チ韻ヲ和メ訓ヒ玉ヘリ。

寄《ス》ニ雛僧空経秀才一ニ　　文性

精神夙ニ発ス八齢ノ初メ　　不レ業トセ駆ヿヲ烏ヲ業トス読ヿヲ書ヲ

値ノ遇因縁君勿レ忘《(忘)イ》レヿ　　当来先度ニ等シテ陳フセヨ如ニ一

和尚ノ和韻ハ亡テナシ惜カナ。文性阿闍梨ハ、文殊文性トテ道心勇猛ニシテ天下無双ノ学者ナリシニ、如キレ是ノ詩ヲ贈リ玉フヿ寔ニ大師一《(〇)イ》再生ニアラスンバ豈当来先度ノ句アランヤ。果メ名ヲ青雲ノ上ニ挙《アゲ》テ大ニ宗乗ヲ興シ玉フ。文性阿闍梨ノ能ク機ヲ見玉フヿ又妙ナラスヤ。

〔頭註〕肥前僧覚雲賜レ詩

声名彰ルニ竹馬ニ一　　最モ羨ムニ仏縁ノ深ヿヲ

避テレ愛出テ三界ヲ一　　離レテ群ヲ処スニ一心ニ一

龍子生ジ二梵室ニ一　鳳雛棲ム二緇林ニ一
他日講セハ二経典ヲ一　天花又在ンレ今ニ

正保三年丙戌八歳　初テ高野山ニ登リ伽藍ヲ巡礼シ玉フニ、衆僧悦テ大師ノ御筆並ニ宝物等ヲ出シテ残ラス拝見セシム。

慶安元年戊子、和上十歳ニメ高野山悉地院検校法印雲雪阿闍梨（浄厳和尚十九才ノ時）イ本ナシ明暦三年七月廿四日寂七十九ヲ師トメ覚彦房仮名雲農ト号ス灌頂印信等ニハ雲農トアリ浄厳ハ受菩薩戒已後ノ名ナリ又ハ焉求子、虚白堂ト号シ玉ヘリ。雲雪法印遷化ノ後ハ釈迦文院朝遍法印ヲ師トス。朝遍後ニ宝性院ニ住シ又青巌寺ニ住ス。故ニ和尚ハ常ニ宝性院ニ住シ玉ヘリ。

和尚住山二十三年、才名天下ニ聞ヘテ人皆景慕セズト云ヿナシ。紀州大納言従二位頼宣公東照大権現ノ子ナリ南龍院殿ト号ス和上（尚）イノ才名ヲ聞テ宝性院朝遍ニ語リ玉ハク、重テ入来ノ時ハ空経房ヲ同道アルベキヨシナリケレバ、或時朝遍法印、和尚ヲ具メ紀州公ニ謁ス。公大ニ喜テ饗応慇勤ナリ。儒士某甲ニ命メ唐本一巻ヲ出メ試ニ読シム。和尚披読メ難《ハヾ》ム色ナク唔咿トメ読畢レリ後ニ聞ニ通鑑綱目ノ序ナリトソ　一座ノ名儒驚歎セスト云フヿナシ。

明暦元年乙未十七歳、三月廿一日ヨリ南院ノ良意僧都ニ随テ中院流ノ十八道両界護摩等ヲ受テ修行シ、同十月十八日ニ畢ル修法中ノ願状一通別ニアリ、和上ノ自筆ナリ、

同二年丙申十八歳　金剛山実相院長快法印ニ随テ両部灌頂中院流ヲ受玉ヘリ。

同三年丁酉十九歳　初テ高野山ニ交衆ス。

万治元年戊戌二十載　六月廿八日良意僧都ニ随テ安祥寺ノ許可ヲ受ク。

寛文元年辛丑二十三歳　正月十一日伝法阿闍梨位ヲ受ク。今年朝遍法印ニ随テ江都ニ赴キ、同四年師ニ随（テ）イヒ鼎峰ニ帰リ玉フ。

抑、安祥寺ノ法流ハ大師正嫡ノ名流ニメ、宥快法印、安祥寺山城国山階ニアリノ御門主興雅大僧正ニ随テ伝受メ高野山ニ伝ヘ玉ヒ、御簾《ミス》流ト号ス。謂ク御簾ノ内ハ王公貴人ナリ、安祥寺流相伝ノ大事ノ如シ。外ハ臣佐吏民ナリ、野沢ノ諸流ノ如シ。又御簾ノ内ヨリハ外ヲ見ルヿ了了ナリ、外ヨリ内ヲ見ルベカラザレバナリト、和尚聞テ、中

院流ハ小野ノ成尊僧都ヨリ中院ノ今ノ龍光院ナリ 明算ニ伝ハレリ。安流ハ、成尊・範俊・厳覚・宗意・実厳ト次第セリ。然レハ源一ナレバ、願クハ野沢ノ淵源ヲ極メテ倒瀾ヲ回サント誓ヒ玉ヒ、良意僧都ニ随テ安祥(牛)イ寺一流ノ底蘊ヲ尽シテ伝授シ玉ヘリ同受賢浄法師ハ山城中尾山蓮華乗院ノ住僧ナリ。不幸ニメ早世シ法流断タリ。今蓮体所持ノ聖教是ナリ良意僧都特ニ和尚ノ法器ナルヿヲ重メ、諸流ノ大事伝ヘ得タル所ヲ残サズ授ケ玉フ事瀉瓶ノ如シ付法状別ニアリ。

寛文七年丁未二十九歳 十一月十五日朝遍法印ニ随テ印可ヲ受ケ、同十二月十三日阿闍梨位ヲ受安流重受 今年授二印可一二人、是伝授ノ初ナリ。

同九年己酉三十一歳 授印可三人。

同十年庚戌三十二歳 授印可十人。

又、悉曇声明ヲ学シ二十五巻ノ本書研究(窮)イセズト云ヿナシ。或ハ法華集解、倶舎、唯識、因明、五教章等其奥義ヲ窮ム。古キ鈔疏等、人秘蔵メ持スト聞テハ必ス尋求メテ書写シ玉ヘリ。且ツ常ニ密花(密花苑)イノ彫零《イテウレイ》セルヿヲ歎キ、鼎峰修学ノ荒廃セルヿヲ悲ミテ、悉曇ノ論議ヲ興行シ、金堂不断経中曲三昧ノ譜典(曲)イノ乱レタルヲ改正メ車経ヲ梓行シ和尚二十九歳ニメ書レ之現流布ノ本是ナリ 諸尊種子真言集ヲ板行シ、特ニ悉曇ニ於テ悟入アルカ如シ。常ニ曰ク、古徳曰ク不レ知二悉曇ヲ一半真言師ト、我ハ曰ン、悉曇ヲ解セザルハ真言師ニハアラズト。夫密教ノ諸宗ニ超過セルヿハ𑖀字本不生ノ義ニアラズヤ。𑖀字ハ悉曇ノ字母ナリ。故ニ疏家ハ処々ニ阿字門ニ入ト釈シ、謂、覚自心従本已来不生、即是成仏而実無覚無成也文覚本不生即(即是)イ仏也ト釈シ玉フ。是悉曇ノ字母阿字ニアラズヤ。又灌頂ノ大事諸尊ノ種子真言等モ悉曇ヲ解セザレバ深義ヲ知ルベカラズ。故ニ大師ハ、顕人ハ字相字義等ノ重々ノ義ヲ知ラズト釈シ玉ヘリ。況ヤ大師ノ大悉曇章、御請来ノ字記、声字義、吽字義等ノ意(心)イ、悉曇ヲ肝心トシ玉フヲヤトテ、常ニ徒弟ノ為ニ字義句義ヲ敷演シ玉フヿ旋転無窮ニメ楽説無礙弁ヲ得玉ヘルカ如シ。三密鈔ノ中ニ字義門ヲ詳悉ニ釈シ玉フコト是故ナリ。

住山正シク取ル則ハ十四年ナリ。其間ノ苦学ハ、三冬ノ厳寒ニモ衣ヲ薄メ終夜ヲ眠ラスメ書ヲ写シ、九春ノ暖景ニモ遊遨雑譚ヲ好マス、常ニ書巻ヲ披閲シ玉ヘリ。下問ヲ恥ス、疑シキ事アレバ人ニ逢ゴトニ必ズ問テ疑ヲ決ス。故ニ論議其鋒ニ当ル人ナク五鹿ノ角ヲ摧キ五十ノ席ヲ重ヌ。蓋シ夙智ノ発スル所ロ、詩賦歌行文章、甚巧妙ナリ。故ニ朝遍法印其才智ヲ愛メ、為ニ広ク唐本ノ儒書ヲ求メテ金子四百両餘ニテ求メ得タル書籍也釈迦文院ニ安置シ、後ニハ和尚ニ付嘱セントノ志ナルカ故ニ、皆和尚ヲシテ主《ツカサド》ラシム。和尚昼夜ニ披読シテ一巻ヲ残《(モ)イ》スヿナシ。

寛文十年庚戌三十二歳 秋八月初メテ即身義、悉曇字記等ヲ講メ甚深ノ奥義ヲ演説シ玉ヒシカバ、鼎峰ノ学侶皆歎伏セスト云ヿナシ。

伝《ニ》曰《ク》、女《ハ》無《ク》二美悪一入《ト》レ室《テハ》見《ニ》レ妬《ニ》、士《ハ》無《ク》二賢不肖一入《ト》レ朝《テハ》見《ニ》レ嫉《ニ》、美女《ハ》悪女《ノ》仇《ナリト》 文 実ナルカナ此言沙門ニモ有《(亦有)イリ》レ之。況ヤ和尚縄錐ノ勤メ不レ怠《ラ》、学富行潔シテ性《ヒト、》ナリ剛直ニシテ甚佞《タ》邪ヲ悪《ニク》ミ学者《ノ》嬾惰懈怠ヲ誡メ玉フヲヤ。朝遍法印、良意僧都ハ甚愛重シ玉ヘ𪜈、亦妬妄ノ念ヲ起スモノ多カリ。同法ニ頼周一音ト云者アリ、常ニ和尚ノ英才ナルヲ妬ム。其上彼年臘高カリケレバ、釈迦文院ノ住職ニ心ヲ繫テ望ミケリ。然レ𪜈朝遍法印ノ心、偏ニ和尚ニ付嘱スベキノ色見ルヿ譬ヘハ朝曦《アサヒ》ノ西山ヲ照スカ如シ。

寛文十年ノ秋、朝遍法印東都ニ下向アリシ時、宝性院ノ監司ヲ和尚ニ嘱託《アツラヘ》ヲキ玉ヘリ、一音ニハ玄関ノ傍多聞部屋ニ居メ諸方ノ賓客ヲ知ルベシトアリケレバ、一音倍嫉云《ト》妬ノ心盛リニ起リテ思ハク、今般宝性院ノ監司ヲバ我コソ勤ムベキニ、彼ニ託シ玉フヿ何事ゾヤ。這《(コ)イ》ノ底ナラバ釈迦文院ヲモ覚彦ニ付嘱セラルベキ事決定セリト、大ニ憤リ安カラズ思ケレバ、間《ヒマ》ヲ伺テ和尚ヲ殺害セントゾ工《タク》ミケル。其色既ニ見ケレバ、和尚ヒソカニ思ハク、此ニ住メ空シク彼ニ害セラレテ何ノ益カアラン。身心ハ道器ナリ、宜ク保嗇メ宗乗ヲ興スベシ。不《ジ》レ如《シカ》早ク避《(難ヲ避ン)イ》ンニハト。即九月中旬ニ高野ヲ出テ鬼住ニ帰ルニ、良意僧都驚テ快音後ニ浄菩薩《(提)イ》院ニ住スヲ使トメ暁喩メ曰、一音ト却《ヒマ》アラバ我和睦セシメン、是非ニ帰山シ玉ヘト。父母親族皆曰ク、宝性院ノ監司ヲ勤メナカラ私ノ讐ヲ懼レテ故郷ニ帰ルヿ道ニ叶フベカラズ。況ヤ、良意僧都和平ノ儀ヲ調ヘ玉ハ、幸甚ナラズヤ、早ク帰山シ玉ヘトアリケレバ、和尚ハ、師ノ教訓ト云、父母ノ厳命ト云、カタ〳〵背キガタキニ依テ九月下旬ニ帰山シ玉フ。良意僧都、一音ヲ召メ意趣ヲ尋玉フニ、怨恨ノ念毛頭モナキヨシ陽《イッハ》リケレバ、僧都大ニ悦テ、両人ヲ共ニ召メ、必ズ向後ハ不和ナルヿナカレ、一味同心ニ密乗ヲ興隆シ玉ヘト種々ニ教訓メ、又和尚ヲ呵メ曰ク、一音ハ怨恨ノ情アルヿナシ、然ヲ吾子、種々ノ異相ヲ見ヿ遍計所執ノ如シ、何ゾ木机(杌)イニ鬼形ヲ見ルヤ、向後(向後〔〕)イ必ズ縄麻ノ糾合セルカ如クナルベシトアリケレバ、和尚謹テ命ヲ受テ、従来、乳水ノ思ヲ作ベキ由ヲ肯諾《コウダク》シ玉ヘリ。尓後、九月廿七日ノ夜、常ノ寮ニ臥シ玉フ時ヱ、窃ニ念ハク、一音カ瞋火猶滅スベカラズ、今夜ノ中ニモ来リ刺殺サバ我如何セント、即チ他ノ寮ニ往テ、我カ寮ニハ晩年ノ僧某甲ヲ臥シムルニ、果メ中夜ニ、一音左ニ燈燭ヲ執リ、右ニ刀ヲ持メ来ル。此ノ道心者咳嗽メ起ルヲ見テ、帰リ去リヌ。翌日、和尚ニ語ルニ、サレバコソ我豫メ是ヲ知レリトテ、又鬼住ニ帰ランカト思ヒ玉ヘドモ、(モ)イ本ナシ師命ノ厳重ナルヲ思ヒ、父母ノ教誨ノ親切ナルヿヲ思テ、設ヒ我今、命ヲ失フトモ何ゾ無上最上ノ妙法ヲ受シ師主ノ命ヲ拒カンヤト決定シテ、廿八日ノ夜、道場ニ入テ荒神供ヲ修シ玉フニ、一音浴衣ヲ著シ、小刀《ワキザシ》ヲ持メ来リ、脇机ヲ隔テ、和上ノ左ノ腋ヲ二刀突ニ、和尚音ヲ挙テ喚《ヨバ》ハリ壇ヨリ降テ客殿ノ方ヘ遁玉フニ、頭上ヲ切ヿ四刀、衆人驚キ騒イテ馳集ルニ一音ハ早ク逃失ヌ。良意僧都涙ヲ流メ曰ク、予カ謬リナリ、呼帰スマシキヲ、トテ音ヲ挙テ哭シテ喩シ玉ハク、憂玉フヿナカレ、必ズ我、君カ為ニ讐《アダ》ヲ報スベキゾトテ歎キ玉ヘリ。然レドモ、(𪜈)イ神仏ノ加護ヤラン、左ノ腋ヲ突ル刀、喩ヘバ石ヲ突カゴトク骨ノ上ニ当リテ深ク入ス。頭上ノ瘡モ亦浅カリケレバ、程ナク平癒シ玉ヘリ。和尚常ニ日ク平生頭痛アリシニ、瘡ヲ蒙リシ後三年餘ハ頭痛平癒セリトゾ。然レドモ(𪜈)イ父母ノ憂念ヲ休メン為ニ、故郷ニ帰リテ養生越年シ玉ヘリ。

昔シ、覚鑁上人博学広才智行共ニ高クテ、天子ノ崇敬他ニ殊ジ、伝法院ヲ建立シ玉ヒシカバ、大衆此ヲ嫉テ、伝法院ヲ破却シ上人ヲ害セントス。故ニ根来ニ退歇メ宗乗ヲ振ヒ玉ヘリ。況ヤ、世逾澆季ニメ人逾不信ナレバ、カクノ如キヿ有ルヿ亦宜ナラズヤ。夫木秀《ツルトキハ》ニ於林ニ(風必)イ《ヨリモ》必摧《スキ》レ之ヲ堆出《ツルトキハ》ニ於岸ニ流必湍《ソヽク》レ之ヲ行高ニ《トキハ》於人ニ衆必非《スル》レ之前監不レ遠《カラ》覆車継《ク》レ軌《ヲ》　然レヒ、若、覚鑁上人南山ニテ終リ玉ハヽ、其徳光顕ルベカラズ、興法利生モ亦多カラジ。根来ニ移住シ玉ヒシヨリ今ニ六百年、其門葉一何ソ繁茂ナルヤ。和尚モ南山ニ住シ玉ハヽ、徒《タヾ》ニ碩学、門主、検挍法印ト呼ノミニメ真実ノ興隆アルベカラズ。頼周カ逆ヨリコソ却テ弘法利生モ広カリケレ。延命寺ヲ草剏シ霊雲寺ヲ開基シテ法流ヲ流布シ玉フ事、豈、広大ノ興隆ニアラスヤ。

同十一年辛亥三十三歳　春猶当地ニアリ。良意僧都頻リニ帰山センヿヲ勧メ玉フニ、和尚熟《ツラ〳〵》思付《シジュン》シ玉ク、今鼎峰修学共ニ荒廃メ衆徒ノ心名利ヲ貪テ興法利生ノ志ナシ。シカジ枌楡ニ退隠メ寂静ニ道ヲ修センニハト、堅ク辞メ山ニ還ラズ。且ツ正月廿六日朝遍法印遷化シ玉ヘリ。故ニ弥、帰山ノ念ヲ絶メ出塵ノ心倍《マス〳〵》切ナリ。

同九月廿九日、父道雲逝去、家兄道清尋テ卒ス。此ニ依テ南山ノ衆名ヲ削《ケツ》ランヿヲ乞フ。十歳ニメ登山メヨリ、住山二十三年、三十二歳ニメ山ヲ降リ、三十三歳ニメ交衆ヲ辞シ、老母ヲ養テ枌郷ニ居スルニ、近郷ノ僧俗、徳ヲ慕ヒ風ヲ望ム。天野山金剛寺ノ僧衆、請メ普門品ヲ講ゼシム。（「講ゼシム。衆人」の間にイ本には「シメ檜尾山観心寺ノ僧侶、請メ即身義並ニ秘鍵ヲ講セシム」の句あり）衆人蟻ノ如ク集テ恭敬聴聞メ悪ヲ止メ信ヲ生ス。

同秋、理趣経ヲ講メ朝遍法印ノ冥福ニ薦《スヽ》ム。

同十二年壬子三十四歳　春、如晦庵ヲ建ツ。観心寺地蔵院ニ於テ印可ヲ授クルコト三人。

同夏、菩提心論並ニ理趣経ヲ講シ、加賀田村ニ於テ普門品ヲ講ス。又、当村ノ人ヲ勧メテ大般若経ヲ請セシメテ常楽寺ニ安置シ、延宝三年ノ冬、若干ノ僧ト共ニ転読スルヿ一遍俗此ヲ真読ト云諸人信仰メ、村々ニ請メ披読スルモノ多シ、但此経貞享三年九月ニ焼失セリ

延宝元年癸丑三十五歳　春正月、清水村日輪寺ニ於テ因果経並ニ八斎戒作法ヲ講メ愚朦ノ在家ヲ化導ス。又、茱萸木新田ニ於テ普門品ヲ講ジ、同郡古野村極楽寺ニ於テ阿弥陀経ヲ講メ化導広大ナリ。

同三月、密乗ノ人ハ持戒ニアラザレバ悉地ヲ得ザルヿヲ思テ、更ニ勇猛ノ志ヲ発メ菩薩戒ヲ受テ、諱ヲ浄厳ト改ム。或ハ無等子、三等子トモ書玉ヘリ。後ニ妙極堂ト号シ玉ヘリ。受戒以後常ニ持斎ナリ。

南山ノ旧友ニ理観（初ハ空観ト云、摂州尼崎ノ僧ナリ。理智門ト号ノ阿字観ヲ修シ得タリト誇ル人ナリ。）ト云僧アリ。来テ詰テ曰ク、聞説《キクナラ》ク公持斎メ菩薩戒ヲ受持スト、密乗ノ沙門ハ三摩耶仏性戒ヲ受持ス、何ソ権教ノ律儀ヲ守テ鼈蹩躠跂《ベッセッチキ》ス《（タ）イ》ルヤ。所謂ル愚童持斎ノ心、酷憐ムベキノミト。和尚笑テ曰ク、甚イカナ吾子ガ教相ニ暗キコト。夫、仏法ハ戒定慧ノ三学ヲ本トス。戒初ニ居ス。華厳ノ初頓ニ心地法門品ヲ説テ十重八《（四十八）イ》軽戒八万ノ威儀ヲ説キ、涅槃ノ終極ニハ律ヲ扶《タスケ》テ常ヲ談ズ。大日経ニハ尸羅浄無缺ト説キ十善戒ヲ説ク。蘇悉地、蘇婆呼等ノ経及雑部ノ密経ノ中ニ、日日ニ八関戒ヲ受ヨト説リ。況ヤ高祖ノ御遺誡ニ顕密二戒堅固受持ト云、又東大寺ノ戒壇院ニ於テ具足戒ヲ受シメ、三箇年練行ノ後、南山ニ登テ密教ヲ学セヨトイハズヤ。吾子ガ三昧耶仏性戒ハイカナル戒ゾヤ。飲酒食辛四波羅夷ヲダモ護持セズ、所謂但念二婬食一如二彼羝羊一ト云モノニアラズヤト、経論ノ本文、祖師ノ雅訓ヲ援《ヒイ》テ翻詰シ玉ヘバ、理観、語無メ赧《タン》然トメ出去リヌ。

同二年甲寅（三十六歳）正月廿九日、本浄出家（時ニ、十二歳）諱ハ妙厳（戒牒ニハ皆妙厳トアリ）後ニ和尚ノ諱ヲ避テ、惟宝蓮体ト改ム。亦ハ無尽蔵ト号セリ。

正月、泉州大鳥郡小代村常念寺ニ於テ即身義ヲ講ジ、二月ニ当国丹南郡小寺村宝光院ニ於テ薬師経ヲ講シ玉ヘリ。因ニ丹南村来迎寺ノ阿弥陀如来ノ尊像甚タ朽損セルニ依テ、村翁道剛、和尚ニ請テ図績セシム。紺紙金泥ニシテ衣紋一切皆、阿弥陀経或ハ阿弥陀ノ大咒小咒等ヲ極細字ニ書玉ヘリ。今ニ来迎寺ニアリテ諸人秘蔵シ信仰ス。

和尚常ニ密教ノ陵夷メ、諸流ノ事相ノ聖教印契真言ニ謬リ多キコトヲ歎テ、春三月、観心寺地蔵院龍海ト共ニ上京メ、東寺仁和寺ニ於テ受法センコトヲ冀ヒ、東山ノ粟田口天王坊観《（歓）イ》喜院ノ裏、臥雲庵ニ寓居ス。因ニ、真政円忍律師、修善要法集、観行要法集各四冊ヲ撰述メ梓行シ玉フ間、其校讐ヲ助ク。歓喜院ハ和州平群郡生馬山都史陀山宝山寺中興宝山湛海和尚ノ故院ナリ。其時ハ未ダ受戒シ玉ハス、歓喜天ノ行者ナリ。霊験甚多シ。（蓮体宝山和尚ノ行状ヲ記ス、別ニ一巻アリ）円忍律師、湛海和尚、吾師三人相語テ、其道冥ニ合セリ。

此時ニ仁和寺尊寿院一音房顕證阿闍梨ニ随テ、広沢方西院（堀池僧正信證ノ流）流ノ重加行ヲ修シ、印可ヲ蒙リテ、高祖御請来ノ諸経儀軌ヲ伝授シ、栂尾法鼓台ノ聖教ヲ拝借メ書写シ、広沢ノ淵源ヲ尽ス。始終三年ニメ功畢レリ。（本浄常ニ随侍ス）顕證阿闍梨老衰ニ依テ、伝授ノ儀ヲ真乗院孝源大僧正ニ譲ル。因テ和尚、孝源大僧正ニ随テ師資道合メ伝受底蘊ヲ窮メ玉ヘリ。日日伝授ノ時、歓喜ノ餘リ頌アリ。

仁和寺侍《ニメス》二孝源闍梨《ノ》法筵《ニ》一
日日転《シル》来正法輪　万年《ノ》槖木已《ニ》回《ス》レ春
舌端《ハ》不《レドモ》二是自家《ノ》帚《ニ》一　稍覚《フ》掃《スルコトヲ》二除《ノ》心裏塵《ヲ》一

此一絶ニ於テ受法心ニ入テ悟入アルコトヲ見ツヘシ。九月九日、和尚、龍海蓮体ト共ニ大内山ニ登臨シテ茱萸ヲ執ル。遥ニ河南ヲ瞻望メ老母ヲ懐テ孝志切ナリ。遍《ク》插《テ》二茱萸《ヲ》一欠《クナラン》二一人《ヲ》一ノ句ヲ憶ヒ出メロ占

山行思レ帰
故園母老《タリ》　有《テカ》レ誰扶《ケン》　独対《リ》二《スラン》臆前黄菊《ノ》区《ニ》一
松戸柴門時寂寞《ニ》　薬畦花塢日荒蕪《ニ》
二十里外期《スル》レ帰《ソコヲ》客　一百有餘過《ル》レ隙《ヲ》駒
踏《メ》二遍秋山《ニ》一多《シ》二興味一　朝来便《ノ》腹飽《ク》二茱萸《ニ》一

此一律ニ於テ母ヲ養ノ孝情顕然タリ。凡ソ詩律工ナリトイヘド《（ヒ）》モ強《イシイ》テ耽翫シ玉ハザリケリ（受法日記一巻アリ）

抑《ソモソモ》、顕證阿闍梨ハ一時ノ高徳ナリ。孝源大僧正ハ又御門主ノ師範トメ声価都鄙ニ籍甚ナリ。諸儀軌伝授ノ事、高野山ニハ、三四百年来絶タリシヲ、和上伝授シテヨリ以来、高野ノ耆宿モ亦、御室ニ至テ伝受ス。和上モ亦伝授シ給《（玉）イ》フコト五般、小野方ノ人、儀軌ヲ伝授セルモノ七百餘人ニ及ベリ。此時ニ当テ黄檗山鉄眼道光禅師大ニ化門ヲ開キ、大蔵経ヲ梓行メ黄檗山宝蔵院ニ納ム。吾師、信ヲ通メ其道投合ス。蔵中ノ秘密経軌ヲ別ニ目録ヲ出シ、蔵中ノ闕本十餘巻ヲ加ヘ入シメ、諸人ニ求メシムルカ故ニ、天下ニ諸儀軌ヲ持スル者六百餘人ナリ。道光禅師、問訊殷勤ナリ。且ツ蔵板既ニ済《ナッ》テ後、大樹殿下ニ疏ヲ奉リ、一部日光山ノ宝蔵ニ納メ奉ラン事ヲ願ヒシカ《（玉ヒシカ）イ》ド、時未ダ至ラズメ天和二年四月廿二日ニ遷化シ玉ヘリ。（五十三歳）宝洲相続テ問候丁寧ナリ。依テ和尚ヲ頼テ元禄之初、柳沢羽州侯ニ依テ大樹殿下エ《（ニ）イ》ノ疏ヲ奉リ、蔵本一部ヲ日光

山ニ納ム。宝洲ハ先師ノ宿志ヲ果メ大ニ歓喜シ、礼謝トメ蔵経一部ヲ霊雲寺ニ納ム。今上州高崎大染寺ニアル経是ナリ。又教興寺ノ蔵本ハ道光禅師ノ弟子孤峰カ本ナリ。孤峰早世ノ間、其母鴻池妙剛、孤峰追福ノ為ニ納ム。其本尊聖観音像並ニ白金若干ヲ施入セリ。又霊雲寺延命寺ノ蔵本ハ良翁（イ本には傍註なし）〔傍註・今ハ伏見仏国寺ノ住持ナリ〕ノ寄附セルナリ。

凡ソ当代、諸儀軌ノ天下ニ流布セル事、我師ノ力ナリ。且又世人、真言ノ字義句義ニ暗ク、真言ヲ誦スルニ謬リ多キヿヲ歎キ、（テ）イ延宝三年、普通真言蔵ヲ板行ス。其中ノ大仏頂大随求等ノ陀羅尼ハ世間ニ久ク断テナカリシヲ流布シ玉ヘリ。又元禄元年、課誦三巻ヲ撰メ具ニ句義ヲ註シ清濁長短ヲ正シテ梓行ス。天和三年、悉曇三密鈔八巻、光明真言観誦要門二巻ヲ撰メ流布ス。智積院権僧正泊如運敞ノ序アリ。皆以テ真言修行ノ人ニ便リアラシム。豈大功ニアラズヤ。

同三年乙卯三十七歳　正月、古市郡誉田宮中坊ニ於テ理趣経ヲ講ス。

同二月二月ニ閏アリ　十一日ヨリ、丹南郡東野村蓮光寺ニ於テ法華ヲ講ス。僧衆三百餘人、前後百三十五席、五月廿八日ニ畢ル。和尚常ニ舒居士カ科註ノ甚略ニメ深義ノ隠没スルヿヲ歎イテ、此般ノ講ハ一如ノ新註ニヨル。此註ハ深草ノ元政上人梓行シ玉ヒシカトモ此ニ依テ講スル人ナシ。我師始テ此註ヲ講メヨリ後三回講《ス》レ之《ヲ》。終《ニ》又元禄三年ニ其ノ註ヲ増補シ又冠註ヲナシテ世ニ流布ス。諸人、此註ノ委細ナルヿヲ喜ンテ此註ニ依テ講ズル人頗ル多シ。

同七月又仁和寺ニ往テ伝受ス。真乗院大僧正ノ請（命）イニ依テ鳴瀧ノ般若寺ニ住持ス。此寺ハ観賢僧正ノ遺蹟ナリ。

同九月鬼住ニ帰テ常楽寺ニ於テ即身義並ニ梵網古迹記ヲ講ス。受菩薩戒ノ者五十八人、因テ伯父良信ノ為ニ菩薩戒諺註ヲ撰メ世ニ流布ス。諸人大ニ悦フ。此板四五通アリ、皆常ニ摺リテ世ニ広ムルヿ今ニ絶ヘス。

同冬、泉州大鳥郡上神谷高山寺ヲ刱ム。

同四年丙辰三十八歳　春二月、実乗希勤出家ス。

同二月、常楽寺ニ於テ灌頂ヲ行ス。経軌ノ本説ニ任セテ受明灌頂ヲ行ス。受者二十九人、許可六人ナリ。蓮体初テ金剛界ノ壇ニ入テ毘盧遮那仏ヲ得タリ。円行律師肥前嵯峨ノ徳善院密雲房同ク入壇。幷ニ結縁灌頂ヲ受ル者一千六百餘人ナリ。是和尚如法ニ灌頂ヲ行ジ玉ヘル最初ナリ夫レ受明灌頂ハ高祖大師入唐メ恵果和尚ニ随テ六月上旬ニ胎蔵ノ受明灌頂ヲ受玉フニ、花中胎ニ著ク。恵果和尚不可思議〻〻〻〻ト再三歎美シ玉ヒテ、胎蔵部ノ経軌ヲ残リナク伝授シ玉ヒ竟テ、七月上旬ニ金剛界ノ壇ヲ開テ受明灌頂ヲ授玉フニ、又花大日如来ニ著ク。又不可思議〻〻〻〻ト称歎シ玉ヒテ、金剛頂部ノ経軌ヲ悉ク授ケ玉ヒ畢テ、八月上旬ニ伝法阿闍梨位ヲ授ケ玉フ。然ルニ、大師、実慧、真雅ヨリ宗意、実厳、頼真等マテハ受明灌頂ヲ行セシカドモ(モ)イ、世ノ季ニナリ乱世トナリ、夷中ノ僧徒、受明灌頂、結縁灌頂ヲモ受ズシテ四度ヲ行シ、両部ノ大法ヲ輙ク行メ、直ニ伝法阿闍梨位ヲ受ルヿ、既ニ経軌ノ本説ニ背キ、高祖ノ遺誡ニ違乖セルヿヲ歎キテ、四五百年絶タル受明灌頂ノ儀式ヲ興シ、真言行者修行ノ法規ヲ正シ玉フヿ広大ノ功ナリ。今世ニ受明灌頂ノ名ヲ知リ、受テ修行スルモノハ皆ナ和尚ノ力ナリ。四度加行等ノ法則ハ、真言行者初心修行作法一巻ニ具ナリ。今夷中ノ真言師四度行法の後ニ伝法灌頂ヲ受ルヲ阿闍梨位ナリト云ヿヲ知テ(知ラズ)イ後ニ又阿闍梨位ヲ受ルハ非カ上ノ非ナリ、是ノ僻解ヨリゾ初灌頂、新発意灌頂ナト、云名目ヲ付ルヿ笑殺スルニ足レリ、真言行者ハ初ニ両部ノ受明灌頂ヲ受テ、次ニ諸経儀軌ヲ伝授シ、諸尊ヲ遍学シテ、後ニ伝法阿闍梨位ヲ受クベキナリ、具ニハ上ノ一巻ニ是ヲ弁セリ、志アラン人ハ是ヲ見ヨ

同三月、又仁和寺ニ往テ儀軌諸尊法等残リナク伝受シ畢リ玉フ。

次ニ、具足戒ヲ受ンカ為ニ、般若寺ニ於テ好相ヲ祈ル。一字頂輪王一切時処念誦成仏儀軌ニ依ル。四月ニ如晦庵ニ帰テ尚修シ玉ヘリ。和尚ノ好相ノ事、他人ニハ語リ玉ハザレドモ(モ)イ、蓮体窃ニ伝聞ニ、興正菩薩ノ好相ニ同シトイヘリ。

同五月十四日、泉州高山寺ニ於テ、通受ノ法ニ依テ自ラ誓テ具足戒ヲ受ク。二百五十戒ヲ摂律儀戒トシ、瑜伽梵網ノ戒ヲ摂善法戒、饒益有情戒トス 同受戒慧隆慈念房 證明師ハ紀州名草郡和佐慈光寺ノ玄忍慧海房 大徳ナリ。

同夏、高山寺ニ安居メ、肥前円行律師、播州頼円等ノ願ニ依テ、秘密経軌ヲ伝授ス。蓮体同ク受ク。得仏、大日如来ナルカ故ナリ。

同八月、当郡竹谷村不動堂明王院ニ於テ三教指帰ヲ講ス。聴衆僧徒二百餘人ナリ。

同九月廿九日、戒琛慧光出家ス時ニ、十一歳。

同十二月、高山寺ニ於テ経軌ヲ伝授ス。因テ真言行者二時食作法及ヒ施餓鬼作法ヲ撰メ世ニ流布ス。本朝南北ノ律家、昔ヨリ用ル所ノ二時食、施餓鬼ノ法、真言行者ノ所用ニ応セス。殊ニ施餓鬼作法ハ不如法ナルカ故ニ改作シ玉ヘルナリ。

同五年丁巳三十九歳 正月二日ヨリ、如晦庵ニ於テ理趣経ヲ講ス。是レ朝遍法印七回忌ノ追福ノ為ナリ。同泉州陶器村ニ於テ、因果経並ニ尊勝陀羅尼経ヲ講メ化導ス。

同二月、常楽寺ニ於テ、受明灌頂幷ニ伝法灌頂ヲ行ス。受者四十七人。蓮体、胎蔵ノ壇ニ入ル。得仏、虚空蔵菩薩ナリ。二月二日、慧光同金剛界ノ受明灌頂ヲ受ク。結縁灌頂入壇ノ者二千餘人。

同二月十二日、鬼住ヲ発メ播州飾東郡牛堂山国分寺ニ往テ、即身義幷ニ梵網古迹ヲ講ス。聴衆僧俗日日ニ四五千人、沽酒家沽酒ヲ止ルモノ二人、菩薩戒ヲ受ル者頗ル多シ。又灌頂ヲ行ス。受明伝法ノ者七人、結縁入壇ノ者二千餘人、日日ニ、二三万人群集スルカ故ニ、入壇ノ事叶ハズ、一見曼拏(荼羅)攞ノ益ニ預ラシメ、大金剛輪真言及大日如来真言ヲ授テ還シ玉ヒヌ。又、法華山ニ詣メ法道仙人請来ノ仏舎利ヲ拝ス。

五月、同国印南郡平庄報恩寺ニ赴テ普門品ヲ講ス。日日ニ三帰五戒八戒光明真言血脈等ヲ受ルモノ五六万人ナリ。報恩寺ハ西大寺ノ末寺ニメ律院ナリシニ、近代其風荒廃メ律儀ヲ知ル者ナシ。和尚、寺僧ヲ勧テ菩薩戒ヲ授ケ、酒肉五辛門ニ入ベ(ル)イカラザルノ標ヲ立ツ。其ヨリ大石《オホシ》子《コ》大明神ニ詣シ、魚橋荒井ニ信宿シ、高砂浦ニ至テ船ニ乗メ難波ニ著。

五月十三日、鬼住ニ帰テ延命寺ヲ剏ム。

同七月、泉州陶器大村村(寺)イニ於テ、梵網古迹ヲ講ス。受菩薩戒者五十餘人。

同九月、延命寺食堂衆寮成就ス。

九月廿九日ハ瑞峰道雲七回忌ニ当リ、又因ニ書函ノ中ヨリ古キ願文一通出タリ。和尚此ヲ開キ見玉フニ、先考

道雲ノ自筆ノ願状ナリ。其詞ニ曰ク、

当如意輪観音ノ由来幷願文

夫去ル正保二年九月廿九日ノ夜、弘法大師下人ニ託メ種〻ノ事ヲ示シ玉フ中ニ、予ハ即観音ナリト告玉フ。是ニ依テ疑散ゼザルノ折節、或夜夢ニ、予忽ニ二臂ノ如意輪観音ト成ル。熟思レ之《ヲ》ニ、定テ我ニ如意輪観音ヲ信仰シ奉ルベシトノ瑞相ナラント念ヒ、金剛山仙良房ヲ頼ミ、如意輪観音ヲ尋奉ルノ刻ミ、紀州川野辺ノ里ニ旅宿ス。夢想ニ仙良房ニ〔頭註・仙良房諱ハ慶盛、行者坊の住持ナリ。小吹村ノ人〕告玉ハク、湯川町ノ大納言紀州ニアリ〔頭註・湯川村ハ和州吉野郡ナリ。町ノ大納言ハ人ノ名ナリ。後醍醐天皇ノ時大納言ノ後ナルガ故ニ代々大納言ト名乗ルナリ〕ノ処ニコソ如意輪ノ像マシマセ。彼尊像ヲ申請テ予ニ与ヘヨト。覚テ不思議ノ念ヲナシ尋ルニ、教ノ如ク在ヲ求テ、予ニ給ヌ。歓喜ノアマリ信心増長メ、去ル正保三年三月十九日ノ夜、予意願アツテ、行末ノ事夢想ニ告知シメ玉ヘト祈誓スルニ、本尊示メ曰ク、日本本願之正ト夢ル。依レ之思フニ、予子空経今年和尚八歳ナリ寿命長遠ニメ衆病悉ク除キ、富貴智慧広大ニメ正法ヲ世ニ弘メ、衆生ヲ済度シ、生処ノ住宅ヲ清浄ノ寺舎ト成シ、仏法繁昌ノ処トナリ、日本第一正法住持ノ寺トナラン。伏乞願クハ、予生々世々ニ一切衆生ヲ済度セント仏神三宝ニ祈リ奉ル。唯願クハ如意輪ノ大慈大悲本誓空ク捨玉ハズ、予カ心中ヲ照メ過去無量劫ノ生死ノ罪障ヲ滅除メ無生法忍ヲ悟リ、福智無辺ニメ、未来ヲ待ス、衆生済度ノ願ヲ現生ニ成就セシメ玉ヘ。是ノ故ニ如意輪ノ陀羅尼、宝篋印陀羅尼、尊勝陀羅尼、千手陀羅尼、光明真言、随求陀羅尼、八句陀羅尼等ヲ日々ニ誦シ奉ル。然則、両部諸尊、梵釈四王、天龍八部、十二神将、二十八部衆、天神地祇、我ヲ守護メ魔障ヲ退散セシメ、無量ノ所願悉ク成就円満セシメ給ヘ。

正保四年正月廿五日　道雲敬白

和尚初テ此ヲ見テ驚テ母妙忍幷ニ家兄玄沢蓮体カ父ナリヲ召メ尋問玉フニ、妙忍玄沢共ニ、喜八カ託宣ノ事ヲ語リ蓮体側ニ在テ具ニ聞又道雲日夜不断ニ陀羅尼ヲ誦メ金剛子ノ念珠ノ稜《(カド)イ》ツブル、マデ磨《スリ》テ祈願アリシ事ヲ語ラレケレバ、和尚モ倍奇異ノ念ヲナシ玉フ。サレバ高野ニ住スベキ人ノ故郷ニ帰リテ八年ノ間ニ、此俗舎忽ニ清浄ノ僧院トナリ、慈父七回忌ニ当テ、此願文初テ出テ、寺ニ於テ追福ノ法事ヲ勤メ玉フ事不思議ノ事ニアラズヤ。況ヤ和尚一生ノ化導広大ノ利益、大師ノ分身トハ云ナガラ、皆以テ慈父誓願ノ致ストコロナリ。今ノ六臂ノ大像ハ蓮体カ作リテ安置セルナリ。彼小像ハ此体中ニ納メ奉レリ。（小像ハ二臂ニノ、二寸八分、石山ノ如意輪観音ノ像ナリ、岩石座(ニ)イシテ左ノ足ヲ垂レ下シ、右ノ手に蓮花ヲ持シ、花台ニ如意宝珠ヲ安置ス、左ノ手ハ与願ノ印ナリ、天冠ヲ著シ玉ヘル尊像ナリ）又喜八カ託ノ事ハ終ニ他人ニ語ラザリシヲ、清水玄沢、蓮体一人ニ密ニ語テ曰ク、和尚存生ノ間ニハ他言スルヿナカレ。百年ノ後ニハ汝必ス行状ヲ記録スベシ。其時ニ必ス此事ヲ記スベシト。又和尚ハ即チ弘法大師ナリ。已後モ定メテ種々奇特ノ感応アルベシ。汝其日夜ニ給事メ法ヲ伝ヘ、他ノ不思議ノ霊瑞アランヲバ汝必ズ密ニ記メ、掩化ノ後ニ伝記ヲ撰メ後代ニ遺スベシト。此ニ依テ予、慈父叮嚀ノ教訓ヲ憶持メ常ニ和尚ニ随侍スル事二十九年、一生ノ化導ノ事ヲ録シ其ノ餘ノ霊験ヲ記スルモノナリ。且此地ハ往昔ハ伽藍ニメ中葉《ナカゴロ》俗宅トナレルナラン、道雲ノ宅ヲ中坊ト号シ近辺ヲ西坊、新坊ナドト号セリ。而ルヲ今ハ薬樹山ト号メ秘密ノ霊場トナレルヿ不思議ノ事ニアラスヤ。

薬樹山延命寺ト号スル由来ノ事

当山ノ寺号ハ、（和尚十六歳（この傍註イ本になし））承応三年三月廿日ニ仁和寺ヨリ空経房ニ賜ハリシ寺号ナリ。往古ヨリ当村ニ地蔵堂アリ（今ノ宝幢寺是ナリ）開基モシレズ。大師御作ノ霊験掲焉ノ石地蔵アリシマ、、村翁（地蔵講ノ人十二(ママ)人アリ道雲ハ其魁ナリ）金剛山実相院（長快法印和尚灌頂ノ師ナリ）ヲ頼ミテ、仁和寺ノ御門主ニテ山号寺号ヲ拝領仕リ度由願奉リケレハ、本尊ハ何ゾト御尋アリシ時、高祖大師御作ノ石地蔵ナリト白ス。然ラバ伽羅山延命寺ト号スベキ由御令旨ヲ下サレタリ。然(然ラ)イニ住持ヲハ誰トスベキゾトアリケレバ、住持ナク候マ、何トナリトモアソバシ下サレ候ヘ、ト白上ケレバ、皆笑ヒタマヒテ、然ラバトテ空経房(御)イト書玉ヘリ。此時ニ空経ノ名天下ニ隠ナク、鬼住ノ産ナルヿ御門主ニモ能ク聞シメサレタレバナリ。其時ハ、当寺ハ道雲並ニ伯父良信ノ俗宅ニテ空経房十六歳末タ交衆ヲモシ玉ハザル時ナリ。然ニ御室ヨリ空経御房トアソバサレ下サレタルハ、（延宝五年ヨリ（イ本には傍註なし））二十四年已前ノ事ナルニ、今此号(寺号)イヲ此寺ニ移シテ延命寺ト号スルコ符契ヲ合セタルカ如シ。又和尚五六歳ノ時、父母兄玄沢道清等姉妙香等ニ向テ曰ク、我後ニ此処ヲ伽藍トスヘシ、其処ニハ堂ヲ建テ、其処ニハ僧房ヲ造ルベシナドノ玉フニ、兄姉ノ曰ク、金銀ナクバ伽藍ハ成就スベカラズ、阿子《アシ》ハ金ヲ何レ人ヨリ得ルヤト。空経ノ曰ク、此山ノ土石ハ皆金ナリ、我自由ニ取テ用ユベシトアリシヲ、是皆戯譃《タハムレ》ノ言ナリト諸人思ヒシニ、果メ東西四十三間南北七十五間ノ地、清浄ノ伽藍トナルコ不思議ト云モヲロカナリ。是実ニ如意輪観音ノ威神力ニアラスヤ。又喜八ニ託シ玉フモ九月廿九日ナリ。道雲ノ逝去モ九月廿九日ナルコ亦奇ナラスヤ。如意山宝幢寺ノ名ハ、和尚仁和寺ヘ願ヒタマヒテ御令旨賜ハリ昔ノ地蔵堂ニ名ルナリ和尚後ニ、佉羅山ヲ改メテ薬樹山ト名ケ玉フコハ、道雲医術ニ巧ニメ能ク難治ノ病ヲ治ス。是観音ノ薬樹王身ナルコヲ思ヒ合シ玉フ故ナリ。即閏十二月五日、当寺ヲ仁和寺ノ直末寺トス御令旨別ニアリ 延命寺ノ号ヲ不《ル》レ移《サ》間ハ如晦庵ト号セリ。後ニ瑞雲庵ト扁ス瑞雲靉靆ノ後ナリ 今ノ観音堂ハ昔ノ瑞雲庵ノ故趾ナリ。

当寺十一面観音ハ聖徳太子の御作ナリト云伝、又聖観音ハ松平大和守直規公ノ寄附ナリ。仏眼仏母像ハ和尚意願アッテ運長ニ命メ彫刻セシメ、一経ノ金剛吉祥大成就品ヲ書メ体中ニ納メントシ玉フニ事不《ヲ》レ遂遷化シ玉フ間、蓮体紺紙金泥ニ此ヲ書メ仏舎利ト共ニ体中ニ納メ開眼供養シ奉レリ。

同九月廿九日斎後ヨリ、天台四教集解ヲ講シ始メ極月閏月アリ 四日ニ終ル。其間ニ又儀軌ヲ伝授ス。時ニ四来ノ負《ヲ》レ笈者甚多シ。皆当村ニ寓居メ法ヲ稟ク。

今年十二月廿五日円忍律師遷化シ玉フ。行状並ニ影ノ讃ハ和尚ノ作ナリ。今大鳥山神鳳寺ニアリ。

今年、慧球祥光出家(時)イ十一歳。

同六年戊午四歳十二月、伝法灌頂ヲ行ス。受者四人。受明灌頂ヲ受ル者十人。二月八日慧光、胎蔵界ノ学法灌頂ヲ受ク。延命寺ニ住スル比丘三人、沙弥七人ナリ。

同年三月廿六日、讃州多度郡善通寺誕生院弘法大師御誕生ノ処ナリ主宥謙ノ請ニ依テ彼地ニ赴キ、因果経ヲ講シ、四月廿一日ヨリ法華ヲ講シ九月九日ニ満セリ。其夏炎旱月ヲ踰テ雨フラズ。和尚、善如龍王ヲ勧請シ菩提場荘厳陀羅尼ヲ誦シ玉フ事一千遍、並ニ此ノ陀羅尼ヲ血書メ龍王ニ法施シ玉フニ、甘雨霈然トメ民庶大ニ悦フ。今、四階堂昔ノ堂ハ四階ナリ今ハ二重ニ造レリトイヘ𪜈人四階堂ト呼ブノ傍ノ池中ノ小社ハ即チ和上ノ建立シ玉ヘルナリ。

又、講談ノ休暇ニ金毘羅山ニ登リ、大師ノ築キ玉ヘル万農ノ池ヲ見、又、塩飽島心経ガ嶽ニ登ル。伝ラク大師聞持ヲ修シ玉ヘル峰ナリト。曼荼羅寺、弥谷寺、万恒寺等ニ過リ五岳ヲ攀《ヨ》ヂ捨身ガ嶽ニ登臨ス大師弘願ヲ発メ捨身シ玉フ懸崖ナリ蓮体皆随従セリ。蓋シ弘法大師御誕生ノ地遊歴ノ処ナレバ旧跡ヲ慕ヒ玉ヘルナラン。

時ニ高松ノ城主松平従四位左近衛少将源頼重公御隠居ノ後ハ龍雲軒源英公ト号ス。父ハ水戸故中納言源威公ナリ、即嫡子ナリ、源威公ハ東照大権現ノ季子ナリ和尚ノ徳風ヲ聞テ、観興寺増弁ヲ使トメ告玉ハク、善通寺ハ辺土ナリ、願クハ弊邑ニ来テ法華ヲ講シ玉ハヽ、予亦聴聞スベシ、利益モ亦多カラン。和尚敬諾シテ曰ク、此地法華竟ラバ必ス高松ニモ行テ化導アルベキノ由ヲ約メ増弁ヲ帰シ玉ヘリ。

此約ニ依テ、九月九日法華講満メ後、観音寺ニ至テ説法シ、次ニ塩飽牛嶋ノ長徳院ニ至テ五三日説法、商船等ガ為ニ随求陀羅尼経ヲ講シ、勧メテ経ヲ梓行セシメ(テ)イ船中ノ守リトナサシメ玉フ。其ヨリ高松ニ渡テ、網干屋是性即心俗名四郎兵衛ガ宅蔵六庵今法住庵ト号ノ大護寺霊雲寺ノ末菴ナリニ寄宿シ、即心ガ父母ノ追福ノ為ニ理趣経ノ千部ヲ誦ス。次ニ屋嶋寺ニ赴テ即身義ヲ講シ八栗寺三朶峰ニ登ル。蓋シ、大師求聞持ノ旧蹟ナレバナリ。次ニ酒田ノ観興寺ニ移ル。観興寺ハ観賢僧正ノ誕生ノ地ナリ。諸衆ノ競望ニ依テ、石清尾ノ阿弥陀院ニ於テ、十月廿一日ヨリ、三教指帰ヲ講シ、極月四日ニ終ル。一日モ休暇ナシ。源英公頼重讃岐守殿頼常連枝方、皆聴聞ニ出玉ヘリ。十一月ニ西願寺ニ寄宿シ、極月ノ末、林氏ガ別業ニ移リテ越年ナリ。

同七年己未四十一歳正月、即身義ヲ講ス。同十日初テ源英公ニ相見、甚御信仰ナリ。

二月ヨリ聴徳庵ニ於テ梵網古迹ヲ講ス。源英公幷ニ息女清涼院讃誉智相大姉〔傍註・有馬玄蕃頭北方ナリ〕、日日聴聞ニ出タマヘリ。

三月、庵地ヲ給テ現證庵ヲ建ツ国中ノ真言宗ノ僧衆営之本尊ハ金輪仏頂ナリ。

同四月、鬼住ニ帰テ老母ヲ省観シ、又高松ニ赴ク。往来倶ニ源英公ヨリ大船ヲ以テ送迎シ玉ヘリ。同五月観音寺ニ赴テ廿一日ヨリ秘蔵宝鑰ヲ講ス。七月豫州宇麻郡ニ往キ七月末ニ現證庵ニ帰テ秘鍵及ヒ理趣経ヲ講ス。九月ニ鬼住ニ帰ル。

同冬、高安郡教興寺ヲ尊学律師ヨリ受テ再興ノ志ヲ起シ、冬一月教興寺ニ居ス。

同八年庚申四十二歳二月、当寺ニ於テ灌頂ヲ行ス。二日ニ蓮体、希勤、許可ヲ受、同十三日伝法阿闍梨位ヲ受ク。学法灌頂ヲ受ル者十五人、許可八人、結縁灌頂入壇者五百餘人。

同三月十六日、讃州高松ニ赴テ、四月十五日ヨリ聴徳庵ニ於テ法華ヲ講ス。僧衆三百餘人。

龍雲軒源英公ノ需ニ依テ、法華秘略要妙十二巻、念珠略詮一巻ヲ撰ス。元禄三年再治メ梓行セリ。同五月八日、厳有院殿御他界ニ依テ、五月十四日ヨリ講止テ、次ヲ八朔ヨリ講シ十月晦日満講シ玉ヘリ。源英公篤ク密法ヲ信メ種ミノ印明ヲ伝授シ玉ヘリ。

今年冬西方ニ彗星出ツ。次年ハ辛酉ノ年ナリ。支幹共ニ金ニメ納音ハ木ナリ。支幹ハ父母ナリ、納音ハ子ナリ、父母ヨリ子ヲ尅ス。天地ハ父母ナリ百穀草木ハ子ナリ。故ニ五穀不熟ノ年ナリ。又大人ニ祟リアルベキ年ナリ。故ニ予メ欃槍《ホフキボシ》出テ、其兆アリ。昔シ醍醐天皇延喜元年ハ辛酉ナルニ依テ、文章博士或(イ本に「或」字なし)三善清行《ミヨシキヨツラ》兼テ菅丞相ニ白シケルハ、辛酉ノ年ハ天地命ヲ改ムル凶年ニテ候ノ間御謹ミアルベシト言ヒシニ、果メ左遷ニ逢玉ヘリ。又白河院永保元年辛酉ナルニ因テ、大江ノ匡房《マサフサ》卿奏メ曰ク、当年ハ凶年ニテ候間御祈禱ニ金門鳥敏ノ法ヲ行ハルベシトアリケレバ即チ真言ノ阿闍梨ニ勅シ玉フニ此法ヲ知ル人ナシ。安祥寺ノ厳覚律師独リ是ヲ知テ五大虚空蔵ノ法ヲ修セラレタリ。然レバ明年ハ五穀不熟ニメ又大人ニ災難アルベシト和尚語リ玉フニ依テ、源英公是ヲ聞テ、国中ノ十郡ノ十箇寺ニ課セテ和尚ニ随テ伝授セシメ、並ニ五大虚空蔵尊像十幢ヲ十箇寺ニ寄附シ正五九月ニ五大虚空蔵求富貴法ヲ修行セシメ、已後毎年恒規トメ修セシムルカ故ニ百穀豊ニ登テ民庶大ニ歓抃ス。金門鳥敏トハ辛酉年ト

云事ナリ。果ノ辛酉五月越後中将殿改易ナリ 十二月延命寺ニ帰ル。

同九年辛酉改元天和四十三歳正月一七日之間、金門鳥敏法ヲ修ス。大壇和上 護摩壇蓮体 伴僧八口アリ。是天下泰平百穀豊登ノ祈禱ナリ。即チ長日ニ修セラレ(ル)イ。当寺ハ御朱印地ニモアラズ、勅願寺ノ旧跡ニモアラザレド、国家ノ恩ヲ報ゼン為ニ毎年正月(正月ニ)イ一七日ノ間修法メ祈禱シ、今年ハ長日ノ護摩ヲ修行シ玉フ〔コト〕、ヲコガマシク思フ人モアリケレド、又智アル人ハ曰ク、イヤ〳〵此人ハ後ニハ必ズ天下ノ護持(僧)イトモナルベキ人ナリトイヘリ。果メ元禄四年霊雲寺ヲ賜テ天下ノ祈願所トナレル事、実ニ陰徳アレバ陽徳(陽報)イアルニアラズヤ。

同正月廿一日ヨリ、摂州東成郡大今里村妙(杉)イ法寺ニ於テ即身義ヲ講シ二月八日ニ終ル。

同三月朔日ヨリ当寺ニ於テ灌頂ヲ行ス。受明灌頂ヲ受者四十二人、伝法阿闍梨位ヲ受者二十一人性寂普光龍璠恒進懐義性瑩等授許可者二十六人。

同四月朔日ヨリ理趣経純秘鈔ヲ講ス。

同五月七日ヨリ摂州西成郡天満寺宝珠寺(院)イニ於テ秘蔵宝鑰ヲ講ス。聴衆僧三百餘人。

同五月十七日、弟子希勤寂ス。此人深信ニメ勇猛ニ修行シテ頗ル悉地ニ近ヅキヌ。然ニ早世ノ間、和尚哀慟メ墓誌ヲ撰ジ玉フ。其詞ニ曰ク、

阿闍梨希勤墓誌

金剛乗阿闍梨希勤《ハ》河州丹北郡《ノ》一屋里《ノ》人也、後光明院御《シロシメス》レ世《ヲ》之時、慶安庚寅三月十八日生《ル》、年将《ニ》二弱冠一《ナラント》、霄(宵)イ夢《ニ》有レ人来《テ》授《ク》二観自在《ノ》神呪一《ヲ》、覚後誦《テ》為《ニ》二日課一《ト》、後為レ治《ニ》生《スルカ》産《ヲ》一、赴《テ》二肥之長崎一《ニ》事《フ》三醸《カモスル》レ酒家二《ニ》、主人熟《ツラ〳〵》視《テ》之曰《ク》、吁子居《ヲソノ》家《ニシテハ》而則当《ニ》二大富貴一《ナル》、出家《シテ》而徳行無《シ》レ偶《タグヒ》、又教《フルニ》レ子一《ニ》以《テス》レ当《ニ》レ如《カ》レ彼也、遂帰《テ》二故里一《ニ》為《ニ》レ父醸《ス》レ酒《ヲ》、其酒醇美《ニシテ》家稍豊饒《ナリ》、雖レ然《リト》志欣《シテ》二出塵一《ヲ》礼誦靡《シ》レ懈《ルコト》、延宝四年丙辰二月、就《テ》レ予《ニ》出家《ス》、時年二十七、即随《テ》レ予之《ニ》二洛西般若道場一《ニ》而修念《ス》之、夏予移《テ》二泉州高山寺一《ニ》受《ス》具焉、勤又従《フ》之、秋歴《テ》二北陸東海一《ヲ》巡《リ》二拝善光寺等諸名刹一《ヲ》、冬帰《ル》二河州一《ニ》、十一月七日、（イ本に「就予」と「稟学法灌頂」の間に「稟ニク菩薩大戒一ヲ、五年丁巳二月初朔、入ニテ金剛界大曼荼羅一」の句あり）就《テ》レ予《ニ》稟《ルニ》二学法灌頂一《ヲ》、得《タリ》二金剛波羅蜜一《ヲ》、予是知《ヌ》、此子已後菩薩(提)イ心堅固《ニメ》不《ト云コトヲ》二敢傾動一《セ》、三月予赴《ク》二播州国分寺幷報恩寺一《ニ》、

勤又随之聴レ講ニ梵網古迹並普門品疏一、秋七月予之ニ泉州一講ニ梵網一、勤又預レ席、冬十一月、将レ行ニ一尊供養法一、念ニ誦十一面観自在真言一、其間或見ニ日輪一、或見ニ満月一、霊瑞居多、予復感レ之、時開ニ示本不生実義一、雖レ無ニ曾聞一稍通ニ其旨一、六年戊午春二月初八、入ニ大悲胎蔵生曼荼羅一受ニ学法灌頂一、前日夢寝之間見ニ上弥陀仏並二大士、儼然在ニ雲中一、後入レ壇果得ニ無量寿仏一、覧者随喜称嘆、夏四月予赴ニ讃州善通寺一講ニ演法華一、勤又随関焉、次入ニ弥壑崛一誦念有レ日、又還聴レ講誦咒莫レ怠、已而発言、我頃聴ニ法華一、其所ニ宗帰一莫レ出ニ諸法如幻一然、則聴レ講即是閑居息レ心即是、不レ如レ就ニ阿蘭若一、是乃就レ予受ニ文殊滅婬欲我慢陀羅尼一、帰ニ河州一入ニ小西見見桃幽居一如法修練凡七七日、夢文殊大士在ニ瑞雲中一而告言、勿見、勿聞、勿念、勿言、勿分別、勿レ住、然後之ニ同州金田里観音寺一、当寺ノ末寺也 誦ニ大仏頂大陀羅尼一昼夜不レ息、凡一百日、其間屏ニ障縁一見ニ霊瑞一不レ可ニ称計一、雖レ然慎不レ語レ他、七年己未春正月、予猶在ニ讃州一移ニ高松城隅一、勤又慕レ化而来、即聴ニ即身成仏義之講一、其中玄理奥義与ニ前修念之中

所ニ曾見聞一宛合ニ符節一、夏四月初五、始念ニ不動明王真言一、五月稟ニ印契儀軌一而行、観ニ於十九布字一、終至ニ[illegible](不)字一、自見挙レ身成ニ一大火聚一、内外通徹、又修念之間、現見ニ所居之処一、変成ニ広大荘厳殿堂一、諸仏都会将レ行ニ灌頂一各充ニ其役一、一人言曰、不動明王応ニ其事一、勤応レ声而答曰諾、又見大自在、共ニ烏摩妃一来欲ニ障碍一、三世明王奮怒赫々、妃曰降三世尊擁ニ衛此人一、我不レ得レ侵、言已而去、時尊授ニ降魔印言一、自後以ニ彼印言一数降ニ障碍一、秋七月受ニ行金剛界大法一、雖レ在ニ寝牀一夢常修法、或夢、五相成身観想成就、證蓮花身、自身全体成ニ金剛蓮花一光明照曜、八月将レ修ニ胎蔵大法一先誦ニ一字仏頂輪王咒一、当レ時予講ニ理趣経幷心経秘鍵一、勤欲レ聴レ之、意レ謂、剋レ時念誦之間、幷聴ニ講演一恐不ニ如法一、遂発レ誓曰、若不レ乖レ法希見ニ一験一、聞法之中明見ニ仏頂輪王、威徳厳粛眷属熾盛一、或主蔵臣現レ形告言、一念一切、一切常住、常住一心、一心堅固、又無能勝明王常現呈レ瑞、如レ此之事不レ遑ニ枚挙一、ム言、此時ノ主蔵神宝告テ曰ク、汝師ハ即チ弘法大師ナリト、如ニ後記一 九月、予帰ニ河州一、勤又随之修ニ胎蔵大法一、無堪忍大護、恒常擁護、冬十二月、

受二行《ス》不動護摩《ヲ》一、八年春、将《ニ》レ修《セント》二金剛界《ノ》大法《ヲ》一、時《ニ》因《テ》レ談《スルニ》二
世事《ヲ》一其《ノ》心散動《メ》不レ易《リ》レ入《リ》レ定、勤較《ヤヤ》苦《ム》之、夢《ニ》有《テ》レ人授《ク》二一《ノ》真
言《ヲ》一誦《スルニ》レ之即《チ》寂《ナリ》、覚《テ》而語《ル》レ予《ニ》、則《チ》持国天《ノ》真言也《ナリ》、予領《メ》而感《ス》レ
之、二月二日、授《ク》二両界許可《ヲ》一、十三日授《ク》二伝法阿闍梨《ノ》職位《ヲ》一、
三月之《ノ》末移《ニル》二教興寺《ニ》一、彼寺荒廃《メ》年久《シ》、故予使《ニ》下修《メ》二多聞天《ノ》
法《ヲ》一祈《ラ》中寺塔檀興《ヲ》上、勤屢覚《メ》下縁薄《フ》二斯天《ノ》一法験《ニ》不《ソコヲ》レ成《セ》、夏季自《ノスエニ》
改修《メテ》二観如意輪尊《ヲ》一、教興之地、東西有《ニ》二農民《ノ》居《ヨリくネウス》一、時喧閙、
不レ利《アラ》二観行《ニ》一、以レ故《テ》九月十有八《ヲ》、移《ス》二居《ヲ》于教興之艮麓一瀑《ノニ》一、
其室不レ足《ニ》二一丈《ニ》一、榻一《ツ》、鑵一《ツ》、常坐不臥、日夕在《ニリ》三三昧地《ニ》一、
或向《ハテ》二海瞟《ニ》一修《シ》二理常在《ノヲ》一、或対《ハメ》二月光《ニ》一悟《ル》二法界心《ヲ》一、九年春正
月、風疾未《タ》レ瘳《イエ》、誤加《テフ》二艾炷《ヲ》一、自来身心不レ快《ナラ》、又稍覚《フ》下一《ノ》
瀑《ノ》幽居猶《モ》有《テ》二往来一、不《ルコト》上離《レ》二擾乱《ヲ》一、於レ是予点《ニ》二斯境《ノヲ》一、構《テ》二息
心庵《ヲ》一以供《テス》二禅誦《ニ》一、夏五月勤疾病《ナリテ》、訪《ニ》二于諸医《ニ》一求《レヒ》三于救療《ヲ》一、
薬餌不レ効《シアラ》、十有七日午時端《ニ》坐而逝《ス》、歳三十有二《シ》、任《テ》二其
遺言《ニ》一、披《セシメ》二著法衣《ヲ》一、面《テ》レ西《ニ》而坐《セシメ》、埋《ス》二葬于茲《ニ》一、嗚呼悲《イカナ》矣
夙債未《タ》レ償《ルカ》乎、厭《ハ》二悪《スルカ》塵紛《ヲ》一乎、忽就《ニク》二松櫝《ニ》一、我不《ヒ》二争奈《ヲ》一、
今不レ任《タヘ》二恋惜之至《ニ》一、且為《ツ》レ勧《メンガ》二後来《ヲ》一略録《ス》二梗槩《ヲ》一、事具《ナリ》二別
伝《ニ》一、故茲《ニ》不レ贅《セ》、冀《クハ》諸学者《ノ》、勿《レ》レ責《コト》二鄙拙《ヲ》一、是非《スルニ》三矜夸《コウ》一、

一在《ラリト》二警策《スルニ》一云、旹《ニ》天和二歳五月十有七日沙門浄厳誌《ス》。

此ノ墓誌ハ一周忌ニ建ラレタリ。又蓮体同ク希勤ト共ニ一尊法両界護摩ヲ修シ同壇ニ阿闍梨ヲ受ク。故ニ希勤カ行状ヲハ委細ニ知レリ。別伝ニ具ナリトアレドモ別伝ハ撰セラレズ。具ニ蓮体カ口碑ニアリ。

六月、越後《ノ》三位中将光長公同《ク》三河守《ノ》四位少将綱国公《ノ》豫州ニ配流是辛酉年ノ祟リナリ。

七月四日高野山南院良意僧都遷化ニ依テ、和尚登山シ玉ヒテ焼香追福シ玉ヘリ。

同九月朔日ヨリ、悉曇字記ヲ講シ、并ニ三密鈔八巻ヲ撰メ梓行セラル。

同十月朔日改元アッテ天和ト云。十月八日ヨリ浪華ノ東小橋村興徳寺ニ於テ秘鍵ヲ講シ、津村新坊御霊宮ニ於テ光明真言経ヲ講ス。

同十一月十五日ヨリ当寺ニ於テ灌頂ヲ行ス。受者二十餘人、結縁衆若干人。

天和二年壬戌四十四歳 正月元日ヨリ八《(人)イ》日ニ至ルマテ大元帥金剛秘法ヲ修行セラル。大壇和上 護摩壇蓮体 アリ。此モ天

下泰平ノ祈禱ナリ。

同二月五日ヨリ、摂州大坂邑小橋興徳寺ニ於テ大日経住心品疏ヲ講ス。聴衆僧三百餘人、此偏ニ良意僧都一周忌追福ノ為ナリ。

六月廿六日悲母安壑妙忍逝去〈八十一歳〉

八月廿二日南都西大寺ノ衆分トナル。大衆大ニ悦テ皆香衣ヲ許可ス。然故ハ、教興寺ハ聖徳太子ノ開基仏法最初ノ寺ナルニ、中比衰微セルヲ、興正菩薩中興シ玉ヒテ後四百五十年、天正已来大ニ荒廃セルヲ、和上再興ノ志ヲ起シ玉フカ故ニ、西大寺ノ大衆悦テ興正菩薩ノ再来ナランカト云テ皆香衣ヲ贈レルナリ。且又元禄四年三月廿二日初テ大樹幕下ニ謁シ八月廿二日湯嶋ノ地ヲ賜テ霊雲寺ヲ建ツ。同元禄十四年八月廿二日西大寺愛染明王ヲ模写メ像ヲ刻ム〈石野八兵衛施主〉ノ次《テ》尊像ノ身中ヨリ、興正菩薩御自筆ノ瑜祇経幷ニ宝治元年八月十八日ヨリ廿五日マテ開眼供養シ玉フノ願文並ニ仏舎利等出タリ〈蓮体此ヲ取出セリ〉古今彼此同日ナルコ奇ナラスヤ。仏工運長彫刻メ十五年六月廿八日ニ下著シ玉フ。廿七日和尚遷化ニ依テ閏八月十八日ヨリ

廿五日ニ至マテ(至テ)イ慧光開眼供養ス。慧光初メ大染寺ニ住持ス。彼此符契ヲ合セタルカ如シ。興正菩薩ハ八月廿五日ニ遷化シ玉フ。今、西大寺ノ光明真言会、八月十八日ヨリ廿五日ニ至ルマテ昼夜不断ニ修行ス。廿二日ハ鬼宿ナルニ依テ愛染明王毎年開帳ナリ。〈尊像ノ体中ヨリ出テシ願文ニハ八月十八日ヨリ廿五日ニ至ルマテ昼夜不断ニ行法ノ開帳(眼)イ供養ストアリ。是ハ興正菩薩四十六歳ノ御時ナリ。後ニ光明真言会ヲ始テ六道ノ含識ニ回向シ玉ヒシハ九月上旬ナリ。然ニ菩薩遷化廿五日ナルニ依テ、後ニ十八日ヨリ廿五日マテ不断ニ修法スルコ菩薩ノ愛染明王ヲ開眼供養シ玉ヘル日ニ同セリ。況ヤ蓮体教興寺ニ住メ偶此尊像ヲ模写ノ時ニ当テ東都ニ来リ八月廿二日偶然トメ体中ノ旧記ヲ取出スコ中ノ大奇(寄中)イナリ〉又廿二日ハ聖徳太子ノ御諱日ナリ。或人ノ曰ク、只今ノ　大樹殿下ハ聖徳太子ノ再来ナラントイヘリ。〈或人曰ク、御母堂従一位桂昌院殿藤原ノ宗子御懐胎ノ時、胎中ニメ言語《モノノ玉》フアリ。宗子驚テ護国寺開山ニ問玉フニ、昔シ聖徳太子胎中ニメ語リ玉フ音外ニ聞ユルコアリ。御懐胎ノ御子ハ聖人ナルベシト。宗子悦ヒ玉ヒテ、今大将軍ハ必ス聖徳太子ノ再来ナラントノ玉ヘリトカヤ。果メ古今無双ノ名将トメ慈悲深ク、神社仏閣ヲ興隆シ、国豊ニ民安シ、又、易経ヲ講メ諸臣ニ聞シメ玉フ事前代未聞ノ事ナリ。法隆寺ノ宝物ヲ拝シ玉フモ(玉ヒシモ)イ我和尚ノ口入ニ依テ羽侯拝シ玉ヒ随喜ノ餘リ又上覧ニモ入玉フナリ。彼是不思議ナラスヤ〉

同八月下旬讃州高松ニ下テ聴徳庵ニ於テ大日経住心品疏ヲ講ス。僧衆三百餘人ナリ。

同三年癸亥〈四十五歳〉正月廿一日ヨリ、聴徳庵ニ於テ結縁灌頂ヲ修行ス。〔傍註・建《ツ》ニ両壇《ヲ》〕胎蔵小壇和尚、金剛(界)イ小壇蓮体

勤《ム》レ之《ヲ》伝法灌頂ノ者八人、廿八日慧光受伝法阿闍梨位。許可一人、学法灌頂ノ者六人、結縁入壇ノ者七千餘人。其ノ中ニ不思議ノ利益三条アリ。

伊豫ノ国何ガシノ郡トカヤニ一人ノ信士アリ、故リニ来テ灌頂ヲ受タリ。同年三月ニ朋友十餘人伴ナヒテ伊勢大神宮ニ参詣ノ為ニ難波ノ津マテ至リテ、彼者俄ニ発病セシカバ、二リノ看病人ヲトドメヲキ餘ノ人〻ハ参宮シテケリ。二人ノモノドモ種〻ニ看病ストイヘドモ終ニ平癒セズ四日アリテ死シヌ。二人ノ者悲泣ノ涙ヲ抑ヘテ沐浴ナドサセテ未ダ葬送セズ、伴ナヒシ人々ニモ空シキ骸骨ナリトモ見セバヤト入棺シナガラ宿ニヲキテ友ヲ待ニ、三日ヲ過テ参詣(宮)イノ人〻帰リヌ。サテ病人ハ如何ト問ニ、ハヤ三日已前ニ死シヌ、シカレドモ尚殯送セズト云ニ、人〻涙ニ咽《ムセ》ビツ、サラバ一目見ントテ棺ヲ開キテ見ルニ、面貌猶活ル如シ。暫クアリテ気息出ヌ。コハ甦《ヨミガヘ》リタルニヤト、言ヲカクルニ応ヘテ、倶ニ涙ヲ流シケリ。棺ヨリ出シテ衣服ヲカヘテ薬物ヲ飲セケレバ平生ニ殊ナラズ。サテ涙ヲ流メ語テ曰ク、不思議ヤ我死メ冥途ニ趣クニ曠野ヲ行カ如シ。処〻ニ刀山、釼樹林、大火坑、寒氷地獄等アリ、号叫ノ声四方ニヒヾキテヲソロシト云ハカリナシ。忽ニ一ノ城ニ到ルニ奉行所ト覚シキ処アリ、冥官衆列座セリ。其中ノ一人我ニ問テ曰ク、汝在生(ママ)ニ何等ノ功徳ヲカナセルト。我跪テ答テ曰ク、僕人間ニ在シ時、何ノ善根功徳ヲモ作ルヿ候ハス。唯此ノ春ノ初、讃州高松ニ結縁灌頂ノ候シ間、有ガタク貴ク覚ヘテ殊更ニ往テ灌頂ヲ受テ候。此外徴少ノ福ヲモナセルヿ侍ラズト云ニ、冥官讃メ曰ク、善哉善哉汝能ク如来内証ノ境界ニ入レリ、永ク悪趣ノ苦ヲ離ルヘシ、今汝カ為ニ寿命ヲ増長セシム、人間ニ帰リナバ弥真言ヲ持誦スベシト。我歓喜踊《ユ》躍《ヤク》シテ初ノ路ヲ帰ルニ、路ノ辺リニ一ノ大池アリ、中ヨリ十歳ハカリナル童子出タリ。ヨク〱見レバ我一年先ニ失シ子ナリ。涙ヲ流シテ如何ト問ヘバ、童子父ニ向テ曰ク、我ハ此池ノ底ニ住ス、平生無量ノ苦シミアリ、其事具ニ陳ガタシ。今タマ〱暫時ノ暇ヲ得ルカ故ニ此事ヲシラセ奉ランタメニ来レリ。父ハ是ヨリ還リ玉フベシ、我ハ何ノ時ニカ又人間ニ出ン、アラ悲ヤト父ニ抱キ付テサメ〳〵ト泣シカバ、我モ絶入バカリ悲シカリケレドセンカタナシ。トカクスル内ニ池ノ中ヨリ早ク帰リ来レト呼声シテ童子ハ即チ池ノ底ニ入リヌ。時ニ我漸ク歩ミ行ニ前ヨリ火車ヲ引来ル、其声雷ノ如シ、若干ノ牛頭、馬頭ノ獄卒前後ニ囲繞セリ。其中ヨリ高声ニ呼テ曰ク、我ハ何甲ト云モノナリ、平生奸曲ニシテ、百姓ヲカスメシニ依テ今地獄ニ堕ヌ。帰リ玉ハ、我子ニ此事ヲ告テ追善ヲ修セシメ玉ヘト、言未タ終ラザルニ火車ハ早ク行過ヌ。ヨク〳〵思ヒ合スレバ我村ノ庄屋ナリケリ。哀ニ思ヒツヽ帰ルトセシニ甦レリト涙ヲ流シテ語ル。聞人、不思議ノ思ヲナサズト云ヿナシ。死シテ既ニ三日ト云ニ、蘇生スルヿ希有ノ事ナリ。薬ナド用テ気力本ノ如ク成シカバ本国ヘ帰リテ冥途ノ事ドモ語リ、彼ノ庄屋カ事ヲ尋ヌルニ少シ病テ已ニ死セリト云。其日ヲ考レバ我ガ冥路ニアリシ日ト差フヿナシ。此事ヲ其子ニ告テ、追善ヲ修セシメ其身モイヨ〳〵信心ヲ生メ善人トナレリ。

又同年讃州志渡ノ浦ニ一人ノ漁父アリ。平生漁シテ活命シヌ。タマ〳〵城下ニ灌頂アリト聞テ宿善ヤ催シケン、来リテ入壇セリ。此者其年ノ七月ニ傷寒ヲ病テ死シ（死シメ）イヌ。猶身ノ内煖ナル所アリケレバ親族是ヲ殯殮セズ二日ヲ経タリ。後ニ甦生シテ曰ク、我閻魔ノ庁ニ至ル（至ルニ）イ。冥官衆居多ニシテ威儀厳粛ナリ。即チ我ヲ責テ曰ク、汝存生ノ時スベテ善根アルヿナシ、但殺生ヲ業トス、其罪甚重シ、地獄ノ苦ヲ免ルベカラズト。時ニ我身毛竪テフルヒワナヽキ、願クハ大慈悲ヲ以テ免シタマヘ（免シメ玉ヘ）イト哀ミヲ乞時ニ一人ノ言ク、汝存生ニ少分ノ善根モナシヤト、我答テ曰ク、何ノ善根モ覚ヘ候ハス、只此春高松ノ城下ニ結縁灌頂ノ候ヒシ間、入壇結縁セシヨリ外ニ微少（微少ノ）イ善根モ覚ヘ侍ラスト。其時ニ冥官、倶生神ノ記録ヲ考ルニ此事アリ。爰ニ炎魔大王ト覚シキ人、我ニ告テ曰ク、汝甚深微妙ノ教法ニ逢ヘリ。汝ハ是真仏子ナリ、早ク人間ニ帰リテ猶又功徳ヲ積ベシト。我歓喜メ大路ヲ帰ルト思フニ甦生セリト語ルニ聞人奇特ノ思ヲナセリ。其後ハ信心ヲ起メ念仏シ真言ヲ誦メ善人トナレリ。寔ニ惟ミレバ、昔シ汴州ノ孤女ノ弁弘和上ノ本ニシテ、金剛界大曼荼羅灌頂道場ヲ拝セル力ニテ、地獄ノ苦ミヲ脱メ寿命ヲ延シト。

和漢域殊ニ、古今時異ナレヒ最上乗ノ利益一般ナルモノナリ。

又其比、高松ノ城下ニ或晩年ノ僧、字ハ見性ト云モノアリ。元来、文盲癡頑ナルニ、或人ニ随テ空法ヲ聴受メ僻解メ邪見ニ入レリ。此秘密灌頂ノ事ヲ聞テ嘲リ笑テ曰ク、彼灌頂トヤラン何事ゾヤ、唯名聞利養ヲ貪ルカ故ニ、漫リニ有相ノ法ヲ興行メ無量ノ人ヲ誑惑スト、種々ノ悪言ヲ以テ罵詈誹謗スルコ甚シ。時ニ朋友ドモ強テ此者ヲ勧メテ入壇セシム（天和三年正月廿六日申刻）彼僧意ニ思ハク、内道場ノ事他人ニ見セシメザルハ、定テ知ヌ、嬰児ヲ誑ス底ノ事ナラント、故ニ倍軽慢メ悪言ヲ以テ訇《ヨバハツ》テ言ク、我若シ入壇セバ大日如来ノ肥肚《ホテハラ》ヲ打串ヘシト、軽慢邪見ノ故ニ尿メ盥漱《テウヅ》ヲモセズメ道場ニ入レリ。悪業力ノ故ニ言ノ如ク中胎ニ花落タリ。（蓮体内道場に在テ題名ヲ勤ム故ニ彼投花ニ大日如来遍照金剛ト書ス）彼者、心ニ弥是ヲ軽慢ス。然ルニ道場ノ門ニ入シヨリ心恍惚トメ酒ニ酔ルカ如シ。道場ヲ出テ、後、イヨ〳〵心地アシケレバ、知己ノ家ニ到テ臥セリ。明レバ廿七日ノ朝、夙興《(ツトニ)》テ物ニ狂ヒ、大音声ヲ挙テ立テ舞テ、大日打タミサイナ〳〵ト繰カヘシ〳〵ノ、シリテ止ス。朋友ドモ未曾有ノ珍事カナトテ群リ集テ、コハ何事ゾト問ヘバ、来ル人コトニ唾ハキヌ。又何事ヲモイハズ小便セン〳〵トバカリ言テ餘ノ正語ナシ。サラバ小便セヨトイヘバ又シアヘズ。又人ニ唾シカケテ是カ聴徳庵ナリヤ《(アラ)イ》ケガラハシヤト云。皆人、小便シナガラ手水モツカハズメ灌頂道場ニ入リシ罰ナラントイヘリ。餘リニ物狂ハシケレバ古里ヘ送リケリ。轎子《カゴ》ヲカラメテ《(ケ)イ》舁《カキ》行バ、内ニテ又例ノ如ク高声ニノ、シリヌ。見ルモノ巷ニ彳《タタズ》メリ。カクテ十一日ノ間飲食セス、二月六日ノ朝大音声ニメ、ヤレ深キ坑ニ落入ルハ助ヨ助ヨトヲメキテ終ニ死シヌ。見ル人聞ク人深ク密教ニ信ヲ生ゼズト云コナシ。是邪見ノ故ニ生身ニ地獄ニ堕セルモノナリ。此事ハ予親ヨリ見聞セリ。昔シ子嶋ノ真興ハ法相宗ニテ密教ヲ信ゼズ、密教ヲ破センガ為ニ灌頂ヲ受ントテ《(トシテ)イ》道場ニ入ルニ、香象ヲ踰ル時ニ、執金剛神ノ為ニ蹴倒《ケタヲ》サレテ悶絶シヌ。是ニ依テ罪ヲ悔テ、一生ニ大ニ秘密乗ヲ興隆セント願ヲ発メ子嶋ノ流ノ元祖トナレリ。見性ハ邪見ニメ過ヲ改ムル心モナカリケレバ現身ニ無間獄ニ堕セルモノナリ。然レドモ人ヲメ罪ヲ恐レシメ倍信ヲ生ゼシムルヿ又護法善神ノ所為ニアラズヤ。摂真実経ニ曰ク、一切世間諸《ノ》有情類《ノ》、或有《ハリ》三貪二著《スル》財宝《ニ》一、或有《ハリ》レ貪二著《スル》飲食《ニ》一、或有《ハリ》下貪二著《メ》五欲《ニ》一憎中嫌《スル》三宝《ヲ》上、或有《ハリ》下愛二楽《シ》歌舞《ヲ》一恣《ニメ》レ情《ヲ》遊戯《スル》上、是等《ノ》衆生未《ダ》三曾《テ》見二聞《セ》真実《ノ》妙法《ヲ》一、入《テ》二於邪見外道《ノ》法中《ニ》一、而不レ修二習《セ》諸仏《ノ》梵行《ヲ》一、彼《ノ》諸《ノ》衆生《ハ》広《ク》造《テ》二悪業《ヲ》一、作《ル》二地獄《ノ》因《ヲ》一、一切《ノ》餘法、不レ能《ハ》二救度《スルヿ》一唯有《シテ》二金剛界大曼陀羅無上《ノ》大法《ノミ》一善《ク》能救護《ス》、何《ヲ》以《テノ》故《ニ》、若有《シテ》二衆生一、造《テ》二種々《ノ》罪《ヲ》一当《ニ》レ堕《ス》二地獄餓鬼畜生及《ヒ》八難処《ニ》一、唯有《シテ》二此《ノ》法《ノミ》一、而《モ》能《ク》抜済《ス》、若有《シテ》二衆生一、希二望《センニハ》一切最勝《ノ》安楽《ヲ》一、唯此《ノ》秘密《ノミ》善《ク》能円満《ス》、又曰《フ》現身《ニ》必《ズ》得二広大《ノ》福智《ヲ》一、利二益《スルニ》衆生《ヲ》一無《シ》レ有《コト》二等比一、経《テモ》二万億劫《ヲ》一、不レ入二悪道《ニ》一、遇《テ》二善友《ニ》一、常《ニ》不二退転《セ》一、弥勒《ノ》会《ノ》中《ニメ》得二仏授記《ヲ》一、速《ニ》証二阿耨多羅三藐三菩提《ヲ》一、文又曰《フ》今此《ノ》法《ハ》大慈毗盧遮那如来、但《シノ》為レ利二益《センカ》鈍根人《ヲ》一故《ニ》、大智慧《ノ》海中《ニメ》略二出《シ玉フ》秘密《ノ》法《ヲ》一、文又曰《フ》若有《シテ》二菩薩一、不《メ》レ修《セ》二此法《ヲ》一証《スト》二仏果《ヲ》一者、必《ズ》無《シ》二是《ノ》処《リ》一、是法《ヲバ》名《テ》為《ス》下頓《ニ》証《スル》二菩提《ヲ》一真実《ノ》正路《ト》上、文、貴《タット》イカナ、憑《タノモシ》イカナ、我等此法ニ値偶メ入壇結縁セルヿ、必ス弥勒ノ会ノ中ニメ授記ヲ得ベシ、誰人カ喜バザランヤ。又此経ノ文ニ一切餘法不能救度ト云ハ、顕ノ大小権実ノ教ナリ。顕教ノ救ハザル所ヲ密教ヨク救フ。況ヤ重障根鈍ノ衆生ノ為ニ此法ヲ説玉フトアル時ハ、末世今時ノ人弥タノモシカラスヤ。和尚ノ数十度灌頂道場ヲ開キテ三十万餘人ニ結縁セシメ玉フヿ豈広大ノ利生ナラズヤ。

同三月塩飽嶋正覚院ニ於テ結縁灌頂ヲ行ス。入壇ノ者五千五百餘人ナリ。正覚院ハ聖宝僧正ノ旧跡ナリ。

同四月備前小嶋小串ノ延寿院ノ請ニ赴ク。国中ノ人数万集リテ礼拝セリ。此国ハ大守松平新太郎少将光政公、儒法ヲ用テ大ニ仏法ヲ排シ伽藍ヲ破却シ僧尼ヲ還俗セシムルヿ、三武ノ暴虐ニモ過キ周ノ柴帝宋ノ徽宗皇帝ヨリモ甚シカリケレバ、国民法ヲ慕ヒ僧ヲ敬フコト、大旱ノ雲霓ヲ見ルガ如ク、渇者ノ冷水ヲ飲ニ同シ。故ニ昼夜ヲ分タス羣集セシカバ、国士某甲カ曰ク、三年父ノ道ヲ改メザルヲ孝ト云、光政公逝去ヨリ未ダ三年ヲ過ス、他国ノ高僧来テ国ニ入ル事、善事トハ云ナガラ豈遠慮ナカランヤ、速ニ本国ニ送ルベシトアリケレバ、延寿院甚迷惑メ言ナシ。長州ノ僧超海大光三隅発光寺ノ住持ナリト云モノアリ。和上ニ請メ（請テ）イ曰ク、此ヨリ備後州尾ノ道浦西国寺ニ赴テ摂化シ玉ハンヤト勧ムルニ依テ、即チ鹿嶋ノ治右衛門カ宅ニ信宿シ尋テ西国寺ニ移テ安居シ、薬師経、秘鍵、即身義等ヲ講ス。抑此寺ハ善通寺宥範上人ノ旧蹟ナリ。本尊ノ薬師如来ハ讃州誕生院ヨリ飛テ来リ玉フト言伝ヘタリ。宥範ハ光誉僧正ニ随テ安流ヲ伝授メ、安流ノ聖教多ク西国寺ニアリ。又宥範ハ大疏鈔八十巻ヲ撰述メ伊豆ノ般若院妙浄上人ノ印可ヲ蒙リテ妙印鈔ト号ス和上今年妙印鈔ヲ書写シ玉ヘリ和尚大ニ悦テ折紙口訣等ヲ書写シ又寺僧ニ許可ヲ授ルヿ五十四人、安流ノ事相ヲ伝授シ菩薩戒等ヲ授ケテ化導シ玉ヘリ。

同八月、仁和寺御門主御祝髪ノ儀ヲ賀シ奉ランカ為ニ上洛シテ延命寺ニ帰ル。

貞享元年甲子四十六歳高祖大師八百五十年忌ニ当ルニ依テ（依テ）イ教興寺ニ五間四面ノ祖師堂（祖徳堂）イ（御影堂）イヲ建立メ、大師、聖徳太子ノ二像ヲ安置シ、堂上ノ灌頂ヲ行ス。受明灌頂ノ受者三十三人、許可ヲ授ルヿ十二人、伝法阿闍梨位ヲ受者十八人、結縁入壇ノ者七千三百七十六人ナリ。

同三月廿一日、諸弟子ト倶ニ東寺ニ詣メ八百五十年忌ノ法事ヲ拝シ、仁和寺ニ赴キ、黄檗山ヲ見テ、廿三日ニ教興寺ニ帰ル。

同五月、延命寺ニ移テ安居シ、光明真言観誦要門二巻ヲ撰メ世ニ行フ。

八月朔日泉州泉郡坂本村禅寂寺ニ於テ菩提心論ヲ講ス

八月廿六日天野山金剛寺ノ僧徒ノ請ニ依テ、延命寺ニ於テ秘密経軌ヲ伝授シ始ム。受者四十餘人。

同十月、教興寺地頭伊東信州侯長興、和尚教興寺興隆ノ事ヲ褒メ、寺内ノ地司五斗二升ヲ免除セラル。黒印ハ貞享二年二月二日トアリ。和上江戸ニ於テ請取リ玉フ故ナリ。又子息民部長祐公ノ代ニ至テ、寺ノ後境一千六百餘歩ヲ広ム。元禄七年甲戌五月十七日ニ、三石八升八合ヲ寄附セラル。黒印二通アリ先師忍空ノ曰ク、些少ナリトイヘドモ（𪜈）イ地頭ノ志親切ナレバ、東都ニ赴テ礼謝アルヘシトアリケレバ、是ヲ密教東流ノ兆トシテ十月十三日ニ延命寺ヲ赴テ（起）イ東関ニ赴玉フニ一ノ奇瑞アリ。

十月十三日ノ暁寅ノ刻ニ、宗心喜八ナリ老後剃髪シテ宗心ト云興《オキ》テ見ニ、延命寺如晦庵ノ屋極《ヤネノムネ》ヨリ黄赤色ノ瑞雲三道立テ東ヲ指テ鬖鬉タリ、本ハホソク末ハ大ナリ。宗心思ハク、是大和尚江戸ニ於テ繁昌シ玉ハント瑞相ナラント心中ニ祝ス。然レドモ(𪜈)イ聊尒ニ人ニ語ラズ。又思ク是程ノ奇瑞ヲ人ニ告ゲザランモロ惜ト思テ、十餘日ヲ過テ寺ニ来テ蓮体、慧光等ニ語ル。又予父玄沢ニ語ル、予占ニ曰ク、我師常ニ三密ノ教法ヲ世ニ宣布センヿヲ本誓トセリ。定テ知ヌ、此般興法利生広大ニメ其名ヲ雲ノ上ニアゲ、王公大人ヲ帰敬セシメントノ瑞ナラント。玄沢悦テ書簡ヲ以テ和尚ノ方ヘ申シ遣メ曰ク、宗心カ若年ノ時ニ和尚託メ種〻ノ霊異ヲ示シ玉ヘリ。然ルニ今他人ノ眼ニ見ヘズ宗心一人カ見ルヿ不思議ナリ、和尚興隆法(正法)イノ心光雲トナリテ瑞ヲ示シタマフナラント。和尚且悦且怪テ頌ヲ作テ祝シ玉フ。

山僧憂《テ》レ道《ヲ》不ニ身《ヲ》憂《ヘ》一　鋼鉢棉衣随処《ニ》休《ス》

三密《ノ》瑞光三道永《ク》　一心《ノ》慈沢一天《ニ》周《シ》

武浜風起《テ》情塵暗《ク》　士嶺雪堆《フメ》妄靄浮《ブ》

誰《カン》識《カ》吾生絶《スルコヲ》ニ羈羇《ホタシツナク》ヲ一　市朝閙裏得《タリ》ニ真幽《ヲ》一

依テ如晦庵ヲ改メテ瑞雲庵ト号シ(扁シ)イ笑テ曰ク、道雲ノ願成就スヘシ、是、瑞峰道雲ニアラズヤ。(ト)イ果メ元禄四年八月廿二日ニ宝林山ノ地ヲ賜テ霊雲寺ヲ建金子三百両ヲ賜フ皆是道雲願力ノ果ス所、和尚徳光ノ所為ナリ。

同十一月六日、東都ニ著テ芝三田ノ和泉屋覚心カ宅ニ僑居スルニ、学徒雲ノ如クニ集ル。

江戸ニ吽声ト云僧アリ。和尚ノ飛錫ヲ聞テ往テ拝セント欲スルニ、霜月廿日ノ夜夢ミラク、和尚ヲ拝スルニ即チ弘法大師ナリ、大師カト思テ熟見ニ又即チ和尚ナリ。夢サメテ奇異ノ念ヲナシ、廿一日ノ朝来テ和尚ヲ拝ス。和尚答拝シ玉ヘリ。彼僧大ニ迷惑メ侍者普光ヲ撝《タノン》テ曰ク、我実ニ昨夕夢想ヲ得タリ、故ニ来テ拝スルニ答拝シ玉フヿ勿体ナシ、如何スベキヤト。普光教テ曰ク、三帰真言ヲ授リ玉ハ、拝ヲ受玉フベシ、然ラザレバ何人ニテモ僧ノ拝スルニ必(ニハ)イズ答拝シ玉フト云ケレバ、彼僧悦デ真言ヲ授リテ礼拝ヲ遂ク。其後毎月廿一日ニ礼拝ニ来レリ。当年《ソノカミ》、仁和寺ノ成典僧正ハ大師ノ化身ナルヨシ御夢想アルニ依テ、仁海僧正故ニ往テ拝シ玉ヘリ。近江永源寺ノ寂室禅師モ大師ノ分身ナリトノ御告ヲ蒙リ来テ拝セル僧アリ。古今時異ナレ𪜈礼拝ノ心同轍ナルモノナリ。

沢ヤ喜八ニ託シ玉ヘルヿ分明ナルヲヤ。

同二年乙丑四十七歳春、学徒ノ競望ニ依テ、三田ノ明王院ニ於テ即身義、菩提心論ヲ講ス。

今年春、三宝寺存良房牛込ノ南蔵院ニ於テ法華ヲ講ス。三月廿一日ニ、三宝寺南蔵院、和尚ヲ請メ道俗結縁ノ為ニ三帰五戒等ヲ授ケシム。廿日ノ夜夢ラク(ミラク)イ、人アリ告テ曰ク、明日高野大師来臨シ玉フ、汝等カ幸ナリ、清浄ニ供養スベシト。院主夢覚テ大ニ驚キ迎送等慇懃ナリ。此事後ニ人ニ語ラレタリ。

同四月牛罩ノ僧衆ノ請ニ依テ、多聞院裏ニ移リテ安居ス。息障庵ト号セリ。

同六月朔日ヨリ多聞院ニ於テ十巻書ノ講ヲ始メ年ヲ踰テ満ス。先、即身義、声字義、吽字義、二教論ヲ講ス。僧徒五六百人。受印可者九人、受三帰、五戒、八戒、菩薩戒、受真言印契者数万人、声価藉甚ナリ。

又、南蔵院ノ師、五月廿日ニ遷化ス。百箇日ニ当テ八月廿八日ニ和尚ヲ請ス。和尚常ニ美食ヲ好マズ、斎ニ赴ク時ハ必ス一羹一蔬或ハ両菜ニハ過ス。故ニ南蔵院ニ誠テ曰、必ス調菜アルヿナカレト。院主諾メ去ル。廿七日ノ夜夢ミラク、人アリ告テ曰ク、明日弘法大師来臨シ玉フ、汝何ソ供養疎慢ナルヤ、清浄ニ堂上ヲ掃除スベシト。院主夢覚テ中夜ニ起テ堂上庭前ヲ掃除シ供養甚丁寧ナリ。後ニ、人問ケレハ夢想ノ事ヲ語ラレケリ。

又去ル延宝七年八月、讃州香東郡高松城隅石清尾現證庵ニ於テ、理趣経並ニ秘鍵ヲ講シ玉フ時ニ、弟子希勤、胎蔵ノ加行ニ一字金輪ノ念誦ヲナシ金輪ノ曼荼羅ヲ掛テ本尊トス此曼荼羅ハ今当寺ニアルモノ是ナリ其餘暇ニ理趣経、秘鍵ヲモ聞ク。希勤常ニ私ニ念ハク、我不幸ニメ如来ノ在世ニ逢奉リテ得道スルヿヲ得ズ、セメテハ高祖大師ノ在世ニ生レナバ甚深ノ法ヲ聞テ修行成就スベキニ、哀哉ゝゝ。又念ハク然レトモ(比)イ今幸ニ密教ニ逢テ甚深ノ法ヲ行シ微妙ノ義ヲ聞ク。奇ナルカナ吾師ノ妙弁能ク本不生際ヲ説クヿ、今此ヲ聞時ハ又何ゾ仏在世ニ異ナランヤト。其夜夢ニ金輪曼荼羅ノ中ノ主蔵神宝告テ曰ク、汝師ノ妙弁ヲ怪ムヿナカレ、汝カ師ハ即チ弘法大師ナリト。希勤夢サメテ雀躍歓喜シ涙ヲ流メ蓮体一人ニ語リケレバ、予モ亦和尚幼少ノ時喜八ニ託シ玉フ事共ヲ語リテ、共ニ涙ヲ流シ悦ヒケリ。

同十一月、予浪速《ナニハ》ニ在テ儒書ヲ学ブ。和尚遥ニ書ヲ賜ヒ、忝ク帽子ヲ恩賜シ玉フ、剰ヘ賜《テ》レ詩《ヲ》曰

津城多《シ》二逸游一　唯欠《クナラン》レ接《スルコヲ》二公侯《ニ》一　若得《シハ》二定中味《ノヲ》一
自成《ラン》二閙処幽《ノヲ》一　有《リ》レ労《スルコ》二学而習《テニ》一　無《ソハ》レ績死《スヒロ》　寧休《センヤ》
寥廓《タル》一心帽《ノ》　普籠《クヨ》二法界頭《ノヲ》一

予歓喜ノ餘リ高韻ヲ攀テ蜂腰ヲ綴リ、聊広恩ノ万一ヲ謝シ奉ル。

審居誰共《トニカ》游《ン》　独伴《リフ》管城侯　帰夢暮雲遠《ク》
安禅午院幽《ナリ》　陽春曲難《ノシ》レ和《シ》　雨露恵寧休《ノロセンヤ》
豈料《ニリキヤ》大悲火《ノ》　遥温《ニメントハ》二病衲頭《カヲ》一

不肖ガ和韻書載ルコ片腹痛ケレドモ、和尚大慈ノ深キ事ヲ感メ和シ奉ルコ今ニ忘レガタク、一吟双涙流テ他ノ面ヲ見ス書付侍ルナリ。

同三年丙寅四十八歳春、宝鑰、秘鍵、菩提心論ヲ講ス。僧俗ノ聴衆日日ニ増メ利益逾広大ナリ。

同閏三月七日、穴八幡ノ放生寺ニ於テ庭儀灌頂ヲ行シ、伝法阿闍梨ヲ授《イ》(位)ルコ十六人。授印可者八十二人。結縁灌頂入壇者一万二千百三十二人。

同夏、松平讃岐守頼常公ノ請ニ依テ、彼第宅ニ赴テ大日経住心品ノ疏及ヒ悉曇字記ヲ講ス。

同六月朔日ヨリ、諸衆ノ請ニ依テ秘密経軌ヲ伝授シ始ム。年ヲ踰テ満ス。受者百六十餘人。

同四年丁卯四十九歳諸儀軌伝授畢テ梵網古迹ヲ講ス。菩薩戒ヲ受ル者三千五百餘人。授許可者九十二人。光明真言、臨終大事、血脈等ヲ受ル者七八千人。

今年、牧野備後守、喜多見若狭守、松平大和守、松平隠岐守、松平長門守、本多隠岐守等ニ相見ス。皆和尚ノ徳ヲ慕テ問候殷勤ナリ。

八月ニ和尚下野州日光山ニ参詣シ玉フニ道中無量ノ男女集リテ三帰十念等ヲ受ク。或ハ潔斎、持斎ニテ来レリ。我ニ少ナリトモ御輴子《ノリモノ》ヲ舁シメ玉ヘト請ヒ争フモノ百人ニアマレリ。関東ノ人恭敬渇仰スルコ生身仏ノ如シ。

九月下旬、和尚牛王ヲ発メ河南ニ帰リ玉フ。蓮体、源英公ノ使トメ関東ニ下向ス。駿府ニ於テ和尚ニ逢奉リ、其ヨリ供奉シテ河南高安教興寺ニ帰ル。

当寺開山浄厳大和尚行状記　巻下

蓮体　録

元禄元年戊辰五十歳　教興寺ニアリ。正月元日ヨリ人日ニ至ルマテ大元師(帥)イ金剛秘法二十一座修行メ天下泰平ノ祈禱ヲナシ玉ヘリ。大壇、護摩壇息災増益アリ。尓来毎年如レ是。伴僧ハ初ニ礼文或ハ九方便、次ニ仏眼小咒百遍、次甘露陀羅尼七遍、次ニ心咒、心中心咒各七遍、次ニ結護神咒遍数ヲ限ラス高声ニ念誦ス一座ニ凡ソ一千二三百遍ナリ　一字ノ磬ヨリ一字金輪咒百八遍、次ニ仏眼ノ大咒七遍、次ニ大金剛輪陀羅尼ナリ。後鈴ノ次ニ四智讃或心略或漢語次ニ秘讃ナリ二段ノ。ミナリ

正月廿八日、摂州武庫郡野間村観音寺ニ赴テ観音殿ヲ落慶供養ス。其ヨリ淡州福浦ノ慈眼寺ニ赴テ結縁灌頂ヲ行ス。入壇者一万一千餘人。

次ニ讃州高松ニ赴テ龍雲軒源英公ニ謁ス。次ニ備中河辺ニ赴テ伊東信濃守長興公ニ謁ス。其ヨリ備後尾道浦西国寺ノ請ニ赴ク。高松ヨリ源英公船ニテ送リ玉ヘリ。

三月八日庭儀灌頂ヲ行ス。受者密照阿闍梨、誦経尭意歎徳蓮体、故実者慧光、覚證ナリ。結縁灌頂ヲ授ルヿ五千九百六十九人。

三月下旬、同国鞆浦福禅寺増福院等ニ至テ信宿シ、寺僧等ニ菩薩戒ヲ授ケ、四月初ニ河南ニ帰ル。

四月五日、教興寺大殿ヲ建六間ニ、十一間半五間四方ノ仏壇　本尊弥勒菩薩ハ、慈光覚智出雲松江松平出羽守殿家老平賀逢殿ノ子ナリ、元禄十三年正月十一(十七日)イ日卒　黄金百二十五両ヲ浄施メ造立セリ。

同十八日ヨリ堺邑十輪院ニ於テ梵網古迹ヲ講ス。聴聞僧衆四百五十人。受菩薩戒者百五十餘人。

六月、安居ヲ教興寺ニ移ス。諸徒ノ為ニ妙極堂教誡一巻ヲ撰メ誡勗《イマシメ》シ、又真言課誦三巻ヲ梓行ス。八月朔日巨

鐘ヲ鋳テ成ル。鴻池妙剛、一切経ヲ寄附ス。秋冬ノ間、諸尊ノ瑜伽ヲ伝授シ光明真言ノ字義ヲ講シテ諸徒ヲ勧奨ス。蓋シ僧衆五十餘人アリ。

十月灌頂ヲ行ス。学法灌頂ヲ受ル者三十五人。授ニ許可ヲ一者三十九人ナリ。十一月十五日、宝盤進具、十二月十三日蓮体受ク二具足戒ヲ一。

今玆知足院神田橋ノ前ニ建ツ。護持院ト号メ仁和寺ノ院家ナリ。威勢無双寺領千五百石（本筑波ノ寺領五百石ナリ。千石ハ新建ノ後ノ加増ナリ）四箇寺ノ上トナリ、後ニ大僧正ニ挙セラレ新義ノ僧録ト成テ色衣ヲ沙汰ス（四ケ寺ニハ根勝（ママ）院ヲ加入） 御祈願所タルニ依テ毎年正月九日ニ御参詣アリ。御自筆ノ額ヲ賜フ。

同二年己巳（五十一歳）正月、大元帥ノ法如レ例。正月廿一日、教興寺ヲ発メ東都ニ赴ク。閏正月十九日著府。谷中多宝院ノ請ニ依テ、二月二日ヨリ天台四教集解ヲ講ス。聴衆僧八百八十餘人。九月、授ニ許可一者七十二人。今年、妙経新註ヲ増補メ且ツ冠註ヲナシ梓行ス。

同三年（庚午）イ（五十二歳）正月、大元帥ノ修法如レ例。二月二日ヨリ法華ヲ講ス。新板ノ冠註ニ依ル。聴衆僧一千二百餘人。前後百二十五席ニメ終。

四月六日、越前瀧谷寺ノ先住慶範ニ許可ヲ授ク。後ニ受具メ柳沢公ノ第宅ニ智宝庵（後ニ福勝院ト号ス）ヲ構テ請シ住セシメ大樹殿下ニ謁シ御祈禱ヲ勤修ス（元禄十二年極月九日卒）

柳沢出羽守保明公（時ニ一万石ナリ。元禄十四年十一月廿六日ニ松平氏ヲ賜ヒ、御諱ヲ賜ヒ、松平美濃守吉保ト号ス、子息伊勢守吉利） 和尚ノ徳ヲ慕テ相見センヿヲ望ム。鵜川助太夫ト云人アリ。羽侯ノ宅ニ在テ大樹殿下ノ幸士ナリ。故在テ来テ和上ヲ拝。羽侯《(ス)イ》神田橋ノ内ノ第宅ニ野干アリ。本ヨリ古キ稲荷ノ社アリ。羽侯ノ銀鹿（杖履執ナリ） ニ著テ種々ノ事ヲロバシリテ曰ク、助太夫ノ甚無礼ナリ、我前ヲ過ルニ下馬セズ、我ハ彼ヲ擁護スルニ彼礼ヲシラズト云、又曰ク、我ニ上品ノ帛二疋賜ハレ、重テハ著ジト云。奥方、紅絹《モミ》素絹《ハブタヘ》各一疋ヲ賜フ。彼者腰ニ巻テ悦フ。又請テ曰ク、我ニ社ヲ建テ賜ハラハ、又重テ好ミ事ヲイハジト。即チ社ヲ立ルニ彼ノ者戦々《フルイ〳〵》トメ行キ、社ノ内ヲノゾキ見テ、其後病痊《イエ》ヌ。又十餘日ヲ過テ僕ニ著テ種々ノ事ヲロバシリ、社甚麁相ニシテ板ニ節穴アリ、足入テ住シカタシ、作リ改メテ給ハレト云。羽侯、和尚ヲ請メ此野干ヲ退ケシム。和上、大元帥ノ三昧ニ住メ行テ、右ニ剣ヲ持シ大元帥ノ真言ヲ誦シ、且ツ大ニ呵メ曰ク、汝先ニ云ズヤ絹ヲ拝領シ社ヲ建テ給ラバ又好ミコトヲ云ジト。然ニ今又種ミノ事ヲ云、甚奇怪ナリ。向後ハ此宅地ニ住セシメジ早ク出去レトテ、即チ社ヲ破壊《コボチ》捨ツ。彼ノ者走リ出テ、、我部屋ヲ見ルニ大般若ノ札アリテ入コトヲ得ズ、木ノ上ニ登リテアリ。家臣、和上ニ問フ、木ノ上ニアラバ恐ラクハ隍《ホリ》ニ落入ランヿヲ如何センヤト。和尚ノ云ク強テ縛メ部屋ニ押入置タマヘト。即チ堅ク縛メ部屋ニ入テ繋クニ僕熟睡メ野干去リヌ。後ニ覚テ本気トナリシカバ、即チ縄ヲ解ユルシヌ。其後野干害ヲナスヿナシ。羽侯、此奇特ヲ感メ和上ニ相見シ信仰日ニ厚シ。相語道合《ヒテ》スルヿ宛モ高祖ト和気ノ真綱トノ如シ。

十月五日、法華ノ講已ニ満メ河南ニ帰ラントスルニ、羽侯強テ抑留メ霊巌嶋ノ別業ニ於テ庵ヲ構テ請ス。因テ十月六日ニ移住メ瑞雲庵ト号ス。先年、延命寺ノ瑞雲ヲ思ヒ玉フ故ナリ。羽侯、書簡往復頻ミナリ。或ハ瑞雲大道人トアソバサレタリ。

十一月廿四日、王子村金輪寺ニ於テ印可ヲ授ル者十七人。

同四年辛未五十三歳 正月、大元帥修法例ノ如シ。今年ヨリ羽侯ノ内意アルニ依テ、大樹幕下御武運長久天下泰平ノ御祈禱ナリ。

正月十六日(廿六日)イヨリ上野州立石寺ノ請ニ赴ク。道中諸人群集スルヿ幾千万人ト云ヿヲ知ラス。各精進潔斎メ来レリ。少シバカリナリトモ御轎子《ノリモノ》ヲ舁《カカ》シメ玉ヘト争フモノ五六百人、道ノ両方ノ麦田ヲ踏破《フミヤブ》リテ平道トナス。和尚、十念或ハ三帰ヲ授テ帰シ玉ヘトモ千万人路ニ遮ギリテ往来ノ旅人通リエズ。

二月二日ヨリ梵網古迹ヲ講ス。僧衆一千餘人、俗士女群集スルヿ仏ノ出世ノ如シ。日々ニ二三万或ハ五六万人。凡ソ和上一生ノ利益、今年程広大ナルヿナシ。凡ソ三帰ヲ受ルモノ六十六万九千人。光明真言ヲ受ルモノ一万千百三十七人。血脈ヲ受ルモノ一千七百十八人、菩薩戒ヲ受者一千二百三十五人。光明真言ヲ受テ瘧病《オコリ》痊《ワツ》ルモノ四十人。臨終大事ヲ受ルモノ一千七百十九人。

三月朔日ノ夜、立石寺ニ於テ臨終ノ印明ヲ授玉フニ、夜中外ヨリ見レハ寺ノ上ニ一丈五六尺バカリナル円光現ズ。火聚ノ如シ。村民見テ驚テ寺ニ火災アリトテ走リ集ルニ別ノ事ナシ。六七百人一心ニ臨終ノ大事ヲ授カリ、和上甚深ノ口訣ヲ授ケ玉フ時ナリ。是実ニ和上ノ徳光カ、阿字ノ光明カ、衆心ノ信光カ、諸人不思議ノ思ヲナセリ。

時ニ武蔵国間々田ト云所ニ能護寺ト云アリ。本尊ハ虚空蔵菩薩ニメ五間四面宝形造リノ堂ナリ。住持ノ僧良清ハ曾テ高野山ニ住メ和尚ト法友ナリ。今般、和上梵網経ヲ講シ真言ヲ授ケ菩薩戒ヲ受ケシメテ、日々ニ数万人群集スルヲ聞テ大ニ妒心ヲ生メ謗メ曰ク、覚彦ハ大売僧《マイス》ナルソ。真言宗ナトハ戒律ヲバ用ユベカラズ。然ヲ、彼律僧トナリテ専ラ人ニ持斎ヲ勧ルヿ甚以テ非法ナリトテ、種々ニ誹謗メ、自ラ理趣経ヲ講スルニ文義雑乱シテ邪見頗多シ。散日ニ高座ヨリ降テア、ト云テ二三回メグリテ血ヲ吐テ死ヌ《(ス)イ》。後ニ人ノ云シハ、其時ニ当テ虚空蔵堂ノ宝形ノ処ヨリ煙冉々トメ立升ルヲ見ル。諸人驚テ火災ナリト思テ走リ集ルニ、彼煙リ下リテ正面ヨリ堂中ニ入リ、良清法師ガ胸ヲ突《ツク》ト思フニ即チ死セシナリ。諸人驚キ歎テ曰ク、是今大師トテ諸人ノ帰依渇仰スル和尚ヲ誹謗セル現罰ナラントイヘリ。伏メ惟ミレハ密教ヲ弘通スルヿハ如来在世猶多怨嫉トテ外道アッテ仏法ヲ破壊セリ。況ヤ末世ニハ人皆我慢嫉妒ノ心盛ナルヲヤ。彼ノ高祖大師ノ青龍寺ニ於テ授法アリシヲ、玉堂寺ノ僧珍賀妨ヲナセシ時、夢中ニ四天王ノ治罰ヲ蒙リシト。行基菩薩ヲ元興寺ノ智光法師ノ謗ゼラレシハ、閻王召メ呵嘖シ、覚鑁上人ヲ興福寺ノ僧珍也ガ毀リシハ、八幡大菩薩是ヲ誡シメ玉フ。是ハ三人共ニ徳アリシ故ニ命ヲタスケ玉ヘリ。今《(ノ)イ》良清ハ愚痴無徳ニメ邪見放逸ナレバ、現ニ護法神ノ罰ヲ蒙ルナラン。此ヲ以テ推スルニ、理趣経ヲ講スルニ、釈経ノ那羅那里娯楽ノ文、二根交会五塵成大仏事ノ文、設害三界一切有情不堕悪趣ノ文ナドヲ僻解メ、来尒《(卒)イ》邪見ノ説ヲナセルナラン、哀哉、悲哉、未来無間ノ苦患イクバクゾヤ。理趣経ヲ講セン人ハ此等ノ義ヲヨク〳〵明師ニ尋ネ決スベシ。愚解鈔ナドニ大ニ邪見アリ、弁《ワキマヘ》ズンバアルベカラズ。

同三月上板橋ノ安養院ニ於テ菩提心論ヲ講シ畢テ瑞雲庵ニ帰ル。

同三月廿二日、大樹殿下、柳沢出羽守ノ第宅ニ初テ入御（俗ニ御成ト云）鎮宅等皆以テ和尚是ヲ作シ玉ヘリ。時ニ初テ大樹殿下ニ謁見、御前ニ於テ普門品ヲ講ス。其ヨリ入御度〻ナリ。毎年三度、五六度等ナリ。比来入御ノ度ゴトニ必ズ謁見、羽侯ノ繁昌モ此日ヨリ弥盛ナリ。今年弁惑指南四巻ヲ撰メ世ニ行フ。同瑞雲庵ニ於テ印可ヲ授ル者二十四人。

同閏《（ママ）》八月廿二日、湯島ノ地三千五百坪ヲ賜フ。宝林山霊雲寺ト号ス。金三百両ヲ賜テ精舎ヲ建ツ。諸人歓喜メ縄橋《（稿）イ》ヲ施シ土ヲ運ヒ地ヲ築《キツ》クヿ日ニ数百千人、諸人子ノ如クニ来リ集テ不日ニメ寺成、世人驚歎セスト云ヿナシ。

銅鐘及鐘楼ハ牧野備後守成貞公ノ寄附ナリ。和尚即銘ヲ書キ玉ヘリ。

武州豊《ト》嶋《シマノ》郡湯島郷宝林山霊雲寺《ノ》銅鐘《ノ》銘

武都《ノ》北郊《ニ》有㆓一勝地㆒、四野廓落《タリ》、四方之衆、易《ク》㆔来《テ》而投《シ》㆓一丘崛起《ス》、一天之星、可《シ》㆓坐《ナカラニシテ》而算《ヘツ》㆒、菅祠艮《ニ》聳《テ》、神鬼常《ニ》作《ス》㆓擁衛《ヲ》㆒、士峰坤《ニ》峙《ソンテ》、霊祇遥《ニ》為《メニ》鎮護《ス》、東睿天沢後《ニ》聯《テ》、鐘梵互《ニ》和《ス》、都城聖堂前《ニ》屹《タリ》、旭曛相《ヒ》映、実《ニ》武野之甲区者《ナル》也、従四位下柳沢羽州源保明公者《ハ》、幕府之侍臣《ナリ》也、天生篤愨《ニメ》、忠孝是務《ム》、在《ル》㆑公《ニ》之暇、嚮《フ》㆓志《ヲ》真乗《ニ》㆒、常《ニ》歎《スラク》、世季俗《ニ》漓《メ》、奉《スル》㆑仏《ニ》之徒《カラ》、不㆑拘《ラ》㆓戒検《ニ》㆒、以《コノユヘニ》故象教徒《ニ》設《テ》無《コヲ》㆑益、因《テ》啓《メ》㆓幕府《ニ》㆒、望《ミ》㆓請《テ》伽藍之地《ヲ》㆒、以《テ》嘱《ス》㆓貧道《ニ》㆒、遂使《ソメ》今茲仲秋之二十二、大将軍下《メ》㆑旨《ヲ》贈《（賜）イ》㆓許斯《ノ》攸《ヲ》㆒、予乃《チ》夷《ケテ》㆓榛莽《ヲ》㆒、卒《ニ》掫《ム》㆓営構《ヲ》㆒、遐邇競《ヒ》趍《テ》、緇白佐助《ス》、自㆓閏八《ノ》初二㆒始《テ》㆑斧《ヲ》、以《テ》至《ル》㆓孟冬之半《ニ》㆒、土木之績倏爾《トメ》告《ク》㆑成《ヿヲ》、従四位下牧野備後刺史源成貞公者《ハ》時《ノ》之股肱《ナリ》也、覧《テ》而有㆑感《スルヿ》、喜《メ》㆓捨家貲《ヲ》㆒命《メ》㆓于梟氏《ニ》㆒鎔㆓成鉅《シ》鐘《ヲ》㆒、復《タ》令《メ》㆔工匠《ヲメ》締㆓造其楼《セ》㆒、今月《ノ》初四、楼鐘偕《ニ》就《ス》、以《レハ》惟斯《ノ》寺《ノ》之興起《スルヿハ》也者、本是大将軍之賜《ニメ》而二公醇信之所《ロ》㆑致《ス》也、予欲《ス》㆑使《ソト》㆘後生有《ヲ》㆑感《ニ》㆓于茲《ニ》㆒、欽《テ》遵《テ》㆓仏制《ニ》㆒、力《メテ》荷《ヒ》㆓教法《ヲ》㆒、上《ハ》以《テ》禱《リ》㆓台運《ノ》無疆《ヲ》㆒、下《ハ》以《テ》増《サ》㆗士民《ノ》寿福《ヲ》㆖也、乃《チ》為《テ》㆑銘《ヲ》曰《ク》、

城北《ノ》福庭　山号《ス》㆓宝林《ト》㆒　元帥賚《フ》㆑地《ヲ》　実比《ス》㆓布金《ニ》㆒
作夫四《ニ》集《リ》　役工日《ニ》臨《ス》　彌《ニ》歴《テ》七旬《ヲ》㆒　棟宇成《ス》㆑森《ヲ》
牧野備公　作《リ》㆓時《ノ》股肱《ト》㆒　命《メ》㆑工《ニ》為《シム》㆑器《ヲ》　侈《シ》弇《アン》合《カナフ》㆑程《ニ》

架《メ》レ楼突兀《タリ》　効《メ》レ響鏗《ヲカウ》鍧《ハフタリ》　賢聖畢《コト〳〵ク》萃《リ》　龍鬼熟醒《ス》
声《ハ》雖《モ》二本有《ナリト》一　乍《ニ》起《シ》乍《ニ》滅《ス》　迷《テ》二夫《ノ》天真《ニ》一　妄《ニ》作《ス》二分別《ヲ》一
円《シ》レ性《ヲ》融《スレハ》レ相《ヲ》　誰《カ》縛《シ》誰《カ》紲《ツナカン》　法音遍《ク》益《ス》　何《ソ》有《ン》二垠埒《レツ》一
元禄第四歳次辛未季冬十有三日　開山苾芻浄厳欽《テ》誌《ス》
大檀主牧野備後使君源成貞公　冶工田中丹波大掾
重行

同十月十八日ニ霊巌嶋ノ瑞雲庵ヨリ霊雲寺ニ移リ玉フ。同月廿七日ヨリ普門品ヲ講シ、次ニ随行一尊法ヲ伝授ス。

同五年壬申五十四歳正五九月、一七日三時ノ大元帥ノ法ヲ修スルコ常ノ如シ。護摩二壇アリ、永ク恒規トス。

二月二日、般若心経祕鍵ヲ講シ、同十八日ヨリ盂蘭盆経ノ疏新記ヲ講ス。印可ヲ授ク(ル)イコ五十三人護国寺第二世権僧正賢広等受明灌頂ヲ受ル者三十九人。結縁衆百餘人。

今年柳沢羽侯二万石ノ加増ヲ得テ武州河越ノ城主トナル。和尚ト宿契ナルカ(アルカ)イ、和上ニ帰依メヨリ家大ニ昌ナリ。和尚常ニ多聞天ノ法ヲ修メ祈願シ玉フ故ナランカ。

七月、理趣経一千巻読誦メ一切ノ含霊ニ回向ス。毎年永式トス。今年七月、高野山行人、大樹ノ令旨ヲ背ニ依テ本多紀伊守ヲ城使トメ六百廿八人袈裟ヲ脱セラレテ大隅、薩摩、壱岐、天草、隠岐等ニ配流セラル。元禄十三年、護持院大僧正ノ歎ニ依テ免サレテ帰国、而モ帰山ニハアラス。

同六年癸酉五十五歳正月、修法如レ例。十一日ヨリ国家ノ祈禱ノ為ニ大般若経ヲ転読ス。世ニ真読ト云ナリ、真読ノ名目ハ唐ニハナシ、三十餘人ニメ二日ニ読竟ナリ永ク恒規トメ毎年読誦シ玉ヘリ。五月八日ヨリ秘密諸経儀軌ヲ伝授ス。受者二百餘人。〔傍註・一日授二六度経一之次、読下傍生趣、依二残害業一、生〻互相、残害、無二出期一文上悲傷甚。比来常、於二方丈庭一、施二食禽獣一。鳥雀鳩鴿、相馴不レ驚、如二飼鳥然一〕同月廿一日ヨリ悉曇字記ヲ講ス。

九月廿一日ヨリ十月八日ニ至ルマテ結縁灌頂ヲ行ス。入壇ノ者三万九千六百二十三人ナリ。此偏ニ　大将軍御武運長久天下泰平ノ御祈禱ノ為ナリ。故ニ最初ニ一生不犯ノ人ヲ択テ　天照大神、八幡、春日、天子、大樹、桂昌院殿、鶴公主等ノ御為ニ、代テ入壇投花セシム。其投花ヲ幕下ニ献ジ玉ヒケレバ歓喜シ玉ヒテ、即チ霊雲寺ニ預ケ置玉フ。桂昌院殿ヨリ桑染ノ絹若干ヲ賜フ。許可ヲ授ル者百六十七人。受明灌頂ノ者四十二人。伝法灌頂ノ者十四人。

今年三間四面ノ地蔵堂ヲ建ツ。本尊ハ木食空無カ寄附セルナリ。霊験掲焉ナリ。

十月二日武州多麻郡上図師村ニ於テ寺領百石ヲ賜フ。同廿七日御朱印ヲ賜フ。其詞ニ、持戒清浄ニメ永ク国家安泰ノ悃祈ヲ抽《ヌキン》ヅベシトアリ。

同七年甲戌（五十六歳）正月三日、轎子《ノリモノ》ニ乗メ城中ニ入ルヿヲ免《サル》（戸田能登守社(寺社)イ奉行ノ時ナリ）

同五月廿八日、慧光受具足戒。同六月廿九日、関八州真言律宗ノ総本寺ニ挙セラル。依レ之、僧侶ノ衣躰ヲ定ム。霊雲寺住持職ノ者ハ皆香衣、比丘ハ緇泥涅色、沙弥ハ浅黒色、斎戒者ハ深黒色縵衣ナリ。又曾テ晩年出家ノ者ハ座ヲ別ニメ坐セシム。是如来ノ制戒ニハアラザレドモ末法悪世、衣ノ色ヲ以テ僧階ヲ定メ宗派ヲ別《ワカツ》カ故ニ、止ヿヲ得ズメ是ノ如ク定メ玉フ。却テ利益多シ、随方毘尼ナルベシ。

今年猶経軌ヲ伝授シ即身義、六物図等ヲ講ス。冬、蓮体、祥光等ニ安流秘部最秘部小皮子等ヲ授ケ玉フ。受法畢ヌ。今年柳沢出羽守三万石(ノ)イ加増拝領ナリ。

同八年乙亥（五十七歳）正五九月修法如《シ》レ例《ノ》。二月廿八日ヨリ梵網古迹ヲ講ス。四月廿一日南山教誡律儀ヲ講ス。五月十一日征夷大将軍内大臣綱吉公自手《ミツカラテツカラ》大元帥金剛ノ像ヲ画テ霊雲寺ニ寄附セラル。六月一日ヨリ住心品疏ヲ講ス。聴聞僧衆一千八十餘人。九月廿一日ヨリ晦日ニ至ルマテ結縁灌頂ヲ行ス。浅草入交長左衛門浄財ヲ施シテ供具ヲ弁シ幷ニ衆僧ヲ供養シ、二界ノ大日如来ノ形像ヲ造リテ灌頂殿ニ安置ス。入壇者三万四千四百四十二人。受明灌頂ヲ受ル者六十五人。授許可者二人(二十一人)イ。授伝法灌頂者二人。

凡和尚、結縁灌頂ヲ修シ玉フ事数十度、近クハ東寺高野ノ灌頂院、高雄ノ神護寺、法勝寺、尊勝寺、円勝寺、最勝寺等ノ春秋二季（仁明天皇、実慧僧都ニ勅メ始メ玉フ）ノ灌頂ヲ学ビ、遠クハ両部大経秘密儀軌ノ説ニヨル。真言門ニ入ニハ灌頂ヲ初トスルヿヲ説キ、一度入ルモノハ万億劫ヲ経テモ悪趣ニ堕セズト説カ故ニ度〻修シ玉フナリ。且又、入壇ノ者ニ一銭ノ施物ヲモ受ズ。前行一七日ノ間、酒肉五辛ヲ断ゼシメ、並ニ葭苕ヲ喫スルヿヲ禁シ、潔斎清浄ニ〆始ヨリ願テ帳ニ記シテ、外ノ不清浄ノ人ヲ入壇セシメ玉ハザリケリ。サレバ霊験モ多カリケリ。

一僧アリ、入壇〆後道場ヲ出テ外ニ於テ顚仆《テンボク》《タヲルヽ》〆嘔吐ス、肉血交リ出テ、絶入《ゼツジ》セリ。諸人集テ気付ノ神薬ヲ飲シムルニ、暫アツテ気付、懺悔〆曰ク、我肉ヲ食シ酒ヲ飲テ入壇セル罰ナリトテ深ク慚愧セル色ナリ。其嘔吐ノ物ヲ見ルニ皆魚肉ナリトテ《(ケリ)イ》。是寔ニ護法神ノ所為ニテ嘔吐〆自ヲ懺悔セルナラン。

又或大名ノ中小姓分ノ人、入壇ノ志ニテ兼テ帳ニ記シ前行一七日セシニ、其一人急病ニ依テ死ス。其朋友此事ヲ不便ニ念ヒ、彼ノ人ノ名代ニ入壇灌頂〆回向シケレバ、翌日仮寝《ウタヽネ》セル夢ニ、彼ノ死タル武士来テ顔ニ喜悦ノ色アリ、告テ曰ク、公、旧友ノ情《ナサケ》ヲ忘ス我カ為ニ灌頂ヲ授リ玉フ功徳ニ依テ、苦患ヲ免レテ成仏スルモノナリ。今此ニ来ルヿハ其ノ礼謝ノ為ナリトイヘリ。此ノ事正シキ事ナレ𪜈其ノ屋鋪ヲバ記サス。

又元禄六年ノ九月灌頂ノ時ニ、下総ノ国小金領酒稲村《サカイネ》ニ四郎兵衛ト云者アリ。其子十右衛門来テ曰ク、余ガ父四郎兵衛、去ル八月廿三日ニ霊雲寺ニ於テ菩薩戒ヲ受テ歓喜〆、同月廿八日病ナク〆死申候。然ニ此度、余結縁灌頂ヲ受奉ランカ為ニ道ニ出テ、旅宿スルニ、其夜ノ夢ニハ、父四郎兵衛来テ告テ曰ク、我生年六十六歳、八月廿三日ニ菩薩戒ヲ受テ六日護持〆同廿八日ニ死ス。此功徳ニ依テ五百生ノ生死ノ罪ヲ滅シタレ𪜈、此度灌頂ニ逢ベキハズニテ、帳ニ付、札マデ取ナガラ受ズシテ死ス、故ニ浄土ニ往生スルヿアタハズ。汝、我ガ為ニ霊雲寺ニ参リ和尚ヘ此由ヲ申上テ、我名代ニ汝入壇〆灌頂ヲ受ハ、我霊魂汝カ身ニ傍《ソフ》テ灌頂ヲ受テ、必ス浄土ニ往生スベシト、タシカニ告テ候トテ、サメ〴〵ト泣《ナキ》ケレハ、灌頂ノ記録受戒ノ記録ヲ考ヘ見ルニ少モ妄ナラズ。此ニ依テ十右衛門ニ両度入壇セシメタリ。定テ知ヌ、四郎兵衛浄土ニ往生セリト云ヿヲ。受戒ノ者凡ソ一万五千餘人ナラン。戒法ノ功徳大ナリトイヘ𪜈、又秘密醍醐ノ教薬ニハ及バザリケリ。覚鑁上人ノ御釈ニ疑謗ノ逆縁猶勝シリ二権教ノ之戒行ニ一信帰順ノ因何ソ比セン二顕乗ノ之智観ニ一トアルヿ実ナルカナ。

十一月上野国高崎ノ城中大染寺、霊雲寺ノ末寺トナリ慧光ヲ住持トシ天下安全ノ祈禱ヲ修セシム。十一月廿日ヨリ悉曇字記ヲ講ズ。鄔那地鈔草稿成ル。

同九年丙子五十八歳正五九月修法例ノ如シ。二月廿六日、最勝王経如意宝珠品六本ヲ書メ城中ニ安置ス、雷難ヲ除ンガ為ナリ。又、守護ヲ書メ献シ玉フニ、大樹常ニ懐中ニ所持シ玉フ。毎年極月廿七日ニ下賜ヲ(テ)イ加持メ又上奉ルナリ。消除雷電ノ秘法ハ他流ニハナシ。和上春夏秋之間不断ニ此ヲ修メ祈念シ玉ヘリ。

六月廿二日、当寺〔傍註・延命寺〕境内幷ニ山林田畠高四石七斗七升九合ヲ寄附セラル。本多伊豫守忠恒公ノ寄附状アリ。八月十八日、当寺円通殿ヲ建ツ。蓮体修法ス。深達、徳真、祥光等幹スレ事ヲ。

今年十一月十三日ハ檜尾山観心寺実慧僧都ノ八百五十年忌ナルニ依テ、観心寺ノ僧衆大曼荼羅供ヲ修メ広徳ニ酬奉ル。導師ハ真乗院前法務大僧正孝源ナリ。十一月タリトイヘトモ時節不応ノ故ニ三月十三日ニ修セリ。因ニ孝源大僧正、延命寺ニ来リ其ヨリ高野山ニ登テ光台院ニ寄宿シ、奥院諸堂等ヲ巡礼メ天野慈尊院ニ下リ、和州路ヲ経テ仁和寺ニ帰リ玉ヘリ。曼荼羅供ノ表白ハ和上ノ作ナリ。誦経導師ノ表白並ニ諷誦文ハ蓮体草スレ之。

本願実慧贈僧正八百五十回忌舞楽大曼拏(荼)イ羅供表白

敬テ白シテ下 秘密(教主)イ主三世常住浄妙法身摩訶毘盧遮那如来金剛界会三十七尊九会曼荼羅諸尊聖衆大悲胎蔵八葉蓮台十三大院塵刹聖衆殊ニハ奉テレ始メ三弘法大師ヲ一秘密伝燈三国列祖諸大阿闍梨耶総ハメ 密厳華蔵帝網重〻不可説不可説ノ四曼三宝ノ境界ニ上而言ク

夫レ以ミレハ 両部曼荼羅ノ尊儀ハ者

遮那法帝 坐ソ三月殿ニ二而照シレ機ヲ 遍照覚皇 踞ソ三蓮台ニ二

以授クレ薬ヲ 大種姓ノ族ハ 雖モ三頓ニ達ニ悟ストノ 其本源ヲ一 重垢累人ノハ

不レ克ハ三速ニ得ヿ二夫ノ真実ヲ一

是ヲ以テ

叮嚀苦口ニ 開シ三演内証ノ無尽荘厳ヲ一 慈愍懃ニ

宣ス三示自心恒沙ノ固有ヲ一

其《ノ》為《ルヤ》二儀相一也
若《ハ》奮怒若《ハ》歓喜　各握《テ》二幖幟《ヲ》一而森羅《タリ》　或《ハ》仏陀或《ハ》索多
咸《ク》表《シテ》二契印《ヲ》一以《テ》囲繞《セリ》　金剛甲冑　摂《シテ》二群迷《ヲ》一垂《レ》二護持《ヲ》一
珍宝幢旗　利《シテ》二衆生《ヲ》一破《ス》二煩悩《ヲ》一　五股三股之杵《ハ》　彰《シ》二
五部三部之智心《ヲ》一　八輻四輻之輪《ハ》　摧《ク》二八魔四魔之怨
敵《ヲ》一　覧《テ》レ物《ヲ》求《メハ》レ義《ヲ》　得《ヿ》レ意《ヲ》非《ス》レ遙《ナルニ》
恭《ク》惟《レハ》　当寺本願僧正《ハ》者
彰《シテ》二岐嶷《ヲ》于稚歯《ニ》一　遠《ク》踵《ミ》二什公《ノ》之蹤《ヲ》一　播《シテ》二声誉《ヲ》於壮齢《ニ》一
将《ニ》レ継《ント》二龍勝之古《ヲ》一
所以《コノユエニ》
南岳《ノ》門葉　茲《ノ》師独《リ》出《シ》二其《ノ》声《ヲ》一　東城《ノ》密園　此《ノ》人殊《ニ》推《ス》二
厥《ノ》粋《ヲ》一
遂《ソ》使《シテ》、
択《ンデ》二星辰降臨之地《ヲ》一　開《キ》二此《ノ》観心之山《ヲ》一　膺《アタツテ》二師父顧命
之言《ニ》一　主《ル》二彼《ノ》護国之寺《ヲ》一
自《リ》レ爾《シ》已降《タ》
教王《ノ》隆興《ニルヿ》　莫《ク》レ不《ヿ》レ因《ラ》二其《ノ》徳光《ニ》一　宗乗《ノ》久《ク》昌《ナルヿ》　無《シ》レ不《ヿ》被《ラ》二
其《ノ》恩沢《ヲ》一　吾門有《ン》レ意之者　誰《カ》不《ンヤ》レ念《ハ》二其《ノ》功労《ヲ》一

方《ニ》今《マ》
丁《テ》二八百五十之忌景《ニ》一　捨《テ》二末裔随分之資財《ヲ》一　供《シテ》二四
重五部之聖尊《ニ》一　酬《フ》二本願罔極之恩徳《ニ》一　所《レ》設《クル》之物
実《ニ》雖二非微《ナリト》一　所《レ》運《フ》之心　何《ソ》不《ン》二周遍《セ》一
既《ニシテ》而
幡蓋影転《ス》　昊天《ノ》之鑒豈無《ンヤ》　梵唄韻清《キシ》　空谷《ノ》之応可《シ》レ
効　仰《テ》丐《フ》紺頂　俯《シテ》納《レ玉へ》二丹心《ヲ》一
敬《テ》白《ス》

実慧贈僧正八百五十年忌曼荼羅供誦経導師《ノ》表白
敬《テ》白《シテ》下秘密教主三世常住浄妙法身法界体性毘盧遮那如来大悲胎蔵八葉蓮台十三大院塵刹聖衆金剛界会三十七尊九会曼荼羅諸尊聖衆并本尊界会七星如意輪観自在尊四大八大諸大観音蓮華部中諸聖衆等普門示現三十三身二十八部諸眷属等殊《ニハ》奉《テ》レ始《メ》二弘法大師本願僧正《ヲ》一三国伝燈諸大阿闍梨耶総《シテハ》仏眼所照微塵刹土帝網錠光不可説不可説四曼三宝境界《ニ》上而言《ク》
夫《レ》曼荼羅供養《ノ》軌則《ハ》者
法仏法身　自受法楽《ノ》之密儀　上根上智　即身成仏《ノ》之

事業也　妙雲開塔《ノ》之朝《タ》　両部《ノ》法雨初施《テシ》二南天《ニ》一　遍照
帰帆之夕《ヘ》　五智《ノ》覚月普《ク》耀《ク》二東海《ニ》一　玄《ノ》之又玄《ナリ》　一道一
乗《モ》非《ス》二其《ノ》境界《ニ》一　遠《カ》之又遠《ナリ》　三自三大猶《モ》属《ス》二妄覚《ニ》一
是《ヲ》以《テ》
一代《ノ》諸教《ニ》闕《メ》而不レ書《セ》　四依《ノ》衆聖置《モテ》而無《シ》レ論《スルヿ》　儻《タマ〳〵》聴《ハ》二鉢
曇《ヲ》一　必《ス》蒙《リ》二仏神《ノ》之擁護《ヲ》一　纔《ニ》見《レハ》二漫荼《ヲ》一　頓《ニ》集《ム》二僧祇之
福智《ヲ》一
誠《ニ》是《レ》
輪王《ノ》妙薬《ナリ》　薄命《ハ》不レ聞レ名《ヲモ》　法帝《ノ》醍醐《ナリ》　重苦《ハ》不レ能《ハ》レ入《ヿ》
非《ス》二冐地《ノ》之難《ニハ》レ得　逢《フヿ》二此《ノ》法《ニ》一之匪《ルナリ》レ易《カラ》也　諸乗《ト》与《ト》二密
蔵一　誰《カ》同日《ニメ》而論《セン》　耶
伏《メ》惟《ミレハ》　現前大阿闍梨耶前《ノ》法務大僧正
久《ク》関《メ》二禅扉《ヲ》一　四波《ノ》定水泓澄《タリ》　鎮《ニ》坐《メ》二学窓《ニ》一　三密《ノ》慧燈
赫奕《タリ》　深《ク》解《ス》二有相無相《ヲ》一　新義古義(音)イ共《ニ》靡《ク》二道風《ニ》一　広《ク》通《ス》二
顕教密教《ニ》一　自宗他宗同《ク》聞《ケリ》二徳香《ヲ》一
是《ノ》故《ニ》
自レ西自レ東　稟《ルノ》レ法《ヲ》之客成《ス》レ市《ヲ》　或《ハ》遠或《ハ》近　蒙《ルノ》レ化《ヲ》之
人如《シ》レ雲《ノ》　慈二育《ス》群弟《ヲ》一　草堂《ノ》三千厥《ノ》古不レ遙《ナラ》　規二矩《タリ》

諸徒《ニ》一　青龍《ノ》万指厥《ノ》蹤可レ踵《ツ》
加之《ナラス》
為《メ》二仁和大皇《ノ》之師範《ト》一　勤《ム》二今上陛下《ノ》之護持《ヲ》一　在
世《ノ》鷲鷺　却《テシ》可レ接《ス》レ足《ヲ》　中葉龍象　誰《カン》得レ並《ヿヲ》レ肩《ヲ》
此《レ》寔《ニ》
毘盧蔵海之妙翅　瑜伽花薗之金毛《ナリ》　孰《レ》人《カン》不二投帰《セ》一乎
哉
抑此《ノ》伽藍《ハ》者
大師経行之遺跡　小角棲遅之霊区《ナリ》　改《テ》二雲心《ヲ》一号《ス》二観
心《ト》一　障雲自《ラ》巻《テ》心月易《シ》レ観　安《メ》二如意《ヲ》一表《ス》二密意《ヲ》一　法如
速《ニメ》証意輪成《ス》レ密《ヲ》　八百餘霜之勢《ヒ》不《メ》レ朽
一刀三礼之趺《テ》尚鮮《ナリ》　七仏真金之体堅固《ニメ》　三十二相《ノ》之
膚《ヘ》永《ク》細《ナリ》
矧《ヤ》復《タ》
龍猛相承之宝塔　鯨浪飛行之金杵《アリ》　寺額《ハ》是《レ》南嶽之真
蹟《ナリ》　縁起《ハ》又北闕之宸翰《ナリ》　毘首運《シ》レ斧《ヲ》栴檀吐《クハ》レ薫《ヲ》　当山
鎮護之鬼子母《ナリ》也　霊験掲焉《ニメ》　本願之徳弥馨《ク》　神力無
方《ニメ》　高祖之応増新《ナリ》

遂使《ニメ》
八供呈《ス》レ伎《ヲ》　正想《フ》二鵝王《ノ》影向《ヲ》一　九成協《テ》レ律《ニ》　自見《ラル》二鳳
凰《ノ》来儀《ヲ》一　幡蓋飃羅《タリ》　摩尼殿之荘《リ》是庭《ニ》備《ハレリ》　花香馥郁《タリ》
法界宮之粧《ヒ》特地《ニ》明《ナリ》
観《レハ》夫《レ》
天葩発《ク》二満林《ニ》一　開敷覚花溢《ル》レ眼《ニ》　谷鳥遷《ル》二喬木《ニ》一　和
稚《ノ》妙音聳《カス》レ聴《ヲ》　風光法尒《ニ》契当《セリ》　所願速疾《ニ》円満《セン》
方今《ニ》
鳴《ラ》二九乳之華鯨《ヲ》一　驚《シ上ル》二一界之金仙《ヲ》一　震《テ》二三密之法雷《ヲ》一
起《シ下ヘ》二六趣之蟄跂《ヲ》一
伏《メ》乞
外金剛部　護法諸天　各鑒《テ》二丹誠《ヲ》一　共《ニ》垂《レ下ヘ》二玄応《ヲ》一　本
願僧正　行願円満　列座諸徳　各成善願　一天泰平
風雨順時　乃至法界　平等利益　敬《テ》白《ス》
敬《テ》白《スル》請諷誦《ノ》事　三宝衆僧御布施一裹
右
本願贈僧正《ハ》禅林《ノ》威鳳教海《ノ》明珠《ナリ》曩祖称《シ下ヘリ》二大徳《ト》一付《スルニ》以《ス》二真俗
両諦之重任《ヲ》一皇帝頼《下ヘリ》二護持《ヲ》一勅《メ》修《セシム》二春秋二季之灌頂《ヲ》一卜《メ》二禅

居《ヲ》於此峰《ニ》一伝《フ》二秘蔵《ヲ》乎遐代《ニ》一星霜雖《モ》レ旧《タリト》恩光尚新《ナリ》誰人《カ》不《ンヤ》二訓《(酬)イ》
報《セ》一耶因《テ》レ玆《ニ》闔山《ノ》衆僧迎《テ》二八百五十之周忌《ヲ》一啓《ク》二両部曼荼之
供筵《ヲ》一釈《メ》二遮那之経王《ヲ》一扶《ク》二普賢之行願《ヲ》一迺《チ》請《メ》二前《ノ》法務大僧正
孝源大阿闍梨《ヲ》一為《ス》二唱導《ト》一師《ハ》探《テ》二真乗《ノ》秘賾《ヲ》一曾《テ》為《タリ》二東寺之長
者一究《メテ》二広沢《ノ》淵源《ヲ》一殊《ニ》伝《フ》二西院《ノ》之重位《ヲ》一其集《ノ》岁《ヤ》也智虎義龍翼
〻《タリ》其壮観《ヤ》也宝蓋玉幡央〻《タリ》梵唄讃《ス》二聖衆《ヲ》一窃《ニ》疑《フ》二迦陵頻伽之
降《リ》舞《ヤト》一舞楽和《ス》二法曲《ニ》一却《テ》訝《カル》二甄陀羅王之忽《ニ》臻《ルカト》一月氏塔中之秘
儀尚儼然《タリ》兮日域像末之密教寧《ロ》不《ヤ》レ盛耶宝香馚馞《トメ》遠《ク》徹《シ》二阿鼻
之底《ニ》一金磬瀏亮《トメ》高震《フ》二尼吒之頂《ニ》一暘若《シタカヒ》雨若《ヒ》海宴《ク》河清《カラン》　密
雲弥布《メ》沙界普《ク》霑《ハンテ》　仍諷誦所レ修《スル》　如レ件《ノ》敬《テ》白《ス》

教化

四妄ノ霧ヲ褰《カカゲ》テゾ
五智ノ月ヲバ見ルベカリケル
シカラバ
六大無辱ノ空《ソラ》清ク晴《ハレ》テ
七星如意ノ光リイヨ〳〵耀《カカヤ》クベキモノナリケリ
不肖カ表白諷誦ヲ書載ルコト憚リ多ケレド、師弟両人
シテ表白ヲ書コト冥加ニ叶ヘリト思ヒアリガタケレバ、

後人ノ嘲リヲ忘テ記スルモノナリ。

今年授許可十人。

同十年丁丑五十九歳正月廿六日ヨリ二教論ヲ講スルニ依テ通解並ニ娑蘗羅抄草稿成。

閏二月十九日ヨリ三月九日ニ至ルマテ結縁灌頂ヲ行ス。是度〻ノ灌頂ニ種〻ノ利益アルニ依テ、近国ノ信男信女等灌頂講ヲ結ブ。社ニ入モノ十五万餘人ナリ。此ニ依テ三年ニ一度恒規トメ行ジ玉ヘト請ス。三七日ノ間修行ノ役人僧侶ノ交名別ニ記スルカ如シ。時ニ僧俗二百餘人アリ。入壇結縁ノ者八万九千九百六十七人ナリ。灌頂社衆ノ長ハ、唯心房〔傍註・白金町〕 樋口権兵衛〔傍註・小舟町〕 入交長左衛門〔傍註・浅草長嶋屋〕 小宮茂兵衛 中田権兵衛〔傍註・赤阪〕 青山金左衛門 林源兵衛〔傍註・上尾久〕 滑川藤兵衛〔傍註・下総〕等ナリ。後ニ伊藤源五右衛門〔傍註・西ヵ原〕 江川平右衛門〔傍註・尾久村〕 江川善八郎 彦根三郎兵衛等加リ入テ、イヨ〳〵繁茂セリ。

水戸相公ノ儒士森尚謙ト云モノアリ。結縁灌頂ノ利益広大ナルヿヲ賀シ、并ニ和尚即チ高祖大師ナルヿヲ讃メ詩ヲ贈リ、来テ拝謁セリ。

南天ノ鉄塔覚皇城　芥子開テレ扉ヲ此ノ道明ナリ
惆悵ス会昌沙汰ノ濁レルヿヲ　讃歎ス日域法流ノ清キヿヲ
尸羅具足メ証シ二無漏ヲ一　灌頂結縁メ救フ二有情ヲ一
遍照金剛今ニ何ニカ在ル　那伽定ノ裏見ハス二形声ヲ一

七月廿一日ヨリ声字義ヲ講シ九月十七日ヨリ吽字義ヲ講ス。授許可者四十六人。授学法灌頂者二十七人。授伝法阿闍梨位者四人。

今年九月高野山宝性院主〔傍註・唯心法印〕安流ノ奥旨ヲ伝ヘンヿヲ請テ江都ニ逗留センヿヲ奉行所ヘ願ヒ、許サレテ逗留メ伝授セラレタリ。今年、即身義冠註成テ世ニ行フ。

今茲、上野寛永寺瑠璃殿文殊楼二王門等御建立、総奉行ハ柳沢羽公、松平薩摩守殿助力ナリ。

十月廿六日ニ、蓮体ニ教興寺ヲ附セラル。柳沢出羽侯ニ、三万石ノ加増ヲ賜リ少将トナル。

同十一年戊寅六十歳三月七日ヨリ大仏頂首楞厳経ヲ講

ス。僧衆一千餘人。冠註草稿成。九月廿八日ヨリ三密鈔ノ中ノ字義門ヲ講ス。十月十一日ヨリ秘密経軌等ヲ伝授ス。授受明灌頂者二十八人。授許可者九十三人。

同十二年己卯六十一歳 灌頂殿ヲ建ツ。七間ニ九間ニシテ破風作リ彫物二重椽ナリ。皆当代禁制ノ造営ナルヲ聴許ヲ蒙リテ造リ玉フ。近国ノ信男信女、受真言血脈菩薩戒弟子等数百千人、日々ニ集テ営構ス。本尊両部ノ大日ハ入交長左衛門カ寄附セルナリ。同四月二十三日、灌頂殿落慶供養曼荼羅供ヲ修ス。

灌頂殿落慶供養曼荼羅供ノ表白

敬白《ヲ》〇而言《ク》

伏惟《ミレハ》 両部曼荼羅体性者《ハ》
諸仏明覚《ノ》 名曰《ナリテ》ニ実相般若波羅蜜海《ト》一 衆生本心《ノ》 即《ナリチ》
是《レ》妙法蓮華最深秘処《ナリ》 真如一体窺察《ノスルニ》 眼瞖《エ》 心自覚《ラレハナリ》レ
心《ヲ》 権仏二宮聴聞《スルニ》 耳聾《シ》 哀独説《リケハナリ》レ 哀《アヲ》
雖《ト》レ然
当相即道《チナレハ》 則 有《ル》ニ宿習一者纔聞《ハニケハ》 乃知《チル》 即《ヌ》レ事而真《ナレハ》
則 具《セル》ニ深慧《ヲ》一人一《タヒ》 覧黙契《テメフ》

実惟《ユレハ》
乍《ハ》赤宝乍《ハ》碧宝 咸示《クシ》ニ性徳之本円《ヲ》一 云《ニ》金鈴《ト》一云《ニ》 金
輪《ニ》一 倶表《ス》ニ法仏之恒説《ヲ》一
亦夫《レ》
施《シ》ニ妙弁才《ヲ》一賜《フ》ニ長寿命《ヲ》一 礼敬《スレハ》 則游《スノ》ニ泳其徳涯《ニ》一 現《シ》ニ
慈悲面《ノヲ》一彰《ス》ニ忿怒相《ノヲ》一 帰依《スレハ》 則涵《スノ》ニ濡其恩沢《ニ》一
然《レハチ》則
当今一《ハラ》 倚《タノム》ニ三等之加被《ヲ》一
竊聞《ニク》
掃《ヒ》レ氛蠲《ヲノソクコ》レ禍《ヲ》 千古偏《ヘニ》 頼《ル》ニ五相之観修《ニ》一 護《リ》レ国安《スルコヲ》レ 民
性相之尊勝《ナル》 也 九万搏鵬《ノ》 何識《モソン》ニ頂顚《ヲ》一 利済之含弘《ナル》
也 十力大龍《ノ》 独窮《ミリメ玉フ》ニ辺際《ヲ》一
曰《ココニ》 若浄信俗士等
幸値《ニテ》ニ上乗《ニ》一 願《フ》レ集《メント》ニ三密四曼法財《ヲ》一 溥《アマネクテ》 告《ニ》ニ群黎《ニ》一
将《ニ》レ建《ント》ニ三年一回嘉会《ヲ》一
遂乃《ニチ》
一十五万之衆《ノ》 競捨《テシ》ニ留儲《ヲ》一 一千五百之金 以擬《テス》ニ
費用《ニ》一

復思《タハク》

資縁雖三已設《ニタリト》一　殿堂猶未《タ》レ営《マナ》底《ニ》　因《ニヨツテ》開《キ》三大壇《ヲ》一何許《レノトコロ》布《ニ》二

鉅益《ヲ》一　於《テ》レ是戊寅《ノ》季春《ニ》始《ム》レ績《ヲ》　作夫不《メ》レ期《セ》而争《ヒ》臻《ル》　己

卯《ノ》首夏告《ク》レ成《ヲ》　工匠苦《ニ》尽《ス》二其精巧《ヲ》一

然《メ》而

定《ム》三所依《ヲ》于茲寺《ノ》二《ニ》一　雖《モ》レ欣《フト》三数建《マ》二《コヲ》　密壇《ヲ》一　嘱《ス》二能事《ヲ》乎余《カ》

躬《ニ》一　慙《ラクハ》　不《ル》レ《コヲ》当《ラ》レ負《フニ》二重任《ヲ》一

方今《ニ》

二軀《ノ》遮那仏《ハ》　檀越即今傾《テ》レ橐《ヲ》刻彫《ス》　両鋪《ノ》曼荼羅《ハ》　貧

道先《ニ》既《ニ》募《テ》レ縁図画《セリ》　云《ト》二尊容《ト》一云《ト》二宝閣《ト》一　彼此皆咸《ナク》周

円《セリ》　展《ヘ》二供養《ヲ》一展《フ》二法筵《ヲ》一　冥顕必《ス》当《ニ》三解脱《ス》一

切《ニ》冀《クハ》

将来底《チ》哩《リ》于瑟《ウシツ》之仏事　遠《ク》至《リ》二龍華開敷《ノ》之晨《ニ》一　阿《ア》毘《ビ》曬《セイ》

迦《キヤ》之徳香　遍《ク》及《サン》二蝦夷辺鄙《ノ》之属《ニ》一

就《テ》レ中《ニ》

上聖祚久《フメ》　卑《ソ》二亀鶴《ヲ》於猶夭《ヲ》一《セルニ》　大樹運長《メ》　哂《ワラハン》二松柏《ヲ》于

却脆《テキニ》一

重乞《テフ》

三宝興盛《メ》　邁《コエ》二支那身毒之邦《ニ》一　万姓歓娯《メ》　踵《ツカン》二延喜

天暦《ノ》之古《ヘニ》一

乃至

或《ハ》介甲或《ハ》牙角　坐《カラ》受《ケ》二普洽《ノ》之霑《ヲ》一　若《ハ》蠢動若《ハ》飛沈　尽《ク》

蒙《ラン》二等流之施《シヲ》一

敬白《テス》

表白諷誦等皆和尚ノ作ナリ。行列ノ図、僧二十口、十

弟子 勝範・彦龍 如雲・慧空 花籠行《ヒキ》 宝乗 龍淵

惟典　故実者　螺吹　讃　鐃鈸打　珍入　散花師　唄師

慈妙智達紹観亮寂智寂理淵観海観厳如海定心戒琛本浄　執綱

堂達　証空

持幡童　和尚　執蓋

持幡童　勝偏

慧本

真源徳淵了観定衍契源通観真教頼教是心円光智龍諦雲　執綱

故実者　螺吹　讃　智永　鐃鈸打　散花師　唄師

執蓋ノ後ニ灌頂講俗衆十餘人

三月晦日(晦日夜)イ、蓮体性寂二人ヲ召メ、蓮体ニ嘱シ玉ハク、我老衰甚シ、願クハ大樹ニ白メ河南延命寺ニ退隠センコヲ。汝其我ニ代テ住持セヨ。汝若強テ江城ノ紛冗《フンジョウ》ヲ悪マバ、二三年ノ後ハ慧光ニ譲リ与ヘントモ心ニ任スベシト、種ゝ叮嚀ノ遺嘱アリ。蓮体固辞スレモ不レ許、即《チ》受レ命畢《ヌ》。依《テ》レ之《ニ》四月五日、和上蓮体ヲ召具メ羽公ニ謁セシム。五月蓮体河南《ニ》帰《ル》。

授㆓学法灌頂㆒者二十四人。授㆓伝法灌頂㆒者二人。五月秘蔵宝鑰、即身義、菩提心論等ヲ講ス。今玆、比叡山横川ノ禅定院主獅絃、来テ秘密経軌ヲ伝受シ真言ノ奥旨ヲ問。十月、上州高崎大染寺ニ至テ灌頂ヲ修ス。入壇者三万餘人。

同十三年庚辰六十二歳当寺(延命寺)イ地形ヲ引テ平ニ築成シ、食堂衆寮ヲ造リ改ム祥光幹事三月七日ヨリ結縁灌頂ヲ行ス。入壇ノ者一万二千五百餘人ナリ。蓮体祥光修レ之。受㆓学法灌頂㆒者二十五人。同十八日当寺円通殿落慶供養ナリ、蓮体修レ之。

和上、年来大日経疏ノ伝授久ク絶テナキコヲ歎テ、諸徒ノ為ニ伝授センコヲ志シ玉フ。此ニ依テ、宥範妙印抄八十巻、杲宝演奥抄五十六巻ヲ書写シ、其餘ノ抄物ヲ広ク集テ兼テ校讐シ、住心品ノ疏ニハ科文ヲ正シ梵字ヲ加ヘ軽重清濁平上去入等ノ事マテ韻鏡ヲ委メ悉ク改正シ玉ヒ、冠註ヲ加テ講本トシ玉ヘリ。此ニ依テ住心品疏ヲ講シ玉フコ五度ナリ。法ヲ受ル人数千人アリ。中ニモ潮音比丘和上ニ随テ受戒諦雲比丘、金杉千手院、練馬金乗院、下総龍尾寺、世良田総持寺、伊豆般若院、王子金輪寺、大山八大坊、金子西明寺、中丸西光院、板橋安養院等百七十餘人、並ニ蓮体慧光義證等カ願ニ依テ、大疏ヲ伝授シ玉ハントテ、先住心品ノ疏ヲ講ジ玉ヘリ。且ツ演奥抄ヲ梓行センコヲ書林願フニ依テ挍合ヲ始ム。

八月朔日延命寺ノ銅鐘ヲ鋳テ成ル。

九月廿一日ヨリ結縁灌頂ヲ行ス。社衆ト三年一度永規ノ契約アルニ依テナリ。入壇者一万三千七百四十三人ナリ。受《ル》㆓許可《ヲ》㆒者六十一人。十月四日ヨリ大疏具縁品已下伝授ヲ始ム。此年ハ第四巻畢テ止ム。

今年黒田豊前守殿一万石トナル。甚密教ニ信厚メ和尚ト師資ノ契深シ。同十六年正月十一日五千石ノ加増ヲ賜リテ常州下館ノ城主トナル。宝永四年増封一万石合二万五千石。享保八年癸卯三月成寺社奉行。

同十四年辛巳（六十三歳）二月梵網古迹ヲ講ス。五月二十四日ヨリ大疏ヲ伝授シ八月廿四日ニ終ル、都七十八会。同日、後問答ノ印信ヲ授ル者二十三人。

授伝法阿闍梨位一人。授受明灌頂四十二人。今年六月廿五日祥光卒。

松平右京大夫殿ニ一万石ヲ賜フ、侍従トナル。十一月廿六日柳沢公第宅渡御、松平氏並ニ御諱字ヲ賜、松平美濃守吉保、松平伊勢守吉利ナリ。前代未聞ノ栄ナリ。異姓ノ人ニ松平氏ヲ賜フ事、東照大権現岡崎ニ住シ玉フ時ニ久松ノ家ニ（同腹ノ異姓ノ弟ナリ）松平ヲ賜フ、今豫州松山ノ松平是ナリ。慶長十九年ノ冬難波ノ戦ニ、蜂須賀阿波守功アルニ依テ松平氏ヲ賜ヒシヨリ始テ嶋津伊達浅野前田池田鍋島毛利黒田保科ノ家ニ松平ヲ賜フ。其後近年ニハ稀ナル事ナリ。柳沢殿如何ナル前生ノ福力ヤラン、幸臣タルニ依テカクノコトク栄ヘタマヘリ。諸人皆和上ノ護持ニ依テナリト称歎セスト云事ナシ。

今年演奥抄校讐七巻畢テ梓行セシム。

同十五年壬午（六十四歳）正月廿二日夜、住心品疏草稿成、剞劂氏ニ授ク。正月廿三日ヨリ同廿八日ニ至ルマテ不思議疏ヲ伝授ス。同廿九日授許可二十四人、依《テ》中《ラレ》寒《ニ》度ミ労復ナリ。（「労復ナリ」と「二月ニ」の間に異本には「二月六日ヨリ秘蔵記ヲ伝授シ玉フ。一巻畢テ所労快カラザルニ依テ伝授ノ事止ヌ。」の文あり）二月ニ蓮体事故アッテ河南ニ帰ル。慧光ニ書ヲ送テ曰ク、老和尚甚老衰シ玉ヘリ、朝夕ヲ期シカタシ。願クハ吾子其高崎ニ帰ラズ、此ノ夏ハ宝林山ニ安居セヨ、急ナル事アラバ遠国ハ力及ビガタカルベシト。慧光諾ストイヘトモ尚高崎ニ帰テ安居、法華ヲ講ス。

二月九日松平美濃公（美字イ本なし）ニ二万石ノ加増ヲ賜フ。都合十一万二千三十石ナリ（宝永元年増封四万石甲府城主、二子各一万石合十七万石）

元禄十四年ノ冬ノ比ヨリ江城ノ貴賤流言スラク、霊雲寺覚彦和上入唐アルベシトテ台命ヲ受テ唯一人入唐シ玉フト云モノアリ、或ハ供奉ノ人四十餘人ト云モノモアリ。蓮体此事ヲ聞テ性寂ニ語ルニ、性寂驚テ曰ク、恐クハ和上遷化ノ兆ナラン、天道ニ口ナシ人ヲメ言ハシムト云ヿアリ慎マザルベケンヤト。和上モ又心ニ覚悟シ玉フ事アリテ急ニ退院シテ延命寺ニ住センヿヲ心中ニ願ヒ玉ヒシカドモ、大樹ノ帰依厚ケレバ卒尓ニ願玉フヿモナリガタシ。故ニ二三年来、蓮体、実際、深達、戒光、理淵等ニ告玉ハク、江都ハ繁華ノ地ニメ火災モ亦数ミナリ、正法住持ノ処ニアラズ。我秘密ノ事相教相ノ聖教並ニ仏像仏具ヲモ皆延命寺ニ安置スベシトテ監司智宝ニ命メ二間ニ四間ノ土蔵ヲ築カシム。又、祥光書写ノ両部ノ本次第六巻一尊法一巻七巻ヲ霊雲寺ニ留メ、自筆ノ本ヲ延命寺ニ贈リ玉ヒ、蓮体ニ書ヲ賜テ遺嘱慇懃ナリ。我自筆新作ノ次第秘訣等ヲバ必ズ延命寺ニ安置シ、他筆ノ本一通ヲ以テ宝林山ニ安置スベシトテ、徳淵、證本、證寂、慧俊等ニ命メ書写セシム。惜カナ事未《タ》レ済《ナラ》(シテ字イ本なし)シテ遷化シ玉ヘリ。(ヘルヿ)イ易《ニ》曰《ク》天道《ハテ》虧レ盈《ヲ》而益《ス》レ謙《ニ》鬼神《ハメ》害レ盈《ヲ》而福《ス》レ謙《ニ》ト寔ナルカナ。今年四月五日羽公第宅ニ祝融ノ災アリ。然レドモ五十餘日ヲ経テ輪奐《リンクワン》初ヨリモ過タリ。地鎮安鎮等悉ク和上是ヲ修シ玉ヘリ。又、多聞天王ノ尊像ヲ安置メ供養シ玉フニ池魚ノ災ニカカレリ。濃公大ニ憂テ和上ニ問フニ、和

上所持ノ多聞天ノ像ヲ賜(贈)イリ玉ヒシカバ第宅ノ内ニ一宇ノ堂ヲ造テ安置シ玉フ。和上此ヲ慶讃シ玉ヘリ。

六月十四日溽《ジヨク》暑蒸《ムス》カ如クナルニ依テ暑湿ニ中ラレ玉ヒ、十四日ヨリ発病ニ依テ田中東説カ薬ヲ用。然レドモ効シナキカ故ニ東説辞ス。十八日ヨリ近藤雲泉カ薬リヲ用ニ尚効ナシ。廿一日ニ松平美濃公(美字イ本になし)、同右京兆、黒田豊前守殿等ニ白ス。即チ台聴ニ達メ大医令薬師寺宗仙院法印並ニ船橋宗迪ニ命メ診脈セシム。病難治ノ躰ニ見ケレバ、急ニ耑人《ヒキヤク》ヲ走ラシメテ教興寺ニ告来リ、又高崎大染寺ニ告ク。廿一日ノ夜和上起テ南方ニ向テ言ク、トテモ叶フマジク候間拝シ奉ルベシトテ再拝シ玉ヘリ。大師ノ影向シ玉ヘルナランカトイヘリ。廿二日三日四日マデ、粥斎ニハ必ズ作法シ玉フヿ常ノ如シ。然レドモ薬餌効ナキニ依テ、重テ大樹ヨリ渋谷松軒、木村鎌庵(謙)イ、須原通玄、井関正伯等ニ命メ日夜ニ更替メ疾ヲ問シム。朝夕両度、病躰ヲ記メ濃公ニ上ルニ即チ台聴ニ達ス。然レドモ化縁既ニ尽ルカ、六月廿七日卯下刻ニ頭北面西右脇臥ニメ苦痛少モアルヿナク印ヲ結テ寂然トメ声ナシ。諸人考妣ヲ喪

スルカ如ク啼哭ノ声街ニ満リ。曽テ元禄十一年ノ冬、菩提所ノ地ヲ谷中ニ於テ一千三百坪拝領シ玉フニ依テ、六月廿八日戌刻ニ彼地ニ送葬シ奉ル。諸人群集メ道路光明真言ヲ誦メ送リ奉ル。菩薩戒ノ弟子朽木民部少輔植昌、廟前ニ両基ノ石燈籠ヲ建ツ。又平生、蓮華ヲ愛シ玉フニ依テ或人唐蓮ノ子ヲ奉リケレバ、一ノ甌ニ種テ花ノ開カンヿヲ待タマヘ𪜈荷葉ハウルハシク出テ花ハ発カズ。和上遷化ノ後ニ花開クヿ七茎、鮮潔ニメ甚愛シツベシ。依テ塔前ニ供ス。弟子蓮体、七月四日河南ヲ発メ同十五日ニ宝林山ニ到ルニ、方丈ヲ見ル《(ヒ)イ》ハ関尓トメ人ナシ、嗚咽メ僻地スレ𪜈甲斐ナシ。即廟所ニ詣メ見《テ》二両基《ノ》燈一甌《ノ》蓮《ヲ》一不レ任二哀慕之《ノ》至《ニ》一聊賦《メ》二一偈《ヲ》一以《テ》写《ストヲ》レ懐云

伏祈　　冥鑒

戒蘭《ノ》薝蔔密林《ノ》凰　　道誉徳香焉《ソ》又蔵《サンヤ》

豈《ニ》料《リキヤ》　鉢曇疎《ニメ》二濁世《ヲ》一　空《ク》留《メテ》二駄覩《ヲ》一返《ソトハ》二雲郷《ニ》一

一甌《ノ》蓮《ハ》遺《シ》二生前《ノ》愛《ヲ》一　両柱《ノ》燈《ハ》輝《カス》二没後《ノ》光《ヲ》一

叉手諷経懐《フ》レ旧《ヲ》処　無《キ》レ遑《ヿ》涙雨更《ニ》凄涼

諸徒七日之間毎日三時ニ光明三昧ヲ修メ追福セリ。延命寺ニハ訃音遅ク聞ヘケレバ、性寂智宝等集リテ七月五日ヨリ十二日ニ至ルマテ毎日三時ニ光明三昧ヲ修シテ追福シ、法恩ノ万一ヲ謝シ奉ル。同ク五七日ノ諱ニ当テ一七日二十一座理趣ノ法ヲ行シ、伴僧理趣経数千巻ヲ誦ス。一派ノ僧尼悉ク集レリ。

瑞聖寺宝洲和上、輓偈ヲ贈ラル。其詞ニ云

奩悼

霊雲覚彦和尚順世　　真鑑

霊芝苑《ノ》裏再《ヒ》回《ス》レ春《ヲ》　薝蔔花開《テ》徳色新《ナリ》

一夜毘嵐飜《メ》二海嶽《ヲ》一　吹《ノ》二残香蘂《ヲ》一委《ス》二埃塵《ニ》一

七月十一日慧光ヲ城中ニ召メ老中列坐メ上意ヲ宣テ曰ク、先師ノ如ク御祈禱精誠ヲ抽ツベシ、格式等悉ク存生ノ如クナルベシト。七月十九日仁和寺真乗院前《ノ》法務大僧正孝源遷化。〔頭註・宝永元年、摂州中山寺智龍弟子覚印、長病断二水穀一、既悶絶。半夜、遊二冥府一、拝三和尚坐二広博厳麗殿堂一。然深秘不レ語。冥府所見許多、或人記レ之〕〔頭註・武州尾久村信女、享保三年夏、神ニ遊都史一拝ニ和尚并宝山湛海和尚高祖大師一、在二別記一〕

先師和尚、戒珠玼ナク智鏡翳《クモリ》ナシ。大樹幕下帰依他ニ異ナリ、曽テ斎ニ請シ玉フ〻四度、或ハ普門品ヲ講シ或ハ梵網経ノ講ヲ聞玉フ。元禄十四年十一月廿九日斎ニ請シ玉フ、饗応甚丁寧ナリ。斎後ニ般若心経ヲ講ス。美濃公ノ曰ク、経ヲ持スルニ及バジ諳《ソラ》ニ講ジ玉ヘト。和上即チ諳《ソラ》ニ講ジ玉フ。是大神咒是大明咒是無上咒是無等々咒ノ句ニ至テ、第五ノ秘蔵真言分ノ功能甚深ナル〻ヲ談ジ玉ヘリ。後ニ大樹、光明真言ノ功能ヲ問玉フ。又、𑖮𑖿𑖨𑖪《ハラバ》𑖨𑖰𑖝𑖧《リタヤ》ノ句ハ𑖪《バ》字清音ニ読ヲ善トスルヤ濁音ヲ善トスルヤト、公誦ジ玉ヘトアリケレバ和上一遍ヲ唱ヘ玉フ。大樹曽テ護国寺ノ開山ニ伝授ノ常ニ誦シ玉フトカヤ 即問テ曰ク、真言ノ字義句義ハ甚深ニメ浅智ノ解スル所ニアラズ。然ラバ解セズメ誦スル時ハ利益ナカランヤト。和尚ノ曰ク、無智但信ノ念誦モ利益広大ナリ。但、何ノ分別モナク偏ニ信ズルモノヲ白浄信心ノ菩提心ト云ナリト答玉フニ、大樹弥信心ヲ増長シ玉ヘリ。御布施ハ白銀三十枚或ハ二十枚上品絹十疋、或時ハ伽羅ヲ自手カラ賜フコト三度、或ハ御茶ヲ自ラタテテ賜ヒ、或ハ人参地黄丸等ヲ賜フ。其ノ敬信ノ至リ凡ソカクノコトシ。

元禄十三年五月廿七日ニ柳沢公病気ニ依テ、城中ニ和上ヲ召メ祈禱ノ事ヲ頼ミ玉フニ依テ、即チ愛染法一七日三時ニ修行セラル。西大寺愛染明王ヲ本尊トメ敬愛増益両壇ノ護摩アリ。大壇ハ和上、両護摩ハ蓮体、宝盤、真寂ナリ。伴僧ハ大咒ヲ誦ス。六月朔日ハ中日ニメ白月ノ鬼宿ナルニ、其日ヨリ羽公ノ気色快クメ次第ニ本復シ玉ヘリ。是偏ニ和尚修力ノ故トゾ諸人申シケル。六月十五日城中ニ召メ、今《ノ》般ノ礼謝トメ朱提《シ》五十枚ヲ御手カラ賜フ。時ニ和尚ノ曰ク、此度ハ西大寺愛染明王幸ニ予ガ寺ニマシマス間、霊験無双ノ本尊ニ対メ秘法ヲ修シ奉ルガユヘニ、本尊ノ御威光ニテ羽侯モ御平復ト存ジ候トアリケレバ、大樹ノ曰ク、本尊ノ威霊ハ常ノ事ナレヒ、又行者ノ徳ニモ依ル事ナリ、此度ハ足下ノ手柄ナリトゾ褒美シ玉ヒケル。

同十四年正月、鶴公主御疱瘡ノ時モ大般若ヲ読誦シ並ニ愛染供ヲ修シ玉フニ、疱瘡軽クシテ程ナク平復シ玉ヒケレバ、此時モ城中ニ召メ朱提二百両ヲ賜ハリケリ。

浄厳大和尚霊徳記

幽霊現〆回向ヲ望ム事

播州姫路ノ町ニ大原氏ノ信士アリ。常ニ真言ヲ念誦シ持斎ナド勤〆テ浄信決定ノ人ナリ。天和年中ニ高野ニ詣セントテ一人ノ僕ヲ具〆登リケル。因ミニ当寺ニ来リテ、我ガ親族ノ亡者ニ追福ヲ頼ミケリ。和上、光明三昧ヲ修〆回向セラレケレバ、其ノ夜播州ノ親族ノ夢ニ法事ノアリサマヲ見、又、死セシ女人喜悦ノ色ヲ含ミテ、我、高僧ノ回向ニ依リテ今諸苦ヲ免レタリ憂慮《キヅカヒ》スルヿナカレトイヘリ。又大原氏カ具〆来リシ僕子《ヲトコ》、夜起テ人ト言及《モノイヽ》ビ相撲トル様ナリ。大原氏目覚テ何事ゾト問。僕ノ曰ク、予カ朋輩三年已前ニ人ト口論〆人ニ斬《キラ》レタリ、其者今天井ヨリ簀《フゴ》ニ乗リテ下リテ曰ク、我、餓鬼趣ニ堕〆苦シミ無量ナリ、今先我ニ食ヲ与ヘヨ、又今善処ヘ来レリ、我カ為ニ回向ヲ頼ミ奉レトイロ〳〵ニ誨《クド》キケルヲ、我肯《ウケガハ》ズ組合侍ルナリト。大原氏モ其ノ幽霊ノ声ヲ聞リ。僕子翌日、昨夜ハ暫クモ眠ラザル由ヲイヘリ。次日高野ニ登ルトテ紙屋宿ニトマルニ、又彼ノ霊来リテ種〻ニナゲキケリ。高野ニ宿セシ夜ハ来ラズ。結界ノ地ナル故ナルベシ。帰ルサニ河根ニ宿スルニ又来リ、又次ニ当寺ニ宿スルニ又同ジク来リテ種〻ニ頼ミシヲ、彼僕子慈愍ナクテ終ニ回向ヲ頼マザリケリト大原氏ノ物語リナリ。大原氏後ニ出家〆印空観明ト号ス。

回向ヲ蒙リテ天ニ生ゼシ人ノ事

延宝七年ノ春、讃州高松ニ在テ梵網経ヲ講ジ玉フ時ニ、西浜ノ人、我父ノ百箇日ニ当リテ精米若干升、青鳧若干緡ヲ持シ来リテ追福回向ヲ請ケリ。和尚、五六口ノ伴僧蓮体、龍璠、真浄、普光、智洪等（「智光」イ本之を加う）ヲ帥テ大随求陀羅尼一七遍誦〆回向シ玉ヘリ。其ノ夜、彼ノ者ノ夢ニ、死セシ父美麗ナル珍服ヲ著テ面ニ喜悦ノ色アリ、子ニ告テ曰ク、我今日高僧ノ回向ヲ蒙リテ他化自在天ニ生ゼリ、喜ブベシト。彼者踊躍〆明日即チ吾カ師ノ所ニ来リ、シカ〳〵ノ由ヲ語リテ礼謝シケリ。此二条ハ予面岃《マノアタ》リ聞ク。

大金剛輪真言ハ即金輪仏頂ノ真言ナル事

凡ソ和尚、灌頂ヲ受ザル人ニハ、光明真言ヲモ伝授シ玉ハズ。越三昧耶ノ罪アルカ故ナリ。故ニ未灌頂ノ人ニハ、必ス大金剛輪陀羅尼ヲ授ケテ後ニ諸真言ヲ伝授シ玉ヘリ。経ノ中ニ、此真言七遍ヲ誦スレバ、六道四生ノ一切有情悉皆金剛界大曼荼羅ニ入テ灌頂ヲ受、金剛薩埵ニ等同ニ〆三世無障导智戒ヲ具足シ補闕分トナルト説カ故ナリ。凡夫ノ誦スル真言ハ、長短清濁ノ音韻謬リ多ク、或ハ睡眠発言吐気欠伸スルニ依テ菩提心ヲ廃忘スルカ故ニ功徳闕テ満足セス。然レ𪜈念誦ノ畢ニ此陀羅尼ヲ一七遍誦スレバ、功徳円満シ倍光顕ニ〆悉地ヲ速ニ成就スト説カ故ニ、常ニ此等ノ利益ヲ説聞シメ、諸人ニ念誦セシメ玉ヘリ。時ニ、武州世田谷《ケ》ノ真福寺主、貞享二年ノ冬夢ミラク、空中ニ人アリ告テ曰ク、汝勤テ大金剛輪ノ真言ヲ誦セヨ、此ノ真言ヲバ又一切義成就ト号ス、又是、金輪仏頂ノ真言ナリ。若シ勤メテ誦《セ》レ之《ヲ》一切ノ事願ノ如クナラント。和尚ノ普ク此陀羅尼ヲ授玉フヲ見テ来テ此夢ヲ語ラレケレバ、和尚ノ曰ク、菩提場所説一字頂輪王経ニ金輪ヲ一切義成就ト説リ、釈迦如来ヲ一切義成就金剛手菩薩ト云理趣経羯磨部ヲ一切義成就論《(輪)イ》ト名ク十八会指帰。即、釈迦金輪ナリ。又釈迦ハ北方ノ金剛拳菩薩ナリ。大日ハ仏果、釈迦ハ因ナリ。因ハ即壇ナリ、大金剛輪壇ナリ。真福寺ノ夢、符契ヲ合セタルカ如シ《(ト)イ》感信シ玉ヘリ。

不動慈救咒霊験ノ事

和上或時大日経ヲ伝授シ玉フニ、不動ノ慈救ノ咒ヲ《タラキヤカンマン》ト授玉ヘハ、或人驚テ曰ク、奇哉〻〻越前ノ瀧谷寺ノ寛海阿闍梨常ニ不動ノ慈救咒ヲ念誦スルニ、本尊夢中ニ告テ曰ク、汝《タラタ》ト唱ヘハ短命ナルヘシ、《タラキヤ》ト誦セヨ、然ラバ寿命長遠ナルベシトアリケレハ、不審ナガラ、タラキヤカンマント常ニ誦スレ𪜈、経ニタラキヤト説ルヿヲ知ラズ、今七十餘歳ニ〆堅固ナリト云。和上ノ曰ク、《タラキヤ》ハ堅固ノ義ナリ故ニ長命ナリ、《タラタ》ハ摧破叱呵《シッカ》ノ義ナルカ故ニ短寿ナラント告玉フナルベシトテ感信シ玉ヘリ。

光明真言利益ノ事

松平肥後守従四位少将正信公ハ奥州会津ノ城主ナリ。宿善ノ感ズル所カ、性篤信ニメ殊ニ密乗ニ帰依メ、度々和尚ノ方ニ来テ法ヲ問玉ヘリ。或時、真言ノ利益広大ナルヿヲ自ラ歎メノ玉ハク、予十三四歳ノ比、口訥ノ病アリテ諸侯ノ会ニモ是ヲノミ歎キケルニ、願ヲ発メ光明真言十万遍ヲ念誦セシカバ、弁舌滞リナク堅固ナルヿヲ得タリト和尚ニ語リ玉フ。予面岃《マノアタリ》ニ是ヲ聞ケリ。六月廿七日早朝ニ和尚ノ病ヲ問ニ来リ玉ヒシニ、其時遷化シ玉ヘハ甚タ悔ミ玉ヒケリ。

又江戸牛篭ノ田町ニ西村喜兵衛ト云モノアリ。業病ニヤ、久シク舌ヲ病ミテ種々ニ療治スレ𪜈少シモ効シアラズ。後ニハ舌半分腐リテ飲食モ通リカタク、処々ノ名医秘術ヲ尽ストイヘ𪜈薬餌少モ験ナクテ唯死ヲ待バカリナリ。時ニ山城屋六右衛門ト云者アリ。数年、喜兵衛ト交リヲ結ケル間、或時勧テ曰ク、吾子ガ病ハ業病ナルベシ。空シク俗医ノ薬リヲ服センヨリハ早ク如来ノ大医王ニ帰依メ醍醐ノ妙薬ヲ服センニハト。是ニ依テ喜兵衛大ニ悦テ即チ和上ノ方ニ来リ、光明真言ヲ授リテ日々ニ念誦シ、深ク宿業ヲ懺悔セシカハ、病漸《(漸々ニ)》ク痊《イヘ》テ程ナク舌平復セリ。其後寺ニ来テ曰ク、我寿命ヲ延《ノブ》ルヿ是寔ニ御《ヲ》陰《カゲ》故ナリトテ歓喜シ涙ヲ流メ礼謝セリ。医師是ヲ聞テ歎メ曰ク、奇ナル哉妙ナル哉、彼ノ者病ハ一切ノ療治ノ能ハザル所ナルニ、真言醍醐ノ妙薬能ク是ヲ救ヒ玉フヿアリガタキ事ナリトテ涙ヲ流メ感シケリ。

又武州豊嶋郡尾久村ニ江川平右衛門ト云モノアリ。和上ニ帰依メ菩薩戒ヲ受ケ肉食ヲ断メ常ニ諸ノ真言ヲ持誦シ殊ニ光明真言ノ日課怠ラザリケリ。同村ノ人ト相論ノ事アリテ罪ナケレドモ禁獄セラレヌ。獄中ニテ常ニ光明真言ヲ念誦メ遍数ヲカギラズ、又獄中ノ諸人ニ皆教ヘテ真言ヲ誦セシム。獄ヨリ出テ、拷問セラレ木馬ニ乗ラルヽニ常ノ馬ニ薄《(ママ)》団ナド鋪テ乗リタルカ如クニメ苦痛アルヿナシ。又水責ニアフニ他人ノ目ニハ見ザレ𪜈平右衛門カ目ニ一人ノ僧アリ、傍ニ在テ口ニ手ヲ覆ト見テ水一滴モ口中ニ入ズ。又二手二足ヲツリアゲテ腹ヲサカサマニスルニ少モ苦シミナシ。僧アリテ下ヨリ腹ヲ撑《ササフ》トヲモフナリ。終ニ罪ニ伏セサレバ免サレテケリ。此ノ事、自ラ和尚ノ前ニ来テ語リテ悦ビケリ。予亦直ニ是ヲ聞ケリ。

光明真言梵字ニ謬アルカ故ニ成仏セザル事

武州東葛西中平井村ニ妙閑ト云モノアリ。其孫千代松ト云モノ、曾テ和上ニ随テ灌頂ヲ受、光明真言ヲ授カレリ、元禄十二年己卯二月十五日ノ暁ニ七歳ニメ死ス。法名、幻光覚阿童子ト名ク。一七日ニアタリテ安養寺ニ石塔ヲ立ツ。安養寺ノ弟子、看坊ノ僧ニ言付テ光明真言ヲ書シメテ彫刻セシム。上小松村ノ性福寺談林ナリ三月朔日ノ夜夢ラク、覚阿死タル将(襲)イ束ニテ来ルヲ、性福寺膝ニ抱テ問テ曰ク、汝何ソ浄土ニ往生セサルヤト。児ノ曰ク、石塔ノ光明真言ニアヤマリアルユヘニ浄土ニ生ズルヿナリガタシト。僧問テ曰ク、何ノ所ゾト、児自身ノ臍ト足トヲ指テ、此二所ニ謬アリト答ルト見テ夢覚ヌ。又其翌日、安養寺ノ弟子、性福寺ニ来ル。僧問テ曰ク、覚阿カ石塔ニ書ル光明真言ニ書謬リアリヤト。弟子ノ僧ノ曰ク二所アリ其所ハ其ナリト云、性福寺ノ夢ルト少モ差フヿナシ。不思議ノ思ヲナシテ安養寺ヲ呵メ命メ梵字ヲ書改メシム。此事、同年七月十三日妙閑、和上ノ前ニ来テ具ニ語リテ涙ヲ流シケリ。妙閑並ニ娘妙見尼ハ和上ノ剃髪シ玉ヘル弟子ナリ。

不動尊霊験ノ事

和尚常ニ仏菩薩ノ形像ヲ作リ或ハ図画《ヅヱ》スルニ、儀軌本経ヲ勘テ、印相衣(衣色)イノ色持物等ヲ正シクシ、仏工画師ニモ潔斎セシメ、皮膠《ニカハ》ヲ用ヒズ如法ニ作ラシメテ価直《アタヒ》ノ貴《タカ》キヲ厭ヒ玉ハス。故ニ新ニ仏菩薩ノ尊像ヲ図績シ或ハ刻彫スル者、必ス和上ヲ請メ開眼供養ヲ請フニ、若、形像不如法ナレバ開眼シ玉ハズ。故ニ諸方ヨリ諸尊ノ形像ヲ持参メ開眼ヲ願ヒケリ。京御室ノ門前ニ北川運長法橋ト云仏工アリ。廿三歳和尚儀軌伝授ノ時ノ春ヨリ、和尚ニ値遇メ指南ヲ蒙リ、多ク仏像ヲ作リ別メ金剛部ノ尊ニ於テ妙ヲ得タリ。下総国ノ者、運長ヲメ不動ノ三尊ヲ御長五寸ニ作ラシメ和尚ニ開光供養ヲ乞ケレバ(ケレバ即チ)イ開眼シ玉ヘリ。其像別メ端厳威験ニ出来セリ。施主悦テ持メ帰リ、礼拝供養シテ熟思《ツラ〱》ハク、此形像甚小ナリ何ゾ価直《アタヒ》ノ貴キヤ、是レ仏師ノ私ナラント礼瞻ノ度ゴトニ常ニ此ノ念ヲ生ジケレバ、或時、制多迦童子、彼者ニ託メ曰ク、小像ナレバトテナゾ威験ナカランヤ、汝何ゾ我ヲ軽シムルトテ種〻ニロバシリテ狂ヒ病ミケル程ニ、親族群集メ種〻怠リヲ申メ懺悔セシカバ、漸ク病痊ヌ。又五三月ヲ過テ忽ニ彼念ヲコリテ、此小像価直《アタヒ》ノ貴《タカ》キヿ何ソヤ是仏師ノ私ナラント慳悋ノ情起リ不信ノ念生ジケレバ、又制多迦童子託シ玉ヒテ種〻ニロ走リテ不レ止。親族イロ〱懺悔セシカトモ此度ハ病痊スシテ終ニ死シヌ。諸人皆曰ク、開光ノ人ニヨリテ新仏ナレトモ威霊皆カクノ如シト歎伏帰信セズト云ヿナシ。

当寺ノ如意輪観音並ニ仏眼仏母、大黒天神、大師御影、開山ノ御影、地蔵寺ノ地蔵尊、大師、大黒天、教興寺ノ弥勒、大師、聖徳太子、地蔵菩薩、弁才天女、大黒天等ハ皆、運長カ作レルナリ。

又和尚所持ノ不動尊ノ小像アリ。是モ運長カ作レルニテ殊ニ威霊ナリ。或時、小僧、供華ノ次ニ熟《ツラ〱》見テ念《オモヘ》ラク、眇目《スガメ》ニメ睥睨《ニラミ》玉ヘル御貌チアマリニ悪《ニク》サゲナリトテ香匕《カウサジ》ヲ以テ右ノ御眼ヲ突《ツ》ク。其後尋テ小僧右ノ眼痛ムヿ堪《タヘ》ガタク血出テ甚赤シ。和尚知テ呵メ曰ク、汝定テ不動尊ニ触忤《ソクゴ》シ奉レルナラン、香花燈明ヲ弁備メ懺悔セヨトノ玉ヒケレバ、小僧有ノママニ懺悔シテ教ノ如ク華香飲(飲食)イ燈ヲ供養シ礼拝懺悔セシカバ目即チ平復セリ。凡ソ和尚ノ開眼シ玉ヘル本尊ハ何モ霊験掲焉ナヲズト云ヿナシ。此例多ケレバ具ニ記スルヿアタハズ。今此尊像ハ丹南妙香ノ方ニ遺寄シ玉ヘリ。

和上筆跡ノ𑖀字不思議ノ事

和上平生光明字輪、五字、六字名号、𑖀字等ヲ書テ人ニ施シ玉フ。然レ𪜈日課真言ノ契約ヲセザレバ施シ玉ハス。又授戒、授真言印契、授血脈ニモ一粒半銭ノ報施ヲ受玉ハス、常ニ云ク、我カ恩ヲ報ゼントナラハ常ニ持戒ニメ如法ニ真言ヲ持誦セヨ、豈唯吾恩ヲ報ズルノミナランヤ普ク三世ノ仏恩ヲ報シ三国祖師ノ恩ニ酬ルナリト。是所謂ル瑜伽論ノ四十五ニ教化衆生ノ善巧方便十二種ヲ説ク中ノ第二ノ共立要契方便善巧施恩報恩方便善巧ノ意ナリ。故ニ戒ヲ受、真言ヲ受、名号字輪ヲ受ルモノ甚歓喜シ、常ニ日課ノ光明真言怠ルヿナシ。光明真言ノ血脈ヲ施スニハ尽形寿毎日光言三百遍ヲ約ス。紺紙金泥ノ光明字輪五字等ハ毎日一千遍ノ契約ナリ。阿字、六字名号ハ光言三百遍或ハ唱名念仏一千遍三十六顆ニハアラス百八ノ念珠ヲ用ユノ約ナリ。墨字ノ名号五字或ハ観音名号等ハ日課光言百遍或ハ念仏五百遍ノ約ナリ。墨字ノ光明字輪ハ五百遍ノ契約ナリ。六字ノ名号モ梵字ニテ書玉ヘリ。是ノ如契約アレバ不信ノモノハ受ルヿアタハザレ圧、尚日々ニ真言名号ヲ受ルモノ甚多シ。

其中ニ備後御調郡尾道ノ浦ニ今田屋ノ新兵衛ト云モノアリ。和上ニ随テ刄字一幀《サウ》ヲ得テ開眼ヲモ頼ミ奉リ信仰浅カラス。常ニ光明真言ヲ誦メ怠ルヿナシ。其帰依寺ハ西国寺ノ院内般若院ナリ。偶《タマ〳〵》唐画ノ星曼荼羅ヲ得テ表背ヲ具メ寺ニ安ズルニ、盗賊ノ恐アリトテ箱ニ入、渋紙ヲ以テ包ミ、檀越今田屋カ方ニ預ケ置ケレバ大事ニ思ヒ、我所持ノ刄字モ同ク土蔵ノ梁ニ結ヒ付テ置リ。然ルニ元禄十五年三月十一日ノ昼火災起リテ、尾道浦民屋八百余宇刹那ニ灰塵トナレリ。新兵衛土蔵モ焼失シケレバ大ニ悲ム。中ニモ星曼荼羅刄字ノ焼失セルヿヲ歎キテ、翌日灰ヲカキケレバ不思議ヤ一切ノ物皆焼タルニ、彼刄字ト星曼荼羅ハ焼スメ出タリ。且ツ星曼挐羅ハ表具少々焼《コゲ》タリトイヘ圧和尚ノ書玉ヘル刄字ハ少シモ損ゼズメアリケレバ、即此二幅ヲ般若院ニ掛テ諸人アリガタク思ヒ参詣礼拝メ結縁セリ。是実ニ和上名利ノ心ナク大悲深重ノ故ニ施シ玉ヒ、受ルモノモ信心堅固ニメ契約ノ日課怠ラザル故ナリ。〔頭註・讃州高松龍雲院殿源英公帰ニ依和上一信レ仏。十三尊納ニ一厨子一使ミ和尚扉書ニ両部曼荼羅種子一蒔ニ金粉一秘蔵甚。薨逝後息女清涼院殿持赴ニ江戸小石川宅一終逝。水戸公不ニ具信一納ニ此像於上野某院一。有ニ火災一一切物為ニ灰燼一此一厨子少不レ損儼ニ然于灰中一与ニ此刄字一同也〕

〔頭註・又戸田山城守殿造ニ五指量愛染明王一運長刻レ之使ニ和尚開眼供養一。罹ニ鬱攸災一但此像不レ壊自ニ灰中一出奇妙同レ上〕

大元帥法霊験ノ事

和上常ニ大元帥金剛ノ秘法ヲ修シ玉フ事、安祥寺ハ代々大元ノ別当ヲ持ユヘニ大元法ノ大事口訣等ヲ残リナク伝来セリ。又実厳律師大元ノ法ヲ行シ玉フヿハ盛衰記ニモ記セリ。月輪ノ禅定殿下兼実公ノ仰ニ、安祥寺ノ実厳ハ弘法大師ノ門流ニ於テ其右ニ出ルモノナキ間、大元法ヲ修セシムベキ由見タリ。又高野山光台院木食朝意阿闍梨、常ニ此法ヲ行シ玉フ等ノ先蹤アルガ故ナリ。

元禄二年冬、本多伊豫守忠恒公病気ニ依テ祈禱ヲ頼ミ来レリ。依テ八町堀ノ第宅ニ至テ一七日ノ間大元帥法ヲ行セラル。其夜ノ夢ニ千輻ノ金輪東方ヨリ飛来テ和尚ノ前ニ在ト見玉フ。依テ和尚、家臣中条氏ヲ呼テ曰ク、今般ノ御祈禱効験速ナルベシトアリケレバ、果メ程ナク平復シ玉ヘリ。当寺ニ寺領若干ヲ寄附シ玉ヘルモ是ニ依テナリ。抑、千輻輪ハ本尊ノ三摩耶形ナリ。此法ニ八ケノ秘印三箇ノ口伝預立剣輪ノ大事ト云ヿアリ。他流ニハ此ヲ知ラズ。和尚其ノ深秘ヲ能ク伝ヘ玉フ故ナランカ。

又、溝口信濃守宣広公ノ子息伯耆守宣重公病気ノ時、和尚ヲ請メ祈禱ヲ修セシム。和尚大元帥ノ法ヲ行ジ、又諸徒ニ大般若経ヲ転読セシム。其間道場ノ中ニ於テ伯耆守殿ヲ長跪合掌セシメテ心中ニ罪障ヲ懺悔セシムルニ、忽チ衄血《ヂクケツ》《ハナジ》出テ、後其病平復ナリ。此病怨霊ノ所為ナリ是ヨリ父子共ニ大ニ和尚ヲ信メ問候慇懃ナリ。

又元禄二年四月三日、松平大膳大夫大江綱広公家ニ怨霊アリ其祟リナリ病気ノ時、和尚ヲ請ス。青山ノ第宅ニ於テ二夜三日ノ間大元帥ノ法ヲ修セラル。増益降伏両壇ノ護摩アリ。蓮体、祥光円光修レ之子息吉広公モ出座シ玉ヘリ。然ルニ修中、彼霊、人ニ託メ云ク、今月十七日ニハ必ズ取殺スベシト思ヒシカド只今夥敷祈禱ナルユヘニ此度退カント思フナリ。但シ我ヲ神ニ祝ヒ宮ヲ建テテ玉ハレト云。家臣国司主計此ノ事ヲ和上ニ告ク。和上倍祈誓シ玉ヘリ。然レ𪜈家臣思ク、若真実ニ霊ノ云ルコトカ又ハ野狐ナトノ云ルカト疑テ宮ヲモ建ズ、神ニモ祝サス。然ル故カ果メ十七日ニ逝去ナリ。諸人後ニ悔ミケレ𪜈甲斐ナカリケリ。又、吉広公ノ祈禱ハ正五九月ニ大威徳ノ法ヲ修シ玉ヘリ。松平伊賀守忠徳公ノ祈禱モ正五九月ニ同ク大威徳ノ護摩ヲ修シ玉フ、甚霊験アリ。

酒井竹巌(竹岩)イ叟土珠ノ事

酒井伊豫守ト云人アリ。和上ト宿契アルカ、方外ノ交ナリ。常ニ正観音ノ真言ヲ念誦ス。又、不動尊大黒天ヲ信スルヿ他ニ異ナリ。後ニハ剃髪メ竹巌(竹岩)イト号ス。家ニ一ノ犬ヲ飼ヘリ。其犬、竹巌(竹岩)イノ心ニ叶テ常ニ傍ニアリ。或時、土丸ノ大サ柚子ノ如ク或茄子ノ如ニメ団円ニメ如意宝珠ノ如クナルヲ銜来《クワヘ》テ、尾《ヲ》悼テ竹巌(竹岩)イノ前ニ置ク、土珠ヲ見ルニ、銭五文十文或ハ銀或ハ金アルヲ銜来ル。何《ノ》処ヨリ銜来ルト云ヿヲシラス。其中ニ多分ハ銭ナリ。其土珠五百餘顆ニナリケレバ、竹巌(竹岩)イ弥犬ヲ愛メ名ヲ玉報ト云、其銭ヲ取テ大黒天不動尊聖観音ノ尊像ヲ鎔鋳シ、一宇ノ小堂ヲ建立メ安置シ、元禄五年八月十八日ニ和上ヲ請メ開眼供養セシムルニ、犬大ニ悦フ気色ニテ、其日ハ土珠十八顆ヲ銜エ来レリ。凡ソ常ニハ朔日十五日廿八日甲子日五節供ナトニハ必ス銜来ル。諸人心ヲ付テ、其来処ヲ窺見レヒ何ヨリ来ルト云ヿヲシラス。竹巌(竹岩)イ弥歓喜メ常ニ聖観音ノ真言ヲ念誦シ数百万遍ニ及ベリ又大般若経ヲ信仰メ、毎年五六度、和上ヲ請メ転読セシム。又大黒天ノ像ヲ作テ供養スルヿ数十躯ナリ。宿縁ノ逢処、和上ト莫逆ノ交ナリ。相晤テ話スル時ハ必ズ斜陽ニ至ラズト云ヿナシ。竹巌(竹岩)イ、元禄七年十月廿五日ニ卒ス。其犬モ亦前ニ死ス。子息酒井内匠頭、其観音不動大黒天ヲ霊雲寺ニ寄附シ其土珠ヲ日本六十餘州ノ観音ノ霊場ニ贈レリ。今当寺ノ土珠並ニ藤井寺剛琳寺ノ土珠是ナリ。又彼聖観音ノ像ヲ霊雲寺院内蓮華心院ニ安ゼントテ二間四面ノ堂ヲ建ツ。元禄十五年閏八月ニ地ヲ平ケ築時ニ、銭数百文ヲ掘出セリ。彼此奇怪ノ事ニアラスヤ。

和尚常ニ諸尊ノ形像ヲ印施シ玉フ事。

和尚平生真言教ノ淪墜メ両界ノ形像ノ参差セルヿヲ歎テ、両部ノ曼拏羅ヲ印板トシ、形像ヲ丁寧ニ考テ印相ヲ正シ、乞者アレバ紙墨ノ料ヲ弁ゼシメテ施シ玉フ。又弁才天女ノ形像ハ、世ニ偽作ノ経流布スルニ依テ形像モ亦仏説ニ叶ハザルカ故《ノ》ニ、最勝王経ノ説ニ依テ印板トシテ有信ノ人ニ施シ、準胝仏母像、地蔵菩薩像、不動明王、大威徳、普賢延命、般若仏母等ノ像ヲ印板トシテ、乞ニ随テ施シ、又光明字輪ニ両部ノ大日如来ヲ図績メ施シ、其契約ハ皆日課ノ真言ヲ以テ定メ玉ヘリ。又、光明真言、大金剛輪陀羅尼、尊勝、宝篋印陀羅尼、三帰懺悔文、臨終印明、護身法、光言七印等ヲモ印施シ玉フニ、日課ノ契約等《ミナ》差アリ。故ニ関八州ニ名号字輪血脈ヲ持セルモノ頗ル多シ。

和尚真言ヲ伝授シ玉フ法式ノ事

和尚、凡ソ真言ヲ授ケ玉フコ卒尒ニシ玉ハズ。一七日ノ潔斎ニテ五辛酒肉葷茹ヲモ禁ゼシメテ後ニ光明真言ヲ授ク。若次ニ余尊ノ真言ヲ授ランコヲ願モノアレバ、光明真言十万遍誦ジ満ゼシメテ後ニ授ケ玉ヘリ。又次ノ真言ヲ願モノアレバ、其真言ノ字数ノ多少ニ依テ、或ハ二万遍一万遍五千遍一千五百三百遍等誦ゼシメテ後ニ授ク。若、臨終ノ大事中院明算ノ伝ヲ受ンコヲ願フモノアレバ、三七日潔斎セシメ毎日光明真言千遍誦セシメテ後ニ授ケ玉ヘリ。或、光明真言ノ七印栂尾明慧上人伝ヲ願モノアレバ、先、光明真言一百万遍誦セシメテ後ニ授ケ玉ヘドモ百万遍ノ功ヲ賞ストナリ尚数千人皆百万遍ヲ誦シ満ジテ来リ受ク。猶、百万遍ノ念誦虚妄ナキノ誓詞ニ血判マデサセ玉ヘリ。唯イカニモシテ真言ノ遍数ヲ増セシメ法ニ難遭ノ念尊重ノ心ヲ生ゼシメンガ為ナリ。唯シ高貴ノ人或ハ主人ニ奉公メ一七日ノ潔斎ナリガタキ者ニハ、其品ニ依テ許シ玉ヘリ。菩薩戒ヲ願フモノニハ、三七日潔斎セシメ毎日礼拝二十一礼並ニ光明真言一千遍誦メ懺悔セシメテ後ニ授ケ玉フ。而モ戒相ヲ詳ニ説示メ護持ヲ堅固ナラシム。受戒ノ日ハ受者ヲメ皆供養物ヲ弁備セシメ、施物ヲバ錙銖半銭ヲモ受玉ハザレバ諸人倍信ヲ生ゼリ。

平生ノ雅訓十七条

和尚常ニ曰ク、脅《ソビヤカシ》レ肩《ヲ》諂《ヒ》笑《フ》病《メリ》二于夏畦《ヨリモ》一ト。今僧ノ、大名高家ノ門ニ走《ワシ》リテ日夜経営《ニ》叩《ノキ》二頭《ヲ》於臣妾之履《ノ》一朝夕《ニ》苞苴ノ屈《ス》二膝《ヲ》於僕婕之足《ニ》一実ニ夏畦ヨリモ苦シキニアラスヤ、恥ベシ〳〵悲哉〻〻トテ、公侯貴人ニ交リヲ結バズ。彼ヨリ徳ヲ慕テ来ル時ハ応ニ随テ説法シ玉フ。然レドモ亦饗応セズ、餉送弔問シ旱潦豊倹ヲ借問セス。唯日夜ニ興隆

正法ヲ以テ念トシ玉ヘリ。故ニ六月廿三日医師船橋宗迪

台命ニ応ジテ来テ診脈〆問テ曰ク、何事モ心中ニ苦シキ𪜈ハナク候ヤト云ニ、和尚答テ曰ク、何モ苦シキ𪜈候ハズ、唯心ノマヽニ正法興隆ノナラザル是ノミ苦ニテ候ナリト仰セラレシナリ。或ハ人其徳ヲ嫉妒〆誹謗スルモノアレドモ屑《モノノカズ》トモセズ。凡ソ世間ノ八風ニ於テ其志ヲ動ジ玉ハス。故ニ妨《サマタゲ》ル者毀ル者、自然ト伏セラレテ退散セリ。

天和元年、堺《ノ》津ニ墨屋宗円ト云モノアリ。長崎往来ノ賈人ナリ。唐人ニ逢テ少シキ人ヲ相スル𪜈学ベリ。和尚ヲ拝シ熟《ツラ〳〵》見テ曰ク、才智過《スキ》テ福足ラス。頭火形ニ〆其名天下ニ聞フ。坐シ玉ヘル𪜈鉄聚ノ如シ。障リ甚ダ多シトイヘドモ終ニ障リ遂《ト》グベカラズ、自ラ摧《クダ》ケテ去ル𪜈譬ヘバ石像ノ頭ヲ拳《コブシ》ヲ以テ殴《ハル》カ如シ、自ラ手ヲ損ズルノミトイヘリ。和尚一生ノ事、能ク合セリ。宗円ハ和尚剃髪ノ弟子ナリ。常ニ阿弥陀ノ大咒ヲ誦ズル𪜈数百万遍、頗ル修力ヲ得テ菩提心月常ニ現〆前ニアリ、或ハ自ラ中胎ニ坐〆八乗(葉)《イ》ニ各一人坐〆誦ズト見《ミル》トイヘリ。

平生栄華ヲ願ハス、麁布木綿衣ヲ著シ、若シ他人ノ施セル絹布(衣)《イ》アラバ、領袖裏ニ木綿ヲ付シム。多クハ紙子ヲ著シ玉ヘリ。食物ハ施斎ナレ𪜈一汁二菜ニ過ス。平生ハ一羹一蔬或ハ無菜ナリ。常ニ徒衆ヲ誡テ曰ク、儒士スラ猶云、道ニ志〆悪衣悪食ヲ耻ル者ハ未タ与《トモ》ニ議《ハカ》ルニタラズト、況ヤ沙門ハ剃髪染衣門ニ立テ乞食スベシ、何ソ悪衣悪食ヲ辱《ハヂ》ンヤ。彼修学総テ廃〆権門勢家ニ走リ、旰《ヒタケ》テ興キ晏《オソ》ク食〆群リ集テ食ヲ談シ、笑語戯謔シ囲碁蹴鞠ヲ遊トスルモノハ、豈沙門ナランヤ、国家ノ大賊ナリ。又、僧都僧正法印ノ宦位ヲバ願フマジキ事ナリ。明慧上人ノ、今身ヨリ仏身ニ至ルマデ永ク僧都僧正法印ニナラジト書タマヘル𪜈有ガタキ教ニアラズヤ。僧正ノ官ハ大唐ニハ後秦ノ姚興皇帝ノ時ニ仏法繁昌〆僧尼甚多〆惢漏頗ル多カリケレバ僧䂮ニ詔〆天下ノ僧正ト〆一切沙門ノ非法ヲ正サシム。是唐土ノ僧正ノ権輿《ハジメ》ナリ。吾朝ニハ推古天皇三十二年四月三日一僧アリ斧ヲ以テ祖父ヲ殴《ウチ》殺ス。依テ僧正僧都及法頭ヲ置ク。観勒僧正トナリ徳積僧都ト成テ僧ノ非法ヲ正セリ。然ルニ今ノ僧正ハ僧尼ノ非

法ヲ正スヿアタハズ、唯名ノミニメ自ラノ非ヲモ正サズ。昔シハ天下ニ一人ナリ、今ハ数十人アリ。昔ハ天子、其徳ヲ敬テ僧正トス、今金銀ヲ以テ僧官ヲ買テ破戒無徳ノ人モ律師法橋上人法印権僧正小僧正大僧正ナド、云ヿ、末法悪世トハ云ナガラ是非ナク悲シキ事ナリ。我大師、僧都ヲ辞シ玉フヿ貴イカナト。此心、暗ニ公侯ノ心ニ通ゼルヤラン、或時　大樹殿下、近臣ニ語リ玉ハク、霊雲寺ヲバ、我、大僧正ニモナサバヤト思ヘ𪜈、定メテ望ニテハアルマジ。願ヒナラバ大僧正ニモナスベキヲトノ仰ナリトゾ聞ヘケル。

和尚常ニ曰ク、今ノ人、持戒ハ苦行ニメ難行ナリトイヘリ。是難(行)イニハアラズ、唯信心ノナキ故ナリ。孟子ノ曰ク、夫子ノ道ヲ好マザルニハアラズ、力足ラザレバナリト云モノアリ、力不レ足ル者ハ半途ニメ而廃(止)イ今汝斉レリ(限レリ)イ挾イテ二泰山一ヲ以超ト云ハ二北海一ヲ誠ニ力不レ足不ルナリレ能ハ為ニ二長者一ノ折レ枝ト云ニ我不レ能ト云ハ非レ不レ能ニハ也是不レ為也ト。今ノ人、持戒ヲ不レ能ト云ハ、不レ能ニハアラズ是不ナリレ為セ也。又、持斎ハ脾胃ノ病ヲ生ズト云テ不レ守、是大ニ僻事ナリ。南山大師ノ曰四百四種ノ病ハ宿食ヲ為二根本一ト三塗八難ノ苦ハ女人ヲ為二根本一ト。彼ノ日夜ニ五度七度食メ酒色ヲ放ニスルモノハ多病ニメ夭スルモノハ多メ寿アルハ稀ナリ。持斎節食ノモノハ病少メ寿長シ。又、僧祇律ニ粥ノ十利ヲ説テ色カ寿楽トイハズヤ。悲哉〻〻今ノ人、徒ニ革嚢ヲ愛メ持斎節食スラ行ズルヿアタハス、況ヤ三密ノ妙行ヲヤ、悲哉〻〻。

和尚常ニ曰ク、真言上乗ノ機ハ持戒清浄ノ人ヲ取ルベシ。持戒ナラザルモノハ其心誠ナケレバナリ。苟モ誠アラバ豈如来ノ戒法ヲ背《ソム》カンヤ。薩遮尼乾子経ニ曰、若不ハレ持レ戒乃至疥癩野干ノ身ヲダモ不レ得況ヤ功徳荘厳ノ身ヲヤト。嘻《アア》何ソ今ノ人、省ミ恥ザルヤ。又、大日経ニ尸羅浄無欠ト説キ、大師ノ御遺誡ニ顕密二戒堅固受持ト云、密乗ノ人、豈戒ヲ護持セザランヤ。

和尚常ニ徒衆ヲ誡テ曰ク、爾們《ナンダチ》日ニ懈怠緩慢ヲ増長メ朝夕ノ勤行スラ勤メズ、況ヤ微細ノ威儀ヲ守ランヤ。唯身ヲ安楽ニ置ントノミ念テ徒ニ這《ノ》革嚢ヲ愛ス。一息纔ニ断ズレバ皆虫蛆《ソ》ノ為ニ食ハル、愛メ何ノ益ゾヤ。唯持戒苦行ヲバムヅカシ〳〵トノミ思フ事悲哉。我好ム事、無益ノ譚話、囲碁、双陸、吟詩、翫文ニハ精力ノ尽ルヲモ顧ス日ヲ暮シ夜ヲ明ス、何ゾムツカシク思ハザルヤ。ムツカシ〳〵ト念ヘバ、二時ノ食、大小ノ二事モムツカシ、勤ムベキ事ト念ヘバ三千ノ威儀八万ノ細行モ何ノ難キヿカアラン。今　大樹幕下ニ仕ル人ヲ見ヨ、昼夜暇ナクメ天下ノ政務ヲ聞キ、公私ノ用事ヲ弁ズル事ヲ。今爾們、朝ハ日高マデ寝、晩ニハ未ダ戌ノ刻ナラザルニ臥メ、修学功成ルヿナク徒ニ信施ヲ費メ未来ノ無間ノ苦患ヲバ何トセンヤ。凡ソ出家ノ衣食住処ハ皆以テ十方施主ノ信施ナリ。然ルヲ無能愚痴ニメ受用セバ、施主ノ福ヲ損ジ自分ノ罪ヲ増ス、悲哉〻〻。又、仏蔵経ニ、出家ノ人ハ如来ノ戒行ニ随順セヨ、若所須アラバ如来ノ白毫相ノ中ノ一分功徳ヲ以テ末代ノ一切ノ弟子ヲ養ヒ玉フニ乏シキ事ナシトイヘリ。今諸宗ノ僧侶、天下ノ俸禄ヲ受、禄ナキモノモ、衣食住処乏シキ事ナキハ豈白毫《(相)イ》ノ覆育ニアラズヤ。然ルヲ恩ヲ忘テ礼仏誦経ヲ怠リ、破戒無慙ニメ徒ニ信施ヲ受ンヿ国賊ナリ。寒山子ノ賊〻トノ玉ヘルハ是カ悲哉〻〻。

昔、晉ノ陶侃ト云者ハ陶淵明ガ曾祖父ナリ。常語《ニ》レ人《ニ》曰《ク》大禹《ノ》聖者《ナリシ》乃惜《シム》二寸蔭《ヲ》一至《テハ》二於衆人《ニ》一当《ニ》レ惜《ム》二分蔭《ヲ》一豈可《ンヤ》下逸遊荒酔《ノ》生《テ》無レ益二於時《ニ》一死《ノ》無《ル》レ聞《ルヿ》中於後《ニ》上是《レ》自《ミ》棄《ルナリ》也トイヘリ。況ヤ沙門ハ三界ヲ出離シ無上菩提ヲ期シ一切衆生ヲ度センヿヲ誓フ。若シ一念片時モ懈怠セバ是尽未来際マデノ費ニアラズヤ。

常ニ徒衆ヲ策励メ曰ク、大丈夫ノ意気ハ小事ニ心ヲ繋《カク》ベカラス。左太沖ガ詩ニ振《ヒ》二衣《ヲ》千仭《ノ》岡《ニ》一濯《ク》二足《ヲ》万里《ノ》流《ニ》一是大丈夫ノ志ナリ。今沙門ハ大志ヲ起メ一生ニ成仏ヲ期スベシ。一生ノ成仏ハ実ニ難ケレドモ、若此志ヲ起サズンバ未来ニ人天ニ生ズルヿモ尚得ベカラズ。況ヤ浄土ニ往生セン《(ヲ)イ》ヤ。世間之事モ亦然ナリ。一念懴《ル》レ之則ハ一句半偈モ諳《ソラン》シガタシ、大志ヲ立テ、勤《ル》レ之《ヲ》則ハ五千餘巻モ亦通ジツベシ。泰山之霤《アマンダリ》穿《チ》レ石《ヲ》殫極《タンキョク》之綆《ツルヘナハ》断《ツ》レ幹《キゲタヲ》ト此《ノ》言豈《ニ》虚語ナランヤ。本朝ノ僧安覚、唐ニ在ヿ十年、一部ノ蔵経ヲ暗記メ乃チ帰ラント誓ヒ、勤テ昼夜ヲ舎《ステ》ズ、已ニ其半ヲ記憶スト。宋ノ羅景綸嘗テ此僧ヲ見タリト鶴林玉露ニ見ヘタリ。大願ヲ発スニアラズンバ小事ヲモ成ズルヿアタハシ。学者言ヘルヿ有リ、善悪利鈍皆是宿習ナリト。此実ニ自棄ノ人ナリ、宿習ナリトイハヽ、貧富吉凶皆尓ナリ、然ヲ何ゾ貧凶ヲ厭ヒ富吉ヲ求ルヤ、迷ヘルヿノ甚シキ云ニタラス悲哉〻〻。故ニ和上常ニ大丈夫ノ気アツテ一切ノ事ニ於テ懦弱《ダジャク》ノ色アルヿナシ。

宋仁宗皇帝ノ勧学ノ文ヲ読ニ、無学ノ人ハ物ノ比倫ニ堪タルナシ、禽獣草木糞土ニモ劣レリト。儒士スラ既ニ是ノ如クイヘリ、況ヤ出家ノ人何ソ暗々朦朧トメ徒ニ日月ヲ送リ一字一句ノ義ヲモ暁《サト》ルヿアタハザランヤ。勉《ヨ》レ之《ヲ》勉レ之。夫破戒無戒ノ者ハ畜生無異木頭無異非沙門非釈種姓ト説リ、悲マザルベケンヤ、慎マザルベケンヤ。

常ニ誡テ曰ク、一切ノ書ヲ読ミ一切ノ事ニ通スト云トモ、若シ菩提心ナクンバ愚者ノ深信ニメ欺カザルニハシカジ。智弁有テ道心ナキハ所謂ル世智弁聰ナリ。弁ハ諫《イサメ》ヲ防キ詞ハ非ヲ飾《カザ》ツテヤ、モスレバ法ヲ破シ人ヲ破ス。調達カ六万法蔵ヲ暗記セルモ生身ノ堕獄ヲ免レズ。善星比丘ノ十二部経ヲ読ミ四禅定ヲ得タルモ未ダ五無間ノ苦患ヲ救フヿナシ。悲哉、今人世《(世智)イ》弁聰ナルヲ器用ノ人ト云テ称嘆シ、滑稽ノ弁アルモノヲ以テ学者ト号シ道人ト名ク。我未ダ知ラズ、其菩提心ハ一文不通ノ俗士ヨリモ劣レルヿヲ。子曰《ク》剛毅木訥《ハ》近レ仁《ニ》滑稽ニメ興アランヨリハ不レ如黙メ興ナカランニハ。

元禄十五年正月廿九日、蓮体江府ヲ辞メ河南ニ帰ル。時ニ和尚告テ曰ク、僧ノ死セシ後ニ儲蓄ノ財アルハ甚見苦シキモノナリ。見ズヤ其財アルカ故ニ、弟子師迹ヲ論メ官家ニ訴ヘ、或ハ其財ヲ以テ三宝ヲ住持スルヿアタハズ、奢侈《シャシ》ヲ極メテ却テ聖教仏具ヲ沽却スル輩世ニ多キヿヲ。我ハ死後ニ借金ヲ少〻留ムベキナリ。沙門ハ三衣一鉢盂耕ヲ以テ本トス、何ソ荘田奴僕ノ不浄財ヲ用ンヤトテ、常ニ衣服等ヲモ人ニ施スニハ、中ニモ善ヲ施シ悪シキヲ留メテ自ラ著シ、一生方丈ヲ建玉ハズ。天井ハ竹ヲ以テアミ土ヲ以テ塗ル。障子ハ襖障子ヲ用ス。世事ヲ簡略メ内外ノ書ヲ求メ、仏像ヲ造立シ、伽藍ノ再興スルヿヲ本トシ玉ヒ、登城ノ時モ多クハ徒行《カチ》ナリ。老衰ノ後ハ轎子《ノリモノ》ニ乗リ玉ヘ𪜈僕三人ニ過ズ。大名旗本天下ノ諸出家ノ中ニ、古キ轎子《ノリモノ》見苦シキ僕具シタルハ霊雲寺ヨトテマギレナカリケリ。

晩年入道ノモノハ俗情深ク染カ故ニ僧儀ニ順シガタシトテ座ヲ別ニメ著シメ大法秘法ヲ授ケ玉ハズ、伝法灌頂ノ師位ヲ許サレズ、唯一尊法ニメ可ナリ異ヲ好ムベカラズトテ常ニ呵嘖シ玉ヘリ。又甚ダ尼女ヲ遠サケテ近ツケ玉ハス。黄昏以後晨朝以前ニハ門内ニ入レズ。但灌頂ノ時ヲハ除ク白昼ニモ客殿ニ於テ接待スルノミニメ庫裏方丈寮ノ辺ニハ入シメズ。皆以テ高祖御遺告ノ文ノ心ニ順ジ玉ヘリ。柳沢出羽守殿此ヲ聞テ大ニ称美メ曰ク、出家ノ法実ニカクノ如クナルベシ、他後、予ガ妻子寺ニ詣ストモ方丈衆寮ニハ入玉フベカラズトテ感ジ玉ヘリ。

和尚常ニ謙遜ヲ第一トメ他人来テ拝スルニモ、僧ナレバ自他宗ヲ択バス必ズ答拝シ玉ヘリ。俗人ニモ士農工商ヲ問ズ迎送慇懃丁寧ナリ。唯シ本ヨリ大名貴人ナレバ却テ迎送ノ儀軽シ。或ハ諂諛ニ近キガ故ナルベシ。然レ𪜈慢心アルヿナシ。又平生ノ著述、詩歌(詩賦)ィ行伝記碑銘等七巻アリ。然レトモ耽翫シ玉ハス。諸尊法ノ表白等ヲバ必ズ自ラ製作シ玉フ。若人、詩章ヲ好ム者ヲバ甚ダ呵シテ曰ク、梵網経ニ説ク、阿毘曇雑論書記是断仏性障道因縁ト。凡ソ外典ヲ愛翫シ詩歌ヲ詠吟スルモノハ信心ヲ失フトテ常ニ誡メ玉ヘリ。

和尚常ニ正法弘通ヲ誓テ又他ノ面ヲ見玉ハス。故ニ疾病ニメ遷化近キ時ニ臨テ、医師船橋宗迪　台命ニ依テ来テ診脈シ問テ曰ク、何事モ心中ニ繫《カカ》リテ苦シキ事候ハ、仰ラルベシト。和尚答玉ハク、何事モ苦シミ候ハス、唯正法ノ興隆心ノ任《ママ》ナラヌカ苦ニテ候ナリト仰セラレシ、此実ニ獲麟ノ詞ナリ。此語ヲ思出ス度ゴトニアリガタク貴クテ涙禁ジガタシ。実ニ一切衆生ノ煩悩ノ病ヲ以テ菩薩ノ病トス。和尚正法弘通ノ願輪ニ乗〆来リ玉ヘリ。故ニ魔徒盛リニ〆正法ノ流通シガタキヿヲ病トシ玉ヘル事貴哉。

或人ノ曰ク、和尚一生ノ大功ハ普通真言蔵ニアリト。是誠ニシカレドモ、亦真言行者三密ノ行具足セズ、行用次第等疏略(ママ)ニ〆灌頂等ヲ行ズルニ(ニモ)イ実義ニ叶ハザルヲ改メテ、御請来ノ秘密経軌ヲ伝授〆世ニ流布シ、一尊法、別行次第、両界、護摩、諸尊法ノ次第ヲ新ニ撰シ、要鈔秘口訣ヲ記〆甚深ノ義ヲ述ブ。中ニモ真言ノ字義ニ於テ自在ヲ得テ釈シ玉フヿ旋転無窮ナリ。又印義ヲ説ヿ無导弁ヲ得玉ヘルカ如シ。大ニ廃タルヲ興シ断タルヲ継ク。此等ノ大功ハ恐クハ覚鑁上人ノ後ニハ吾師ニ侔《ヒトゴロ》フモノアルベカラズ。況ヤ諸宗ノ奥義ヲ極メ世間ノ詩賦文章マデニ達シ玉フヲヤ。

和尚常ニ曰ク、今ノ人ハ、事相者、教相者トテ各別ノ様ニ思フ、大ナル僻カ事ナリ。教相ノ極致ハ事相ノ極ニ顕ハレ、事相ノ大事ハ教相ノ至極ニアリ。昔シヨリ、教相ヲ学バザル事相者ハ火舎ノ蓋ヲ磬ニ用ヒ或ハ火舎ノ蓋ノ置所ヲ知ラズ〆行法ヲ勤メズ〆帰レリ。又、事相ヲ学バザル教相ハ(者)イ、顕密一致ナドト云僻解ヲ起シ、甚深無相法等ノ文ヲ解シ謬レリ。彼極位ニ説法ナシナドト云人ハ、教相ニモ暗ク又事相ヲバ少シモ伝ヘザル人ナルベシ。汝等勤メテ事相ヲ学セヨ。事相ノ中ニハ専ラ字輪観ノ字義門ヲ工夫スベシ。是ニ於テ悟入アラバ無窮ノ妙慧ヲ発セン。又、教相ヲ学セハ即身義、宝鑰、住心品ヲ第一ニ学スベシ。四家大乗ヲ初メニ学セバ必ズ顕網ニ堕シテ密乗ニ疎カラン。即身義、菩提心論ノ中ニ明セルハ教相即チ事相ニ〆無二無別ナリ。悲哉、今ノ事相者ト号スル人、鈴ノ振様、散杖ノ叩キ様ノミ知テ、未《ダ》曾テ醍醐ノ妙味ヲ嘗《ナメ》ザルヿヲ。彼《ノ》松橋ノスヂカヒ薦《コモ》、八祖礼ニハ赤蓋ヲ用ユナドイヘルヿ、何レノ経軌ヨリ出タルヤ、悲哉

〻〻。

常ニ諸家ノ弊《ツイヘ》ヲ歎テ曰ク、儒士若シ孔孟ノ教ヲ能ク守ラバ善人ナルベシ。法相、三論、禅、律、浄土、天台、花厳ノ諸宗モ、祖師ノ雅訓ヲ能ク守ラバ決定シテ浄土ニ往生シ、或ハ現生ニ五品十信ニモ入ベシ。悲哉《イカナ》世澆季ニ及テ浄信ノ人ナク、唯口ニ説ノミニメ内心ニ実ナフメ修行セザルヿヲ。仏法ハ置テ論ゼズ、老荘列子諸子百家マデモ、皆極ニ至テハ毘盧遮那ノ無量乗ノ法門ナリ、何ヲカ捨、何ヲカ取ン。高祖大師、十住心ヲ建立シ玉フニ横竪ノ二義アリ。横ハ即チ自利、竪ハ即チ利他ナリ。利他門ノ前ニハ浅深重〻アルベシ。若シ自行ニ於テ明ニ密号名字ヲ察シ、深ク荘厳秘蔵ヲ開クトキハ則地獄モ天堂モ仏性モ闡提モ空モ有モ偏円モ辺邪モ中正モ二乗モ一乗皆是レ自心仏ノ名字ナリ焉《イズレ》ヲカ捨焉ヲカ取ン。又云ズヤ、顕密ハ人ニアリ声字ハ即チシカラズト。密教ヨリ見ル時ハ一切ノ法皆毘盧遮那無量乗ノ法門ニアラズト云事ナシ。人是ヲ知ラズ、互相ニ矛盾《ムジュン》ヲ起シテ自ラ是シ他ヲ非ス、悲哉〻〻。

密乗ノ宗意ハ諸法ノ偏ナラザルヲ本不生中道ト云、一法ヲモ執セバ非ナルベシ、執セヌカ極処ゾト思フ念生セバ是則著ナリ、又中道ニ入ラズ。一切ノ法権一切ノ法実、一切法亦権亦実、一切ノ法非権非実ナリ、是ハ天台ノ法門ナレ𪜈、密教ヨリ見レバ即チ本不生中道ナリ。彼台家ニハ霧ヲ払テ月ヲ見ント欲ス故ニ非権非実ト云トイヘ𪜈、是ノ非権非実ノ霧ニ蔽ハレテ心月ヲ見ス。真言教ハ直ニ月宮ニ住メ見ルカ故ニ霧即チ月光トナル、非実非虚非如非異乃至外道ノ経書マデモ自心仏ノ名字ナリ。自心仏ノ名字ナリトノミ執セバ又即チ霧トナリテ仏心如満月ノ宮ニ住スル事アタハジ。

講経伝授等座数

法華経 依一如科註 聴聞僧徒一千二百餘人	四遍
大仏頂経　一千餘人	一遍
梵網古迹記　一千餘人	十一遍

天台四教集解　八百餘人　二遍
大日経住心品疏　八百五十餘人　五遍
普門品依選註　八遍
三教指帰刪補　二遍
理趣経　七遍
即身義　十五遍
声字義　二遍
吽字義　二遍
二教論　二遍
秘蔵宝鑰　四遍
般若心経秘鍵　六遍
菩提心論　七遍
悉曇字記　七遍
光明真言経　五遍
大随求陀羅尼経　一遍
宝篋印陀羅尼経　三遍
尊勝陀羅尼経　二遍
千手陀羅尼経　二遍

阿字観　五遍
薬師経　三遍
阿弥陀経　一遍
因果経　三遍
業報差別経　六遍
分別業報略経　一遍
善悪報応経　一遍
賓頭盧為優陀延王説法縁経　一遍
父母恩重経　一遍
般若心経　一遍
地蔵菩薩本願経　二回
盂蘭盆経疏新記　一回
遺教経　二遍
南山教誡儀　五遍
六物図　一遍
誡殺放生文　一遍
愚迷発心集　一遍
八斎戒作法　一遍

已上三十九部一百三十五処二千八百七十六会

諸儀軌伝授　五回

大日経疏伝授七十八会　一回

授諸尊法授諸真言血脈等会数　凡一千六百七十会

授菩薩戒三帰五戒八戒等会数　凡五百餘会

已上都合五千四十八会

剃髪弟子（比丘十三人 沙弥十二人）　四百三十六人

授伝法灌頂弟子　百六十七人

授印可受明灌頂弟子　一千六百三十一人

授菩薩戒弟子　一万五千餘人

授光明真言印契等者　五万餘人

授真言印契等者　五万餘人

授結縁灌頂者　三十万四千五十五人

授三帰五戒八戒十念等者　一百五十万餘人

撰述書

悉曇三密鈔　七巻

法華新註冠註　十二巻

法華秘略要妙　十二巻

大日経住心品疏冠註　九巻

即身義冠註　二巻

弁惑指南　四巻

光明真言観誦要門　二巻

梵網菩薩戒諺註　一巻

念珠略詮　一巻

普通真言蔵　三巻

瑜伽課誦　三巻

妙極堂教誡　一巻

二時食作法　一巻

施餓鬼作法　一巻

真言伝授作法　一巻

三大義図

右十六部現流布

二教論通解　同娑蘗羅鈔

悉曇字記鄔那地鈔　大仏頂首楞厳経疏冠註

四教集解冠註　梵網古迹集解(記)イ
三教指帰註冠解　理趣経秘鈔講要(純秘鈔)イ
秘鍵講要　菩提心論講要
秘蔵宝鑰講要　吽字義講要
声字義講要
已上十三部未梓行
秘密諸尊次第口訣要鈔等　三百餘巻
元禄十五年十二月廿九日
河南薬樹山延命寺苾芻蓮体書四十載(在判)イ

上田道雲世系ノ事

上田氏ハ天子ヨリ賜リタル氏ナリ。古老ノ伝ニ曰ク、昔シ泉州泉《ノ》郡ニ男鬼アリ、人里ニ出テ人ヲ害ス。又小西見ノ里ニ鬼アリ、女鬼ナリ。即チ泉州ノ鬼ノ妻ナリ。倶ニ人ヲ執リ食フカ故ニ万民是ヲ愁トセリ。時ニ帝皇ヨリ募リ玉ハク、若シ此ノ鬼ヲ退治スルモノアラバ勧賞ハ乞ニ任セラルベシトアレ𪜈(アリケレ𪜈)イ、武士モ敢テ此ノ鬼ヲ退治スルモノナシ。時ニ道雲ノ先祖ニ勇悍ノ人アリ。即チ弓ヲ以テ此ノ鬼ヲ射テ殺シヌ。万民大ニ悦テ、事ヲ以テ禁中ニ奏スルニ、天子大ニ叡感アッテ勅シ玉ハク、国ノ大ナル害ヲ除クヿ其功並ヒナシ。何事ニテモ請ニ随テ賞セラルヘシトアリケレバ、彼人奏メ曰ク、官位俸禄金銀財宝ハ本ヨリ望ミアルヿナシ。願クハ姓氏ヲ賜テ後代ニ遺サハ豈莫大ノ恩ニアラザランヤト。依テ上田氏ヲ賜トイヘリ。其人、鬼ヲ射タル弓矢今ニ伝テ観心寺光明院ニアリ 光明院代代上田氏ノ人住持スルカ故ナリ 然ニ元禄十六年癸未、賢勝並ニ道雲三十三回ノ忌ニ当レリ 光明院先住賢勝上田氏ノ人ナリ 死去ノ後、他ノ氏ノ人住持スルヿ両三人ナレ𪜈縁ナクシテ或ハ病ヲ受ケ或ハ災アリテ住シ得ス。且ツ蓮蔵院孝性、元禄十五年七月五日ノ夜ノ夢ニ賢勝来テ告テ曰ク、明年ハ我カ三十三年ナリト。孝性夢覚テ賢勝ノ忌日何ノ日ト云ヿヲ知ラス。普ク問ニ七月六日ナルヿヲ知テ不思議ノ思ヲナシ、蓮体ニ語テ曰ク、悪鬼ヲ退治セル弓矢、光明院ノ寺宝タリトイヘ𪜈、氏人住持セサレハ守護スルヿヲ得ス。今茲、賢勝及道雲 道雲ハ賢勝ノ従父兄ナリ ノ三十三回忌ニ当レリ。願クハ此ノ弓矢ヲ以テ永ク延命寺ニ寄テ鎮トセン。予大ニ悦テ曰ク、今歳道雲ノ三十三回忌ニ当テ先師浄厳ノ行状ヲ記ス。然ニ先祖悪鬼ヲ退治セル弓矢還リ来テ寺鎮トナルヿ奇ナラスヤトテ即チ受取リテ寺宝トセリ。上田氏ノ先祖ノ事幾百年ト云ヿヲ知ラス。道雲ノ父ヲ浄通ト云、浄通ノ父ヲ浄雲ト云。浄通、子ナフメ金剛山法起菩薩ニ祈テ道雲ヲ生セリトイヘリ。上田氏ヲ賜リシ時ノ綸旨ハ曾テ豪客ノ為ニ持シ去ラル。今和州ノ人此ヲ持ストイヘリ。

如順尼神遊兜率記

如順尼ハ者武州豊嶋郡ノ上尾久村江川氏カ之養姪ナリ也、享保戊戌之夏、受テ二重病ヲ一絶スルヿ二漿飲ヲ一也数日、百寮拱クレ手ヲ、四月三日終ニテ至リ二属纊ニ一頻リニ譫語スラク、妾偶マ入テ二浄刹ニ一忝ク蒙ル二教示ヲ一、是レ何ノ幸ソヤ哉、早ク交サンメ染奉ニ事セント聖衆ニ一、瞻病者ノ大ニ驚ク、至テレ暁ニ病頻ニ痊ヘテ飲食スルヿ如シレ恒ノ、親族僉ナ喜ヒ怪ム、既ニメ而語テ曰ク、妾如クレ夢ノ到ルニ二天宮ニ一、光明赫奕トメ奇香馝馞タリ、瑤池宝樹、霊禽音妙ニメ雅楽遠ク聞フ、瞻望スレハ金殿玉楼アッテ播蓋飄颻シ、曼陀乱墜ス、到ルニ二一ノ大殿ニ一、香衣ノ比丘在リ二高座ニ一、無量ノ僧俗囲遶シテ聴クレ法ヲ、妾漸ク近イテ二座前ニ一膜拝ス、比丘告テ言ク、善来善女汝カ病ハ病業ノ所ロレ果ス、耆婆扁鵲モ不レ能ハレ治スルヿ、若シ出家セハ者転メレ業ヲ増セントレ寿ヲ、妾雀躍メ白ク、我レ今ニ祝髪セン、願クハ師証明シ玉ヘト、師ノ曰ク汝チ莫レ忘ルルヿレ約ヲ、必ス剃髪セヨト矣、妾聞テ二慈誨ヲ一身心適悦シ、即チ問テ曰ク、此レハ是レ何レノ処ソ、阿師ハ何人ソヤ乎、師ノ言ク我ハ霊雲寺ノ開山浄厳ナリ也、此ノ処ハ都率ノ内院ナリ也、我カ生平所ロレ誓フ、世々生ニ二閻浮ニ一、弘ニ通シ密乗ヲ一、広ク導カントニ群迷ヲ一、而モ若キ木薪尽、以テノ二行蔵有ルヲ一数故ニ、少間シバラク居メレ此ニ竢ツノミ二機興ルヲ一耳、汝モ亦タ頗ル有テ二宿縁ニ一神ニ遊ス二于此ニ一、必ス薙染メ堅ク持セヨ二斎戒ヲ一、今時ノ僧尼以二破戒ヲ一故ニ皆ナ堕ス二地獄ニ一、尤モ可シレ哀シム也、次ニ見ルニ二傍ノ一室ヲ一、老僧構ヘテレ壇ヲ修ス法、妾又問フレ師ニ伊ハ誰ソヤ人耶、師ノ言ク生馬ノ般若窟宝山比丘ナリ也、願力ノ故ニ同ク来生セリ、伊モ未タレ能ハ成スルヿ二悉地ヲ一、予モ亦タ成仏ハ猶ホ迥カナリト也、又覗ニ二一ツノ宝宮ヲ一有イマス二高僧一、威光赫如タリ、妾又問フ、彼レハ何人ソヤ、斯ノ師ノ言クハ此レハ是当来導師弥勒慈尊、即チ我カ弘法大師ナリ也、汝チ値遇ノ因縁不レ浅カラ、必ス出家進修メ、慎テ勿レト二懈怠スルヿ一矣、妾歓喜メ徹ス二骨髄ニ一、病苦忽ニ除コル、悔イカナ哉復タ還ルヿト二下界ニ一、歔欷トメ而拭フレ涙ヲ、諸人聞テレ之ヲ驚歎スルヿ不レ止マ、或ハ泣キ或ハ羨ム、伯父カ曰ク、我レ養フヿハレ汝ヲ為メナリレ令カレ継ニ我家ヲ一也、然レトモ値テ二遇聖僧ニ一発シレ願ヲ延レ命ヲ、何ソ暫モ得ンヤレ覊クヿヲ二庶中ニ一乎、即チ許ス二出家ヲ一、同ク二十一日被ニ服メ

畦衣《ヲ》一作《ル》二近住尼《ト》一也、高野山多聞院昶遍阿闍梨、在《テ》二東都一記《〆》而伝《フ》焉、貧道親二炙《スルヿ》先師《ニ》一三十年、曾《テ》知《ルカ》二師意願《ヲ》一、尼之所《ロ》レ語実《ニ》〆而不レ妄《ナラ》也、又宝山湛海和尚、精二勤《スルヿ》於生馬《ノ》峯《ニ》一四十春、影不レ下《ラ》レ山《ヲ》、享年八十七、正徳乙未《ノ》臘八《ニ》集《メテ》二徒弟《ヲ》一告《テ》曰《ク》、予一生苦行確乎《タル》勇心、現世当《ニ》下得《テ》二悉地《ヲ》一延《ベ》レ寿《ヲ》持《〆》二肉身《ヲ》一待《ツ》中慈氏《ノ》下生《ヲ》上、然《レモ》宿福薄《シ》而閉眼在《リ》レ近《キニ》、従《リ》二今日一改《ム》二願《ヲ》乎都史《ノ》内宮《ニ》一、汝等其《レ》知《レト》レ之《ヲ》、即奉《チテ》レ対《シ》二本尊不動明王《ニ》一立《ルヿモ》二誓言《ヲ》一亦復如《タ》レ是《ノ》已《ンヌ》、而正徳丙申正月十六日蛻《〆》而上生《シ玉ヘリ》、尼言若《シ》レ合《セタルカ》二符節《ヲ》一也、嗚呼奇《ナルカナ》哉、先師戢化《ノ》之時《ハ》女始《テ》四歳《ナリ》也、未《タ》レ見二二師之面《ヲ》一、忽有《ルヿ》二此感通《ニ》一誰不《ンヤ》二信伏《セ》一耶、今茲丁《テ》二海公《ノ》大祥諱、我師《カノ》十七回忌《ニ》一聞《テ》二不思議《ノ》事《ヲ》一且《ツ》喜《ヒ》且悲《ツム》、曼々《タル》長夜何《レノ》時《ニカ》旦《アケン》、正知《ル》二師之徳啓明長庚之炯《ノ》二〻《タルヿヲ》西東《ニ》一、況《ヤ》高祖待《玉フヿ》二龍華之春《ヲ》一日月麗《ルヲヤ》レ天《ニ》乎、不肖与《ト》二江川氏一有《リ》レ故、惜《ムラクハ》昶遍記《ノ》脱《スルヿ》二生馬事《ヲ》一、故不《ニ》レ顧《ミ》二蕪辞《ヲ》一再記《ヒスト》云《フ》、旹享保三歳次《ニ》戊戌一霜月二十七日河南九華山

六隠乞士蓮体書

病中偶成

胸間一肘月華開　即是天宮覩史台

自有聖尊依位坐　復無魔鬼得便来

金剛幢上万珍雨　鳥鉢花中塵念灰

猶頼願王悲願力　珊瑚殿中託蓮胎

浄厳大和尚年譜艸稿

（内題）霊雲開山浄厳和尚年譜

東都宝林後学沙門光衢編

寛永十六己卯

和尚法諱浄厳、字覚彦、河之錦部郡鬼住郷人、俗姓《ハ》上田氏、世為二郷邑長一、父名二道雲一帰二心仏門一、母秦氏厚奉二三宝一、覃レ孕二於師一、身心軽安、太悪二葷羶一、遂乃以冬十一月二十三日吉祥而誕、及二其生一慈母無レ悩、腥血不レ流、猶レ獲二裹レ帛之子一、俗称二乾子《カラコ》一

十七年庚辰

十八年辛巳

和尚二三歳、神志高邁、聡明穎敏、恃怙〔頭註・詩小雅、無父何怙無母何恃〕鐘愛切、及レ啖二其乳一、伸二右頭指一加二母胸間一、書二梵漢字一、郷閭尚二其無師智一

十九年壬午

和尚三四歳、能誦二普門品、尊勝咒等一、未レ須二師之提撕《スルコトヲ》一、

一日語二其厳父一言、余欲二薙染一、乞呼二空海一、父諭曰、汝未レ知耶、前《（ママ）》野山大師帯二此号一、汝儔奈得《ソテ》称レ之、於レ是自称二空経一、専楽二僧伽之風一、

二十年癸未

和尚四五歳、手采清操、善能二於書一、乃握二巨管一書二於仏号経文一、至二其揮レ筆落一レ紙、雲鵠飛遊、淵龍騰躍、人得《ル寸ハ》二其一字一、秘二蔵函底一以擬二欣賞一、一日語二恃怙一言、吾当下就二此地一営中建精宇上、其地是堂其地是門《ナリト》、兄姉傍詰曰、雖二言是然一闕レ財何、師顧視曰、満地黄金任レ手取用、其意気如レ是、有レ人登二熊野一帰来語二其所観一、師傍聴曰、吾復知レ之、所謂南山熊野餘勝境其相如レ是、一一示語如二歴観一、聞者問曰、児共レ誰詣、応曰、頃日伴レ師去、人以奇、師生平悪レ見二葷羶及女人一、身不レ出二母懐一、以レ故其僕、荷二負于肩一哺育、一日水戯至レ夕、僕携二乾魚一棄二其傍一、蓋止二水戯一、師観不レ欣奔趨而去、自レ爾已後敢不レ至二其水畔一、里俗甚奇、

正保改元甲申

和尚五六歳、肥之前州大徳桂巌禅師、寓二檜尾山観心寺一

講ニ碧巌録一、師復陪レ席、既而還レ郷、大聚ニ親族一復講レ之、
比ニ巌公講一未レ無ニ毫釐之差一、衆歎ニ其偉材一、

二年乙酉

和尚六七歳、遍詣ニ霊区一寺僧授ニ其旧記一、読レ之如ニ熟読一、一日僕語レ師曰、吾当求ニ鮮魚一薦レ君、如レ是数回、秋七(九)月二十九日、僕身相非レ常、眼赤キコト如レ血、瞋面怒声言、吾是空海ナリ、父母則観音地蔵、欲レ興ニ密乗一故暫来レ此、然汝何故言レ薦ニ鮮羶一、如レ是両時許、父叔兄姉誦ニ密咒一懺悔翼乞レ赦、稍久而熟睡、明旦問ニ昨夜一唯記ニ身心戦慄セルコトヲ一、餘不レ記レ少、親族雖レ不レ語レ人、依ニ徳香無一レ覆、衆人自聞倍生ニ渇仰一、

三年丙戌

和尚八歳、初攀ニ高野一礼ニ霊跡一、時勢陽良典公贈レ詩曰、
精神夙発八齢初　不レ業ニレ駆烏一業ニ読書一　値遇因縁君莫レ忘　当来先度等ニ陳如一　凡景慕如レ是

四年丁亥

慶安元年戊子

和尚十歳、登ニ南山一寓ニ悉地一、遂礼ニ検挍雲雪公一、髹(ママ)納戒、師レ之事レ之受ニ其業一、及ニ雪公順世一、去寓ニ釈迦文一、師ニ朝遍大徳一、習ニ学密乗一

二年己丑　三年庚寅

四年辛卯

和尚十三歳、苦学精修、窓前凝レ眸、才名大揚、諸人景慕、紀陽侯源黄門南霊君、風聞ニ其徳一欲ニ相見一、以レ之告ニ遍公一、公携レ師謁ニ大守一、大守饗応慇懃、命ニ侍儒一令レ授ニ唐刻書一、則通鑑綱目序ナリ、和尚欣然披レ巻、唔咿読畢、敢無ニ難色一、紀侯及文学皆称ニ其神智一、

承応紀元壬辰　二年癸巳　三年甲午

明暦元年乙未

和尚十七歳、随ニ南院良意僧都一、漸次稟ニ受十八契印、〔傍註・中院流〕両部広法、及護摩密軌一、修習精勤者殆二百餘日、多有ニ祥瑞一、

二年丙申

和尚十八歳、礼ニ金剛山住侶実相院主長快公一、沐ニ二界灌頂一、

三年丁酉

和尚十九歳、隷二名野山一結二交学侶一、師生平苦学、不レ問二厳寒溽暑一、絶二遨遊一離二雑語一、朝暮日夜閲レ書、不レ憚二労倦一、凡其密部典籍、与二法華華厳倶舎唯識諸典一、乃至二諸史百家書一、未二曾有一ア不レ窮二其奥一、詩文巧妙、類二李杜儔一、字画清操、対二義献輩一、遍公美二其気宇一、抛二四百兼金ヲ一、贖二数千唐書一附レ師令レ典、師昼夜耽学終未レ残二一字一、

万治元年戊戌

和尚二十、随二良意僧都一、受二安流許可一〔傍註・六月廿八日〕

二年己亥　三年庚子

和尚二十二歳、遍公荷二幕下厳命一、補二宝性主席一、師復従去、修学弥励性、不レ恥二下問一、有レ所レ疑毎レ逢必決、而及レ臨二勧学論場一、弥天弁鋒当無レ人、衆挙褒賞、

寛文元年辛丑

和尚二十三歳、礼二南院良意僧都一、登二伝法阿遮(闍)梨職位一、既而随二遍公東行一、僑二居江城南畔一、歴二四年一還レ山、

二年壬寅　三年癸卯

四年甲辰

和尚二十六歳、辞二東武一帰二南山一、而随二南院意公一受二安祥法流一、竭二其底蘊一、遂得二附法印璽一、於レ是欲二野沢淵源同一一、誓下研二究両派一回中於倒瀾上

五年乙巳　六年丙午

七年丁未

和尚廿九歳、礼二朝遍法印一、重稟二受印可一、〔傍註・十一月十五日〕及伝法密灌一、〔傍註・十二月十三日〕師平生妙達二諸曲一、観二聞他律音一、慨然乃自訂二正理趣譜曲一鏤メテレ梓示レ此、一日抵レ几歎曰、嗚呼鼎峰学業是廃、俯聞二古徳言一不レ知二悉曇一半真言師、今誰能識レ之、不レ識何称二真言師一、於レ是自切磋、自琢磨、習二学於梵言一

八年戊申　九年己酉

十年庚戌

和尚三十二歳、就二南山一講二即身義及悉曇字記等一、学徒雲集満レ庭擁レ門、朝遍良意諸公弥加二愛重一、左氏曰、女無二美悪一入レ室見レ嫉(妬)、士無二賢不肖一入レ朝見レ嫉、実哉是言后生亀鑒、爰有二頼周者一、共レ師侍二遍公一、狼心狼戻我慢自挙、見二師英才一心太妬レ之、今歳孟秋、遍公東都之行アリ、

以レ師命二監寺一、命レ周令レ知二賓客一、周謂吾徳行過レ彼、臘次高レ渠、監寺吾当、何嘱レ彼、若如レ是、如二釈迦文一恐為レ彼、不レ如害レ彼、而其儀《ヨソオイ》間現レ外、和尚以為、身是法器、宜三保嗇興二隆密乗一、不レ如避二此難一、遂而還二桑梓一、〔傍註・詩経小雅、維桑維梓必恭敬止、靡二瞻匪テ父靡二依匪テ母〕意公駭然、遣二門生一暁言、子何故帰郷、与レ周有レ却、吾力令レ和、早帰二故山一、恃怙親族皆言、居二宝性監院一還レ郷、仮使有レ讐、恐是肖(ママ)レ衜、和尚於レ是顧二師主教訓一、慮二父母厳命一、忘レ身登二野峰一而入二南院一、意公招レ周曰、子何故欲レ害レ彼、周曰、未三曾有二毫釐怨念一、意公欣然言、僧伽梵名翻二一味和合一、子等自二今日一以往同心学レ道、乞莫三違乖一、又呵二和尚一曰、周子無レ怨、吾子何故木朽見二鬼形一、向後当レ如二縄麻糾合一、和尚曰、諾、而還二宝性房一思惟、周心未レ快、今宵恐害、遂去二自房一入二他室一、晩年僧某監二師房一、夜垂二三更一、周執レ燭提レ刀入二師室一、晩年僧咳嗽立、周見奔去、明旦以告レ師、師曰、吾曾知レ之、又以為恐是邪神祟、宜祭レ之弁二備香華一、上レ堂修レ供、至二夜深更一、周提二利刀一穿二師左腋及頭上一、師高声喚奔逃、諸人驚駭馳集、失二周所在一、意公聞レ之駭然諭レ師曰、是吾謬率至レ是者也、若知二其如テ是、何勧二子帰院一、哀歎太切、父母復甚愁レ之、乃命レ駕招二于枌楡一、療二其瘡疵一、不レ日復レ旧焉、

十一年辛亥

和尚三十三歳、猶在二枌楡一、意公亦求レ帰レ山、和尚思忖、今運膺二澆季一、修学荒廃、偏耽二利養一、飽求二名聞一、吁〻淳源難レ尋、弊風易レ起、自二其耽テ利、孰二若耽テ学、自二其求テ名、孰二若求テ道、当処二閑寂一策二励三業一、固辞而遂不レ還、而求レ削二衆名一、今年正月二十六日朝公寂、秋九月厳父道雲、家兄良清(道清)尋逝、師休隠思倍切、養レ母住二枌楡一、近里道俗慕レ風礼謁、指不レ勝レ屈、天野山諸徒、請レ師令レ講二普門品一、観心寺衆、招レ師開二即身講一、聴徒雲集滅悪生善、又講二理趣般若一、報二賽朝遍法印恩徳一、

十二年壬子

和尚三十四歳、春就二枌楡一刱二如晦菴一、而赴二檜尾山地蔵院主請一、夏講二菩提心論及理趣経一、又為二加賀田村民一講二普門品一、亦勧二桑梓処民一請二大般若経一鎮二常楽蘭若一、

延宝改元癸丑

和尚三十五歳、春於二清水一講二因果経八斎戒一、於二茱萸木新田一講二普門品一、又赴二古野極楽寺一講二阿弥陀経一、而還二如晦菴一、礼二快円慧空律師一、受二菩薩大戒一、一日、南山旧友理智門者、来謁語レ之曰、聞説、吾子受レ戒持レ斎是《ナリヤ》否《ヤ》、師答曰然、門曰、吁子何故、棄二仏性妙戒一護二権教律儀一、所謂愚童持斎心酷《ハナハダ》堪レ可レ憐、和尚応レ之曰、姫魚語レ汝、凡夫釈門三学、以レ戒為レ基、苟戒根不レ立、定慧依レ何、以レ是華厳初頓説二心地十重四十八軽《ヲ》一、涅槃中扶レ律談レ常、況又遮那経曰二尸羅浄無欠一、蘇婆呼等経説二受八戒一、故高祖遺誡言二顕密二戒堅固受持一、又曰下於二東大寺戒壇一受二具足戒一、三年錬行而後、可中登二于南山一、習学於密乗上、取意所謂仏性戒者三聚浄戒、一切尸羅、一切律儀皆摂二此中一、吾子所謂三摩耶戒者何耶、恣飲二噉酒辛一不レ護二四夷《ヲダモ》一、是則仏性妙戒否、恐是但念婬食如彼羝羊者也、門赧然無レ語、稽顙而去、

二年庚(甲)寅

和尚三十六歳、於二泉之小寺(代)村常念寺一講二即身義一亦赴二丹南県(郡)発光(ママ)寺之請一講二薬師経一、既而還二故居一、春三月和尚思念《スラク》、夫此密蔵法、源惟一《ナリ》、師資相承支派則別、苟不三集大成一安能得レ観二淵源深広一耶、然密教専貴二其口授一、今既得二野流底蘊一、未レ見二広沢淵源一、応下訪二明師一稟中承沢流上、遂共二僧龍海弟子蓮体一入二京城一、東山観(ママ)喜院主、点二臥雲菴一請レ師、師欣然而往、呰神鳳政律師、欲レ梓二修善要法及観行要法二典一、師因助二其校閲一、尋訪二明師一得レ遇二仁和顕證音公一、證公徳望高レ時、見レ師欣然曰、吁我歳老、幸遇二此良器一、乃就二尊(ママ)者道場一、授二密経秘軌蘊奥一、又師則得二高山法鼓台聖教一書写功成、而證師以二老衰沈痾一辞二其伝法一、和尚猶以レ未レ尽二其底蘊一、尋見二法務大僧正孝源一、以告二求法志一、源公美二其志一、乃傾二附函底一、具閲二三年一、更無二餘蘊一、和尚歓躍之餘、謝以レ詩曰、日日転来正法輪　万年枯木已回レ春　舌端非二是自家箒一　稍覚掃二除心裡塵一　時檗山道光禅師与レ師甚善、光師曾梓二大蔵一以鎮二檗山一、一日率二和尚一令レ閲二其所刻一、和尚喟然歎曰、吁〻予思、今也運膺二澆季一人太尫弱、如二夫密軌一若干百軸、誰能書写、所レ希寿二諸梓一以助二弘通一、暦二諸懐一既日久矣、今覃レ閲二大蔵一我願方成、冀抜二粋密軌一以示二同

学二、禅師乞レ憶之、光公欣然諾、則択二密軌一若干軸、別題称二秘密儀軌一、通計若干軸、以流二遐方一以益二密徒一、和尚甚喜謝、

三年乙卯

和尚三十七歳、春詣二誉田一講二理趣般若一、二月講二法花東野蓮花（光）寺一、依二一如科註一、是書則草山不可思議鏤二刻于梓一、既而棄二置書肆一敢無二識者一、和尚覧如二沙中得一レ金、今歳及レ講二妙蓮経一、布二是諸方一、緇流輻湊解撮二此書一、而後集二普通真言蔵一成附二諸剖劂一便習二密徒一、秋七月、再入二仁和一倍継研稟二沢流蘊奥一、僧正孝源命レ師令レ補二於洛西般若之席一、寺則観賢僧正遺地、九月帰二河陽一、就二常楽精舎一講二即身義一、又講二梵網一、受菩薩戒者若干指、又応二伯父良信之求一著二於諺註一、冬刱二建泉之大鳥高山寺一、

四年丙辰

和尚三十八歳、於二常楽精舎一初開二学法灌頂壇場一、平等（ママ）思忖、曾観二襄祖行状一、跨レ海入レ唐、随二青龍和尚一受二両部密灌一、時六七両月、而至二八月上旬一沐二伝法灌頂一、其六七両月灌頂者何、所謂学法、是又名二持明一、伝密之人、先浴二此密灌一徧学二於諸尊経軌一、而後登二阿闍梨職位一、夫襄祖悉撮二軌於青龍一、遂帰二本邦一、行二学法伝法二種灌頂一、自レ爾已来師資相継而及二実厳等一、豈兵革競発授受無二餘暇一、於レ是倏廃、然而迨レ今、流二其弊風一者四百餘歳、所レ希力回二其倒瀾一、遂探二経軌章疏幽賾一、編二其儀則一、春二月、遂果二其所志一、復行二許可及結縁灌頂一、其受レ之通計一千六百餘人、各嘗二醍醐之醇味一、悉沐二甘露法雨一、三月入二仁和一継二承西院法流一、而後欲レ円二苾芻大戒一、就二鳴暴（瀑）般若寺一、豫依二一字頂輪王時処念誦儀軌一、精修錬行、得レ感二好相一、傍聞同二西大円国師所感一 遂以二仲夏十有四日一、於二泉之高山錬若一、共二慧隆念一自誓納二満分戒一、南紀慈光精舎玄忍海公、証二明於之一、次安二居于高山寺一、応二円行頼円等求一伝二授密軌一、七月於二来迎寺一講二於秘鍵一、八月講二三教指帰於竹谷之明王一、集二講筵一者凡二百餘人、冬十有二月継授二密軌於高山寺一、因輯二二時食及施餓鬼軌則一、〔頭註・春二月希勤出家九月琛出家〕

五年丁巳

和尚三十九歳、春正月講二理趣般若於枌楡之如晦庵一、蓋

薦二朝遍法印七廻之遠忌一也、次赴二泉之陶器一、依二処民之慇請一、講二善悪因果経及尊勝咒経一、二月行二密灌於常楽寺一、其浴者総計二千四十餘人、又応二播州之請一、而於二飾東之牛堂山国分寺一、講二即身義一、又講二梵網経一、受二大戒一者若千餘人、止二酤酒一者十又餘人、而又開二灌頂曼荼羅一、霑二于法雨一者五千餘指、次至二印南山報恩寺一、講二普門品一、以宣二揚聖尊霊応一、受二其光言五八一者、指不レ勝レ屈、寺則西大末院識二昔其律院一失二僧儀一覃レ開二和尚化揚一改為二清浄律祖一曾立二禁葷酒牓一夏五月、欲レ建二延命寺于枌楡一、及レ平二其基地一得二古簡一帋一、開誦レ之則厳父道雲公之誓状、

其詞曰、元和語今訳　去正保二年九月廿九日、弘法大師記レ僕言《ノ下フ》二汝是観音、而疑雲霧欝然、一夕夢、自身則同二等如意輪尊一、覚後所レ疑倏忽而散、余慮レ当レ帰二如意輪尊一、属二求其像一告二僧仙良一、而良負レ笈至二南紀一、信二宿于河野辺里一、五更夢有レ人、告レ良曰、湯川町大納言亭、有二一軀聖如意輪像一、汝得授《ケヨ》レ雲、而良至二相公館一求レ之即得、帰来授レ余、予歓喜之餘、信敬倍深、奉二之仏室一朝懺暮悔、而正保三年三月十九日、欲レ知二現世及将来之事一、啓二告聖尊一、半夜夢《ミラク》、本尊告レ予、曰二日本本願正一、覚後、自円知下叔子空経、住寿長遠、福智円備、広弘二正法一、普利二群生一、転二此厦屋一刱二建清浄仏宇一、為二日本第一正法住持宝刹一祥瑞上、伏乞以二平生持誦之力一、生〻護二持無上妙法一、世〻利二済無辺有情一、仰願両部曼荼海会聖衆、梵釈四王、龍天八部、殊別扶桑国裡大小神祇、還二念本誓一照二覧我心一、滅二過去劫〻罪障一、継二未来永〻仏種一、殊別叔子空経、福寿鞏固、厄難殄滅、不レ期二未来一証二無生忍一、不レ越二現生一満二無上大願一、維時正保四年正月二十五日道雲敬言《ス》、

和尚一見感涙難レ禁、而問二之親族一、語二師七歳事一、師欣然而住二奇異想一、而作二営構之務一、粤問二其濫觴一、昔日有二一草堂一奉二地蔵菩薩石像一、村民篤信士等、転レ之欲レ造二精宇一、聞二之仁和法親王一、乃賜二於令旨一、号二伽羅山延命寺一、旹略曰、今以二伽羅山延命寺一扁二其草堂一、永以為二正法興隆之地一、時承応二年三月廿日、其令旨中、以二空経一号書二寺主位一、時和尚雖レ在二南山一、満寺高僧聞二其令名一、曾識二所生地一、冥令レ補二其席一、自レ爾已来、具閲二二

十四載春秋一、和尚自握二営建之斧一仏閣僧房成二其績《ヲ》一、丹青焜煌映二于林巒一、猗《アヽ》奇哉、以二薬樹一名二其山一、以二延命一牓《ス》二其寺一、昔日今日如レ合二符契一、秋七月於二泉之陶器大村寺一講二梵網一、受二大戒一者五百餘指、九月僧房食堂告二其成一、因講二四教集解一、又授二於密軌一、四来負笈之士、喬二居于民屋一陪二厠于法筵一指不レ堪レ数、冬極月神鳳政律師示レ寂、和尚製二其行状道影賛一、

六年戊午

和尚四十歳、春二月開二灌頂曼荼羅於薬樹山一、三月下澣、赴二讃州善通之請一、寺則在二多度郡屛風浦一、是蓋曩祖誕生之遺址、而先応二寺主有謙之求一、講二善悪因果経一、次開二妙法蓮華経之講筵一、越二六月一終二其功一、今年九月夏、炎熱溽暑、屋蒸《イエムシ》地穿《メル》、衆庶傷悼《スルヿ》甚、礼二和尚一慇懃乞レ救、和尚則就二於四階堂辺之池中一経二営於小祠一、請二善女龍王一、又持二菩提場咒一千遍一、兼血二書梵文一法二施于龍王一、須臾密雲靉靆、甘雨滂霈、万民歓楽、然又講経之餘暇、登二金毘羅山一、見二万農池一、是則弘法大師手親所二穿鑿《下フ》一也、而過二曼荼羅、弥谷、万恒之諸藍一、或攀二五岳絶頂一、或渉二捨身嶺頭一、是蓋追二慕曩祖之遊歴昔一、州大守羽林次郎将頼重源公、聞二師道化一欲レ謁二見之一、則遣二観興寺主増弁一求レ来二高松城一、和尚期二於講畢一諾、九月重陽終二法花講一、暨回二駕観音寺一、次過二塩飽牛島一、為レ化二船商等一講二随求経一、復鏤二之梓一令下安二船舷一以禳中海上災孽上、而入二高松城一寄二宿于蔵六庵一、網干屋是性即心カ亭後改二法住一 庵主是性、請二和尚一転二理趣千部一以追二薦考妣之冥福一、而至二屋島寺一講二即身義一次登二八栗三朶峰一、是則空海大師修二於聞持一之地、又過二酒田之観興寺一、寺則観賢僧正誕生之地《ナリ》、而緇流若干指、迎二石清尾阿弥陀院一即講二三教指帰一、大守源英君毎レ日臨二其講肆一、而寄二宿于西願寺一、極月移二居林氏別業一、

七年己未

和尚四十一歳、春正月講二即身義一、十日初謁二源英公一、信敬倍深執二弟子礼一、二月講二梵網於聴徳庵一、大守幷貞娘、日臨二其講筵一、三月大守建二現證庵一迎レ師令レ居レ之、夏四月省《ス》二母於桑梓一、而赴二讃州一、英公発二巨艦一迎請、五月講二宝鑰論於観音寺一、六月止二北鴨桑多山道隆寺一、加二持土

砂二一七ヶ日、又講二阿字観一、七月過二豫州有麻郡一入二高松城一、而講二秘鍵於現證庵一、又講二理趣般若一、九月帰二于延命一省二覲於母一、冬稟二尊覚(ママ)空公嘱一、董二席高安之教興寺一、寺則聖徳太子手創之地、興正菩薩再建之場、雖レ然数百年来偏為二烏有一、師力《メテ》励二営構之志一、

八年庚戌(申)

和尚四十二歳、春二月於二延命寺一行二密灌一、沐者五百餘人、三月至二讃之高松一、四月講二法花於聴徳庵一、陪二法筵一者三百有餘、五月講半而止、八月朔続講、応二英公求一著二秘略要抄(妙)凡十二巻一、一日和尚語二英公一曰、明年是、凶支干納音、金尅レ木、以レ故五穀不レ熟、四海不レ安、災必及二大人一、於レ是延喜辛酉、菅相丞道真左二遷于宰府一、又白川帝永保改元辛酉、依二大江匡房奏一、勅二真言阿闍梨厳覚僧都一、令レ修二金門鳥敏辛酉借訓法一、是則攘二其凶一、明年辛酉其災及二大人一、公其思レ之、英公是二其言一、乃課二封内十郡十大寺主一、令下従二于和尚一受中行金門鳥敏法上、曾画二五大虚空蔵尊像十幢(ママ)一、以充二正五九月修法本尊一、明年五穀豊熟衆庶皆喜、自レ爾已来、三神通月行レ之以為二恒規一、冬極月帰二于延命一、

九年辛酉天和元年

和尚四十三歳、正月一七ヶ日修二金門鳥敏法一、以覓レ攘二国家災一、而於二摂州東成大今里妙法練若一開二即身講一、三月行二灌頂於延命一、夏四月講二理趣般若一、五月於二摂州西成郡天満寺宝珠院一講二宝鑰論一、六月羽林中郎将越州大守光長令嗣綱国左二遷豫州一、讃侯感二師言的当一、七月四日南山良意僧都唱二寂南院一、和尚登山拈レ香報二受法恩一、九月朔講二悉曇字記一、因撰二三密鈔八巻一、十月改元講二秘鍵於摂之小橋興徳寺一、復赴二津村之新坊一講二大灌頂光明真言経一、十一月重開二灌頂道場於薬樹山一、受者若干人、

天和二年壬戌

和尚四十四歳、春正月修二大元帥金剛法一、祈二国家安穏一、永以為二恒規一、二月講二住心品於摂興徳寺一、蓋薦二良意僧都一回周忌一、八月二十二日隷二名南都西大寺一、満寺碩徳喜躍即奉二香衣一、和尚以レ有二教興重建之志一皆称二円国師之再生一、而至二讃之高松一、次講二住心疏於聴徳庵一、

三年癸亥

和尚四十五歳、春正月開二灌頂道場於聴徳庵一、其浴者通計七千餘人、三月就二塩飽之正覚道場一、再建二曼荼羅一、其入二壇場一者五千五百餘人、夏四月至二于備之前州一、寄二宿小島近（延）寿院一、国中庶民礼謁者総計万又餘人、而至二備後尾道浦一安二居于西国寺一、是則宥範僧正遺址、而行二許可一又授二近士戒一、夏満八月上二京城一賀二仁和親王之薙染一、而帰二延命之故居一、而梓二悉曇字記鈔及観誦要門一、

貞享元年甲子

和尚四十六歳、偶当二曩祖弘法大師八百五十遠忌一、師力営二祖堂於教興一、以二聖徳皇子及曩祖大師肖像一奉二其堂一、復修二曼荼羅供一落二慶宝殿一、而行二密灌一、春三月二十一日、詣二洛之東寺一陪二鼻祖忌筵一、而過二檗山一帰二教興一、安二居于延命一、応二清信士之求一撰二光明真言観誦要門一、秋八月為二天野僧侶一授二密軌於延命一、至二泉之和泉郡坂本郷一、就二禅寂寺一講二菩提心論一、又冬十月伊東信州侯藤長興、割二地頃若干歩一寄二于教興一、蓋標二檀信一、而和尚十月観二光于東武一、発レ駕清暁、瑞雲三道、起二延命丈室之上一、鬖二鬖東方一、其色黄赤、長如二疋練一、門徒宗心観二此祥瑞一、具レ状告レ師、和尚歓躍作レ頌曰、山僧憂レ道不二身憂一　鋼鉢棉衣随処休　三密瑞雲三道永　一心慈沢一天周　武浜風起情塵暗　士嶺雪堆妄靄浮　誰識吾生絶二羈中一　市朝鬧裏得二真幽一　十一月六日、僑二居城南三田郷一、四衆礼謁者百千万指勝不レ可レ算、僧吽（吽声）者聞二師徳化一、欲二往礼謁一、前夜夢、明日至二師所一則曩祖、冀求無レ師、覚後増レ信、清暁来拝、与レ夢無レ差、又牛罩南蔵院講二法花一、三宝寺主請二和尚一令レ授二帰戒於道俗一、夢有レ人告曰、明日高祖大師至是汝至幸、慇懃供養《セヨ》、明日師至、深生二信敬一、

二年乙丑

和尚四十七歳、春依二衆徒競望一、於二三田明王院一講二即身義及菩提心論一、於レ是緇素慕二其徳風一甚矣、乃就二牛罩多聞院一構二息障庵一請レ師、夏四月往安二居之一、次講二密宗本書即身義等十巻一、是則曩祖所撰、世称二十巻書一、越レ年終レ功、餘暇授二許可一、受二持三帰五戒及密咒一者、不レ知二幾千万一、声価籍尽、徳風大震、八月応二南蔵院主之斎一、院主夢如二三宝主一饗応叮嚀、

三年丙寅

和尚四十八歳、春続二講宝鑰論等一、閏三月於二穴八幡放生寺一、建二曼荼羅一、入二壇場一者万又三千餘人、夏講二住心疏及悉曇字記一、六月応二于衆請一授二於密軌一、越レ年満、

四年丁卯

和尚四十九歳、春続二授密軌一而講二於梵網一、受二菩薩戒一者三千五百有餘、受二許可一者九十二人、受二持密咒一者八千人許、而見二牧備州、喜多見若州、松平和州、隠州長州(毛利)本隠侯等一、聞二其徳風一問候慇懃、八月上二野之日光山一、謁二東照大神君廟一、道路士女雲集如レ蟻、関東庶民尊崇如レ仏、九月帰二河陽一、

元禄改元戊辰

和尚五十歳、春正月修二国禱一如レ規、赴二摂州武庫郡野間郷一、時観音精舎大殿果レ績、寺主請レ師設二慶讃会一、次至二淡州之福浦一、開二灌頂壇於慈眼一、入二道場一者万一千餘人、又至二讃之高松一問二訊於英公一、去至二備之中州河辺城一、伊東信侯接待甚好、既而往赴二備後州西国寺之請一、大開二曼荼羅会一、又行二結縁密灌一、其浴者亡慮六千人許、三月下澣遊二鞆浦一、経二福禅増福諸藍一、帰二河之教興一、夏四月、営二建教興之大殿一、奉二弥勒慈尊宝像一、而講二梵網於境浦之十輪院一、陪二法筵一者五百許人、受二大戒一者一百餘人、而徙二于教興一安居、応レ請為二諸徒一著二清規一、題曰二妙極(ママ)教誡一、又集二梓秘密要咒一以充二晨昏課誦一、秋八月範二赤金一鋳二巨鏞一、以簴二教興高楼一、又建二経蔵一基一安二全蔵一、而伝二授諸尊行軌一、冬十月行二灌頂於教興一、

二年己巳

和尚五十一歳、修二国禱一如レ規、而回二駕東武一閏正月到二江都一、二月応二請谷中之多宝院一講二四教集解一、聴徒八百餘人、秋九月授二許可一、而冠二解妙法蓮華経新註一、著二於冠解一、

三年庚午

和尚五十二歳、修二国禱一如レ規、二月講二法華一、聴徒一千有餘、前後百二十餘日、一日柳羽州保明源公、家令遣風聞二其徳一、鵜川氏問侯、時羽侯神田第宅野狐作レ怪、請レ師求レ攘二妖孽《ヲ》一師則入二阿吒薄三昧一対レ之、忽然除却、羽侯感激親謁倍加二敬信一、冬十月講満欲レ帰二河南一、羽侯惜レ別彊止、則就二霊巌別業一営二建一宇一延レ師榜号二瑞雲一、蓋

欲二前祥一、十又一月行二許可於王子金輪寺一、

元禄四年辛未

和尚五十三歳、春正月修二国禱一如レ規、而赴二野之上州立石之請一、旅程清信士女百千万人、雲集礼謁猶二蟻聚一、次至二立石一講二梵網一、緇流一千素徒六万、日臨二講筵一受二菩薩戒一者一千二百餘人、受帰者六十六万九千餘人、受二持光言一者万一千餘人、其餘得レ益者算レ数何竭、三月朔夜、普為二緇素一勧二奨臨終要誓一、兼授二密印秘咒一、半夜殿上現二一円光一、其径量丈六尺許、村民思二失火一近観不レ然、弥篤二其信一、時有二僧良清者一、見二師道化一心太妬レ之、講二理趣経一兼謗二和尚一称二贋僧一、講満之日、殿上煙発入二清身中一、身心悩乱而長辞二於世一、人皆為二現報一、而和尚還二東都一、道経二板橋一、安養院主請レ師開二菩提心論之講筵一、而帰二瑞雲故居一、三月二十二日謁二見内府大元帥綱吉源公于羽侯第宅一、因講二観音普門品一、大樹傾レ耳大嚼二法味一台信與レ此、自レ爾以后帰敬倍二于常倫一、四賜二於斎一、三賜二於香一、乍親晥二於芳茗一、上信之至、凡夫如レ是、夏行二許可於瑞雲一、又著二弁惑指南一、閏八月二十二日大樹下レ命賚レ地、剏二建精舎一、則今宝林山霊雲寺也、万民歓喜運レ材築レ土不レ日而成、曾牧野備州大守源成貞、鋳二於巨鏞一架二高楼一筍二簴於之一、冬十月徙二居宝林一、次講二普門品一、又授二随行軌一、

五年壬申

和尚五十四歳、正月一七ヶ日、行二大元帥秘法一、兼修二息災増益両護摩一、上祈二金輪宝祚一、中禱二大樹武運一、下求二国家和平一、以為二恒規一、二月講二秘鍵及蘭盆疏一、又応二護国僧正賢広等求一行二許可灌頂一、而建二宝幢閣一

六年癸酉

和尚五十五歳、修二国禱一依レ旧、復更率二浄侶三十口一転二大般若一、以祝二元戎武運一、夏五月為二諸徒一授二密軌一、陪二厠法筵一者亡慮二百餘人、復行二結縁密灌一、其沐者通計三万九千餘人、秋七月中元日転二理趣千部一擬二先亡之追薦一、冬十月二日大樹命割二武州多摩郡上図師荘一、以充二僧饌一曾添以レ状、人皆称レ栄、

七年甲戌

和尚五十六歳、正月上六、(三)幕府命二乗レ輿上レ城祝レ新、夏

四月、為二大島氏一(後号二古心一)答二四種問一、随記至要、六月二十九日、大樹召レ城、除(叙)二関左八州真言律儀僧統一、而講二即身義及六物図等一、冬為二一三子一授二安祥蘊奥一、

八年乙亥

和尚五十七歳、修供誦経報二賽国恩一如レ規、春二月講二梵網古迹一、又講二南山教誡一、夏五月十又一日、大樹将軍親御二翰墨一図二大元金剛像一幀一、以鎮二于霊雲一、蓋求二国家升(昇)平一、秋九月一十日夜、大開二結縁曼荼羅一、入二壇場一者三万四百餘人、冬十一月右京兆源輝貞就二上州高崎城一建二大染寺一、為二霊雲輔院一、師命二高弟戒琛光一令レ居二其位一、復講二悉曇字記一、因草二鄔那地鈔一、

九年丙子

和尚五十八歳、三神通月修二於国禱一軌二于旧軌一、于レ玆元帥性太悪レ雷、乃命レ師令レ遣レ之、和尚密修二消除閃電総持密軌一、祈求果有レ応、夏六月本多豫州侯藤忠恒以二山林園圃若干頃一、充二延命之僧饌一、蓋表二檀信於和尚一、而後行二許可於宝林一、

十年丁丑

和尚五十九歳、三ケ月修供依レ旧、春正月講二弁顕密二教論一、因草二集解(通)及娑蘖羅鈔一、閏二月三七日夜、恢設二結縁密灌ヲ一、緇白浴者八万九千餘人、清信男女力結二灌頂社一、於レ是法化益震二遐邇一、水陽文学森尚謙、欽二師徳風一賀以レ詩曰、　南天鉄塔覚王城　芥子開レ扉此道明　惆悵会昌沙汰濁　讃歎日域法流清　尸羅具足証二無漏一　灌頂結縁救二有情一　遍照金剛今何在　那伽定裏見二声形一、　人敬崇而実至レ是、秋七月講二声字実相及吽字義一、至二九月一満、復行二許可密灌一、而後為二南山宝性院主検校唯心闍梨一授二安祥底蘊一、然又撰二即身義冠解(註)一、冬十月命二高弟本浄体公一、令レ補二河陽教興之席一、

十一年戊寅

和尚六十歳、修二護国祈一如レ規、春三月講二首楞厳経一兼著二冠註一、秋九月講二[梵字]三密鈔中字義門一、冬十一月為二門徒一授二於密軌一、復行二灌頂一、而後幕下賜二谷中地頃若干歩一、則以擬二没後之塔院一、

十二年己卯

和尚六十一歳、修二於国禱一如レ規、以五旧営仏宇陜隘、不四レ

堪三宏建二灌頂大会一、更啓請造二灌頂大殿一、男夫輻湊、緇白佐助ス、成不レ有レ日、終不レ有レ月、夏四月二十三日大殿落成、宏設二曼荼羅供一、広修二慶讃之会一、即奉二二界遍照王一為二本所尊一、尋而設二灌頂会一、五月講二即身義及秘蔵宝鑰菩提心論一、冬十月応二高弟戒琛光請一開二結縁曼荼羅於大染一、夏五月羽侯係レ疾、良医拱レ手、幕府太傷、療(ママ)祈禱無レ応、乃命二和尚一求レ除二病痾一、和尚則諾、対二西大愛染王一感得奉持、修二於密供一一七ケ夜、不レ日而愈、万指称二師効験一、大樹褒賞厚謝深信、

十三年庚辰

和尚六十二歳、修二国禱一如レ規、春三月宏建二灌頂壇一、沐浴者凡万五千有餘、然後講二授毘盧道成経疏一部二十巻一、既而講二住心疏一之餘暇、為二其鈔解一、作レ道標レ科正レ音冠レ註、以名二住心品疏冠註略解一、其文尽レ美其義尽レ善、学者悉撮二解於此一、復有二杲宝僧都演奥鈔一、実是密門所拠、学徒南針者也、雖レ然徒韜二于函底一為二蠹有一、和尚一覧慨然、欲下鏤二此梓一以流中衍遐邇上、講学之餘力下二校閲之惟一、曾弁二魚魯之謬一、鋟レ梓以便二学徒一、吁世寿有レ限不レ満二其功一、上足光師力遂二其遺意一亦不レ説乎、秋九月再行二結縁灌頂一、入二壇場一者万三千餘人、

十四年辛巳

和尚六十三歳、三ヶ月修供依レ旧、春正月幕府令愛鶴公主愁二疱瘡一、大樹命レ師求レ救、師則修二染王密供一、兼転二般若一、公主身心軽安、無レ何復レ旧、而又講二梵網一、尋行二灌頂一、続二授大疏一、

十五年壬午

和尚六十四歳、正五両月修供如レ固、春正月講二授於不可思議疏一、復授二於許可一、二月伝二授秘蔵記一、夏六月十有三(四)日、炎熱如レ煅酷暑似レ蒸、於レ是和尚係二暑湿疾一、田中東説、近藤雲泉各診レ脉、献レ薬敢無二其効一、黌門徒相議曰、夙聞二流言一、和尚将レ入二真丹一、旧日天道無レ口、令二人於言一、恐是寂滅之相乎、何可レ不レ慎、則啓二濃州侯及右京兆輝貞幷豊州刺史直重等一、諸侯驚怪而則達二上聞一、大樹幕下乃命二大医令薬師寺宗仙法印及船橋宗迪等一、診二其病痾一、兼供二良薬一、猶無二其応一、幕府再命二渋江松軒、木村謙庵、須原通玄、関(井関)正伯等一、昼夜交代令レ侍二其疾一、曾

記二其軽重一以奉二濃侯一則達二台聴一、廿二日已去、病痾稍
平、而歴二五ヶ日一、遂乃以二廿七日清旦一、卯尅也於二霊雲丈
室一、頭北面西、如二師子臥一、手結二印契一、怡然而坐脱、大
樹諸侯太甚哀悼、緇徒素流恢傷歎、翌日至レ宵、宛如二没
駄寂滅一、復似レ遇二考妣長逝一、葬二歛城北谷中兼卜之地一、
称レ院名二妙極一、菩薩戒弟子朽木民部少輔源植昌、就二其
廟前一建二燈籠両基一、而後七七諱辰、弁二備香燈茶菓霊饌一、
修二行理趣光明三昧一、以酬二答法恩之岳瀆一焉、
観夫、我大和尚、宿智自発定慧均成、稟二修於醯（ママ）一広調二
密部之乱墜一、受二持於尸羅一宏興二律儀之頽廃一、又有授二与
三密妙行、衆聖明咒一、令レ種二良因於仏地一、印二施二界梵
相、諸尊像貌一、令レ求二勝果於生界一、凡其洪業難二殫《コトコトク》可レ
述、若彊覔レ之、妙高峰墨、甚深海之硯、万億土之毫、
百千界之紙以具記二其行実一矣、維時享保第八星紀二癸卯一
仲秋之穀、寓二武都北郊宝林蘭若一後学駆烏沙門光衢伴題
撰

昭和三戊辰年十一月十六日写之畢　義定

霊雲開基妙極大和尚伝

和尚諱浄厳、初名二雲農一、字覚彦、号二妙極一、俗姓上田、河州錦部郡人也、世為二豪族一、宗二奉三宝一、母秦氏、方娠不レ茹二葷羶一、挙止安二於平常一、以二寛永十六年己卯冬十一月二十三日一誕二于小西見里一、在二襁褓一而不レ作二戯弄一、挺然奇標穎悟絶倫、年甫三歳一日執二丁字形杖一倒レ之直レ之、以レ指点二其傍一曰、是則上字是則下字、又見二仏像僧侶一則礼二敬之一、四歳誦二普門品尊勝大陀羅尼一、夙因所レ発既有レ意三乎歯二緇林一、自号二空経一、厭レ近二婦女一、悪二酒肉之気一、凡耳自所レ歴終無二遺忘一、郷閭嗟異称二之神童一、五歳能レ書、骨格態度不レ習而得、遐邇競索、倘獲二隻字一則如二片玉一、六歳往聴三桂巌禅師講二碧巌録一、一迎レ耳即諳記、還レ家為二父兄一覆述、禅師亦験無二微乖失一、拊レ掌歎二其生知一、慶安元年戊子、礼二高野山検挍法印雲雪一而薙染、旹十歳、択レ木依止受二学宗教一、鑽燧之力孜孜無レ倦、朝参暮詣広聴審問、如二甘之受レ和、似二素之易レ染、頭角嶄然名声籍甚、時紀伊侯源頼宣者東照神祖第十子而風度雄偉為二当世之望一、一見深器レ之、謂二左右一曰、真是方外千里之駒也、明暦初年、就二南院大僧都良意一、習二学十八契印両部大法護摩等一、受二阿闍梨位於金剛山長快師一、尋二中院流之蘊在一、三年丁酉隷二名於金剛峰寺一、寛文中更随二良意一灌頂受職、探二醍醐之淵源一、究二安祥之壺奥一、重従二宝性院朝遍法印一欽二承小野正統秘璽一、瀉瓶倒レ底、爾後性相兼研半満貫通、有二餘暇一則傍閲二孔老一渉二猟百家一、寒不レ襲レ服、食不レ遑レ飽、遍公愛二其偉材一為レ之求二内外典籍一殆充二棟宇一、毎レ臨二法戦之場一、鋒弁縦横、電揮箒掃、所レ嚮無レ敵、可レ謂折レ角之手也、庚戌之秋講二即身義及悉曇字記一、闔山龍象虔虔聳レ聴、無レ不二信然一、咸言、聞レ所レ未レ聞焉、平日喟然歎曰、世覃二澆末一人倍惰慢、正法陵遅僧儀弛廃、雖レ有二受三昧耶之名一而無二止作持犯之実一、自レ非二顕密大小戒品円満明徹一豈云二之沙門釈種一乎、経中所謂疥癩野干身尚難レ得者也、仏祖厳訓爛熳溢レ眼、而未二猛省一何其厚顔耶、同門有二頼周者一、稟性頴敏年臘又長、道誼固已不レ足三抗二衡於和尚一、是故遍意二師以二真俗之事一ニ任于和尚一、周甚嫉三其才名出二己之右一、狼心怏怏、其色見レ面、和尚雖三淡退譲一而周意不レ解、乃欲三辞去遁二旧梓一、意公懇留未レ果、一日周忽懐二白刃一来欲レ殺二和尚一、天神護念幸得レ不レ喪二身命一、意公流涕曰、噫是予愆、奈何噬レ臍不レ及、於レ是遂帰二郷枌一而就レ毉、不レ幾創愈、古称、女無二美悪一入レ室見レ妒、士無二賢不肖一入レ朝見レ嫉、斯之謂歟、辛亥之春遍公後世、和尚之父兄亦相継而亡、乃削二野山籍一卜二居于如晦菴一、即奉二菩薩戒一更二名浄厳一、観誦教導、夜以継レ日、延宝初、詣二京城仁和寺一、就二尊寿院阿闍梨顕證、真乗院大僧正孝源一、沐二広沢之法水一、首尾三年得二其玄秘一、源公命住二洛西般若寺一、又開二席于河南蓮光一講二妙法華一、建二持明灌頂壇乎常楽寺一、蓮体等数十人得レ入二曼荼羅一、四年丙辰夏五月於二泉州高山寺一自誓受二大苾芻戒一、紀州慈光精舎玄忍大徳為二之証明一、自レ爾、浮嚢不レ毀二纖毫一、油盃無レ遺二涓滴一、尋為二門徒一伝二授密部経軌一、明年応二播州之請一講二梵網等一、四来黒白魚貫

鳧趨、高広殿堂為レ之嚣隘、既而還二河陽一点二先考宅地一創二延命寺一、曾在二童穉一之日話二父兄一云、他日吾必当レ建二寺於斯地一、至レ此果験、爾乃講二宣台家四教一、復授二秘蔵諸軌一、負笈之侶不レ遠二千里一而到、戊午之歳讃州善通寺宥謙屈二和尚一説二法華一、高松侯源頼重聞二其徳音一迎二諸府下一、累信懇篤四事優供、講席数張貴賤奔波、且因二高松侯之請一撰二法華秘略一十二巻一、更帰二河州一講二悉曇一鈎レ幽探レ賾述二三密鈔八巻一、智積僧正敏公為二之序一曰、梵字之秘府後学之奇珍乎、其為二先輩一所レ称如レ此、天和中説二毘盧経疏于難波興徳寺一、再往二讃岐一建二灌頂壇一、結縁緇素甚多、于時有二漁父一、偶得レ入二道場一、尋暴疾死、欻焉臻二地府一、冥官考レ籍糺二罪愆一将レ遣二付獄一、傍有二一判官一、進而問曰、無二少善之可一レ記不、漁人答言、生来業二網罟一未三曾植二善根一、但頃日、入二高松灌頂壇一一見二曼荼羅一耳、冥官讃歎不レ止、乃得二穌息一也、与下彼汴州寡婦之事一殊レ世異上レ域、而厥蒙レ益一也、又有二僧見性者一、僻二執空宗一不レ信二密教一、仄聞二灌頂儀式一而譏嘲曰、以二有相法一誑二惑衆人一、愚輩無知徒致二敬虔一、友生強勧令二

彼入壇一、乃投レ花著二遮那尊一、弥増二慢情一出レ場大言、我不二斎戒誦念一而輒爾獲二大日一、豈謂二之深法一、邪言已心神恍惚狂乱唯云、苦哉我今将レ陥二火坑一、断二飲食一十一日而亡云、更徂二備後一、肆二講筵於西国寺一、因受二菩薩戒一者若干、先レ是得二忍空公之嘱一修二造河南教興寺一、貞享甲子春三月祖堂告レ成、便開二輪壇一行二灌頂法一、冬十月飛二錫於関左一、発迹之暁瑞雲三道従二延命精舎上一直爾指レ東、其色赤黄長数十丈、門人等窃相謂曰、惟是和尚法化将三恢二振東方一之兆也耶、方届二武城一四衆渇仰帰レ之如三流水赴二巨壑一、唯恐レ後焉、説二宗家十書于多聞院一、行二具支灌頂乎放生寺一、又伝二秘密経軌一授二菩薩浄戒一、慧日再曜二海東之天一、法鼓更震二江城之野一、積年盲聾頓得二視聴一、順レ風問レ道、函丈請益者轂撃肩摩於門於堂一、白河侯源直矩、関宿侯源成貞等、虚往実帰設二弟子之礼一、嘗在二多聞一之日為二冷湿一所レ中薬餌無レ効、稍至二危殆一観心倍固、一時将レ睡、忽然夢二異僧一威儀粛整光彩照耀、来告二和尚一曰、汝病劇疾何不二速付法一乎、和尚白言、誠如二尊教一、未レ知以レ誰為二次補一、異僧答曰、慧光当二其器一、莫レ作二猶豫一、和尚重白、謹奉二示教一、公則為レ誰、異僧答曰、我是乃祖南天龍猛也、和尚拝手便寤、驚駭感喜急弁二供具一強忍事二授法一、東寺冢嶠印璽委付無レ餘、祥光普光亦因得レ沾二甘露一、和尚冷病立瘥如レ澣、於戯奇哉、丁卯秋詣二野之日光一、瞻礼紛紛填二塞道路一、復帰二河之教興一、元禄元年、遊二歴淡備両州之際一行二灌頂等一、山陽南海靡然嚮レ風、回レ駕再赴二武城一掛二錫于多宝院一、講二天台四教一、演二妙法華経一、四来義龍一千二百餘指、貴賤葵傾、絡繹成レ蹊、当二是之時一、羽州刺史源保明後封二甲斐侯一、方受二寵于常憲大君一、深慕二和尚之道香一信敬賜二名吉保一日篤、遂構二一宇於霊巌別業一延二請和尚一、和尚思念、聚落憒閙、不レ宜二修観一、不レ若二直還二河南之居一、啄レ峰漱レ澗任レ心禅誦、固辞不レ聴、且勧奨云、大法興行亦依二外護一、牟尼嘱二王臣一、豈徒然哉、庶幾淹二留府下一開二導迷方一、利益無限、和尚乃不レ得レ已而往居二霊巌之棲一、号二瑞雲菴一、羽州大悦、挙レ門祇奉、供給無レ欠、四年春、応二上州立石寺之請一講二梵網経一、僧侶列レ席者以二千数一之、自レ遠自レ近士女扶二携老幼一而萃、或受二心地戒《ヲ》一、或《ハ》受《ケ》二光明真言《ヲ》一、或《ハ》受《タ》三帰五戒等《ヲ》一、不レ知二厥幾千《ノク》百人《ト云コトヲ》一、既《ニシテ》還《ル》二武城《ニ》一、羽州遂《ニ》薦《ム》二之大君《ニ》一、即時召見而講《セシム》二普門経《ヲ》一、弁泉沸涌清音瀏亮《タリ》、聞者皆欣然《ナトシテ》称《ス》レ善《ト》、秋八月、賜《テ》二城北地若干頃《ヲ》一経《シ》二始梵刹《ヲ》一、官給《ス》二其費《ヲ》一、士民戮《ス》レ力《ヲ》、仏殿僧房浄厨門廊俄頃連《ネ》レ甍《ヲ》、巍然《トシテ》為《ル》二一精藍《ト》一、号《シテ》曰《フ》二霊雲寺《ト》一、蓋記《シナリ》二往年之瑞《ヲ》一也、越《テ》建《テ》二密壇《ヲ》一而行《フ》二秘法《ヲ》一、又敷《テ》二講筵《ヲ》一宣《ヘ》二揚宗義《ヲ》一、名匠碩師摳《テ》レ衣《ヲ》駢臻者縄縄《トシテ》不《ヘ》レ絶焉、源成貞鋳《テ》二華鐘一口《ヲ》一以《テ》寘《ス》レ簴《ニ》、和尚為《ル》二之銘《ヲ》一其辞曰、武都北郊有《リ》二一勝地《ノ》一、四埜廓落《タリ》、四方之衆易《シ》二来而投《シ》一、一丘崛起《ス》、一天之星可《シ》二坐《ニ》而算《ツ》一、菅祠艮嶹《ニ》、神鬼常作《ス》二擁衛《ヲ》一、士峰坤峙《ツ》、霊祇遙為《リ》二鎮護《ニ》一、東叡天沢後《ニ》聯《ル》、鐘梵互和《ス》、都城聖堂前《ヘニ》屹《タリ》、旭曛相映《ス》、実武野之甲区者也、従四位下柳羽州源保明者《ハ》　幕府之侍臣也《ナリ》、天性篤懿忠孝是務《ム》、在《ル》二公之暇《ニ》一嚮《フ》二志真乗《ニ》一、常歎《ク》、世季《ヘニ》俗漓《ウス》、奉仏之徒不レ拘《ハラ》二戒撿《ニ》一、以故象教徒設《シテ》無《シ》レ益、因啓《テ》二幕府《ニ》一望《ム》レ請《フ》二伽藍之地《ヲ》一、以《テ》嘱《セントス》二貧道《ニ》一、遂使《ム》今茲仲秋之二十二、大将軍下《シ》レ旨《ヲ》賜《フ》二許斯攸《ヲ》一、予乃夷《テ》二榛莽《ヲ》一、卒《ニ》刱《ム》二営構《ヲ》一、遐邇競《テ》趍《ス》、緇白佐助《ス》、自《リ》二閏八初二《ニ》一始《メテ》レ斧《ヲ》以至《ル》二孟冬之半《ニ》一、土木之績倏爾告《ク》レ成《ルコトヲ》、従四位下牧野備後刺史源成貞者時之股肱也《ナリ》、覧而有《リ》レ感《スルコト》、喜《テ》捨《ス》二家貲《ヲ》一、命《シ》二于凫氏《ニ》一鎔《ス》二成鉅鐘《ヲ》一、復令《ム》三工匠《ヲシテ》締《セ》二造其楼《ヲ》一、今月初四、楼鐘偕就《ル》、以《レハ》惟《レ》斯寺之興起《スルコトハ》也者、本是　大将軍之賜《ニシテ》而二公醇信之所《ナリ》レ致也、予欲《ス》レ使《メント》下後生《ヲシテ》有《ラ》レ感《スル》二于茲《ニ》一、欽遵《シテ》二仏制《ニ》一、力《メ》荷《ヒ》二教法《ヲ》一、上以禱《リ》二　台運無疆《ヲ》一、下以増《サ》中士民寿福《ヲ》上也、乃為《チ》レ銘曰

城北福庭　山号《ス》二宝林《ト》一　元帥賚《フ》レ地《ヲ》　実比《ス》二布金《ニ》一
作夫四集《リ》　役工日臨《ム》　弥《テ》歴《ヲ》二七旬《ヲ》一　棟宇成《ル》レ森《タルコトヲ》
牧野備公《ハ》　為《リ》二時股肱《ノ》一　命《シテ》レ工《ニ》作《ラシム》レ器《ヲ》　侈《フ》弇合《フ》レ程《ニ》
架《ヘテ》レ楼《ヲ》突兀《タリ》　効《メ》レ響《ヲ》鏗鍧《タリ》　賢聖畢《ク》萃《リ》　龍鬼熱醒《ム》
声雖《モ》二本有《ナリト》一　乍《ニ》起乍《ニ》滅《ス》　迷《ニ》夫《ノ》天真《ニ》一　妄《ニ》作《ス》二分別《ヲ》一
円《ニシテ》レ性融《ス》レ相《ヲ》　誰《カ》縛《シ》誰《カ》紲《ン》　法音遍《ク》益《ス》　何《ソ》有《ラン》二垠埒《ニ》一

五年壬申春正月修《シ》二大元帥大法《ヲ》一、兼《テ》作《ス》二息災増益二種《ノ》護摩《ヲ》一祈《ル》二国家升平《ヲ》一、従《リ》レ是已後毎歳三神通月、結《ヒ》レ壇《ヲ》修《スルコト》法《ヲ》七日三時、以為《ス》二永規《ト》一、又応《シテ》二衆徒渇望《ニ》一、授《ク》二密部本経儀軌《ヲ》一、二年而徹《ス》、更伝《フ》二相承秘訣《ヲ》于蓮体等《ニ》一、癸酉冬有《テ》レ旨割《キ》二多麻郡之戸若干《ヲ》一永《ク》充《ツ》二香積《ニ》一、特命《シテ》為《ス》二関東真言律宗僧

統一、猶以為レ不レ足レ褒二崇 和尚之道悳一、乙亥夏、
大君躳 沐浴斎戒手 画二大元帥金剛像一鋪一以安二置於霊
雲道場一、為レ 令レ祈二禱 皇図鞏固 台運遐昌一也、屢延二
之殿中一諮二詢法要一、礼遇倍渥錫施殷賑、或講二般若心一、
或説二菩薩戒経一、或演二 陀羅尼妙義一、高崎侯源輝貞清公
亮直称二士之楷模一、親任用レ事為二時之楨幹一、欽二其徽猷一
奉為二門師一、豊州刺史丹直邦霜二雪 厥志一珪二璋 厥行一、博
覧洽聞亹亹 献納、大君雅 所二 眷顧一、瞻二仰徳光一虚襟
請問、甜二味法喜一深領二玄旨一、加賀侯菅綱紀、長門侯江吉
広、肥前侯藤綱茂、会津侯源正容、出石侯源忠周等、咸
希二高風一餐挹篤密、十年丁丑因二僧俗之請一開二曼荼羅一三
七日夜、法雨霈然 普霑、枯槁善種浡然 萠動、入二壇場一
者幾二乎九万人一、明年講二首楞厳経一、諸山豪傑継レ踵而会、
陪レ筵領袖一千有餘、十二年己卯夏霊雲灌頂殿成、乃修二
曼荼羅供一以慶二讃之、其表白文曰、 伏惟 両部曼荼羅体
性者諸仏明覚、名曰二実相般若波羅蜜海一、衆生本心、即
是妙法蓮花最深秘処、真如一体窺窬 眼瞽心自覚レ 心、
権仏二二宮聴聞 耳聾、哀独説レ 哀、雖レ爾当相即道 則、

有二宿習一者 纔聞乃知、即事而真 則具二深慧一人一 覧黙
契、実惟、乍赤宝乍碧宝、咸 示二性徳之本円一、云二金鈴一、
云二金輪一 倶表二法仏之恆説一、亦夫施二妙弁才一賜二長寿命一、
礼敬 則游二泳其悳涯一、現二慈悲面一彰二忿怒相一、帰依
則涵二濡厥恩沢一、然則、掃レ氛靄レ 禍、千古偏 頼二五相之
観修一、護レ国安レ民、当今一 倚二三等之加被一、窃聞性相之
尊勝也、九万摶鵬何識二頂顚一、利済之含弘 也、十力大龍
独窮二辺際一、日若浄信俗士等、幸値二上乗一願レ集二 三密
四曼法財一、溥 告二群黎一、将レ建二三年一回嘉会一、遂乃一十
五万之衆競捨二畱儲一、一千五百之金以擬二費用一、復思、資
縁雖二已設一殿堂猶未レ営、底因 開二大壇一何許 布二鉅益一、
於是戊寅季春始レ績、作夫不レ期而争臻、己卯首夏告レ成、
工匠苦 尽二其精巧一、然而定二所依于茲寺一、雖レ欣三数建二
密壇一、嘱二能事於余躳一、慚 不レ 当レ負二重任一、方今二軀
遮那仏、檀越即今傾レ橐刻雕、両鋪曼荼羅、貧道先既募
レ縁図画、云二尊容一、云二宝閣一、彼此皆咸周円、展二供養一、
展二法筵一、冥顕必当二 解脱一、切冀、将来底哩于瑟之仏事、
遠至二龍花開敷之晨一、阿毘灑迦之徳香、遍及二蝦夷辺鄙之

属一、就レ中 上聖祚久卑《ソシ》二亀鶴於猶《ヲ》夭《セルニ》一、大樹運長《ノ》、哂《ハン》二松柏《ヲ》于卻脆《テキニ》一、重乞、三宝興盛《ニソエ》邁三至那身毒之《ノ》邦《ニ》一、万姓歓娯《〆》踊《キ》二延喜天暦之《ノ》古《ニ》一、乃至或《ハ》介甲、或《ハ》牙角、坐《カラ》受《ケ》二普洽《ノ》之霑《ヲ》一、若《ハ》蠢動、若《ハ》飛沈、尽《ミク》蒙《ラン》二等流之《ノ》施《ヲ》一、

十三年庚辰、為《メニ》二学徒《ノ》一講《ス》二授大毘盧経疏《ヲ》一、抵《テ》二明年仲秋《ニ》一而竟、頃歳流《スラク》二言 於府下《ニ》一、和尚奉《〆》二 大君之《ノ》令《ヲ》一 而入唐《スト》、門弟子等密《カニ》懐《ク》二疑怪《ヲ》一、壬午夏示《ス》レ有《ルヿヲ》二微疾一、 大君駭《〆》レ聴存《ヲ》問頻仍《ナリ》、使臣醫官旁《ス》二午道路《ニ》一、報命有《リ》レ涯、自知《ミ》レ不《ルヿヲ》レ起《タ》、便《チ》召《〆》二諸徒《ヲ》一遺誡慇懃《ナリ》、云《テ》三 我今入《ルト》二法界三昧《ニ》一、右脇累足《〆》恬然《ト〆》順化《ス》、世寿六十四、僧臘二十七、実《ニ》元禄十五年六月二十七日五更《ノ》也《ナリ》、即時《ニ》瞻礼《スルニ》 顔可《セリ》二四十《ニ》一、色相怡悦《ニ〆》勝《レリ》二於生平《ヨリモ》一、皆歎《ス》二其不可思議《ナルヿヲ》一焉、朝野哀悼《シ》江山震号《〆》、如《シ》レ喪《スルカ》二考妣《ヲ》一、僉言、法船壊《シ》世眼滅《スト》、門人奉《〆》二擎全身《ヲ》一葬《ル》二于別院《ニ》一、乃塁《ヒテ》レ石造《ヲ》二塔婆《ヲ》一香火不《ヘ》レ絶、松柏森然《タリ》矣、

和尚平昔、以《ヲ》二弘通《ヲ》一為《カト》二己任一、講授連環歳《〆》無《ニシ》二虚日一、痛《ニ》惜《〆》分陰《ヲ》一観誦惟勤《ム》、閒有《レヒ》二詩序銘賛之《ノ》作一、而匪《モス》レ攸《ロニ》二耽玩《スル》一、触《レ》レ興《ニ》応《〆》レ需《メニ》偶爾《タルノミ》而已、嘗《テ》告《テ》二門徒《ニ》一云、好《ミ》二異方《ヲ》一嗜《ムハ》二文筆《ヲ》一則金口之《ノ》所《ナリ》レ禁《スル》也、況亦大丈夫発心求《ムル》二無上之《ノ》果《ヲ》一、人身難《ク》レ得覚城難《シ》レ到《リ》、胡為其《レ》駐《メテ》二意《ヲ》小事《ニ》一而外《ニシ》二大道《ヲ》一徒《ニ》送《ソヤト》二居諸《ヲ》一邪、所《ノ》レ受《ル》財帛少《クモ》不《カニ》二私《ヘ》貯一亦不《リニ》二猥費《サ》一、或《ハ》造二仏像《ヲ》一索《ヲ》二聖教《ヲ》一、或《ハ》構《ヲ》二堂塔《ヲ》一済《ヲ》二貧窮《ヲ》一、前後講《スルヿ》二説経論疏章《ヲ》一一百三十六会殆《ト》三千席、授《ルヿ》二秘軌《ヲ》一五回、所《ノ》二著述《スル》一書、遮那、法華、梵網、光明、悉曇等註解鈔記十餘部若干巻、又依《テ》二経軌幷与高祖《ノ》製作《ニ》一所《ノ》二挍定撰《シ》述《スル》一金剛胎蔵両部大法、及《ヒ》諸尊《ノ》法要口訣三百許巻、所《ノ》レ度《スル》僧尼四百三十六人、受《ル》二具足戒《ヲ》一者十有三人、得《ル》二阿遮（闍）梨位《ヲ》一者一百六十八人、蒙《リ》二許可《ノ》印璽《ヲ》一沐《スル》二受明灌頂《ニ》一者一千六百三十一人、受《ル》二菩薩戒《ヲ》一者一万五千人強、其《ノ》餘《ノ》法化不レ可《テ》二勝計一、雖《ヘヒ》二升堂入室居《ナリト》多《モ》一、而至《テハ》三析負替補《ニ》一則蓮体慧光《ノ》二師、各津《ミ》二梁《ト》于一方《ニ》一伝燈昭昭《タリ》、猶下如《シ》黄梅之《ノ》後継《クニ》以《テシ》二秀能《ヲ》一、南池没《シタレヒ》而信宝在《ルカ》上焉、護国賢広、宝性《ノ》唯心、瀧谷《ノ》慶範等《ハ》、密門《ノ》将帥衆所《ノ》二推重《スル》一、咸皆捨《テ》二指南之《ノ》位《ヲ》一致《セリ》二北面之《ノ》敬《ヲ》一、千歳之《ノ》下誰不《ンヤ》二欽戴《セ》一耶

系《〆》曰、自《ヲ》レ天稟《ヲ》レ霊、由《テ》レ地鍾《ム》レ秀《ヲ》、生《テキ》抱《ヲ》二神智《ヲ》一、早《トニ》負《ヘリ》二殊操《ヲ》一、風軌倫《シ》二山嶽《ニ》一、器度類《ス》二溟渤《ニ》一、巍巍焉《タリ》、汪汪焉《タリ》、不レ可レ測《ル》二其高深《ヲ》一、学綜《ヘ》二顕密《ヲ》一、特《トニ》精《クス》二梵言《ヲ》一、謙遜下《リ》レ人《ニ》、慈

忍《ニメ》育《ス》レ物《ヲ》、貴賤怨親不レ見二喜慍《ヲ》一、利名無《ク》レ関《ルヿ》二其《ノ》情《ニ》一、毀誉無《シ》レ動《スヿ》二其《ノ》心《ヲ》一、護戒也《ヤ》珠円《カニ》、習禅也《ヤ》月満《ツ》、内外倶明《ニメ》深《ク》入《ル》二仏慧《ニ》一、若乃咒《メ》二刀剣《ヲ》一擬《スレハ》二狐魅《ニ》一則立《ロニ》息《メ》レ害《ヲ》、加《メ》レ石《ヲ》投《スレハ》レ井《ニ》転《メ》二濁水《ヲ》一成《ル》二清泉《ト》一、樹《テ》二総持幢《ノ》一之将《ルヲ》レ倒《レントク》、夷二毘尼園《ノ》之荒蕪《ヲ》一、発《シ》二往哲之《ノ》未《タ》レ発《セ》《ルヲ》、明《ニス》二先賢之《ノ》未《タ》レ明《ナラ》《ルヲ》、揮《スハ》二麈尾《ヲ》一則千指塡《チ》レ座《ニ》、開《カハ》二輪壇《ヲ》一則万口屯《ス》レ庭《ニ》、悳化洋洋《トソ》弥《シ》二布寰宇《ニ》一、上《ミ》自《リ》二王公宰輔《ニ》一下至《モルマテ》二愚夫蠢婦《ニ》一、靡《シ》レ不《ト云ヿ》二敬仰《シ》悦服《セ》一、於休和尚其立《レス》三大功《ヲ》於覚王之《ノ》門《ニ》一也、近古所レ未《タ》三曽《テ》有《ラ》一、雖《ヘトモ》レ曰二図澄鳴《リ》レ趙《ニ》羅什跨《ト》レ秦《ニ》、而亦不二多譲《ラ》一焉至《レルカナ》 矣哉、

時

享保十六年辛亥季夏之穀法孫光天 謹撰

苾芻浄厳伝（紀伊続風土記高野山之部・巻之三十七所収）

釈浄厳、字覚彦、号妙極堂、河州錦部郡鬼住之人、俗姓上田氏也、懐姙之間、其母厭葷羶、供（倍）信三宝、心身軽安而不覚苦痛、出胎時無汙穢、以帛如裹也、年甫三歳、能誦普門品、尊勝陀羅尼、郷党歎称神童焉、一朝対父曰、我応成仏弟子、名空海也、父驚而曰、空海者弘法大師諱号也、汝焉得名耶、児曰、然者可名空経也、自此已後、不飡酒莞、不近婦女、嬉戯常擬仏事、及五六歳、不習而善書、不斆而誦経、凡耳目之所触、無不憶持、天授之奇才夙聞遐邇矣、勢陽之亮典一時英匠也、聞児之聡敏、贈詩曰、精神夙発八齢初、不業駆烏業読書、値偶（遇）因縁君勿忘、当来先度等陳如、又肥之前州之僧覚雲贈詩曰、声名彰竹馬、最（羨）承仏縁深、避愛出三界、離群処一心、龍子生梵室、鳳雛棲緇林、他日講経典、天花又在今、為高名英傑、被貴重如是也、慶安元年、登金剛峰、入悉地院雲雪之門、割愛染衣、名云覚彦房雲農、雪滅、師事釈迦文之朝遍、後遍主補宝性院、厳尚従事之居廿三年、縄錐之勉無懈、内外之経典、権実之教義率渉猟焉、明暦初攀和之金剛山、就実相院長快、承中院密灌、還山而屈南院良意究安流之源底、而後広討鉄塔之秘籍、深（マヽ）深青瀧之奥旨、覃思研精而恵解禎粋也、寛文十年秋（三十二歳）講即身義及悉曇字記、学徒服其深解、其後有故還河州、供養悲母、得間則入州之観心寺教化、一旦思惟、我雖入釈門、未持如法之戒律、最上乗人、非持律、安得成悉地耶、迺発勇猛心、受菩薩大戒、改名浄厳、時年三十五、自爾油鉢無傾、浮嚢無譲也、延宝二年、与円忍湛海詣仁和寺、就顕正（證）孝源二師、伝諸尊儀軌、経首尾三年而成其功矣、時黄蘗之鉄眼杵（梓）行蔵経、厳定挍、所受之密軌就眼入蔵焉、元禄元年撰集大課誦三巻、次製悉曇三密鈔、光明真言観修（誦）要門、三年七月依孝源之薦、挙鳴瀧般若寺、同年冬往南泉之大鳥郡、募信士刱高山寺、四年二月於常楽寺、修行秘密灌頂軌則、行儀悉依経軌之本説、伝法者廿九人、結縁衆一千六百餘員、五月十四日在高山寺、依通受之法、自誓受具足戒、慧隆同受、玄忍證明焉、五年二月教授于播陽講即身義及梵網古迹、聴衆雲聚五千餘、次講普門品、六(五)年五月帰鬼住修治父母之故宅以為精舎、榜号延命寺、安地蔵尊祈親族之菩提、六年三月遊化讃州、在善通寺釈法花経、其夏不雨月餘、厳誦菩提場荘厳陀羅尼一千遍、以祈雨於善女龍王、応時甘雨霈然矣、国民大服厥徳化焉、秋九月応高松城主之招請、開演随求陀羅尼、即身義、三教指帰、七年四月帰鬼住奉事悲母、秋七月至豫州、不幾還河州、住高安郡教興寺、八年庚申修灌頂於教興寺、蓮体希勤受阿遮梨位、三月再如讃州入高松城、講法花(華)経、城主請知妙経之秘旨、乃撰法花秘異(略)抄十二巻以呈進焉、自爾帰依尤厚矣、今年冬彗星見西方、厳告城主曰、明年維星次辛酉、是天地革命歳也、蓋彗星示其凶歟、宜修金門鳥敏法也、仍於国内擢十箇之梵刹使修彼法焉、厳慕祖師之芳跡、頻巡遊讃阿之間、入浄地梵刹、或開灌頂之密壇、或張講経之法筵、以故徳華映南海矣、貞享初弘教于東武、四十一歳入芝浦明王院、講即身義、菩提心論、在牛山(込)南蔵院讃法花経、去至放生寺恢啓灌頂壇、承阿

遮梨位者十六人、授印可者八十餘人、自是声貨(ママ)振東州、四年九月還河南居教興寺、元禄元年至河州(ママ)、去遊備州、夏四月還河南造立教興之仏殿、二年正月再遊関東、講妙経於武城、浴法雨者一千餘人也、柳沢出羽守本信仏教、聞厳之道化、要請迎家、延留供養、一日 大将軍臨駕羽侯之館、羽侯因薦厳、上問其為人、侯曰、恭慎温良、得道深粋、内通神、外和俗、可謂国宝也、乃召見之、命使讃揚普門品、流弁和雅渇淵邃、上奇之而賜党、自爾後数召幕府設斎聴法、遂擢武家之護持、賜湯島之地創建舎舎(ママ)、榜号宝林山寺名霊雲寺、牧野備後守成貞寄附銅鐘及鐘楼、厳自作銘、四年十月釈普門品於霊雲寺、次伝授尊法、五年二月講心経秘鍵及盂蘭盆経疏、授受明灌頂、六年夏授秘密儀軌、受者二百餘人、秋九月修結縁灌頂、冬十月封賜百石永充餉供、七年正月被許乗輿、六月廿九日命為東(ママ)関真言律之本寺、厳豫思、末代之弊風定衣鉢之制裁、作寺門之憲章、翌年二月講梵網古迹、次談教誡律儀、夏五月 大将軍綱吉公親手画大元明王像、賜厳使供養、六月講住心品疏、衆会一千餘人、秋九月修結縁灌頂、霊異

尤多矣、十年正月談二教論、次撰娑蘖羅抄、十一年講首楞厳経、随而作冠註、十二年春創灌頂堂、夏四月落慶供養、十三年三月厳召神足蓮体嘱曰、我已老矣、将屛河南延命寺、汝代我住持焉、即以霊雲寺悉附蓮体矣、厳嘗歎大日経疏之伝授絶于世、乃綜索古鈔、緝要文而製冠註、且伝演奥鈔之闕、今年十一月為門徒講伝大日経疏、十五年二月講伝秘蔵記、講半得微恙而止矣、六月廿一日病已甚矣、自知不起向南方拝高野山、告門徒曰、我化縁已尽、滅度有近、子等勤哉矣、遂至二十七日泊然逝化、時年六十四、厳平生誡門人曰、真言上乗之機宜取持戒清浄者、凡不持戒者、無心誠(誡)也、苟有心誠(誡)焉、背如来之戒法耶、因製妙極堂教戒(誡)一巻垂則於万世矣、厳修力徹冥屢有功験、一時本多伊豫守病矣、就厳乞加被、厳為修大元帥法、其夜夢千幅之金輪自東方来而在厳之前、覚後以為、悉地之相也、果而侯之病愈矣、一代之奇異霊験具如広伝也、凡浴其法水者、比丘十三人、渉(沙)弥十二人、伝受(法)灌頂者百六十七人、承受明灌頂者一千六百三十(一)人、授菩薩戒者一万五千餘人、稟一尊一契三帰五戒者二百万餘也、平素撿(撰)述有悉曇三密鈔七巻、法花新註冠註十二巻、法花秘略(要妙)抄十二巻、住心品疏冠註九巻、即身義冠註二巻、普通真言蔵三巻、大課誦三巻等、都十六部六十巻、別有宝鑰講要、理趣経講要、悉曇字記鄔那地鈔、大仏頂首楞厳経疏冠註、秘密諸尊次第口訣要鈔三百巻等不流行者十四部、已上摠広伝蓮体和尚記或記曰、有江河杢左衛門者、武州谷中郷人也、家有姪女、得病百療無験、将死而譫語曰、妾至此浄刹蒙此教示、是何幸乎、早如教出家而当奉仕仏菩薩也、言音尤慇懃也、傍人不解其来由、漸向暁病患忽然除愈気色復平、親族喜踊而問先所言、女答云、妾夢至一宝城、望之金殿玉棲(楼)相映而飛光、管絃聞四方、異香襲人、所未曾聞人間処也、妾摂心徐々登一楼、有香衣老(比)丘誨妾曰、汝業病非世薬之所治、答(若)為薙染受戒則応転宿業也、妾答曰、欽随命願尊師證明焉、比丘曰、善哉汝発大心、謹勿忽焉、問云、此処為何許、師誰人乎、比丘曰、此処是弥勒慈尊之浄邦覩史之内宮也、我是湯島霊雲寺草創苾芻覚彦也、平素願恒生閻浮弘通密教、然臨終苦重病忘素願、以有因縁故、受生於此処、汝亦有宿善之餘熏故、暫得来于此、早薙染而浄業莫怠焉、又遙見高処有一人比丘、威容整粛光明赫如、対覚彦師問其尊宿之名、彦師曰、此是当来導師慈氏尊、即我祖弘法大師也、遠待龍華之春住此大宮也矣、妾聞之不堪歓喜、恭敬作礼、応時病苦頓除夢亦随而覚矣、親族驚歎共喜女之仏縁深矣、惟享保戊戌夏四月三日夜也、平復後辞家族祝髪名如順尼、今年六月廿七日当彦師之十七回忌、至宝林山修光明三昧以報其恩徳矣、（明王院所蔵古文書）広伝脱此事、今系伝後世焉、

江戸霊雲寺沙門浄厳伝（続日本高僧伝・巻第一所収）

釈浄厳、字覚彦、俗姓上田氏、河州錦部郡鬼住村人也、父母篤行深信二三宝一、厳生而不レ凡、襁褓之中当二母乳一レ之、毎舒二右頭指一書二梵漢字於母胸一、凡一切文字不レ習自通、年甫四歳、自誦二普門品尊勝陀羅尼一、又善書二阿弥陀観音地蔵等仏号一、或請二父出家一、私称二空経一、嫌レ見二女人一、不レ食二葷羶一、六歳聴二碧巌集于桂巌禅師一、帰レ家覆講、聴者驚歎、慶安元年、登二高野山一、従二悉地院雲雪一得度、時年十歳也、亡レ何雪逝、師二事釈迦文院朝遍一、受業日新、明暦二年、受二灌頂於長快一、寛文四年、受二安祥寺流秘璽良意一、倶舎、唯識、雑華、法華、兼学精研、寛文十年、講二即身義一、闔山学徒服二其妙解一、厳住レ山二十餘年、折レ角奪レ席、十二年春、帰二于河内一、建二如晦庵于観心寺一、講二菩提心論、理趣経等一、延宝元年、自誓受二菩薩戒一、堅守二浮嚢一、翌年、謁二仁和寺顕證孝源二師一、稟二受西院法流及諸儀軌一、又見二鉄眼禅師一、玄機投合道交特厚矣、四年春二月、建二曼荼羅於常楽寺一、授二受明灌頂於諸弟子一、抑受明灌頂。東密一派失二其伝一五三百年于此一、厳撿二尋経軌一、再興二此法一、是年夏五月、自誓受二具足戒於泉州高山寺一、六年春、遊二于讃州一、講経説法、讃州太守源頼重、渇二仰戒徳一、親預二教誨一、延宝七年、営二興教興寺一、結二冬安居一、翌年、応二源頼重需一、著二法華秘略要鈔(妙)十二巻一、貞享元年冬十一月、遊二化江戸一、僑居未レ幾、学人雲集、講経説法、無レ有二虚日一、嘗講二法華于谷中多宝院一、列衆一千餘人、次講二梵網経一、受二三帰依一者六十万九千人、受二光明呪一者一万千百餘人、受二菩(薩)釈戒一者千百三十人、元禄四年秋八月、蒙二幕府命一、開二創霊雲寺一、冬十月、殿堂落成、入院開法、法雷倍震、十年春二月、授二結縁灌頂一、入レ壇者九万人、水府儒者森尚謙、賀二法筵藹然一、賦レ詩云、南天鉄塔覚皇城、芥子開レ扉此道明、惆悵会昌沙汰濁、讃歎日域法流清、尸羅具足証二無漏一、灌頂結縁救二有情一、遍照金剛今何在、那伽定裏見二形声一、翌年春三月、講二楞厳経一、列衆一千人、厳比年正月、勤二修大元帥王法一、鎮二護国家一、公侯妃嬪、崇敬欽服、十五年夏六月、染二微疾一、廿七日、頭北面西右脇而臥、結レ印寂然逝矣、閲レ世六十四、坐レ夏若干、剃度弟子四百三十六人、授二灌頂一者百六十七人、授二菩薩戒一者一万五千餘人、所レ著有二悉曇三密鈔、法華冠註等、亡慮十五部六十巻一、梓二行于世一、諸尊秘訣等三百餘巻、謄写流二伝密林一、厳戒撿堅持、不レ欠二油鉢一、無レ飾二衣鉢一、不レ嗜二好味一、謙譲接レ人、送迎慇懃、信施随レ得購二于経像一、修二于殿堂一、慈悲為レ懐、護法為レ任、可レ謂二法筵龍象一也、

賛曰、真言秘教、日域伝来八百餘年、法久而自生レ弊、其誇二称表徳玄理一、或疎二事行一、執二滞常見一、又堕二断見一者居レ多、厳公夙具二霊根一、発二正知見一、遵二奉高祖遺訓一、戒乗双練、利二益人天一、雲行雨施、実澆季傑出、密苑中興大士矣哉、

著述目録

凡例

一、河内延命寺蔵安流聖教の内、浄厳和尚の奥書のあるものに限り集録した。
二、奥書がなくとも和尚新撰の聖教はその標題を示した。
三、原則として和尚の奥書の前後は略した。
四、編者の註記はすべて（　）の中に入れた。

延命寺相承安流聖教奥書集

1 安祥寺流聖教目録牛尾山蓮花院（浄厳編） 一冊

元禄元年十一月十六日浄厳封之（浄厳真本）

（〇**普通四度**）

2 聖如意輪観自在菩薩念誦次第石山 一帖

延宝二年甲寅二月十二夜以快尊法印御房御自筆之本
写了　同十三日点朱一挍了　末資浄厳行年三十六
旹延宝八歳庚申首夏初七於讃州高松城外石清尾宝輪
菴以大和尚浄厳闍梨之御本写之畢

金剛仏子本浄両九歳

（延享四年真常写）

3 金剛界念誦私記 神楽岡 一帖

（前略）

（朱）浄厳密師奥批
旹延宝七己未年二月二十五日於讃州香河郡高松城外
石清尾社側之旅寓、敬而書写之了

（元禄十二年智耀写）

4 胎蔵界念誦次第 延命院 一帖

旹貞享三年五月十日於河陽古市郡長野山五大院以浄
厳阿闍梨御本書写之了
（朱）同月十三日一挍了　如虚空生玉欽書

本主　印空

5 不動護摩頸次第 一帖

（前略）

旹明暦第三龍集歳次丁酉秋九月四日日南之比書写之
功成、賜南院師主良意阿闍梨之御本於悉地院膳謄訖
後覧君子、庶幾見此以発弘法之志、而紹密乗之流、憶
於書写之人、而成回向之功云尓　金剛資浄厳生｜十九歳

（明和五年真常写）

6 初行作法 安流（新撰） 一帖

正本批曰
旹貞享三載星紀丙寅仲春之二十七夜書之了、他後必
以之為証本、欽莫求外

河南延命沙門浄厳 四十八
(蓮体写本)

7 三部四処輪百光遍照図 一帖

(前略)

明暦二年丙申十月十四日書写畢

雲農 行年十八歳

後改名浄厳

(延亨四年真常写)

8 作壇并破壇作法 安 一帖

∴破壇作法

旹寛文十年四月四日以光意僧正御自筆本書写之了

雲農卅四(卅二) 後改浄厳

∴作壇略作法

9 金胎護摩伝受記 祥流快全 一冊

天和三年正月六日写挍共了浄厳四十五載

(某写本)

御本云

右金胎護摩口訣出ニ釈迦文院宝蔵ヨリ一反古裏ノ麁相ニニアソハシタル也筆跡快全御記ノ覚ト敷キ也、門流尤重宝之抄故如レ本書写之了、是併為法命長久密教相続也 寛文二年八月廿六日 雲農生年廿四

(延享三年真常写)

10 巻数鈔 一帖 (普通折紙ニ入レヨ)

旹寛文五年八月六日書写之了

雲農行年廿七

写本南院良意アサリ御本也

元禄十三庚辰歳夷則七日於武州江戸湯嶋

霊雲寺之裡書写了 慧黙卅四

于時宝暦三癸酉於延命密寺書写之了

信英十八

附延命寺常住 現住苾芻法瑞

11 随行一尊供養念誦要記(新撰) 二帖

旹ニ元禄二歳在己巳 孟春十二三更書于河州高安縣教興

密刹之金輪房南牕下

伝瑜伽乗教苾芻浄厳 時年五十一

(享保十二年一如写)

12要略念誦法（新撰）一帖

宝永第三丙戌臘月廿四日於泉州大鳥郡上神谷正八幡

宮寺青燈下書写了

妙体三十四

（享保十八年賢体写）

13七支念誦随行法（新撰）一帖

旹元禄十年十二月七日為初心行者抄出之

東都北郊宝林開基沙門浄厳　五十有九

一挍了

（正徳元年祥雲写）

14大日経随行一尊供養念誦儀（新撰）一帖

旹元禄第四龍集ニ辛未一中冬之吉

武都湯島霊雲草創《ノ》沙門《ノ》釈浄厳書《ス》ニ宝林之妙極堂《ニ》一

享保六辛丑五月廿八日於智海密寺書写一挍了

光雲山開興慧黙　五十六

15別行次第草本（新撰）一帖

天和三年六月二十五日写之了

金剛弟子普光　三七

此一冊者普光所書、開山和尚一覧挍讐加朱書、最可

為証本而已

河南玉井山地蔵寺六隠乞士蓮体五十五載

16金剛界供養念誦要法（新撰）三帖

（巻上）

右金剛界次第上巻旹

元禄九年二月廿四夕書写朱点一挍了

他日伝授書写之人、若未レ値ニ第二伝法之人一速以ニ其

本一送ニ還当寺之宝庫一、此非レ慳レ法却護レ法之嘉謀也

武都北郊宝林山霊雲草創苾芻浄厳　五十有八歳

（巻中）

旹元禄九年十一月十九日書了妙極　五十八載

同廿五日朱点再挍了

（巻下）

金剛界供養念誦要法後叙

本邦振《ヨリ》レ古《ヘノ》所レ流ニ行《スル》世《ニ》一金剛胎蔵念誦《ノ》次第、無《スベテ》慮

数十家其製《ノツクリ》不レ一《ナラ》、或《ハ》駁雑《ニメ》而不ニ純粋《スイナラ》一、或《ハ》太《タ》簡《ニメ》而

失《シ》ニ精要《ヲ》一、或《ハ》唯《シメ》出ニ対註《ヲ》一而舎《ヲキ》ニ梵文《ヲ》一此類甚《タシ》夥、或《ハ》但《シ》載《セテ》ニ

契明《ヲ》ニ而欠《シ》ニ観門《ヲ》一、或《ハ》省《テ》ニ其《ノ》要《ヲ》一却《テ》出《シ》レ不《ルヲ》レ急《ナラ》、或《ハ》偏《ニワシツテ》趨ニ末

派《ニ》一而遺《ワスル》二本根《ヲ》二、至《テハ》三其《ノ》三平等観、字輪《ノ》相義《ニ》一多《クハ》闕《メ》不レ書《セ》、恨《クハ》非《ルヿヲ》二行者之要路《ニ》一也、余雖二斗筲《ナリト》一亦幸《ヒニ》私《カニ》淑《クメ》得《エテ》三良師《ノ》伝《ヲ》一好読《テム》三経軌《ヲ》二、因知《テル》三平昔《ノ》所レ修《スル》之非《ルヿヲ》二真轍《ニ》一也、於《テ》レ茲《ニ》発《メ》憤《ニ》将下撰《ヲ》三要《ミ》法《シ》一自利《セントヲ》利《シ》中他、去丁卯《ノ》歳已《ニ》述《ス》三胎蔵《ノ》要法《ヲ》二、而其《モノ》金剛《ノ》次第未《タ》レ遑《アラ》二集録《スルニ》一、今春始《テ》援《トッテ》レ毫《ヲ》記《ス》三其《ノ》上軸《ヲ》一、雖《モ》レ然《ト》国朝《ノ》修禱、門徒《ノ》教授、縁務如《ニメ》レ蜩《ノ》未《タ》レ果《サ》三夙望《ヲ》二、而今二三篤信《ノ》因《ソテ》レ行《スルニ》三大法《ヲ》一扣三撃《スカ》余願《ヲ》一、於《テ》レ是《ニ》博《ク》攷《ヘ》約《カニ》取《テ》続《テ》成《ス》三三巻《ヲ》二、惟欲《ス》レ便《リセンヿ》二観行《ニ》一更《ニ》不《アラス》下求《メ》三佳誉《ヲ》一好《ヲ》中尚《スルニ》詭怪《ヲ》上、切冀《ニクハ》后覧《ノ》闍梨顧《ミテ》二余《カ》微志《ヲ》一賜《ヘト》二於青眄《ヲ》一云《フニ》爾

元禄九禩星紀三丙子一仲冬下弦

武都北郊宝林祊基《ノ》沙門妙極書《ス》

他日伝受写得之人、若未得第二伝法之導師、則謚将其本送致此寺之宝蔵、非是慳法紹興之嘉謀也

妙極五十八載書

(朱) 同年雪月二日朱点一挍了(浄厳真本)

17胎蔵界念誦次第(新撰) 三帖

(巻下)

胎蔵念誦次第後跋

金剛胎蔵両部《ノ》大法者《ハ》、密観行軌《ノ》之総統《ナリ》也、苟《モ》外《ニセハ》レ之則為《ス》レ叵《シト》レ可《ヿ》レ得、就《テ》レ中《ニ》金剛界《ノ》法者《ハ》、以《テノ》レ本《ツクヲ》二于蓮華部《ノ》心儀軌一巻《ニ》一故諸師《ニ》雷同《ス》、胎蔵《ノ》大法者《ハ》、経疏間《マヽ》異《ニシテ》行軌品区《スナリ》、是《ノ》故《ニ》諸家《ノ》念誦次第邈爾《トメ》不レ同《カラ》、後生多《ク》眩《マヨフ》二碧盧《ニ》一、非《レハ》二具眼《ノ》者《ニ》一不レ易《カラ》二遽《ニハカニ》弁《シ》一、貧道入壇《ヨリ》已降三十餘年、入《リ》二諸師之室《ニ》一、学《フ》二於衆流之奥《ヲ》一、至《テ》レ稟《ルニ》二宗意律師《ノ》之門流《ヲ》一、鑽《ルニ》レ之《ヲ》逾《ミ》堅《ク》、仰《クニ》レ之弥高《ミシ》、累歳翫味《メ》稍《ミ》覚《フ》レ至《ルヿヲ》二于佳境《ニ》一、然《モ》慨《クラクハ》胎蔵大法非《ス》二惟《タ》、多岐《ノ》之亡《ニカスノミニ》レ羊《ヲ》、復為《タメニ》二観行《ノ》一之不レ便《アラ》、于《ヲイテ》レ茲《ニ》発《メ》レ憤《リヲ》専守《リ》二嫡伝《ノ》之正宗《ヲ》一、博《ク》考《ヘ》二諸家《ノ》之殊途《ヲ》一、本《ツキ》二于経疏《ニ》一憑《ル》二於儀軌《ニ》一、種三尊形之転起、考《ヘテ》レ証《ヲ》不《ラ》レ錯、印言観相《ノ》之行軌、稽《ヘテ》レ古《ヲ》無《シ》レ私《クシ》、殊《ニ》希《クハ》後来《ノ》瑜伽行者、三平等之戒珠増《ミ》加《ヘ》二琢磨《ノ》之功《ヲ》一、三秘密《ノ》之観月逾倍《ミマサン》三団円《ノ》之輝《リヲ》一、是貧道《カ》之至願《ニメ》亦末裔《ノ》之大幸《ナラン》也、故書《ニス》、

貞享第四星紀丁卯秋八月之十三日

河南延命密寺沙門浄厳跋(浄厳真本)

18息災護摩私記(新撰) 一帖

他後伝受書写之人、若未得第二伝法之人、則早以其
本送還当寺之経庫
旹元禄四年辛未十二月十日書功畢
東武霊雲沙門　浄厳　五十三載
（真常写本）

19 増益護摩私記（新撰）（真常写本）　一帖

20 真言行者初心修行作法（新撰）一帖
右一帖先年雖レ草《スト》レ之猶未《タ》二委悉《ナラ》一、故《ニ》今治定《シ》又加《テ》二問
弁《ヲ》一貽《ス》三之《ヲ》後生《ニ》一、旹元禄九歳次《ル》二丙子《ニ》一仲春初五
妙極老人浄厳識
（元禄十一年祥光写）

21 行法軌則（新撰）一帖
右行法軌則一巻、已後関予門流之者、以之為定準耳
元禄四年十一月二十九日書之
海東武都霊雲寺苾蒭浄厳五十有三
（大正三年禅城写）

22 念誦供養儀軌次第略目（新撰・延享四年真常写本）　一帖

23 真言修行大要鈔（新撰）一帖

元禄三年庚午七月十四夜草草而記
伝密乗沙門浄厳
（法瑞写本）

24 受法最要安祥寺私記（新撰）一冊
延宝八稔龍集庚卯五月十七之晩、書《ス》二于讃陽高松坤
阪《ノ》茅菴《ニ》一
金剛乗末裔浄厳　四十二齢
（延宝九年性瑩写）

25 護身法口訣（新撰）一帖
右護身法祕訣一帖、二十歳前雖《モ》レ起《ハシムト》二草稿《ヲ》一紛冗《ニノ》
未レ畢《ヲヘ》三其功《ノヲ》一、今続《ツキ》二其末《ノヲ》一且治《メテ》二其本《ノヲ》一以貽《テス》三后生《ニ》一、請《フ》
開《キ》二眼《ヲ》此道《ノニ》一進《メヨト》二歩《ヲ》茲行《ノニ》一云
旹元禄戊寅中冬之十一夕東都霊雲開基比丘浄厳書
一挍了
（宝永元年智耀写）

26 略念誦法口訣（新撰・深海写本）　一帖

27 七支念誦随行法口訣（新撰）一帖
元禄十二年孟春十五夜註之

武城北郊霊雲開基苾芻六十一老僧妙極書

（中略）

（朱）元禄十二年七月十三日朱点一挍了

霊雲開榛浄厳　六十一

（浄厳真本）

28 通用字輪観口訣草本（新撰）　一冊

延宝七年己未四月小尽日、於讃陽香東郡高松郷石清尾里之旅寓卒尒記之了、是併為密教弘通永劫無窮耳

安祥寺流的資浄厳四十一歳

（貞享三年慧默写）

29 別行次第秘記幷レ序（新撰）　七冊

（序）

旹天和三歳龍集二癸亥ニ一仲夏十有五日、稟ル二瑜伽乗ヲ一沙門浄厳、書ス二備ノ之後州西国密寺金剛院ノ之西軒ニ一

（巻一）

天和三年閏五月十五日起草六月十三日玆巻書了

浄厳　四十五載

（巻二）

右一巻天和三載六ノ十五起首七月八日草案了

安祥寺流的嗣浄厳

（享保十一年覚本写）

（巻三）

天和三歳癸亥仏歓喜日草斯巻了、今月八日夕起筆于斯冊

安祥寺流末派浄厳四十五載拭テ二病眼ヲ于燈前ニ一以テ書

（享保十一年無等写）

（巻四）

旹天和第三龍集癸亥初冬十有四烏、集先哲之抄記、撮本軌之要文、随分録焉、誠希密教久栄洽利有生耳

河陽延命寺沙門浄厳識焉

（享保十一年覚本写）

（巻五）

（巻六）

右一帖起自孟冬廿三、終于仲冬初四、首尾十有一日、揩筆支頤書記之了、是偏為後世修錬、更非待価之志矣

金剛乗苾芻浄厳 四十五載
（享保十一年無等写）

（巻七）

30 随行一尊供養念誦要記私鈔（第一～第三新撰） 六冊

（第一）

右一冊元禄七季甲戌十二月起草《シ》、同九季丙子五月四日終《フ》レ草《ヲ》 武都北岡霊雲密場開基妙極

先年草稿《ノ》之本忽被《ニ》二偸却《セ》一了《ヌ》、今取下二三子所二写得一之本《ヲ》上再書《ヒ》レ之次、頗交《ル》二詳之《ス》一、個《ノ》裏多《ク》論《スルコハ》二甚深字《ノ》義《ヲ》一、則於《テハ》二吾門《ニ》一者字義尤為《タリ》二眼肝一、而《ルヲ》中古已来、密門《ノ》学者、競《テ》事《トシ》二浮誇《ヲ》一不レ窺《ハ》二淵府《ヲ》一、或《ハ》乱《リ》二顕密《ヲ》一、或《ハ》混《ス》二禅密《ヲ》一、真言《ノ》奥蔵殆《ト》墜《ヲチナント》二于地《ニ》一、故《ニ》予不レ顧《ミ》二蕪陋《ヲ》一力《メテ》救《フ》二陵夷《ヲ》一、後之覧人冀《クハ》有《ンコヲ》レ感矣

旹元禄十三星紀二庚辰一初商《ノ》十八起レ毫、蜎分亘《メ》レ避不《ルニ》レ図遅回《ス》、中秋初二各閣レ兎 妙極老苾芻跋

（第二）

旹元禄十二己卯二月廿一草了

武都北岡霊雲始興苾芻妙極六十有一

（第三）

元禄十三歳紀二庚辰一中秋初四起《ハシメ》レ草《ヲ》、十八《ノ》亭午閣《ヲフ》レ稿《ヲ》

武都北岡霊雲始興沙門妙極耳順有二欽跋《テス》

（第四）

右斯一巻依二空慧師稿本一而加二添削一倉卒書訖、

享保元丙申年十一月七日 苾芻慧曦

（第五）

右斯一巻依二空恵師稿本一而加二添削一倉卒書訖、

享保元丙申年十一月二十五日 苾芻慧曦

（第六）

右斯一巻依二空慧師稿本一而加二添削一倉卒書訖、

享保二丁酉年二月晦日 苾芻慧曦

（宝暦七年真常写）

31 十八道初行作法（新撰） 一冊

延宝元年癸丑十一月十六日

祥流末資浄厳謹誌

行年三十五

法臘二十六

（昭和三十年・大龍寺刊本）

32不動初行私記 (新撰) 一冊

右一巻集二当流先哲之口伝一、并加二自宗骨目之秘旨一

随分註記了、是偏為下証器之堪《タラン》レ在《ルニ》二師位《ニ》一人《ノ》上耳、更《ニ》

非レ為《メニ》二昧劣非器《ノ》一、後生不レ可レ処《ス》二容易《ニ》一而已

延宝元年癸丑十月廿八日

安祥寺流末子浄厳

(貞享元年某写)

33金剛界軌訣 草本未具 (新撰) 一冊

旹享保三戊戌年、依先師 浄厳大和尚之十七廻忌、

下東武寓于霊雲寺、以御真筆、書写此軌訣草本了、

但歎、至于此処不全備矣 宝厳 五十四

享保八癸卯冬令法如書写

厳和尚所製両部《ノ》法軌、各有前後二時《ノ》撰次、而後本為

正、此書記《ヘ》釈前本故、牒文往往齟齬、読者知之

実詮

(延享三年真常写)

34胎蔵界念誦次第口訣 草本未具 (新撰) 一冊

霊雲開基和上所撰両部儀軌各有二本、是則前後二時

所製也、今記《ヘ》釈後本、読者宜悉

享保癸卯冬令了義書写

伝安流菩薩実詮

(延享三年真常写)

35息災護摩口訣 開山和尚私記 (新撰・天保十年弘詮写) 一冊

36胎界初行私記 (新撰) 一冊

寛文十二年正月廿三夜集旧記等抄出之了

祥流末資雲農 卅四

此記先為急用早早書之、後日必可加添削也

(某写本)

37金剛界初行私記 (新撰) 一冊

右金剛界次第私記一巻、集当流先哲之口伝、為備自

佗之廃忘記之、自宗不共之実談、内証自覚之奥旨、

見聞随分抄録之了、是偏奉嘱已達重受、上根大機、

信心深固、道学兼備、精進勇猛之人、更非為始行初

心、売(ママ)求利、不信懈怠、慢法邪慧之者、守惜如眼

肝、莫令外見

延宝元年癸丑十二月十月

安祥寺流末裔浄厳

（延宝八年雲阿写）

38息災護摩口訣（新撰・某写本・35と異本） 一冊

39五種護摩要鈔（新撰・某写本） 一冊

40軍荼図（新撰・寛延二年真常写） 一冊

（〇初授）（明和四年法瑞写本）

（諸菩薩部第一 一結二十六紙）

41聖観音法 一紙

寛文十一年四月七日書写一挍了 雲農卅三

42千手法 一紙

（同右）

43馬頭観音法 一紙

（同右）

44十一面法 一紙

（同右）

45持宝金剛法 一紙

（同右）

46七如法 一紙

（同右）

47不空羂索法 一紙

寛文十一年四月八日書写一挍了 雲農卅三

48勢至法 一紙

寛文十一年三月廿二日書写一挍了 雲農卅三

49延命法 一紙

寛文十一年二月十九日書写一挍了 雲農卅三

50放光菩薩法 一紙

（同右）

51普賢法 一紙

寛文十一年二月廿日書写一挍了 雲農卅三

52弥勒法 一紙

（同右）

53地蔵法 一紙

（同右）

54普賢延命法 一紙

寛文十一年三月廿二日書写一挍了 雲農卅三

55虚空蔵法　一紙

（同右）

56般若菩薩法　一紙

（同右）

57文殊法　一紙

（同右）

58六字文殊法　一紙

（同右）

59八字文殊法　一紙

（同右）

60一字文殊法　一紙

（同右）

61滅悪趣尊法　一紙

（同右）

62持世菩薩法　一紙

寛文十一年二月廿日書写一挍了　雲農卅三

63薬王菩薩法　一紙

（同右）

64円満金剛法　一紙

（同右）

65馬鳴菩薩法　一紙

（同右）

66龍樹菩薩法　一紙

（同右）

（明王部第二　一結十四紙）

67不動法　一紙

寛文十一年三月廿九日書写一挍了　雲農卅三

68降三世法　一紙

（同右）

69軍荼利法　一紙

（同右）

70大威徳法　一紙

寛文十一年四月一日書写一挍了　雲農卅三

71金剛薬叉法　一紙

（同右）

72愛染王法　一紙

(同右)

73 金剛童子法　一紙

寛文十一年三月廿三日書写一挍了　雲農卅三

74 大勝金剛法　一紙

寛文十一年三月廿九日書写一挍了　雲農卅三

75 烏瑟沙麼法　一紙

76 大輪金剛法　一紙

寛文十一年四月一日書写一挍了　雲農卅三

(同右)

77 歩擲明王法　一紙

(同右)

78 無能勝法　一紙

(同右)

79 青面金剛法　一紙

寛文十一年三月廿九日書写一挍了　雲農卅三

80 金剛随心菩薩法　一紙

寛文十一年三月廿二日書写一挍了　雲農卅三

(仏部第三　一結十一紙)

81 薬師法　一紙

寛文十一年四月一日書写一挍了　雲農卅三

82 阿閦法　一紙

(同右)

83 宝生法　一紙

(同右)

84 阿弥陀法　一紙

(同右)

85 釈迦法　一紙

(同右)

86 大仏頂法　一紙

(同右)

87 仏眼法　一紙

(同右)

88 金輪法　一紙

(同右)

89 定光仏法　一紙

(同右)

90善名称法　一紙
（同右）
91準提法　一紙
寛文十一年四月七日書写一挍了　雲農卅三
（天部第四　一結二十三紙）
92梵天法　一紙
寛文十一年三月廿三日書写一挍了　雲農卅三
93毘沙門天法　一紙
（同右）
94持国天法　一紙
（同右）
95増長天法　一紙
（同右）
96広目天法　一紙
（同右）
97妙見法　一紙
（同右）
98伎芸天女法　一紙
（同右）
99弁才天法　一紙
（同右）
100地天法　一紙
（同右）
101水天法　一紙
（同右）
102火天法　一紙
（同右）
103焔魔天法　一紙
（右同）
104帝釈天法　一紙
寛文十一年三月廿二日書写一挍了　雲農卅三
105吉祥天法　一紙
（同右）
106那羅延天法　一紙
（同右）
107宝蔵天女法　一紙

（同右）

108 摩利支天法　一紙

（同右）

109 訶利帝母法　一紙

（同右）

110 氷迦羅天法　一紙

（同右）

111 大黒天神法　一紙

（同右）

112 常瞿利童子法　一紙

（同右）

113 金翅鳥王法　一紙

（同右）

114 歓喜天　一紙

（同右）

（以下浄厳新撰の分　一結九紙）

115 毘沙門　一紙

元禄十一年九月十八草之一挍了　霊雲浄厳 六十載

116 吉祥天　一紙

元禄十一年九月十五日草之即一挍了 霊雲浄厳六十載

117 摩利支天　一紙

元禄十一年十月十三日草之霊雲老比丘浄厳 六十

118 訶利帝母　一紙

元禄十一年十月十四夜草之　霊雲浄厳

119 氷揭囉天法　一紙

元禄十一年十月十五日草之一挍了　老僧浄厳 六十

120 最勝太子　一紙

元禄十一年九月廿六日草之即一挍了 霊雲浄厳六十歳

121 正了知大将　一紙

元禄十一年十月十五日草之　老乞士浄厳 六十

122 日天子　一紙

元禄十一年十月十二日草之　浄厳 六十

123 月天子　一紙

元禄十一年十月十三日草之了　浄厳 六十

（経部第五　一結十一紙）

124 仁王経法　一紙

寛文十一年四月二日書写一挍了　雲農卅三
125請雨経法　一紙
(同右)
126孔雀経法　一紙
(同右)
127守護国界経法　一紙
128法華法　一紙
寛文十一年四月二日書写一挍了　雲農卅三
129理趣法　一紙
(同右)
130止風雨経法　一紙
(同右)
131心経法　一紙
(同右)
132六字経法　一紙
(同右)
133童子経法　一紙
(同右)
134呪賊経法　一紙
(同右)
(陀羅尼部第六　一結七紙)
135尊勝法　一紙
寛文十一年四月二日書写一挍了　雲農卅三
136宝篋印陀羅尼法　一紙
(同右)
137随求法　一紙
(同右)
138宝楼閣法　一紙
寛文十一年四月三日書写一挍了　雲農卅三
139雨宝陀羅尼　一紙
(同右)
140出生無辺法　一紙
(同右)
141無垢浄光法　一紙
(同右)
(秘法部第七　一結八紙)

142後七日　二紙
寛文十一年四月三日書写一挍了　雲農卅三

143大元帥法　一紙
（同右）

144転法輪法　一紙
（同右）

145五大虚空蔵法　一紙
（同右）

146舎利法　一紙
（同右）

147光明真言法　一紙
（同右）

148五秘密　一紙
（同右）

149金剛界観自在菩薩法 安雲（新撰）　一帖
（観音部第一）
（〇帖　張）

旹元禄七甲戌年十二月廿七日草之了、他後伝授写得之人、若未得第二伝法之人、速以其本送于当寺之経庫

東都北郊霊雲密寺草刱沙門浄厳五十有六

元禄九年二月朔日、令弟子忍定書写了、是併為正法久住、天下泰平、本願檀君松平右京太夫武運永固、子孫繁栄耳

上野国高崎城下大染密寺中興比丘慧光三十有一
同国新田郡由良里医光寺義海四十有一
以右真本令書写了　真常

150聖観自在菩薩法要胎（新撰）　一帖
旹元禄十一暦中冬初五草之
東武霊雲開基沙門浄厳　六十載
（宝永五年蓮体写）

151聖観自在法胎八葉西北 安雲 要鈔附　一帖
元禄十一戊寅十月小尽、草稿成矣、他日伝授書写之人、若未遇第二伝法之人、則速将其本還納当寺之経庫、是非褊心、護法之玄謩也

東都北郊宝林開基沙門浄厳 六十

（延享四年真常写）

152千手千眼行軌安雲（新撰） 一帖

旹元禄十一之稔中冬廿六之夕、草稿始脱、伏希先師爺嬢増進覚道之資糧、後進孫子解知密行之途轍也

武都霊雲草創沙門浄厳

（朱）朱点一挍

他日伝授写得之人、若未得第二伝法之人、速送至当寺之宝蔵、非是褊心、護真謀也

（延享四年真常写）

153観音秘訣（新撰） 一帖

天和三年八月上澣　浄厳記之

天和第三八月十日、於讃陽香東郡高松石清尾現證菴、為興法利生書写了　密乗沙門吉祥光

（真常写本）

154聖観自在心真言字輪玄義（新撰） 一冊

元禄二年十二月十八日草稿之、他日必加再治耳

右一冊者霊雲創基沙門浄厳大和尚之述矣、今以無等[illegible]所持本、写得焉、唯是密転法輪弘通之嘉謀也已、旹延享三星次丙寅十月初五念、武陽桑門（真常）迅疾持金剛謹言

155千手瑜伽要鈔安（新撰） 一帖

右千手法要鈔一巻　元禄十一年中冬二十七起毫、季冬六夜書功了、旹授経軌于諸徒之餘暇、（弑）燈下老眸、炉上防厳寒、強力為之、希正法久住密乗長伝也

他日伝授写得之人、若未得第二伝法之人、速以其本還納当寺　武都霊雲開山老僧妙極六十載

（宝永五年蓮体写）

156十一面大士法字輪観口訣（新撰） 一冊

延宝七年四月廿九日、於讃州高松城坤隅之僑居書、而以示知洪子了、伏乞一言一句若通正理者、廻斯功徳普施法界、兼薦祖父慈父冥福而已　金剛弟子浄厳四十一記之

（延享三年真常写）

157如意輪字輪観口訣（新撰） 一冊

右如意輪《ノ》字輪観大抵記《シ》了《ヌ》、後哲必改二正之一矣、延宝

七年四月二十三日、讃州下向之時、於船中記焉　金
剛乗苾芻浄厳 四十一歳
（元禄二年真宝写）

158 十一面観音法 安（新撰）　一帖
元禄十年五月中旬、因京兆遍照心院南谷大徳之求、
依経軌之誠説、記此冊子竟
他日伝受写得之人、若未遇第二伝法之器、則以其本
早還納当寺之経庫、不是慳法、護真之玄謩耳
東武城北霊雲密場始基沙門妙極五十有九
（元禄十六年寂照写）

159 聖如意輪法 安雲（新撰）　一帖
元禄八乙亥十月廿二夕、依二如意輪念誦法、如意輪
瑜伽法要、如意輪観門義註秘訣、如意輪陀羅尼経之
四部、及宋契丹国師慈賢三蔵訳如意輪蓮華心如来修
行観門儀一〔夾註・此儀、文多不足採、今唯、取其可採
者〕草二此一冊一竟、冀後之君子、以如実修行為二其
要一也　他日伝授写得之人、若未得第二伝法之人、則
早以其本送致当寺之経庫、非是惜法、弘通之嘉謀也

武都北郊霊雲開山沙門浄厳識
（明和元年真常写）

160 聖多羅菩薩法（新撰）　一帖
（朱）御本云
元禄十二年十月五日至八日酉刻撰写已了、是為晩入
智心、別行也
（朱）朱点一挍了
他日伝授書写之人、若未遇第二伝法之器、則以其本
速送致当寺之経庫、非是偏心、弘通之嘉謀也
武都霊雲開基沙門浄厳六十一歳
（宝永元年義妙写）

（明王部第二）

161 不動明王念誦供養法 祥雲　一帖
旹元禄第六之稔季春下澣之候、依経軌之本文、守祖
師之親伝、欽撰述了、伏希、見聞速証本具覚心、触
知必登円徳阿闍者
武都霊雲始興沙門浄厳五十五歳
（元禄十二年慈泉写）

162 底哩三昧耶不動法安（新撰）　一帖

右底哩三昧耶不動使者念誦次第一巻、累歳雖欲撰述、教授与修禱相逼不得餘暇、未果斯願、今染小恙捨縁事、於茲昼対帋窓、霄伴燈檠撰次已了、仰希本尊大聖狂垂慈顧、身同金石、寿侔亀鶴、他後伝授写得之人、若未得第二之阿闍梨、則速以其本送致于此寺、是雖似偏狭、却弘法之善巧也　元禄十五壬午中春二十四日

　武都北郊霊雲開基沙門六十四老僧妙極識

　（宝永五年蓮体写）

163 降三世忿怒念誦供養法祥雲（新撰）　一帖

元禄六年歳次癸酉仲夏初五、丁于　大将軍綱吉公祈禱五大尊供之時、撰此行軌了

　東都北郊霊雲草刱沙門浄厳　五十五載

他後伝受写得之族、若未得第二伝法之人、必以其本還当寺之経庫耳

　（延享四年真常写）

164 軍荼利明王念誦供養法祥雲（新撰）　一帖

元禄七甲戌年季春廿六夕草之

（朱）同首夏十二日一挍朱点了

他日伝受写得之人、若不得第二伝法之人、則速以其所写之本送于当寺之経庫

　武城北岡霊雲開基比丘浄厳五十六載

　（延享四年真常写）

165 不動瑜伽要鈔安雲（新撰）　三帖

（巻上）

右不動要鈔一巻、任先師口訣、守経軌説、随已《カ》智分、記録之了、冀后之人能翫味之、深入毗盧遮那大智之海矣

　願以称揚力　忿怒無動尊

　（速）イ遠垂深重愍　除滅業因根

他日伝授写得之人、若未遇第二伝法之人、則以其本速送当寺之宝庫、非是慳悋、弘法之謀也

　東武府城北岡宝林開基比丘浄厳　五十有七

元禄八年二月十三日書

（朱）同年十月六日一挍朱点了

（巻中）
右不動尊瑜伽要鈔第二巻、任先徳所記、依師主口授、
随分集記之了、伏希明王鑒誓誠心、垂納受矣
　東都霊雲創基熎芻浄厳　五十有七
　元禄八年二月二十三日　（朱）朱点一挍了
他日伝授写得之人、若未遇第二伝法之器、則以其本
速送当寺、非是慳法、弘通之善権也
（巻下）
旹元禄九年正月日、記集此冊子了、此裏多載自宗要
旨、請有智之人豁開心眼也
他日伝受写得之人、若未得第二伝法之大根機、則速
以其本送致当寺之宝庫、非是狭小之心、護法之嘉謀
也
　武都北岡霊雲密寺創基五十八老比丘妙極
　（朱）右上中下三帖朱点一挍了
　　（元禄十二年寂如写）

166 焰曼得迦念誦供養法 安雲（新撰）　一帖
元禄四年辛未五月三日草之了、（朱）一挍了、
他日伝授書写之人、若未得第二伝法之勝人、則速以
其本還納当寺之経庫、此非慳法、却是弘法之玄謩也
　武都北岡霊雲開基比丘浄厳　五十三
　　（延享四年真常写）

167 愛染明王法 祥（新撰）　一帖
旹元禄八年乙亥春正月廿七日草此次第了、他日伝受
書写之人、若未得第二伝法之人、則以其本還于当寺
之経庫
同日一挍了、武州府城北郊霊雲寺主浄厳五十有五（七）
　　（某写本）

168 大勝金剛法要 敬愛（新撰）　一帖
右以実厳御房御抄并秘部折紙、為自行私記之了、最
秘云云 不可有他見也
　旹寛文十一年六月六日　雲農　三十三載
　　（法瑞写本）

169 五大尊供次第 安（新撰）　一帖
旹元禄八乙亥正月十三夕、為　大樹内府殿下長日祈
禱、草此次第了　他日伝授書写之人、若未遇第二伝

法之器、速以其本送于当寺之宝蔵、若背斯誡之者、
護法諸天早加治罰耳
東都北郊霊雲創基伝瑜伽乗比丘浄厳五十七載
（宝永五年蓮体写）

170青面金剛護摩私記祥草本（新撰）一帖

寛文十歳次庚戌九月四日、依于盛順自心房之所望、率尓記之了、是併以大法印成厳御房御記并隆快僧正自行御次第記之者也、就中盛順信心勇猛之故、去月二十五日雖授印可、未暇授四度次第之故、行法用心恐未練者歟、依之以祖師代〻口授之分、如形注付之也、即今忿劇不及清書、仍書誤削除消之等事多之、後日物静之時、必可清書之也
安祥寺流末資雲農行年卌二
（延享四年真常写）

171不動字輪観諺釈（新撰）一帖

右不動尊字輪観、為レ令ニ初学者易一レ解、以ニ和諺一而注ニ解之一、猶此中《ニ》有ニ無辺妙理一、非レ面叵レ罄更問、皆
元禄十年中秋之二十一日、住武都北郊霊雲蘭若斗藪

老比丘浄厳識
（宝暦十三年真常写）

172大威徳法要鈔安（新撰）一帖

元禄五壬申年首夏二十九日、依本経軌、守師伝鈔記之了　他後伝写之者、若無可附属之人、則速還納于当寺之経庫耳
一挍了　武都霊雲草創沙門浄厳　五十四載
（某写本）

173愛染法秘訣祥（新撰）一帖

右愛染明王秘訣一巻〔夾註・字輪観別注之、又如法別記之〕或集ニ他流之秘記一、且拠ニ当流之嫡伝一、開ニ豁心府一吐ニ露肺肝一、成ニ斯鉅冊一施ニ彼後生一、不レ見古諺《ノ》曰、貽ニ子《ニ》黄金満籝《エイ》一不レ如教ニ子一経一、是斯秘訣奚翅《ナンソタダ》満界之珍宝乎哉、今許ニ小子祥光一使レ謄ニ写之一間、加ニ禿筆一以助ニ其功一、切誡《ム》他後勿《レト》レ伝《ル「》ニ非器一云レ尓、皆
天和三稔歳次癸亥首夏初六、書ニ于讃陽府城之隅紫峰下《ノ》現證菴《ニ》一
安祥寺流的嗣浄厳四十有五

174受染王字輪観最秘訣（新撰）　一帖　　（元禄十年信徹写）
旹延宝七年九月之上旬起草、因事務中止、今茲八年
六月初八、於讃陽高松城南之寓居終功矣
金剛乗沙門浄厳　四十二載

175愛染法字輪観諺解（新撰）　一冊　　（元禄六年真宝写）
右愛染法字輪義一巻、為二二三子易レ解故倉卒以三俚
語一記二其深旨一、切乞后生不レ鄙二瓦礫之拙詞一、唯味三
醍醐之融妙一、旹
元禄十年十一月一日
武都宝林草創老比丘浄厳跋
（朱）後日一挍了　　（元禄十一年慧沖写）

176四大尊口訣（新撰）　一帖
右四大尊、一一持物等之口訣、任高問記而進呈之、
是密蔵之奥秘、吾道之肝胆也、後来必莫処聊介耳
天和三稔孟夏十六日　浄厳欽誌

177大勝金剛法 就敬愛　一帖　　（延享三年真常写）
写本安祥寺僧正光意御自筆、此本南院常住不出之、
雖然予以別儀伝授書写了
万治二年己亥正月十九日、以南院住持良意阿闍梨
本、書写伝授了　雲農覚彦生年廿一
（宝瑞写本）

178明王部口訣 全宥　一帖
旹寛文元辛丑年七月二日書之、明後日武府下向之
故、忩劇千万、定有落字歟　雲農廿三
（安永二年真常写）

179不動口訣 安祥寺（新撰）　一帖
延宝七未年三月一日、於讃州高松旅寓記之了　安祥
寺末流浄厳　四十一歳

180焼八千枚作法祥　一帖　　（真常写本）
延宝七年十月初七日書写挍了
安流末資浄厳　四十一歳

（明和元年真常写）

181 八千枚開白結願作法　一帖
御本云　延宝七年己未十月初八日、於城州山科牛尾
山法厳院蘭若、書写一挍了
野沢末資浄厳　四十一歳
（明和元年真常写）

（仏部第三）

182 三摩地法要（新撰）　一帖
右金剛界大日一尊随行法一巻、為二三子行要、欽依
三摩地法、又加数道印言浄書之、伏冀三等教法流伝
無窮、二利勤修成弁有憑者、旹
元禄十四星舎辛巳首夏十三
武都北岡宝林創基六十三老乞士浄厳識
（朱）同日挍讐了
（浄厳真本）

183 阿閦如来念誦要記安（新撰）　一帖
右阿閦仏法要一帖旹
元禄十三十一月廿三日草畢、揩病目于燈下強力書
之、切希後生勿罪惟幸
東都霊雲開基六十二老比丘妙極
他日伝受書写之人、若未得第二闍梨、則早以其本送
至当寺云
（朱）朱点一挍了
（元禄十六年宋因写）

184 阿弥陀供養法安雲（新撰）　一帖
右阿弥陀供養法一巻、拠経軌明文、本大師次第、製
此冊子、以貽後生、旹元禄八年九月二十三日
東武北郊霊雲草創沙門浄厳誌
他日伝授写得之人、若未得第二伝法大器、則以其本
速納当寺之経庫、非是慳法、護真之謀也
（朱）同二十五日一挍了
（真常写本）

185 阿弥陀法安胎（新撰）　一帖
旹元禄九丙子秋八月二日、為二投華有縁之人一草稿已
了、其本尊秘印者、経誡、非持明灌頂人之所堪、待
伝法灌頂、当示授之也

（朱）同日朱点一挍了
他後伝授写得之人、若未得第二伝法之人、急以其本
還当寺之経庫、非是惜法、護真之謀也
武都霊雲草刱比丘妙極　五十八載
（某写本）

186 釈迦法安（新撰）　一帖
旹元禄十年八月中澣、為小弟義龍初入受明而得此
尊、草此一帖、示之
他日写得之人、若未得第二阿闍梨、則速以其本還納
当寺之経庫耳
武都北郊霊雲道場開基沙門妙極五十有九
（宝永三年智粲写）

187 天鼓音仏法并要鈔安雲　（新撰）　一帖
右一巻為下総僧円浄記之
他日伝授写得之人、若未得第二伝法之勝人、則早以
其本送達当寺、非是褊心、護真謀也
元禄十五壬午年三月四夜、武都北岡宝林開基六
十四老比丘妙極誌

（朱）同夕朱点一挍了
（宝暦十二年真常写）

188 薬師如来瑜伽要法 安雲（新撰）　一帖
元禄七年十一月穀旦、依本経軌、守先哲伝、記此冊
子了　　苾芻浄厳　五十有六
宝永五戊子年七月仏歓喜日書写之
（朱）一挍了　河南延命寺第二世蓮体　四十六
（明和元年真常写）

189 仏眼仏母法要 安雲（新撰）　一帖
旹元禄十三庚辰冬十一月廿一日草稿成矣、
（朱）朱点一挍了　東都霊雲開基苾芻浄厳六十二載
他後伝授写得之人、若未得第二伝法之人、速以其本
送達当寺之経庫、非是慳法、却是護法之玄謩也
（宝暦十三年真常写）

190 一字金輪法 安雲（新撰）　一帖
旹天和二年二月二日為大檀主　松平源英公当年六十
二歳災厄之祈一七日修法之料、任師伝、依経軌草之
了、可秘可惜慎勿妄伝耳

安祥寺末裔浄厳 四十四歳

（宝暦十二年真常写）

191金輪仏頂法（新撰） 一帖

旹元禄十二年三月十五夕末筆之、并一挍了

武都北郊宝林開山浄厳 六十一載

他後伝授書写之人、若未得第二伝法之器、速以其本送致当寺、非是慳法、護真謀也

（宝永元年智体写）

192尊勝仏頂法祥（新撰） 一帖

旹元禄十二己卯年三月廿九日、依本軌、守師伝草稿已了、他日伝授書写之人、若未得第二伝法之器、速以其本送致当寺、非是慳法、却護真之謀也

武城北岡宝林開山浄厳 六十一載

（宝永二年性寂写）

193光明真言法胎（新撰） 一帖

元禄八年乙亥十月廿八日、任先哲之口授草斯一帖了、他後伝授書写之人、若未得第二伝法之人、早以其本送致当寺之経庫

武都霊雲開基伝瑜伽苾芻浄厳五十有七

（元禄十一年祥光写）

194光明真言法要就金大日安雲（新撰） 一帖

旹元禄十二年十月初八戌半至九日薄暮、草稿成畢

武都霊雲開基苾芻浄厳 六十一歳

是為弟子僧定意別行也、故表白之辞及之、他日伝授写得之人、若未得第二伝法之勝人、速以其本送致当寺之宝庫、非是狭心、却為弘法之嘉謀也

（朱）同十四日朱点一挍了 再挍

（宝暦十二年真常与）

195光明真言七印一明（新撰） 一帖

光明真言七印一明印信之跋文

案ルニ

右斯七印一明之法、奥中玄奥、秘中最秘也、因玆祖祖密伝、師師堅惜、匪器不授、揀人乃伝、粤《ココニ》若、信士□生在人界、歓遇此教、遂乃発志、称誦不懈、其員、已満一百万遍、既而苦求斯要、予感其勇進、且羨勝徳、不克勤固、許授已竟、寔雖跨節、観夫策

功、則雖方袍之士、殊所応愧、顧不亦太過矣、請后之闍梨、莫以彼極堕、比彼大勇、漫授深密、擬我口腹云、旹

元禄

霊雲草創老苾芻妙極跋

（宝暦十二年真常写）

196 準提仏母念誦要軌 安雲（新撰） 一帖

元禄四辛未年九月初朔、依本経軌、守師伝義鈔記之了

安祥寺流末資海東武城下霊雲浄厳五十三載

他後若無付嘱之器者、必其典籍還納霊雲之経庫而已

一挍批点了 浄厳

（明和二年真常写）

197 大仏頂念誦法要（新撰） 一帖

旹元禄十稔季商之月十三日晩至十六日午、欽考本経之微言、恭守先哲之雅訓、草此要法一巻了、予蚤歳受学此法要、壮年値遇斯総持、歓喜無量抃躍罔措、復思均施一切同其大利、因茲印大陀羅尼、周布都鄙、今得漸達遐方普事修持、頃日武北僧衆志求法要、不顧寡聞聊就筆硯

（朱）同十月廿三日朱点一挍了

他日伝授写得人、若未遇第二伝法之人、速以其本速送当寺之経庫

武都北岡宝林山霊雲寺開基老比丘妙極識

（元禄十六年了果写）

198 阿閦如来念誦法（新撰） 一冊

右阿閦如来念誦法口訣一巻、為普光子修別行、不任老婆心切不覚覼《ラル》縷、況復今茲十月自内州至洛都、自洛都至江州、自江陽又歴洛、其間行脚之餘暇、操觚染翰、書典不随身、恐引拠有乖、後進有慈、請改正之、旹延宝七載星紀己未冬十月既望、金剛乗末裔浄厳于洛下烏丸之邸而書焉

宝輪菴主

旹元禄四年四月十有一日於武城霊巌島瑞雲菴書写

末資真宝二十有一

（真常写本）

199 阿弥陀秘記（新撰・宝暦十三年真常写）　一冊

200 阿弥陀口訣（新撰・真常写本）　一冊

201 阿弥陀秘訣（新撰・宝暦十三年真常写）　一冊

202 阿弥陀字輪観諺註（新撰）　一冊

旹元禄十三歳次庚辰臘月二十五日

武都霊雲寺開基沙門浄厳識

（宝暦十三年真常写）

203 薬師如来瑜伽要鈔（新撰）　一帖

旹元禄七甲戌十一月十日、拠経軌誠説、守祖宗口訣、記此冊子了、后来伝受写得之人、若未得第二伝法之人、早以其本送于当寺之秘庫、是非慳法、護法之謀也

武都北岡霊雲密寺始基沙門浄厳五十六歳　書

（宝暦六年法瑞写）

204 薬師秘訣（新撰）　一冊

天和三稔仲秋上浣　浄厳記焉

（延享三年真常写）

205 一字金輪秘訣（新撰）　一冊

天和三季八月上澣記之、併為末世後生耳　浄厳四十五載

（元禄四年真宝写）

206 準提秘密法門要鈔安雲（新撰・宝暦十二年真常写）　一帖

207 準胝仏母（新撰）　一帖

右貞享三年仲冬二十四日集要事而記之

河南延命小苾芻浄厳　四十八歳

（真常写本）

208 光明字義釈（新撰）　一冊

右九巻、為指示字義之一隅、教誘童蒙之無智、粗記如斯、若欲細解在于面嘱、予年已衰朽、燈下翳眼筆鋒不覚、雖爾為憐末徒、彊忍為之、冀後之覧者、有感斯文哉

旹元禄戊寅十月之日霊雲浄厳書

光明真言不動義釈（右一冊の末尾に収録）

河内蓮光苾芻直心輯録

（後跋）元禄甲戌之歳、河南蓮光律師直心、負笈而来、就予諮決密要、予為試其字義解否、嘱以二此義訣一、信宿而成、其約旋転、又約尊形儀、太巧妙、可

謂通其妙旨者、故為示二三子、加之于末云、旹元禄
戊寅冬十月之吉、霊雲老乞士妙極六十載書
（真常写本）

209 光言七印一明秘訣（新撰）　一帖
元禄十一年十月廿日記之浄厳（真本？）

210 光明真言秘口訣（新撰・延享四年真常写）　一帖

（菩薩部第四）

211 五字文殊法安雲胎（新撰）　一帖
右文殊法一帖元禄十年六月十四日撰之了、同日一挍
了、東武城北霊雲開基比丘浄厳五十九
他日伝受書写之人、若未得第二伝法之人、則速以其
本還納当寺之経庫耳
（宝暦四年真常写）

212 文殊法 胎八葉（新撰）　一帖
旹元禄八年十一月六日草此一帖了、是為持明灌頂弟
子耳、若已伝法之人則別有口授
他日伝授書写之人、若未得第二伝法之器、則早以其
本送致当寺経庫、若生前若歿後勿敢疎略而已

武城北岡霊雲刱基沙門浄厳誌五十有七
（蓮体写本）

213 八字文殊法要并要鈔安雲（新撰）　一帖
旹元禄十二己卯年二月三日起毫、同廿六日畢功、他
日伝受写得之人、若未得第二伝法之人、則速以其本
送致当寺之宝庫、非是慳法、却為弘法之謀也
武都北岡霊雲開山妙極六十一歳
（真常写本）

214 慈氏尊供養念誦要法 安雲（新撰）　一帖
右慈氏法要一巻、仰依軌文、欽守師伝、記述已了、
希回此微善、当生必参預龍華法会耳、旹元禄九年十
一月二十八夕
武都宝林草創老苾芻妙極 五十八載
他後伝授写得之人、若未得第二伝法人、則速以其本
送達当寺、非是慳法、護法之嘉謀也
（朱）同十二月朔日朱点一挍
（元禄十一年慈楽写）

215 金剛因菩薩法安（新撰）　一帖

旹元禄十四年九月初四、為弟子僧深達之行要、草此
一帖了
他后伝授写得之人、若未得第二伝法之大人、速以其
本送達当寺之秘庫、非是褊心、弘法之玄謩也
武城北岡霊雲密寺開基苾芻浄厳 六十三
（元禄十六年義貫写）

216 大随求菩薩法要 安（新撰） 一帖
旹元禄十二年三月尽日草稿了
已後伝授写得之人、若未得第二伝法之人、則速以其
本送致当寺之経庫、非是褊心、弘法之嘉謀也
武都北郊霊雲開基浄厳 六十一
（元禄十六年即身写）

217 聖地蔵菩薩法要鈔 安雲（新撰） 一帖
旹元禄八年星舎乙亥秋七月二十四日、欽依経軌真
説、亦守先哲親伝、撰斯一冊子、擬他日行軌、冀廻
此微福、 先師雲雪法印、及先亡煢魂、速免苦城、
忽登覚城者
武都北郊霊雲道場草創苾芻妙極老人欽識 五十七齢

他日伝受写得之人、若未得第二写瓶之人、則速以其
本送来于当寺、非是惜法、弘通之謀也
（延享三年真常写）

218 金剛幢菩薩法 安（新撰） 一帖
旹元禄十年春二月十四草稿成矣
武州城北霊雲開山比丘浄厳 五十有九
（元禄十六年即身写）

219 大虚空蔵念誦要軌 安雲（新撰） 一帖
旹元禄五壬申年七月十九日草之
（朱）同廿日点挍了
武都北郊霊雲苾芻浄厳 五十四載
他日伝授写得之人、若不得第二伝法之器、則速以其
本還納本寺霊雲之経庫矣、非是慳法、却欲弘伝耳
（明和元年真常写）

220 虚空蔵求聞持法要 安雲（新撰） 一帖
当流求聞持次第、古来所伝数通各異、暗者迷岐故、
今依儀軌本文、守先哲口訣、記此一帖、庶幾後学之
易暁了此也

元禄八年龍集乙亥九月十日
武都北郊霊雲草剏沙門菩薩比丘浄厳 五十七載
欽誌 （朱）同十五夕一挍了
（宝暦十二年真常写）

221 虚空蔵求聞持法要鈔 安雲 （新撰） 一帖
旹元禄八年九月十六日治定已前草本了
武都北郊霊雲草剏沙門浄厳五十七齢
他后伝授写得之人、若未得第二伝法之嗣、則早以其本送致当寺之秘庫、非是悋法、弘法之善謀也
同十四年辛巳五月廿四日、賜厳老和上真本謄之了、後世展転写得之人、明知本師和上之護法志、而勿使法宝墜土塊 実詮三十有九
寛保四龍集甲子孟春廿六烏転写之畢
真常二十有四 （判）

222 普賢薩埵行要 安雲 要鈔附 （新撰） 一帖
元禄九年正月日草之以貽于二三子矣
他日伝授書写之人、若未遇第二伝法之器、則速将其本送致当寺之宝庫、非是慳悋、興法之善謨耳

武都北郊宝林開基五十八老比丘浄厳識
（真常写本）

223 金剛手菩薩法要 安雲 （新撰） 一帖
右一帖元禄十四辛巳春正月廿九晦両日之間草稿了、
他日伝授写得之人、若未得第二伝法之勝器、則速以其本送致当寺、非是悋法、護真之謀而已
武都北岡霊雲開基沙門浄厳六十有三
（朱）同二月一日朱点一挍了
（享保五年性深写）

224 般若菩薩法 （新撰） 一帖
旹元禄六歳次癸酉孟春中澣、真読大般若之間、依経軌之明文、守先哲之口授、草此一帖了
（朱）甲戌三月二十一日挍了
他日伝之写之族、若不得第二伝法之人、速以其所写之本還納本寺之経庫矣、
武都北郊霊雲寺草創比丘浄厳五十五歳
（宝永二年性寂写）

225 檀波羅蜜菩薩 安 （新撰） 一帖

右檀波羅蜜次第一巻、為寿慶近住尼之初行、元禄十四年十月廿日酉半起草、丑半竟草
他日伝授写得之人、若未遇第二伝法之好人、早以其本送此寺之宝庫、非是褊心、却為弘教善謀也
武都北岡霊雲開榛六十三老比丘浄厳（蓮体写本）

226 戒波羅蜜法（新撰）一帖
旹元禄九年丙子秋七月、依或希望抄記之了
他日伝授書写之人、若未得第二伝法之人、速以其本送致当寺之経庫、非是慳法、弘通之嘉謀也
武城北岡霊雲開基老比丘浄厳五十八歳
（宝永元年光宝写）

227 方便波羅蜜菩薩法（新撰・蓮体写本）一帖

228 十波羅蜜集要 安雲（新撰）一帖
右元禄八年冬十一月抄記之了、他日伝授書写之人、若未得第二伝法之人、速以其本還納当寺之経庫、非是慳法、護真之謀也
東都霊雲開基沙門浄厳 五十七
（寛延三年真常写）

229 不空供養菩薩法並要鈔 安雲（新撰）一帖
元禄九年四月六日草稿了
他日伝授書写之人、若未得第二伝法之人、速以其本送致当寺之経庫、非是慳法、却護法之嘉謀也
武都霊雲創建沙門妙極老人五十八載
（延享四年真常写）

230 金剛波羅蜜法 安（新撰）一帖
右金剛波羅蜜念誦法一巻、為有縁行者、撮要記之、冀有裨後生也
又他日伝授写得之人、若不得第二伝法之器者、速以其本還納本寺霊雲之経庫矣
元禄五壬申夏端午之夕
武都霊雲草創沙門浄厳五十四
（元禄十六年義雄写）

231 金剛法波羅蜜法要 安雲 并要鈔（新撰）一帖
元禄十二己卯年四月十四夕草之一挍了
他日伝授写得之人、若未得第二伝法之人、則以其本速還于当寺秘庫、非是慳法、護真之嘉謀也

武都霊雲草創苾芻浄厳　六十一歳
（真常写本）

232 羯磨波羅蜜法安（新撰）　一帖
旹元禄三庚午年十月廿日、拠経軌、任師伝記之、冀開童蒙耳
河南教興苾芻浄厳　五十二歳
（元禄十四年蓮花蔵写）

233 金剛王菩薩行要安雲（新撰）　一帖
元禄十二十月初四未下刻撰述之了、是為弟子僧慈心別行也
武城霊雲開榛苾芻浄厳　六十一歳
他日伝授写得之人、若未遇第二伝法之勝人、則早以其本送致当寺、非是慳法、却是護真之謀也
（朱）即日朱点一挍了
（延享四年真常写）

234 金剛愛菩薩法要（新撰）　一帖
右元禄十一年三月廿三日、因日範沙弥所得之本尊、倉卒記此一帖了、他日伝授書写之人、若未得第二伝法之人、則以其本速送至当寺之宝庫　武城北岡霊雲開山浄厳　六十載
（朱）同日朱点一挍了
（宝暦五年法瑞写）

235 金剛善哉法并要鈔安雲（新撰）　一帖
旹元禄十五壬午六月十一日、為弟子僧融智行用、草此一帖、且又朱点一挍了
他后伝授写得之人、若未得第二伝法之人、則早以其本送当寺之経庫、非是悋惜、却是護法之嘉謀也
武都霊雲創基沙門六十四老乞士浄厳
（真常写本）

236 金剛業菩薩法（新撰）　一帖
右金剛業菩薩行要一巻、自元禄十四十月十五日黄昏而起首、至同夜四更草稿了
武都霊雲開基六十三老苾芻浄厳
他日伝授写得之人、若未遇第二伝法之勝人、則早以其本送至当寺、非是慳法、護真之玄謨也
（元禄十六年彦龍写）

237 金剛嬉戯菩薩法（新撰） 一帖

旹元禄十二年十一月三夕自戌初至子半、彊忍頭疼、草此一巻了、是為俊玄房別行也

他日伝受写得之人、若未得第二伝法之勝人、則速以其本送致当寺、非是慳法、却弘通之嘉謀也

武都霊雲開山沙門浄厳 六十一載

（元禄十六年慧泰写）

238 金剛鬘菩薩法（新撰） 一帖

右一巻、為小弟寂乗修行草之了

後来伝授写得之人、若未得第二伝法之人、則以其本速送至于当寺、非是慳法、還是護法弘教之善謀也

元禄十四年巳年十二月廿八日

武都霊雲開基沙門六十三老比丘浄厳識

（元禄十六年慧泰写）

239 金剛鉤菩薩法（新撰） 一帖

右元禄五壬申夏五月三日布沙星日記之

他日若無伝授之人、則速以其所写之本還納霊雲之経庫、念之在玆故識

武都北岡霊雲草創沙門浄厳 五十有四

（朱）朱点一挍了

（元禄十六年義鳳写）

240 八供四摂八大菩薩集要 安雲（新撰） 一帖

旹元禄九年臘月初六 妙極 （真常写本）

241 五字文殊字輪観（新撰） 一冊

右元禄九年七月廿一夕、為弟子僧慧沖草稿訖

武都湯嶋岡霊雲開址比丘妙極五十八歳

（宝暦十二年真常写）

242 慈氏菩薩真言字義略釈并句義草本（新撰） 一帖

右因覚智遮梨之需、倉卒解釈

武城之行在㆓于今朝㆒促装怱怱不㆑得㆓覼縷㆒、請苦翫味、自入佳境耳

元禄二稔歳紀己巳孟春小尽河南教興苾芻浄厳欽記

（宝暦十三年真常写）

243 随求秘訣安（新撰） 一冊

天和三年八月上旬記之浄厳 四十五歳

244 賢護菩薩法安（新撰）　一帖

（天和三年祥光写）

旹元禄八年十一月十一夕草稿一挍了、是応河越南畑
金蔵院主妙住阿闍梨之求耳
他後伝授書写之人、若未得第二伝法之器、則速以其
本送致当寺之経庫、非是悋法、護法之謀也
東武北岡霊雲創基比丘浄厳誌　五十有七

（某写本）

245 大虚空蔵菩薩要鈔 安雲（新撰）　一帖

旹元禄五壬申年七月廿三日、考本経軌、并依師説、
随分開闡、冀后之人感而翫之、正法緜緜、遐布永劫、
是予之素願也
大日本国武都北郊霊雲開基比丘浄厳　五十四載
他日伝受写得之人、儻不得第二伝持之人、則以其本
速還納于本寺霊雲之経庫也、非是慳法、却欲弘通耳

（寛延二年真常写）

246 虚空蔵菩薩要鈔 安雲（新撰）　一帖

右虚空蔵求聞持法最秘訣一巻、添削法子空慧之所
記、以貽後昆、冀後之覧者、増生信解、積集資糧、
他日伝受写得之者、若未遇第二伝法之器、則早以其
本送致当寺之秘蔵、非是褊狭之心、護法之嘉謀也
元禄八乙亥年十二月十七日夕
武都北岡霊雲開基沙門浄厳　五十七載

（延享四年真常写）

247 般若菩薩法要鈔 安（新撰）　一帖

右大般若菩薩秘密法門要鈔一巻、元禄六年正月十八
日集記之了、伏希生生値遇密蔵、世世修習仏乗者
霊雲沙門浄厳 五十五歳
他後伝習書写之者、若不得嗣之人、則以其本速納于
本寺之経庫、非是慳惜、弘法之謀耳

（元禄十年祥光写）

248 円満金剛秘訣私記（新撰）　一冊

（内題の次に曰）
河南錦部郡延命密寺伝瑜伽乗教沙門浄厳揮毫于武州
府城郭西牛罩之里多聞密院之息障菴　維旹貞享丙寅
季商之二十一日也

（奥書）
此巻ハ先年丙寅於武陵起首ストイヘドモ、多事ニシテ
未竟、今ヤウヤク其功竟ルコト実ニ延怠ナルヲヤ
元禄二年己巳正月二日苾芻浄厳記
（延享三年真常写）

249 金剛波羅蜜二種印明口訣（新撰）　一帖
右草案之分而未及再治之間、或文義不下、或字句脱
落定応巨多、雖然於宗義大綱、皆守聖説之故、不可
有相違也
延宝戊午四月十九日沙門浄厳記
（延享三年某写）

250 賢劫十六尊考異 安雲（新撰）　一帖
元禄七年十一月二十六夕集之了
武都北岡霊雲草創比丘浄厳 五十六載
（宝暦十三年真常写）

251 水天供　一帖
（天等部第五）
寛文十一年五月廿日、大雨降注、農民得耕種之、便
其後不雨、連日亢旱、草木如焦、郷民相議於鎮守天
満天神宝前、可令修水天供矣、仍請予於阿闍梨、固
辞再三、猶遂不許、予思今天下旱魃、蒼生愁苦、縦
雖無効、宜肯之也、則以六月廿四日初夜起首、於鎮
守拝殿行之、至第六日、大雨滂沱引、至第七日之
朝、因而結願了、里正士民欣悦無極、即誦普門品備
法楽、擬報賽之誠也、夫予之固陋、秉戒両闕、智行
倶亡、上世賢哲、或過七日猶無其験、然速得此効、
偏是師主良─之厚恩也、何日報之、悲喜交集、感涙叵
押、仍為後日記其梗槩云尒
寛文十一辛亥年六月卅日記之
安祥寺流的資雲農 卅三
（某写本）

252 水天供次第 安（新撰）　一帖
元禄十年季秋下浣草此次第了
武都北郊霊雲開基浄厳 五十有九
（宝永五年蓮体写）

253 水天法要鈔 安（新撰）　一帖

旹元禄十祀星紀丁丑十月廿二日記之且朱点一挍了
他日伝授書写之人、若未得第二伝法之人、則以其本
速還納当寺之経庫
武都北岡霊雲開山老苾芻浄厳五十有九
同十六癸未季七月十日於武州江戸深川引込町書写了
沙門慧黙　三十七

254 [illegible]念誦要軌安雲要鈔附　(新撰)　一帖
旹元禄七年甲戌孟春二十九、欽守祖伝、旁捜経軌、
撰于行軌貽於後生、他後伝授写得之人、若未得第二
伝法之人、速以其本還于本寺之経庫矣
東武城北岡霊雲沙門浄厳識
(延享二年真常写)

255 訶利帝母念誦要軌并要鈔安雲　(新撰)　一帖
右訶利帝母法并要鈔、燈下拭老眼、草此両帖了、旹
元禄十四年辛巳十一月二十日三更也
后来伝授写得之人、若未遇第二伝法之勝士、則早以
其本還納当寺之経庫耳、非此狭心、護法利人之善謀
也

東都北岡霊雲開址沙門浄厳 六十三
(朱) 同十二月四夕朱点一挍了
(宝暦十二年真常写)

256 [illegible]祥私記草本　(新撰)　一帖
右為備自廃忘、集師説并折紙等、率尒抄記了、是偏
為前撿挍法印御房朝遍予之師主〔傍註・宝性院第十八世今
玆七十五齢〕寿命長遠耳　大法師雲農三十有五(二)
旹寛文十年四月十八日甲辰、以此次第始行之了
(宝暦十二年真常写)

257 焔魔天供都状付安祥寺流　(新撰)　一帖
旹寛文十年四月十八日、為師主前撿挍法印御房朝遍
当年厄運如意吉祥、焔魔天供修之、為其所要書之了
金資雲農行年(二)三十三
(宝暦十二年真常写)

258 地天供安　(新撰)　一帖
右此一帖先季雖草稿之、猶未審詳、故今重加訂正
了、他後伝受写得之人、若未得第二伝教之人、速以
其本送還于当寺之経庫

旹元禄六年十二月廿日
武都北岡霊雲草創苾芻浄厳識
（元禄七年祥光写）

259 風天法安（新撰）　一帖

旹元禄十年丁丑十一月廿日、為息風火災行之次、草此次第了　（朱）同日朱点了
他日伝授書写之人、未得第二伝法之人、速以其本送達当寺宝庫、非是慳悋、護法之嘉謀也
武都北岡霊雲密寺草創老比丘浄厳書
（蓮体写本）

260 日天子念誦法安（新撰）　一帖

旹元禄十一戊寅初冬廿八日草稿成矣、他後伝授書写之人、若未逢第二伝法之人、則速以其本送致当寺之経庫、非是褊心、却為紹隆之嘉謀也
東武城北霊雲開基沙門妙極　六十歳
（朱）朱点一挍了
（蓮体写本）

261 月天子法安（新撰）　一帖

元禄十一戊寅年十月廿九日草稿成、他日伝授書写之人、若未遇第二伝法之人、則早以其本還納当寺之経庫、非是褊狭之心、却為護法之嘉謀也
（朱）朱点一挍了
東武城北宝林開址沙門浄厳　六十
（蓮体写本）

262 大弁才天法安雲（新撰）　一帖

元禄八年十二月十三日書之了、他後伝受写得之人、若未得第二伝法之人、則速以其本送致当寺之経庫
（朱）朱点一挍了
武都霊雲開基沙門妙極老人識
（明和二年真常写）

263 大弁才天女秘訣（新撰）　一冊

旹貞享第二乙丑之春、有故、賽我寺之鎮守大弁天神、百座供養念誦今已過半、因茲殫一心之悃誠、集金口之要文、尋諸賢之奥秘、記宝函之遺韻、至夫妙音妙趣与芥石而不竭、字義句義遍塵滴以有餘、則所貧道之不敢也、伏丐本尊天女、照我丹棘、垂賜玄鑒

河南教興寓住伝密沙門浄厳書于東武三田之僑居矣

（明和七年瑞厳写）

264 摩訶迦羅天法安（新撰）　一帖

右元禄十五年六月九夕為行用草此一帖了、除疑偽義、唯存正説、唯希神王哀愍納受、紹隆密教之願、決定成満　他后伝授書写之人、若未得第二伝法之人、即以其本送当寺之経庫、非是慳法、護真之謀也

武都霊雲開基密門老苾芻浄厳記六十四載

（宝永五年蓮体写）

265 摩怛利神法（新撰）　一帖

貞享四年六月初三　浄厳記焉

（元禄七年智淵写）

266 鎮守勧請私記草本（新撰）　一帖

（朱）寛文十一年二月十七日書写一挍了

（朱）　雲農卅三

（明和元年真常写）

267 神供略次第安　一帖

此次第最略行神供也

眥寛文十庚戌年五月初八夕、賜師主良意阿闍梨御本、倉卒謄写一般挍讐之了

祥流末資金剛餘裔　雲農行年卅三法臘廿三（二）

（真常写本）

268 祥流鈔神供　一帖

眥明暦三丁酉秋九月十二日、賜師主良意所持宥智御筆之御本、書写之畢　雲農十九才

私云此次第尤易見次第也以之可修之也

（某写本）

269 祥流鈔神供　一帖

（朱）御本批　眥延宝七己未年十一月七日書写之

（朱）一挍了

安流末裔浄厳四十二（一）歳

（貞享三年某写）

270 神供要法安（新撰）　一帖

右神供法一巻　覚《フ》三中古已来法式多背《クヮヲ》二仏言《ニ》一故、不レ顧《ミ》二僭踰《ヲ》一輒尓《ニ》改製《メス》、又加《ヘテ》二問弁《ヲ》一明《カニシ》二其是非《ヲ》一彰《ハシ》二其本文《ヲ》一、兼《テハ》復俟《ツ》二来哲之添削《ヲ》一也、眥

元禄十年龍集丁丑初商初五　　武都北岡霊雲創基金
剛乗老比丘浄厳　五十九載
他日伝授写得之《ノ》人、若未得第二伝法之勝人、則早以
其本送当寺之宝庫
元禄十一年仲夏初八日於河南小西見村延命精舎、以
浄厳闍梨挍本書写焉畢
（朱）同十一日讐挍了　祥光　三十二載

271 星供（一帙二十五帖の内）
秘知元辰法安　一帖
万治二戊戌三月五日賜南院御本摸写之　雲農廿一
七星図并分七曜九曜五姓事　一帖
万治二戌年三月五日賜南院御本摸寫之　雲農廿一

272 北斗供次第安雲（新撰）　一帖
旹元禄四辛未年閏八月十夕書記之
霊雲沙門浄厳　五十有三
他後伝授写得之者、若無第二伝法之人、則速送納之
於本寺宝蔵
（宝暦十二年真常写）

273 属星供次第安雲（新撰）　一帖
他後伝授写得之者、若無第二伝法之人、則速送納之
于本寺宝蔵
元禄四星紀辛未十一月十六日書記之
武陽豊島郡霊雲沙門浄厳五十有三
元禄第九龍集丙子中夏九日書写了
末弟祥光三十

274 諸星各別印言（新撰）　一帖
（朱）右諸星宿印言種子字、諸本多謬、今挍讐帰
正、新写成矣
（朱）元禄八年十二月廿日
（朱）武都北岡霊雲沙門浄厳五十有七
（享保五年栄秦写）

275 星供口訣安（新撰）　一帖
相伝《ノ》義《ニ》云
寛永十六年己卯十一月廿三日氐宿生人、（朱）浄厳本性土、延宝九辛酉
年四十三歳当年星《ハ》計都星也、（中略）然《レハ》則延宝九年八
月十八日《ハ》酉《ノ》時《ニ》卯《ノ》方《ニ》下《ル》也（下略）

（祥光写・正徳四年蓮体挍本）

（経部第六）

276 菩提場荘厳陀羅尼経法祥（新撰・享保七年蓮体写）一帖

277 大般若法則（新撰・寛延二年真常写）一帖

278 六字経法秘訣（新撰・宝暦十三年真常写）一冊

279 六字口伝秘　一帖

正本批曰

天和元年辛酉十二月三日浄書之、先年課他筆写之、雖尓其本未快故、重浄書之、希法流伝万世、智水洽兆庶耳

一挍了　安祥寺末裔浄厳 四十三

元禄三年孟秋四日於河南延命密寺写之　妙厳 二十八

（朱）同四年五月十二日朱点挍讐了　改蓮体 二十九

（大法部第七）

280 普賢延命祥　一帖

正本批云

旹天和三年三月三日再写一挍了、併為法命遠長、迴至後仏、肉身堅固、遠比椿寿耳

安流末資浄厳 四十五載

元禄三庚午年四月十七日書写焉　妙厳 二十八載

（朱）挍讐了　蓮体 三十一

281 普賢延命法安雲（新撰）一帖

右普賢延命法要一巻、任経軌之誠言、踵先哲之玄轍、欽記一小冊了　霊雲開山浄厳元禄十丁丑年十二月廿五日夜

他日伝授書写之人、若未得第二荷法之器、則速其本送於当寺之宝庫

（正徳四年蓮体写）

282 普賢延命護摩祥 草本（新撰・寛延二年真常写）一帖

283 孔雀明王法安（新撰）一帖

右孔雀経法一巻、依経軌、因師伝、抄記之了、後来伝授書写之人、若未得第二伝法之勝人、則早以其本送当寺之経庫、非是褊心、却是弘通之玄謩也

旹元禄十四歳次辛巳十月十一夕草之

（朱）同十七夕朱点一挍了

武城北岡霊雲開基六十三老乞士浄厳

284 請雨経法安（新撰）　一帖

（宝永五年蓮体写）

旹元禄十五年二月六日、授蔵記于衆僧之中、為塞厚望、依先哲之伝、記此一策子了、此中有深秘事、莫猥示未伝之人耳、他后伝授写得之人、若未得第二伝法之勝人、早以其本送達于斯寺、非是慳法、還是弘教之勝謀也、后生無以罪我、則幸甚

武城霊雲開榛六十四老乞士浄厳

（朱）一挍了

285 太元帥供養念誦要法（新撰）　一帖

（元禄十六年宋囦写）

右為

大樹殿下源朝臣綱吉公長日祈禱、草此次第畢、元禄五年星紀壬申孟春十六、措筆于武都北郊之霊雲精舎

金剛乗苾芻浄厳五十有四

（朱）享保六年六月十六日河南九華山開基比丘

蓮体五十九歳夏三十二

286 太元大法兼息増護摩用観安雲（新撰）　一帖

287 太元帥秘訣青　一帖

（宝暦十二年真常写）

天和三年中秋初七　東寺末葉浄厳

288 普賢延命最深秘訣（新撰）　一冊

（明治三十四年覚城写）

右雖為自宗眼肝、吾道骨髄、為貽後昆、枉書紙墨、後覧之者、慎勿処聊尒而已

旹天和第三龍集癸亥首夏十有三夕、書于讃州高松紫峰下現證菴南軒　金剛乗末資浄厳四十有五歳

（真常写本）

289 普賢延命法（新撰）　一帖

右為朝遍法印除病延命、修此法之間、為得意、集折紙等大槩抄記了、本法大法修之、今以別儀自行修行之也、非本法也

寛文十年六月七日

一一以折紙、遂挍合了　大法師雲農卅三(ㇳ)

（某写本）

290 孔雀経法要鈔安雲（新撰・享保五年性深写）　一帖

（秘法部第八）

291 五大虚空蔵護摩私記祥秘草本（新撰）　一帖

旹延宝九年星集辛酉自孟春元日、至八日一七个日、奉修五大虚空蔵秘法、（中略）粤従去年、蟊賊害苗、洪水漂稲、疾風暴雨、交互来会、且又三冬無雨、蔬菜枯尽、庚申一歳猶已如茲、況重辛酉耶、農民含愁、工商訴天、（中略）是故師師相承、当辛酉厄運必修此法、予猥以羝羊之質、幸厠龍象之列、受俗素之施若干、其罪不少、因茲為酬国家之罔極、報檀越之洪恩、飾茲密壇、行彼秘法、此乃任相承口訣、抄此次第、伏乞後賢勿軽之

延宝九辛酉年正月二日野沢末資浄厳四十三歳

大壇供養法浄厳修之　護摩壇入室弟子妙厳修之

無小壇　伴僧八口

（真常写本）

292 理趣経行法（新撰）　一帖

旹元禄九年九月既望書之竟

後来伝受写得之人、若未得第二伝法之人、早以其本還于霊雲之宝庫、非是慳惜、弘通之善謀也

霊雲寺開基沙門妙極欽誌　五十八載

（朱）朱点一挍了

（宝暦十二年真常写）

293 理趣経祥　一帖

正本批云

旹延宝六年戊午四月四日、於讃州善通寺誕生院西寮寓居書写挍点了、此寺是　高祖遺跡、先哲元杲、仁海、宥快等曾住之地也、覩物興感、伝法報恩豈可忽緒耶　安祥寺流的嗣浄厳　四十齢

（元禄三年蓮体写）

294 如法尊勝　一帖

本云

天和二年正月廿日書写之了

金剛仏子浄厳　四十四

（元禄三年蓮体写）

295 如――尊勝青　一帖

正本批云　天和二年正月十九夕書写之

安祥末派浄厳 四十四
（元禄三年蓮体写）

296舎利安　一帖
正本批云　天和二年正月十九夕書写了
安祥寺末流浄厳 四十四
（元禄三年蓮体写）

297後七日安　一帖
本云天和三年二月十六日書写之了浄厳 四十五載
（元禄三年蓮体写）

298後七　一帖
正本批云　天和三年二月六日書写一挍畢
安流末資浄厳 四十五載
（元禄三年蓮体写）

299後七酉　一帖
正本批云　天和三年癸亥二月六夜書写一挍畢
安流末裔浄厳 四十五載
（元禄三年蓮体写）

300後七日祥　一帖

正本批云　旹天和三癸亥年二月廿一日夕於讃州香東郡紫雲山下現證庵裏書之了　密派浄厳 四十五載
（元禄三年蓮体写）

301五秘密祥　一帖
正本云　旹天和三癸亥年二月廿二日写之廿三日挍之
安流浄厳 四十五載
（元禄三年蓮体写）

302後夜念誦青　一帖
正本批云　旹天和二年正月十九日書写之
金剛資浄厳 四十四載
（元禄三年蓮体写）

303日天子青　一帖
正本批云　天和二年正月十九日書写挍合了
安祥寺末資苾芻浄厳 四十四
（元禄三年蓮体写）

304観音供　一帖
正本批云　旹天和二年正月十八夜授于二三子之次、清書之了　安祥寺末資浄厳 四十四

305如―愛　一帖

（元禄三年蓮体写）

正本批云　此法者自宗淵底我道ノ眼肝也、祖祖秘之、師師守之、後生勿容易之

天和三癸亥年二月廿三日書之

安流的裔浄厳　四十五載

306奥沙子平　一帖

（元禄三年蓮体写）

批云　旹天和三年正月元日申刻試筆写之幷挍讐了

浄厳　四十五歳

307避蛇法　一帖

（元禄三年蓮体写）

正本批云　旹天和三年正月元日試筆繕謄之幷挍讐訖、伏希門流逐日繁栄、密教随年興隆耳

浄厳　四十有五歳

308晦御念誦　一帖

（元禄三年蓮体写）

正本批云　天和三年龍集癸亥孟春元日三更繕写成矣、伏希海晏河清、密教紹興耳

安祥寺流末資浄厳　四十五載

309薬師法護摩次第安　一帖

（元禄三年蓮体写）

本云　右有快法印御自筆御草本雖有之、簡略之故、不便初学歟、仍以折紙大抵記之了、是偏為検挍法印朝遍現病平愈之祈而已

旹寛文丁未年六月十七日

安流末資雲農

310大勝金剛法幷護摩　一帖

（安永二年真常写）

写本安祥寺僧正光意御自筆

右此次第南院常住不出之本也、雖然予以別義伝授書写了

万治元閏十二月廿七日令伝授、〻〻師主南院住持良意阿サリ也、則賜御本、万治二年己亥正月十九日、於南谷釈迦文院之寮書写了一挍了　雲農覚彦生年廿一

以此次第、為良意アサリ不動免訴訟之祈念、令修之

了、自閏（ママ）二月一日至三月五日、五七日之間令修之了

（延享四年真常写）

311 大青面金剛表白等祥　一帖

旹寛文十年九月四日以光意僧正御自筆本書写一挍了

金資雲農 行年卅二

（正徳五年実英写）

312 聖天供私次第祥　一帖

延宝九年辛酉正月五日書写挍合了

安流的嗣浄厳　四十三載

（宝暦十三年真常写）

313 聖天供表白祥　一帖

延宝七年十月初八日使写之了

安流末弟浄厳　四十一歳

同日一挍了

（明和二年真常写）

314 聖天供私記 祥秘　一帖

延宝七年十月初八日書写了

浄厳　四十一歳

（朱）一挍了

（真常写本）

315 地鎮次第　一帖

天和癸亥年十一月廿九夜書之了　末資浄厳　四十五

316 不動地鎮次第　一帖

天和四年正月四日夕写挍了　浄厳　四十六

317 地鎮用意　一帖

（朱）天和甲子正月十一夕一挍了　浄厳

318 鎮壇供養法次第　一帖

天和三癸亥年十二月廿九日書写之

祥流末裔浄厳　四十五

319 鎮壇作法　一帖

天和三癸亥十二月廿八日暮写功畢矣

（朱）同四年十一月挍了　安祥寺末資浄厳　四十五

320 鎮壇支分等記　一帖

天和四年正月四日書写之了　浄厳　四十六

321 鎮壇助修人作法　一帖

（朱）天和四正月十一夕挍了　（朱）浄厳　四十六

322 不動鎮宅法　一帖

天和四年正月十一日挍之　浄厳　四十六載

323 安祥寺帖張私記 宥智 一帖

寛文十一年亥二月七日書写一挍了 祥流末派雲農

右一帖以雲農師自筆書写了

（朱）一挍了 安流末資賢浄 廿六

324 安祥寺諸尊法口訣 永遍 一帖

旹寛文十一年辛亥二月九日夜半書写之

祥流末派大法師雲農 卅三歳

翌日一挍了 正本前後参差爛脱、仍今如其次第書写之、後人勿怪耳

寛文十二年初冬中旬、牛尾蓮花乗室下、以雲農自筆御本模写之了、同流末裔沙門賢浄 廿六

（朱）同年十一月廿三日一挍了

325 曼荼羅供次第 安雲 （新撰・宝暦十二年真常写） 一帖

326 曼荼羅供内場作法 安雲 （新撰） 一帖

元禄十二年首夏二十三日 金剛乗苾芻浄厳欽言

（宝暦十二年真常写）

327 安像慶讃法 草本 （新撰・宝暦十三年真常写） 一帖

328 形像開光法 幷問訣 安雲 （新撰） 一帖

旹元禄十年星紀丁丑八月中澣記之、他日伝受書写之人、若未得第二伝法人、則速以其本還納当寺之経庫

（真常写本）

329 古仏撥遣作法 草本 （新撰・延享二年真常写） 一帖

330 諸尊口訣 （新撰・宝暦十三年真常写） 一冊

331 五仏相配両三蔵異義 （新撰） 一帖

右斯秘義、先哲間筆、多是粗略、因為後生、重述大槩、一一深趣不克著記、惟冀面嘱而已

貞享丁卯中春中浣書

河陽延命苾芻浄厳

武都西隅多聞院裏

（某写本）

332 念誦間観想 （新撰） 一帖

貞享二年正月十七日記了 浄厳 四十七歳

（享保十一年真源写）

333 念誦間観想安 （新撰） 一帖

貞享三年歳紀丙寅季冬二十七日

河南小苾芻浄厳欽記

(延享二年真常写)

(灌頂部)

334 受明灌頂私記 胎再治 (新撰) 一帖

旹元禄五壬申年十月廿九日書写了

武都霊雲草創苾芻浄厳 五十四載

(寛政九年真常写)

335 受明灌頂私記 金再治 (新撰・寛政九年真常写) 一帖

336 結縁灌頂諸尊印言 金胎 (新撰) 二帖

旹元禄歳次癸酉九月未望

武都霊雲草刱桑門浄厳識

正本云

旹元禄七年孟春十五書写一挍了、他後伝受写得之人、若不得第二伝法之人、則以其本送還于当寺之経庫矣

武都北岡霊雲沙門浄厳誌 五十五載

(真常写本)

337 三摩耶戒式 安雲 (新撰) 一帖

元禄六己(癸)酉年四月二十五夕、再浄書之及加註了、是為使後人易解耳、佗日伝受写得之人、若無第二伝法之人、則以其本速還于当寺之経庫、非是慳法、護法之謀耳 (朱)挍点了

東都北郊霊雲沙門浄厳 五十五載

(寛延元年真常写)

338 灌頂時護摩作法 (新撰) 一帖

元禄七年十二月十三日絶毫于東都霊雲之無等房南牕下、同寺草刱沙門浄厳

又此冊子佗日受得書写之人、若未得第二伝法之人、速以其本送于当寺之秘庫也、非是慳惜、弘法之嘉謀也

(朱)同八年九月十六夜朱点一挍了

(元禄八年寂如写)

339 許可作法 (新撰) 一帖

旹元禄七年十二月十三日書了

他日伝授写得之人、若未得第二伝法之人、速以其本送于当寺之経庫

武都北岡霊雲比丘浄厳 五十六載

340 灌頂調支分法（新撰） 一帖 （元禄九年祥光写）
右調支分法一巻、古来記録文太タ鄙俚、人叵生信、
故今改書如此
元禄八年九月穀旦
武都北郊宝林第一世苾芻浄厳
（朱）朱点并一挍了
（元禄八年寂如写）

341 伝法灌頂誦経導師作法（新撰） 一帖
（朱）貞享五年三月七日、備後西国寺密照法師庭儀
灌頂之時、伝法灌頂歎徳 妙厳勤之 浄厳草之
（寛延二年真常写）

342 具支灌頂開結事由（新撰・真常写本） 一帖

343 受明灌頂表白 金胎（新撰） 一帖
旹元禄八乙亥年十月十四日、治先年草案而浄書之
了、同十六日点曲譜了
武都北郊霊雲沙門浄厳 五十七歳
（真常写本）

344 結縁灌頂衆僧数目（新撰・真常写本） 一帖

345 伝法灌頂金剛界行法 安雲（新撰・真常写本） 一帖

346 伝法灌頂胎蔵界行法 安雲（新撰） 一帖
旹元禄十一年二月十二夕草稿了
他後伝授謄写之人、若未得第二伝法之人、則以其本
速送至当寺之経庫、非是慳法、却是紹隆之嘉謀也
武陽湯島宝林山霊雲浄厳 六十歳
（真常写本）

347 胎蔵界灌頂私記 伝法 安雲（新撰） 一帖
旹元禄五壬申年十月廿九日書写了
武都霊雲草創苾芻浄厳 五十四載
（真常写本）

348 金剛界灌頂私記 伝法 安雲（新撰・真常写本） 一帖

349 三昧耶戒印明等口訣（新撰） 一帖
右因許可之次、為策励後生、倉卒記之、此是草稿、
他日必改正之耳
貞享四年丁卯中春十二日 同十七日一覧了
河南教興煏芻浄厳 四十九歳

350 安祥寺許可印明口訣有（新撰）　一帖　（元禄二年空慧写）

沓天和二（三）癸亥歳閏五月廿九日記之

願以斯微功　洽及于法界

并薦祖老妣　斉使纏縛解

安祥寺法流末資浄厳四十五歳

又一本奥云

沓延宝九年辛酉秋九月布沙星合日

安祥寺嫡嗣浄厳記焉

与今本大同、今本即再治彼而已　常謹誌　（真常写本）

351 許可秘訣安祥寺空　（新撰・寛政元年真常写）　一帖

352 祥流許可印明秘訣中　安雲（新撰）　一帖

元禄二年九月七日於武城北多宝院裏書

河南教興苾芻浄厳五十一歳　（真常写本）

353 安流伝法印明并紹文口訣安雲（新撰）　一帖

元禄六年六月望日任祖師口授記之了（朱）一挍了

東都霊雲沙門浄厳五十五載　（真常写本）

354 安流灌頂集記（興雅記・浄厳再治・真常写本）　一冊

355 伝法灌頂手日記安　実厳　一冊

延宝六年三月廿一日　安祥寺末資浄厳四十歳

（朱）一挍了　（天明八年真常写）

356 実厳記　一冊

元禄十二年春、雇丹後僧実詮使謄之、同中冬九夕一挍了、雖尓脱誤尚多不能詳悉、冀后君子挍正之云、霊雲開基浄厳六十一覧斯一冊子、始知月輪殿下、褒称実厳、言大師門流無出其右之不妄也、誰人不仰其徳耶

（享保六年勝慧写）

357 祥流鈔　一帖

天和三年六月十九日書写之、夜極深更、疲労至極、字形疎慢、頗貽恥辱耳　浄厳 四十五載

（賢浄写本）

358 安祥寺諸流一統血脈（新撰・某写本） 一帖

359 伝法汀取水作法 一帖

寛文十一年二月十六日書写一挍了 雲農 三十三

（宝暦二年瑞岩写）

（〇**普通折紙**・明和四年法瑞挍本）

（諸観音部第一）

360 六観音事 一紙

天和二年十二月廿七日写挍了 浄厳 四十四載

361 六観音種子三形 一紙

寛文十年九月十七日書写一挍了 雲農行年三十二

362 正法金剛法 一紙

寛文十年九月十八日書写一挍了 雲農行年卅二

363 観自在説普賢陀羅尼念誦法不空大師請来 一紙

天和三年八月初八日書写挍了、冀重罪消滅所求円備

耳 浄厳 四十五歳

364 観音能滅衆罪千転陀羅尼念誦法玄奘智通 一紙

（同右）

365 千手理智院或 一紙

本云 寛文十年十一月十三日夜書写一挍了

雲農 三十二歳

366 千手 一紙

本云 寛文十年十一月十四日書写一挍了 雲農卅二

367 千手法 一紙

（同右）

368 千手 一紙

（同右）

369 千手 敬 一紙

天和二壬戌年十二月廿八日書挍了 浄厳 四十四載

370 千手 一紙

寛文十年九月十八日書写一挍了 雲農行年卅二

371 千手法散念誦真言等 一紙

貞享元年五月十一日一挍了 浄厳 四十六

372 千手真言勘文 一紙

本云 貞享元年五月十日書写了 祥光 十八

同十一日一挍了 浄厳 四十六

373 千手大悲心陀羅尼伽梵達磨訳本浄厳比挍正之 一紙

此陀羅尼本、或倭朝印本、或真言集等多異、今依二
高麗大蔵印本二写之、又以金剛智本参考之云々
延宝八庚申稔中秋日浄厳欽誌

374 千手 四十手功能 一紙
天和二年壬戌十二月廿八日写挍共了 浄厳 四十四載

375 馬頭法 一紙
寛文十年十一月十三日夜書写一挍了 雲農 卅二

376 馬頭 一紙
寛文十年十一月廿五日書写一挍了 雲農 卅二

377 馬頭 一紙
寛文十年十一月十四日書写一挍了 雲農 卅二

378 馬頭 一紙
寛文十年十一月廿日書写一挍了 雲農 卅二

379 [illegible] 一紙
寛文十年十月廿三日書写一挍了 雲農 卅二

380 馬頭 一紙
寛文十年十一月廿日書写一挍了 雲農 卅二

381 馬頭 一紙
寛文十年十一月廿五日書写一挍了 雲農 卅二

382 馬頭口伝 一紙
寛文十年十一月十四日書写一挍了 雲農 卅二

383 十一面法 一紙
(同右)

384 十一面法 一紙
寛文十年九月十八日書写一挍了 雲農 行年卅二

385 変異[illegible] 一紙
(同右)

386 十一面 一紙
(同右)

387 十一面 一紙
(同右)

388 十一面 一紙
寛文十年十一月廿日書写一挍了 雲農 卅二

389 如意輪法 一紙
寛文十年十一月十四日書写一挍了 雲農 三十二

390 如意輪法 一紙

寛文十年十一月十三日書写一挍了　雲農 卅二
391 散念誦 如意輪　一紙
貞享元年五月十一日一挍了　浄厳 四十六
392 如意輪　一紙
寛文十年十一月廿一日書写挍合了　雲農 卅二
393 如意[梵字]　一紙
（同右）
394 如意輪法　一紙
寛文十年九月十七日書写挍合了　雲農行年卅二
395 如秘　一紙
寛文十年十一月廿一日書写一挍了　雲農 卅二
396 如意〇最秘印　一紙
（同右）
正本疑多之、重可挍之也
397 如意輪口伝　一紙
寛文十年十一月十五日書写一挍了　雲農 卅二歳
398 如意輪護摩　一紙
寛文十年十一月十三日書写一挍了　雲農 三十二

399 如意〇　一紙
（同右）
400 如意輪　一紙
寛文十年十一月廿三日書写挍合了　雲農 三十二
401 持宝[梵字]秘　一紙
寛文十年十一月廿五日書写一挍了　雲農 三十二
402 七星如意輪血脈　一紙
寛文十年九月十八日書写一挍了　雲農行年卅二
403 白衣口伝　一紙
寛文十年十一月十五日書写挍讐了　雲農 卅二
404 葉衣　一紙
寛文十年十一月十三日書写一挍了　雲農 卅二
405 葉衣　一紙
（同右）
406 多羅　一紙
寛文十年十一月十八日書写一挍了　雲農 卅二
407 不空羂索　一紙
寛文十一年二月廿五日書写一挍了　雲農 卅三

同廿七日再挍了
貞享甲子五月五日第三挍了　浄厳 四十六

408不空羂索　一紙
寛文十年十一月十七日書写挍合了　雲農 卅二
同十一年二月廿七日再挍了
貞享元年五月五日第三挍了　浄厳 四十六

409不空羂索　一紙
寛文十年十一月十五日書写挍合了　雲農 卅二
同十一年二月廿七日以別本再挍了
貞享元年端午日第三挍了　浄厳 四十六

410不空羂索法　一紙
寛文十年九月十八薄暮書写一挍了　雲農 行年卅二
同十一年二月廿七日再挍了
貞享元年五月五日第三挍了　浄厳 四十六

411不空羂索　一紙
寛文十年十一月十八日書写挍合了　雲農 卅二
同十二年二月廿七日再挍了

412　一紙
寛文十年十一月十八日書写一挍了　雲農 三十二
同十一年二月廿七日再挍了
貞享元年五月五日第三挍了　浄厳 四十六

413諸尊段次第 私記之　一紙
寛文十年九月十七日書写挍合了　雲農 行年卅二

414唯識会護摩不空陀羅尼　一紙
旹貞享甲子六月初八写挍共了　浄厳 四十六

415　一紙
寛文十年十一月十七日書写一挍了　雲農 卅二
同十一年二月三日以別本再挍了

416青頸観音法　一紙
寛文十年十一月十五日書写一挍了　雲農 卅四

417青頸　一紙
寛文十年十一月十三日書写一挍了　雲農 卅二
同年十一月十四日以別本再挍了

418毘倶胝　一紙

419香王　一紙
寛文十年十一月十八日書写一挍了　雲農 卅二

(同右)　右毫真寂

420阿摩𪗱観音法護摩　一紙
貞享元年五月九日書写了　右毫祥光十八
同十一日一挍了　浄厳四十六

421[illegible]　一紙
寛文十年十一月十八日書写一挍了　雲農卅二

422[illegible]　一紙
(同右)

423[illegible]　一紙
旹寛文十年十一月十五日書写一挍了　雲農三十二

424楊柳観音法　一紙
寛文十年十一月十四日書写挍合了　雲農卅二
(諸金剛部第二)

425表白祥不動　一紙
天和二年十二月十七日写之　右毫真寂
同十八日挍了　浄厳四十四

426ム不動私　一紙
天和二年十二月十八日写之十九日挍之　浄厳四十四

427不動法　一紙
天和二年十二月十七日写之　右筆真寂
同十九日一挍了　浄厳四十四

428往生極楽行法不　一紙
天和二年十二月十八日写之　浄厳四十四
同十九日挍讐之　右毫真寂

429不動無相　一紙
天和二年十二月十八日写挍了
安祥寺流末資浄厳四十四
右毫真寂

430不動十四根本十九布字等入行事　一紙
貞享甲子中夏十八夕写挍共了浄厳四十六

431不動明　一紙
天和二年十二月廿八日書写挍了　浄厳四十四

432[illegible]秘　一紙
天和三年七月十八日書挍了　浄厳四十五載

433十九布字図　一紙

呰天和三年正月七夕書挍共了　浄厳 四十五載
貞享元甲子年再挍成五月廿日

434 不動十九観石山　一紙
天和二壬戌年十二月廿九日書之了　義證 三十三歳
同三年二月十一夜挍合了　浄厳 四十五歳

435 不動三〻摩耶印　一紙
天和二年十二月十九日写挍共了　浄厳 四十四歳

436 八千枚 消息　一紙
貞享甲子年五月十九日一挍了　浄厳 四十六

437 八千枚ロ　一紙
呰天和二年十二月二十九日於讃州高松現證庵書之
右筆妙厳 二十齢
貞享元年五月十九日一挍了　浄厳 四十六

438 八千枚私記安　一紙
天和三年六月十二日夜書挍共了　浄厳 四十五載

439 八千枚 支度等　一紙
貞享元年五月十九日写挍共了　浄厳 四十六

440 八千枚日記　一紙

呰天和二年十二月廿九日書之　右筆妙厳 二十歳
貞享元甲子年五月十九日一挍了浄厳 四十六

441 [illegible] 八千枚等文集　一紙
（同右）

442 八千枚巻数　一紙
（同右）

443 八千枚事　一紙
（同右）

444 八千枚日記　一紙
（同右）

445 八千枚秘記　一紙
（同右）

446 条条不審 八千枚　一紙
正本二紙也今恐散失合于一紙写之了
天和二年壬戌十二月十五日写挍共了　浄厳 四十四

447 愛染王念誦次第 付大次第　一紙

448 [illegible]次第　一紙
天和三年正月三日写挍共了　浄厳 四十五

皆天和三年正月四日写挍共了　浄厳　四十五載

449 𑖨𑖯𑖐安　一紙

天和二壬戌臘月廿三日敬写之　祥光　十六

貞享元甲子五月廿日一挍了　浄厳　四十六

450 愛　一紙

天和二壬戌年十二月廿三日写之　祥光　十六

貞享元甲子年五月十九夕一挍了　浄厳　四十六

451 𑖨𑖯𑖐　一紙

天和二壬戌十二月三(廿三)日敬写　吉祥光　十六歳

貞享元年甲子五月廿日挍之　浄厳　四十六

452 愛染王　一紙

天和二年十二月廿三日写之　右毫沙弥吉祥光　十六

貞享元年五月廿日挍之　浄厳　四十六

453 𑖨𑖯𑖐[illegible]等　一紙

天和二壬戌季冬廿三敬写　吉祥光　十六齢

貞享元年甲子五月八日一挍了　浄厳　四十六

454 𑖨𑖯𑖐支度巻数　一紙

天和二年十二月廿七日欽写　右毫祥光　十六

貞享元年五月廿日一挍之　浄厳　四十六

455 愛染王　一紙

（同右）

456 𑖨𑖯𑖐秘ロ　一紙

（同右）

457 愛染王秘　般若寺　一紙

（同右）

458 愛染王秘　一紙

天和二年十二月廿八日写之　祥光　十六

貞享元年五月十九夕一挍了　浄厳　四十六

459 敬愛事　（以下九紙）

貞享元年五月十九日一挍了　浄厳　四十六

460 𑖨𑖯𑖐　（以下三十三紙）

貞享元年五月廿日一挍了　浄厳　四十六歳

461 一夜　（以下四紙）

貞享元年五月廿一日一挍了　浄厳　四十六歳

462 𑖨𑖯𑖐秘ロ　一紙

天和三年十二月廿六日写挍了　浄厳　四十五

463 小野大次第　一紙
寛文十三癸丑八月十六日書写一挍了
安祥寺流末資雲農三十五 今改名浄厳
延宝六年三月十六日以般若寺古本一挍了、彼本曼荼《ニハ》
羅之前《ニ》、有金剛吉祥破諸宿曜成就一切明
貞享甲子五月廿日第三挍了　浄厳 四十六歳

464 帀豆事 聞書　一紙
天和三年二月十一日書写功成右毫〔梵字〕
同三年同日一挍了　浄厳 四十五載
貞享元年五月廿日再挍了

465 畑水　一紙
寛文十三年五月初六書写一挍了　浄厳本名雲農年三十五

466 〔梵字〕剣羽　一紙
貞享元年五月廿八日一挍了　浄厳 四十六歳

467 口　一紙
旹天和三稔次癸亥正月十六夜写挍共了
金剛仏子浄厳 四十五載

468 最勝〔梵字〕　(以下十四紙)
天和三癸亥中夏日書功成　執筆密資慧光 十八
同十二月廿四夕挍了　浄厳 四十五

469 降三世五重法　一紙
天和三年十二月廿五朝写挍共了　浄厳 四十五

470 軍荼　一紙
寛文十一年二月廿七日書写一挍了　雲農 三十三

471 〔梵字〕　一紙
天和三年十二月十八日夜写挍了　浄厳 四十五

472 軍荼利　一紙
旹天和三年六月十二日於河州小西見延命寺書
右毫妙厳
同十二月廿四夕一挍了　浄厳 四十五

473 軍荼利法 護摩　一紙
(同右)

474 軍荼　一紙
天和三癸亥年十二月十八夕写挍了　浄厳 四十五

475 大威徳　一紙
天和三年十二月廿夕写挍共了　浄厳 四十五

476 持明[梵字]　一紙
天和三年十二月廿日書挍了　浄厳 四十五
477 焔曼徳迦[梵字]　一紙
天和三年十二月廿三日夕書写了　浄厳 四十五
478 大威徳法（以下七紙）
天和三癸亥中夏日書功成　密資慧光 十八
同十二月廿四夕一挍了　浄厳 四十五
479 除悪夢　一紙
天和三年十二月十九夕一挍了　浄厳 四十五
480 金剛夜刃　一紙
天和三年十二月廿四朝書挍了　浄厳 四十五
481 [梵字]勝[梵字]　一紙
貞享甲子中夏十四日書功成了　右毫慧光 春秋十九
同十五夕一挍了　浄厳 四十六
482 [梵字]随心法　一紙
寛文十年九月十八日以有快法印御自筆御本歓喜踊躍
倉卒写之并一挍了　雲農 卅二
483 金剛童子法安　一紙
寛文十一年三月廿三夜書写一挍了　雲農 卅三
484 転法輪法（以下十二紙）
天和三癸亥年五月五日書写了　右筆真寂
貞享元甲子四月十日一挍了　浄厳 四十六
485 車水命　相応物等　一紙
天和三癸亥年五月十二日於備後西国寺書写了
右毫真寂
貞享元甲子四月十日於河州教興寺一挍了 浄厳四十六
486 車水巻数　并支度　一紙
天和三癸亥年五月十三日於備後西国寺書之了
右毫真寂
貞享元甲子四月十日於教興律寺太元法修行之中一挍
了、見玆巻数之者、必応起勇進之志耳　浄厳 四十六
487 青面金剛護摩安　一紙
正本帖張　今私折帋認之
寛文十一辛亥年二月五日以安祥寺門主光意僧正御自
筆本書写之了 件本在高野宝亀院　一挍合了
凡付此法、当流不共之習多之、大法師御房成厳御記

一軸成厳御自筆　在南院経蔵、今世無双之重宝也
祥流末裔雲農卅三記之

（諸仏部第三）

488 阿弥陀表白　一紙
天和三年癸亥閏五月十三日書写了　浄厳 四十五載

489 薬師　一紙
貞享元年甲子五月十一日一挍了　浄厳 四十六

490 能寂母法　一紙
天和三年七月十八夕三更、忍睡書之　浄厳 四十五歳

491 大仏頂　一紙
貞享甲子五月七日一挍了　妙厳 廿二
同月十五日再挍了　浄厳 四十六

492 大仏頂　（以下四紙）
天和三年五月書之　右毫宥英
貞享元年五月十三日一挍了　浄厳 四十六

493 尊勝　（以下四紙）
貞享甲子初夏日書功成焉　右毫慧光 十有九
同五月十一日一挍了　浄厳 四十六

494 尊勝　一紙
天和三年正月十六夕書挍了　浄厳 四十五載

495 尊勝曼荼羅　一紙
貞享元甲子年五月十八日写挍了　浄厳 四十六

496 甘露山　一紙
寛文十一年二月十二日書写一挍了　雲農 卅三

497 甘露山　一紙
貞享元年中夏初八於延命寺一挍了　妙厳 廿二
同十日以本軌挍了　浄厳 四十六

498 準胝　一紙
寛文十年十一月廿三日書写一挍了　雲農 卅二

499 準胝　一紙
寛文十年十一月十三日書写挍合了　雲農 三十二

500 　一紙
寛文十年十一月廿五日書写挍合了　雲農 卅二

501 　一紙

502 準胝　一紙
寛文十年十一月十四日書写一挍了　雲農 卅二

寛文十年十一月廿日書写一挍了　雲農卅二

503 準胝口伝　一紙

寛文十年十一月十四日書写一挍了　雲農卅二

504 準胝　一紙

寛文十年十一月廿一日書写一挍了　雲農卅二

505 最勝金剛　牛黄加持　一紙

寛文十年九月十八日書写一挍了　雲農行年卅二

506 集要　一紙

右貞享三年仲冬二十四日集要事而記之　河南延命小苾芻浄厳　四十八歳

（諸菩薩部第四）

507 求聞持口訣祥　一紙

今天和三年六月十七日写功成矣、原本書誤太多、不克卒弁故如本写之　阿闍梨浄厳　四十五載

508 求聞持　師口伝　一紙

天和三年六月十八夕書挍了　浄厳　四十五載

509 般若無尽蔵印言功能等　一紙

貞享二年八月十七夕書之了一挍了　浄厳　四十有七

510 持世　一紙

貞享元甲子年五月十四日図之　弟子普光　二十二載

同月十五日一挍了　浄厳　四十六載

511 放光菩薩ム記　一紙

貞享三丙寅年九月二十五日書之　浄厳　四十有八

512 延命法　一紙

天和三年閏五月十日一挍了　浄厳　四十五載

513 慈氏　一紙

旹寛文十三癸丑年八月二日書写一挍了

予今年感得当尊曼荼羅、而与此道場観、彼此脗合、歓喜有餘仍書写之了　安祥流末資浄厳本名雲農行年三十五

514 円満金剛　二紙

延宝三乙卯正月五日書写了一挍了

金剛弟子浄厳　三十七

515 円満　一紙

延宝三年乙卯正朔試筆書写了　金資浄厳　卅有七

奉祝　金輪聖皇聖寿万歳

正法久昌利益有情

516 馬鳴法安　一紙
寛文十年九月十七日書写挍合了　雲農行年卅二
517 龍樹法　一紙
（同右）
（諸天部第五）
518 秘　一紙
天和三年閏五月廿日写校共了　浄厳　四十五載
519 焔魔天　一紙
天和三癸亥年閏五月八日一挍了　浄厳　四十五
520 風天　一紙
天和三年五月八日一挍了　浄厳　四十六（五）
521 地天供秘 貞記　一紙
寛文十三年五月七日書写一挍了
安流末資浄厳本名雲農行年三十五
貞享元年五月九日再挍了
522 大黒天神本縁　一紙
貞享元甲子年五月十八日一挍了　浄厳　四十六
性瑩書之

523 一紙
右一帋有快法印御房真筆、不思議感得之、仍為后代
亀鏡写之　雲農　卅三
寛文十一年二月廿七日讐挍了
524 賀利帝 表白 快旻法印草　一紙
貞享甲子年五月九日写挍了　浄厳　四十六
525 歓喜天供次第安　一紙
天和三年癸亥二月三夜書写一挍了　浄厳　四十五載
526 聖天略私記　一紙
寛文十年五月初六書挍了　雲農
527 歓喜天　一紙
寛文十五月三日書写一挍了　雲農
528 聖天口伝　一紙
天和三年閏五月廿日写挍了　浄厳　四十五載
529 愛天口訣（以下四紙）
一挍了　寛文十五月二夕　雲農
（諸経部第六）
530 宝篋印　三紙

貞享元年四月廿一日一挍了　浄厳 四十六

531 無垢浄光法　五紙
貞享元年癸亥歳四月十六日書写功成
四月廿一日一挍了　浄厳 四十六

532 寿命経　二紙
貞享甲子四月十九夕一挍了　浄厳

533 止風雨[illegible]　三紙
貞享甲子四月二十一日一挍了　浄厳 四十六

534 菩提場陀羅尼　一紙
貞享元年四月廿夕一挍了　浄厳

535 六字　六紙
貞享元甲子四月十九(夜)第三更挍了　浄厳 四十六

536 六字経法 異説等　一紙
貞享甲子四月十八日書挍了　浄厳 四十六

537 出生無辺　二紙
貞享元年四月廿日挍了　浄厳 四十六

538 呪賊経　一紙
貞享甲子四月廿日一挍了　浄厳 四十六

---

539 護諸童子経　九紙
天和四年四月廿日以別本一挍了　浄厳 四十六

540 十五童子供　一紙
天和三年癸亥四月十四日書写了同月廿一日挍了
浄厳 四十六

541 童子経書写供養作法私　一紙
天和三年四月十五日一挍了　浄厳

542 童子経作法略定　一紙
貞享元年甲子四月廿四日挍之浄厳 四十六

（大法部第七）

543 普賢延命　一紙
旹天和三癸亥年二月十二日書写一挍了
浄厳 四十五載

544 普賢延命法　一紙
天和三年閏五月八日一挍了　浄厳 四十五

545 孔小　一紙
貞享元年四月廿六日再挍了　浄厳 四十六

546 孔雀経小野次第口伝　一紙

天和癸亥三年二月十三夕書挍了　浄厳 四十五載

547 師口伝也孔　一紙

貞享元年五月三日挍了　浄厳 四十六

548 孔雀経法　七紙

貞享元年四月廿六日一挍了　浄厳 四十六

549 孔五箇言　一紙

貞享元年五月二日一挍了　浄厳 四十六

550 御読経作法神泉苑孔雀経　一紙

貞享元年五月廿八日挍焉　浄厳

551 守護経

貞享元年四月廿六日再挍了　浄厳

552 守護[illegible]　三紙

寛文十三五月書写貞享元年甲子四月廿六日再挍了

浄厳

（秘法部第八）

553 太　一紙

寛文十一辛亥年正月朔日書写一挍了、正本文字錯乱、不足為証、得後善本、重可挍之也

金剛仏子雲農 卅三 臘廿四

貞享元年四月十一日得善本一挍了　浄厳 四十六

554 太元　一紙

寛文十年十二月十五夜書写一挍了　雲農 卅二

貞享元年甲子四月十四日再挍了　浄厳 四十六

555 太元明王　一紙

天和三四月十一日書之

天和三癸亥年八月十二日挍了　浄厳

556 太元相承縁起等　一紙

天和三癸亥中秋十七日於讃州八輪島紫陰現證菴写之一挍了　浄厳 四十五載

557 太元 表白　一紙

寛文十一年正月廿一日書写一挍了　雲農 卅三

558 道具分法 太元　一紙

貞享元甲子四月十四日一挍了　浄厳 四十六

559 太元法壇様図 小野僧正　一紙

旹天和三年三月廿九日以先徳御自筆本、使小沙弥普光写了、絶代之奇珍也　浄厳 四十五載

貞享甲子四月十四日以別本挍合、示異了　浄厳四十六載

ム云已下裏書以別本書之

560 仁　一紙

天和三年三月廿六日書写了　吉祥光 十七歳

一挍了再挍了　浄厳 四十五載

561 仁　一紙

貞享元年四月十六日一挍了

去年使小沙弥祥光写之　浄厳 四十六

562 仁王経陀羅尼　一紙

貞享元年四月十八日書写一挍了　浄厳 四十六

563 請雨経法　一紙

貞享元年五月二日一挍了　浄厳 四十六

564 神泉　一紙

天和三年三月四日書写了　右毫懐義

同年同月廿八日一挍了　浄厳 四十五載

貞享甲子四月廿五日再挍了

565 志全　請雨経法日記　一紙

貞享元年四月廿五薄暮写挍共了　浄厳 四十六

566 請雨経　二十二紙

天和三年三月六日書写之了　右毫懐義

同廿八日一挍了　浄厳 四十五載

貞享元甲子四月廿五日再挍了　同日三挍了

567 請雨指図　一紙

天和三年四月三日図之　普光 廿一歳

同日一挍了　浄厳 四十五載

再挍了

568 法華経　十二紙

貞享元年四月廿四日一挍了　浄厳 四十六

569 　一紙

天和三癸亥年二月十四夕書挍了　浄厳 四十五載

貞享元年五月六日以別本再挍了　浄厳 四十六

570 駄都　七紙

天和三年二月十五日書之奉報世尊大恩之一分耳

一挍了　浄厳 四十五

571 尊勝 如法　三紙

貞享甲子五月初六以別本再挍了　浄厳 四十六

貞享元年五月七日書写了　浄厳 四十六

572 如法尊勝法　二紙

貞享甲子五月六日写挍了　浄厳 四十六

573 如法尊勝法 安目抄　一紙

貞享元年五月十日一挍了　浄厳 四十六

574 如愛 承久二年　二紙

天和三年閏五月九日書写一挍了　浄厳 四十五載

575 如[illegible]安　二紙

天和三年閏五月八日書之挍了　浄厳 四十五載

576 後七日 晦御念誦　一紙

寛文十一年二月十三日書写一挍了　雲農 三十三

577 後七　一紙

天和三年五月十四日書写了　浄厳 四十五歳

578 僧正御房御返事　一紙

天和三癸亥稔五月廿五日書写之了　浄厳 四十五載

579 理趣経法　十一紙

天和三年亥四月十五日書写之了　右毫懐義

貞享元年甲子四月廿二日一挍了　浄厳 四十六

---

580 光秘 三輪　一紙

貞享四年八月廿七夕受大光阿闍梨了　浄厳 四十九

是三輪流十二通中極秘事也

581 五秘密法 安 付息災　一紙

寛文十一年二月十三日書写一挍了　雲農 卌三

（灌頂部第九）

582 祥流鈔 灌頂取水作法　一紙

寛文十一年二月十六日書写一挍了　雲農 三十三

583 灌頂支度　四紙

貞享元年五月廿二日一挍了　浄厳 四十六

584 観音院灌頂図　八紙

貞享元甲子年五月廿二日挍之　浄厳 四十六

普光図之

祥光写之

585 伝法庭儀作法　一紙

貞享元年甲子五月廿一日一挍了　浄厳 四十六

586 庭儀灌頂　一紙

貞享元甲子年五月廿二日一挍了　浄厳 四十六

587受者頌文　一紙
天和二年十二月廿九日夕写校了　浄厳 四十四歳
588教誡 安祥寺　一紙
天和三年癸亥二月初八夜三更、擲毫於讃府紫峰下之
現證丈室　安流嫡資　浄厳 四十五載
589五瓶方記安　一紙
天和三年癸亥年正月十日写之　浄厳 四十五
590五色糸　三紙
延宝六年三月廿四日書写挍了　浄厳 四十
貞享元年五月廿二日再挍了　浄厳 四十六
591灌頂讃 安祥寺流　一紙
天和二年十二月廿九日書挍共了　浄厳 四十四歳
592許可　九紙
寛文十一年二月十六日書写一挍了　雲農 卅三
593許可　二紙
寛文十一年二月十七日書写一挍了　雲農 卅三
594合道場観等　一紙
寛文十戌年七月十九日書写一挍了　雲農 卅二

595印可作法　一紙
寛文十年七月廿日書写一挍了　雲農 卅二
（諸鎮部第十）
596地鎮鎮壇　三紙
天和三年六月十日書写一挍了　浄厳 四十五載
597鎮壇作法私　一紙
天和三年閏五月二日於備後尾道西国寺書写之了一挍
了　浄厳 四十五載
598安鎮法　一紙
天和三癸亥六月八日一挍了　浄厳 四十五
翌年正月四夕再挍了　浄厳 四十六
599鎮　一紙
天和三年六月廿六日一挍了　浄厳 四十五
貞享甲子五月十八日再挍了
600安鎮　二紙
旹天和三年六月九日夜書写一挍了　浄厳 四十五載
（雑部第十一）
601護摩私記 安祥寺　一紙

延宝七年十月廿日書之一挍了　浄厳 四十五載(二)

602 [梵字]口伝略　一紙

天和三年癸亥正月五日写挍了　浄厳 四十五載

603 護摩次第注文　一紙

延宝七年十月十九日書之　浄厳 四十一歳

604 四種法　一紙

天和三年正月五日書挍了　浄厳 四十五載

605 四種護摩　一紙

天和三癸亥年正月七日書写了　浄厳 四十五

606 護摩口伝息災　一紙

延宝七己未年十月十八日書写了

安流末資　浄厳 四十一載

607 増益[梵字]　一紙

天和三年正月六日夜写挍之了　浄厳 四十五載

608 敬愛[梵字]　一紙

延宝七年己未十月十九日書写之了　浄厳 四十一歳

609 調伏[梵字]　一紙

延宝七年十月十九日夜書写了　浄厳 四十一歳

610 茅草指環勘文口訣　一紙

貞享三年五月十二夜書之　浄厳 四十八載

611 御素木加持　一紙

寛文十三年五月十三日書挍了　浄厳 三十五

612 御加持口伝　一紙

(同右)

613 去識還来法小野　一紙

寛文十一年二月十一日書写一挍了

祥流末裔雲農 卅三

614 招魂法　一紙

天和三年癸亥四月八日写之　浄厳 四十五載

615 牛黄加持　一紙

寛文十年九月十八日書写一挍了　雲農行年卅二

616 円護小野　一紙

天和三年閏五月八日於備後尾道西国寺裏書之一挍了、再挍了　浄厳 四十五

617 日々所作　一紙

寛文十三年五月初八書写一挍了

安流末資雲農改名浄厳 行年卌五

618 禽座 附勘文　一紙

天和三年正月十二日書写了　浄厳 四十五歳

619 普供養印言 勘文等　一紙

天和三年正月十三夜書挍了　浄厳 四十五載

620 施餓鬼法 安　一紙

天和三年三月朔日写之了　浄厳 四十五

621 加持土砂　三紙

貞享甲子六月十一日写挍了　浄厳 四十六歳

622 安祥寺流折紙伝授日記 龍算　一冊

寛文九稔歳次己酉秋七月廿八日庚申日雲農 行年卌一

旹享保十八癸丑年秋八月二日於豊山是閑東窓下膳写之畢　野末派無等

623 安流折紙伝受記 賢光　一冊

右一帖寛文九歳舎己酉秋七月哉生魄繕写之了、当流師承之説、勿猥示人矣　虚白山人 行年卌一

（享保十七年無等写）

624 四度等乃至一流入眼事　一冊

旹寛文第十龍集庚戌首夏初九賜師主 南院良意 アサリ御房御本於宝性院書写之了　金資雲農 行年三十有二

（享保廿一年慈範写）

（○秘部折紙・明和元年真常写本）

（諸観音秘要訣第一）

625 如意 秘口　三紙

寛文十年十一月廿一日書写挍合了　雲農 卌二

（同）十一年二月廿日以別本再挍改之了

（同）廿七日第三度挍合了

貞享元年五月八日第四挍了　浄厳 四十六

626 如意輪法

寛文十年九月十七日書写挍合了　一紙

（同）十一月廿五日　〃　二紙

（同）十一月廿六日　〃　一紙

寛文十一年二月十一日　〃　一紙

（同）二月廿日　〃　三紙

（同）二月廿一日　〃　一紙

（同）二月廿四日　〃　四紙

延宝六戊午正月九日書写挍合了　二紙
天和三年七月十八夕　〃　二紙

627 七星如意輪法
寛文十一年二月十三日書写一挍了　雲農卅三　一紙
（同）二月十六日　〃　一紙
（同）二月廿四日　〃　一紙
（同）二月廿七日　〃　一紙
（同）十一月十五日　〃　一紙

628 聖観音
寛文十年十一月廿一日書写挍合了　雲農卅二　一紙
（同）十一年二月十一日書写挍合了　雲農卅三　一紙
貞享元甲子年五月八夕写挍共了　浄厳　四十六　五紙

629 千手
寛文十年十一月十九日書写一挍了　雲農卅二　一紙
（同）十一月廿一日　〃　一紙
（同）十一月廿六日　〃　三紙
貞享甲子五月五日　〃　浄厳　四十六　二紙

630 馬頭
寛文十一年二月廿四日書写一挍了　雲農卅三　二紙

631 十一面
寛文十年十一月十三夜書写挍合了　雲農三十二　一紙
（同）十一月十四日　〃　一紙

632 不空羂索秘　（新撰）一紙
寛延二年写之、同三年以別本挍之、明和元再写了、
真常　此一帖是浄厳和上所撰、今明和七年庚寅五
月九日於霊雲寺以大和尚真筆本挍了　真常　五十載

（諸菩薩秘要訣第二）

633 延命招魂　一紙
天和三癸亥年五月二十四日書写之了　右筆普光（廿二）三七
貞享元甲子五月十一日一挍了　浄厳　四十六

634 弥勒
寛文十年九月十八日書写一挍了　雲農行年三十二　一紙
貞享元年五月十四日二挍了
（同）五月十四日書写之了　右筆性瑩　一紙
同夜一挍了　浄厳　四十六
貞享二年八月廿一日写之、今日偶尒当祖師之定日、

信是奇也哉　末派浄厳 四十七歳　一紙

635 虚空蔵　一紙
寛文十年十月十九日一挍了　雲農 卅二

636 勢至　一紙
寛文十年九月十七日書写一挍了　雲農 行年三十二

637 地蔵
天和三癸亥年五月十六日書写之了　右筆普光 三七(廿一)
貞享元年五月十一日一挍了　浄厳 四十六　二紙
貞享二年八月十八日写挍共了　浄厳 四十七　三紙

638 文殊
寛文十一年二月十一日書写一挍了　一紙
祥流末派雲農 三十三
(諸金剛秘要訣第三)

639 不動
寛文十一年二月十一日書写一挍了　雲農 卅三　三紙
寛文十三年正月元日　〃　雲農 卅五　二紙
(同) 五月十一日　〃　一紙
天和二年十二月十三日写挍共了　浄厳 四十四　二紙

天和二年十二月十五日　写挍共了　二紙
(同) 十二月十六日　〃　一紙
(同) 十二月十八日　〃　三紙
(同) 十二月十九日　〃　三紙
(同) 十二月二十日　〃　一紙
天和三年正月十五日　〃　浄厳 四十五　一紙

640 八千枚
寛文十一年二月十一日書写之了　雲農 三十三　一紙
(同) 二月十三日　〃　一紙

641 八大童子倶力迦龍
旹延宝八年閏八月十三日於讃州高松現證菴繕写挍讐
了(中略) 安祥寺流的資　浄厳 四十二歳　一紙
貞享甲子五月十九日再挍了
延宝八年閏八月十三日繕写一挍了
安流的資　浄厳 四十二　六紙
(同) 閏八月十四日　〃　二紙

642 降三世
天和三年十二月十七日写挍共了　浄厳 四十五　一紙

643 軍荼利
天和三年十二月十八夕繕写挍讐又加朱註了
祥流的資浄厳 四十五載 一紙
(同) 十二月十九日写挍了 浄厳 四十五 三紙

644 大威徳
寛文十年十月廿日一挍了 雲農卅二 一紙
寛文十一年二月十三日書写一挍了 雲農卅三 一紙
(同) 二月十五日 〃 一紙

645 金剛薬叉
寛文十年十月十九日書写一挍了 雲農卅二 一紙
(同) 十月二十日 〃 二紙
寛文十一年十二月十五日 〃 雲農卅三 一紙
天和三年十二月十九夕 〃 浄厳 四十五 一紙
(同) 廿三夕写之翌旦一挍了 浄厳 四十五 一紙
(同) 廿四日写挍共了 浄厳 四十五 一紙

646 愛染 八紙
(天和二年十二月~三年二月写之 祥光)
天和三年十二月廿六日一挍了 浄厳 四十五

647 大勝金剛
寛文十年十月廿日一挍了 雲農 三十二 一紙
天和四甲子年正月四日写挍了 浄厳 四十六 二紙
貞享甲子五月十四日書功成了 一紙
(同) 五月廿四日写挍共了 浄厳 四十六 四紙
(同) 五月廿五日 〃 一紙
(同) 六月七日 〃 二紙

648 転法輪
寛文十一年二月十三日書写挍合了 雲農三十三 一紙
(同) 二月十四日 〃 二紙
貞享四年十月廿四日謄挍了
河南延命比丘浄厳四十九載 六紙
(同) 十月廿五日 〃 二紙
(同) 十月廿六日 〃 四紙
(諸世天秘要訣第四)

649 天
寛文十年五月四日謄之讐之 雲農 二紙
寛文十三年五月十二日書写一挍了

又以別本再挍了　安流末弟浄厳本名雲農 行年三十五　二紙
天和三癸亥年閏五月十九日写挍了
為道空近住、道清信士冥福矣浄厳 四十五載　三紙
貞享元甲子年五月九日再挍了　浄厳 四十六載
今日当于道空一周忌也、覩物興感斯之謂乎
貞享元甲子五月九日書挍了　浄厳 四十六載　二紙
（同）五月十四日　〃　一紙

650 吉祥　一紙
天和三年亥五月十七日備後於西国寺書写之右毫懐義
貞享元年甲子五月九日於河州延命寺一挍了
浄厳 四十六

651 　二紙
貞享元年五月九日一挍了　浄厳

652 訶利帝母　二紙
貞享元甲子年五月九日一挍了　浄厳 四十六載

653 北斗
貞享元甲子年五月十日写挍共了　浄厳 四十六　一紙
（同）五月十七日　〃　四紙

654 歓喜天
寛文十年五月三日書写一挍了　雲農　一紙
天和三年仲春初三日三更一挍了 妙極老人 二紙
貞享甲子五月九日写校了　浄厳 四十六載　二紙
（諸仏秘要訣第五）

655 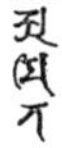
天和三癸亥年閏五月十四日書挍了 浄厳 四十五　一紙
（同）七月十八日　〃　一紙

656 釈迦
天和三年正月十六書挍了　浄厳 四十五載　一紙

657 薬師
貞享甲子年五月十一日一挍了　浄厳 四十六　二紙
貞享三丙寅年正月元日試筆書写之、伏希衆病悉除、
身心安楽、乃至無上菩提耳　浄厳 四十八載　二紙

658 金輪
貞享元甲子年仲夏十三日写挍了　浄厳 四十六　一紙
貞享四年十月廿二日夕写之　浄厳 四十九　二紙
（同）十月廿三日　〃　一紙

659 仏眼
貞享元甲子五月十日一挍了　浄厳 四十六　二紙
（同）五月十一日　〃　一紙
（同）五月十三日写校了　一紙

660 大仏頂法　一紙
貞享元中夏日書功成焉　右毫慧光 十有九
同日一挍了　妙厳 二十二
同五月十三日再挍了　浄厳 四十六

661 大仏頂　一紙
貞享甲子五月初七於妙適房挍了　無尽蔵 廿二
同十三日於河州延命寺宝輪菴再挍了
三等老人浄厳 四十六

662 尊勝
天和三癸亥年正月十五夕書挍了　浄厳 四十五載　一紙
（同）正月十六日　〃　二紙
貞享元年五月十一日一挍了　浄厳 四十六　三紙
貞享三年九日晦夕書之　浄厳 四十八　一紙
（諸経秘要訣第六）

663 宝篋印
貞享元年甲子五月十三日一挍了　浄厳 四十六　二紙
（同）五月十四日写挍了　〃　三紙

664 無垢浄光
貞享元年五月十二日一挍了　浄厳 四十六　一紙

665 雨宝陀羅尼
貞享元年四月二十日夕一挍了　浄厳 四十六　一紙
（同）五月十六日写挍共了　浄厳 四十六　一紙

666 宝楼閣
貞享甲子四月二十夕一挍了　浄厳 四十六載　一紙
（同）五月十三日　〃　二紙

667 止風雨
寛文十一年二月廿四日書写一挍了　雲農三十三　一紙
（同）二月廿五日　〃　一紙
貞享元甲子五月十三日写挍共了　浄厳 四十六　一紙

668 六字法
寛文十年十二月七日書写挍合了　雲農 卅三　一紙
（大法秘要訣第七）

669 太元帥

寛文十年十一月十一日書写一挍了　雲農 三十二
同十一年二月二日再挍了
天和三年十二月廿六日三挍了　浄厳 四十五　十紙
寛文十年十一月十二夜以心王院快玄本書写挍合了
祥流末資雲農 三十二歳　一紙
天和三年七月十七日書写一挍了 浄厳 四十五載 二紙

670 普賢延命　一紙

天和三癸亥五月二十四日書写了　右筆普光 三七歳
貞享元甲子年五月十一日一挍了　浄厳 四十六

671 守護経

寛文十一年二月廿四日書写一挍了　雲農 卅三
同廿七日再挍了
貞享元年五月十三日三挍了　三紙
天和三年亥三月廿六日書写之　右毫懐義
同廿八日一挍了　浄厳 四十五載
貞享元甲子四月廿六日再挍了
同五月十三日三挍了　三紙

672 仁王経

貞享元年四月十五日一挍了　浄厳 四十六　一紙
(同) 四月十六日　〃　一紙
貞享四年十月廿七日一挍了　浄厳 四十九載　三紙

673 法華経

貞享元甲子四月廿二日一挍了　浄厳 四十六載　一紙
貞享四年十月廿三日書写一挍了 浄厳 四十九載 三紙
(同) 十月廿四日　〃　四紙

674 孔雀経

寛文十一年二月十一日書写一挍了　雲農 卅三
天和三年三月十一日夜再挍了
貞享元年五月十二日第三挍了　浄厳 四十三(六)　一紙
貞享四年十月廿七日一挍了　浄厳 四十九　二紙
元禄七年十二月九日写之　浄厳 五十六　一紙
原本、座位錯乱、且又種子名字紕謬甚多、今悉改
正、他後応以之為亀鑑也

675 請雨経

寛文十一年二月十一日書写一挍了　雲農 卅三

貞享元甲子五月十二日再挍了　浄厳 四十六　二紙
寛文十一年二月十三日書写一挍了　雲農 三十三
貞享甲子五月十三日再挍了　浄厳 四十六　一紙
貞享四年十月廿七日謄挍共了　浄厳 四十九載
右毫祥光 二十一載　七紙

（秘法秘要訣第八）

676 如法尊勝

貞享元年甲子五月十六日欽図絵之　普光二十二歳
同十八日一挍了　浄厳四十六載　一紙
貞享二乙丑正月朔旦試筆写之一挍了、殊冀秘教慧命、久伝遐劫者、時客東武、僑居三田、今朝大雪六寸許、呵手苦書之耳　安祥寺流末裔浄厳 四十七歳
又別有一紙、与此同本、今以彼挍合朱点了　一紙
貞享三丙寅年正月元日書写了、欽祝敬禱
慧日増輝　法輪恒転　三等化益　窮尽来際　三有四恩　平等平済
河南延命沙門浄厳 四十八載　二紙
貞享三年正月二日早天書写了　浄厳 四十八載　二紙

貞享三年正月三日為後昆記之　浄厳 四十八載　一紙

677 如法愛染

天和三年四月七日図挍了　浄厳 四十五載　一紙
天和三年五月十一日書写之同日一挍了
浄厳 四十五　一紙
旹貞享元甲子年六月朔布沙星日、安祥寺折紙浄書始之、希無障無㝵而畢弘願、伏乞本尊界会愛染大王、垂賜玄鑒成就白業
安祥寺嫡資　浄厳四十六載　一紙
貞享元甲子年六月一日謄写共了　浄厳 四十六載　一紙
今日、写功及于十三紙、時属霖雨、又是病後、頭痛尤重、不知筆之所之云、殊冀密教紹隆、人人同入仏慧者
貞享元甲子六月朔日写挍了　安流浄厳 四十六載　九紙
（同）林鐘初朔　〃　二紙
（同）六月二日　〃　一紙

678 五秘密

寛文十一年二月廿四日書写一挍了　雲農 卅三

同廿七日再挍了
貞享元甲子年五月十三日三挍了　一紙
天和三年四月九日書写功成　右毫祥光
貞享元甲子仲夏十一日一挍了　浄厳 四十六　二紙
貞享甲子中夏十四日書功成　右毫慧光 十九
同十五日一挍了　浄厳 四十六　一紙

679 理趣経

一法界[梵字] 千遍口訣　一紙
天和三年閏五月十四日於備後尾道西国寺裏書写一
挍、并末加私記了　浄厳 四十五歳
寛文十一年二月十一日書写一挍了　雲農 三十三
同廿七日別本再挍了
貞享元年五月十三日三挍了　一紙
寛文十一年二月十二日書写一挍了　雲農 三十三
同二十七日以別本再挍了
貞享元年五月十三日三挍了　一紙
寛文十一年二月廿四日書写一挍了　雲農 卅三
(以下同右)　一紙

天和三年閏五月十四日夜書写一挍了　浄厳 四十五
貞享元年五月十三日再挍了　二紙

680 光明真言

貞享元年六月十日書写挍了　浄厳 四十六　四紙
(同) 六月十一日　〃　八紙
(同) 六月十二日　〃　二紙

681 後七日

寛文十年十一月十日書写一挍了　雲農 卅二
同十一年二月二日以別本再挍了
天和四年正月二日第三挍了　浄厳 四十六　四紙
寛文十一年二月十一日書写一挍了　雲農 三十三　三紙

682 避蛇奥抄

寛文十一年二月十一日書写一挍了　雲農 卅三　二紙
(同) 二月十二日　〃　一紙
寛文十二年正月廿三夜写挍共了　雲農 卅四　一紙
天和二年十二月廿六日写挍了　浄厳 四十四　一紙

683 晦御念誦

天和四年正月三日書挍了　浄厳 四十六　一紙

寛文十一年二月十一日書写之了　雲農 三十三
天和甲子年正月三日再挍了　三紙
寛文十二年正月廿三夜写挍共了　雲農 卅四　一紙

684 後夜念誦

寛文十一年二月十一日書写一挍了　雲農 卅三　一紙
寛文十二年正月廿三夜　〃　一紙
天和四甲子年正月元旦試筆書之　浄厳 四十六　一紙

685 夜居作法

寛文十一年二月十一日書写一挍了　雲農 卅三
天和四年正月三日再挍了　浄厳 四十六　一紙

686 十八日観音供

寛文十二年正月廿三夜写挍共了　雲農 卅四　一紙
天和四年正月三日写挍了　浄厳 四十六　二紙

687 宝珠

天和二年十二月廿五日写挍共了　浄厳 四十四載　二紙
(同) 十二月廿六日　〃　一紙
天和三年閏五月九日書写一挍了　浄厳 四十五　一紙
(同) 閏五月十四日　〃　一紙

貞享元年五月七日一挍了　浄厳 四十六　九紙
(灌頂秘要訣第九)

688 灌頂

延宝元年十二月廿四日書写挍讐了
祥流末裔浄厳 三十五
貞享元年五月廿二日再挍了　浄厳 四十六　二紙
天和二年十二月卅日写之　浄厳 四十五載
同三年正月十日挍了
翌年五月廿二日再挍了　一紙
貞享元甲子年五月廿二日一挍了　浄厳 四十六　三紙

(〇秘部法要)

689 青　一帖

旹延宝六稔三月十一日、賜金剛峰寺南院蔵本、於河州錦部郡小西見里延命密寺宝輪菴書写之了、此法也者、当流最極之奥秘也、後裔必勿容易之耳
(朱) 一挍了
金剛乗苾芻浄厳 四十歳
(宝暦九年英国写)

690 弥勒法　一帖
明暦第三丁酉年六月十九日書写畢
金剛仏子雲農 生年 十九歳
（延享三年真常写）

691 五字文殊 祥秘 宥快作　一帖
旹寛文元年辛丑七月二日写之了　雲農 廿二
（元文元年無等写）

692 彼法不動護摩次第安 宥快作　一帖
旹万治第二龍集歳舎己亥正月十四日人定之比繕騰之
写本南院常住之本也、自良意阿サリ南院住持、賜之
令写之畢　雲農覚彦行年廿一
（正徳二年勝恵写）

693 天秘 興雅作　一帖
曩祖代代、仰大天之加被、希深法之弘通如二先所列一、
抑末法渾濁、密乗似稍墜地者、廻若不提起、已後必
須滅亡、因玆励蚊虻之微覚、図醍醐之妙味、仰乞必
垂加助、扶樹宗乗、遠宣八紘、永及兆歳者
天和二年十月十二日夕金剛乗弟子浄厳　四十四

694 光明并青　一帖
旹寛文十庚戌七月廿八日以宥信御筆本、倉卒書写一
挍了　雲農 三十二
（宝暦二年真常写）

695 宝珠法　一帖
貞享甲子年季冬十二日於武州江戸城隅僑居敬写之了
浄厳 四十六
（延享三年真常写）

696 如意青　一帖
旹万治二己亥年五月十一日以宥信御自筆本書写之了
雲農 生年二十一
（元文三年無等写）

697 朱水 就金剛界　一帖
今貞享二癸丑之冬十月廿八日夕、得正本而歓抃書写
了河南延命密寺浄厳 四十七載 誌焉
（延享三年真常写）

（〇秘部類集）

698 諸観音部秘要全 青雲 (浄厳輯録) 一帖

元禄癸酉秋九月之朔写之了、此是曩祖篋金、吾《カ》宗《ノ》意宝也、後生不宜忽之耳、他後写得之(人)若無第二伝法之人、則早以其本還納当寺経庫、若背斯誡、天龍加罰

東都霊雲始基浄厳

(宝永二年智現写)

699 諸明王秘要上 (浄厳輯録) 一帖

右諸金剛部秘要上巻、安祥寺流秘奥書也、今恐後世散乱失墜故、集為小帖、後賢勿罪我幸矣

元禄十年丁丑孟春初七

武都北岡宝林始基沙門妙極 五十有九

他日伝授写得之人、若未遇第二伝法之大人、則以其本早送致当寺、非是慳悋、護法之謀也

(真常写本)

700 諸明王秘要下 (浄厳輯録) 一帖

右諸金剛秘要中巻、安祥寺流秘要書也、今恐後世散失故、集為小帖、且又加書先師口授之義、後世賢哲勿罪我耳

元禄十年丁丑季春二十二日

武都北岡霊雲開山沙門妙極 五十有九

他日伝授写得之人、若未遇第二伝法之大機、則以其本早送致当寺、非是慳法、紹隆之謀也

(真常写本)

701 天等秘部類集 二巻 (浄厳輯録) 二帖

元禄六年十一月十三日謄写挍点共了

是此流眼目、瑜伽肝胆也、他日伝受写得之人、若不得第二伝法之人、則必以其本送当寺之経庫 武都北郊霊雲沙門浄厳 五十五載

(宝永三年蓮体写)

(〇秘部法要)

702 金剛薬叉念誦供養法 祥雲 (新撰) 一帖

旹元禄六年五月十日丁于 大将軍内大臣源綱吉公祈禱五大尊供之時、撰此行軌了、是乃依秘経之説、守先哲之伝、鈔記之、他日伝受写得之属若未獲第二伝法之人、則必以其本還納当寺之経庫而已

東都北郊霊雲草創沙門浄厳 五十五載

（寛延四年真常写）

703 如降 青草本（新撰） 一帖

右此用意、寛文二年六月中旬之比、南山衆徒行人諍論之時、為満山静謐密教紹隆、一七日行之、為備廃忘、依師口説、先徳記録粗記之了、後人必莫写去、末代我等、如此記置事、有恐歟、尤蒙師之仰認了、穴賢、不可及他見也

寛文二年六月日安流末裔雲農

（延享三年真常写）

704 如敬 青草本（新撰） 一帖

元禄八年正月廿九日書之幷一挍了

他日伝写之人、若未得第二伝法之人、則速将其本送于当寺経庫、是非慳悋、護法之謀也

武都北郊霊雲浄厳 五十七歳

（元禄十一年義證写）

705 天 青雲（新撰） 一帖

右此法者、祖祖相伝、尤為極秘、而次第所出、猶有不尽、故今任師伝記、以貽後生云、旹元禄七年春三月十五日

（朱）一挍了 武都霊雲草刱沙門浄厳 五十有六

他日伝授書写之人、若未得第二伝持之人、則速以其本送于当寺之経庫

（延享五年大空写）

706 如法大弁才天供次第 草本（新撰） 一帖

右一巻次第、因為吾寺鎮守之天、為報賽鴻徳、任当流先哲之秘訣記之、以備修供之軌則、伏希 大天必垂慈哀、納受微志、且告後生、勿猥伝之非器、若違誡者、霊神定加治罰耳

貞享二年歳舎乙巳孟春十二於武府城隅三田之僑居、染毫已訖 安祥寺流末資浄厳四十七載

（延享四年真常写）

707 青 草本（新撰） 一帖

寛文十一辛亥年六月天下亢旱、仍自二十四日、水天供始行之間、至第五日龍供行之〔夾註・本式付請雨経、今度、以私意楽、加之了〕以仏舎利献龍王、請悉地、至第六日申刻、甚雨滂沱、第七日卯刻晴了、偏

是龍王納受之霊験、師主付法之恩徳也、予雖不肖、亦幸私淑有所与聞、因之今度、致此悉地耳、為貽後裔、記其大概矣

辛亥六月卅日　安祥寺的資　雲農行年卅三臘廿四

（延享二年真常写）

708仏眼仏母法青（新撰）　一帖

旹元禄六年癸酉六月十三日草之了、此一巻中、専載深密事、非已灌頂人、勿授許之

他日伝授写得之族、若無第二伝法之人、則速以其本還納当寺之経庫、非是慳悋、弘法之善巧也

武都北郊霊雲開基苾芻浄厳　五十五載

（某写本）

709秘要祥雲（新撰）　一帖

此一帖、先年雖起毫、阻于蜎紛、不得畢功、而頃日大樹内大臣綱吉公、有　命、使予修明年元日蝕祈、因玆始自去三室宿、至于十日觜宿、一七日夜、修仏眼供、大壇并護摩壇伴僧六口也、其間続此一帖了、殊冀瑜伽上乗廻至来際、安祥一派遍伝辺徼耳　元禄十二祀十二月十三日武都北郊霊雲草創比丘浄厳識　六十一載

（享保十四年無等写）

710阿吒薄拘大将念誦次第（新撰）　一帖

元禄六年十月廿三日撰述已了

他日伝授写得之人、若不得第二伝法之人、則以其本速送于当寺蔵庫、是非慳法、却是弘通護法之巧方便也

武都北郊霊雲草創沙門浄厳五十五載

（寛延二年真常写）

711五大虚空蔵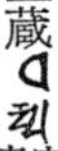安雲青（新撰）　一帖

元禄十二年十二月初八之夕草此一帖了

他日伝授写得之人、若未得第二伝法之人、速以其本送当寺之宝庫、非是慳法、弘通之嘉謀也

武都北郊霊雲沙門妙極　六十一載

（寛延二年真常写）

712秘　草本（新撰・宝永七年諦観写）　一帖

713普賢延命祥　草本（新撰）　一帖

（○秘部鈔記）

714 僧正御房御密談事等　一冊

寛文十三年五月六日書写一挍了

安祥寺末資雲農 三十五

（寛延二年真常写）

715 大日経密印品諸契秘訣 青雲（新撰）　一帖

元禄十四星紀辛巳秋七月十七起毫、二十七夕措兎、此間、授此巻于諸徒、徒侶凡一百 故蝟紛極迫、況復中レ暑頭痛眼眩、以故遅回至今而已

武城北阜宝林山霊雲精舎開榛比丘浄厳六十三 老欽識

（法瑞写本）

716 瑜祇経私記 草本（新撰）　二冊

（巻下）右任師師相承深旨、集往哲記録口訣草案了、他日得暇再浄書之耳　元禄七甲戌年閏五月三日武都

宝林草刱沙門浄厳五十有六

（寛延二年真常写）

717 秘部鈔（新撰・延享四年真常写）　一冊

（○最秘部折紙・真常写本）

718 宝珠

寛文十一年二月四日書写一挍了　雲農 三十三　六紙

（同）二月五日　〃　一紙

（同）二月十日　〃　一紙

延宝五丁巳七月八日写挍共了　浄厳 卅九　一紙

延宝六戊午年正月九日書写了　浄厳 四十歳　一紙

天和二年十二月廿一日写挍共了　浄厳 四十四歳　六紙

（同）十二月廿五日　〃　一紙

元禄三年六月六日謄讐共了　浄厳 五十二　一紙

719 如法尊勝

天和壬戌年十二月廿一夕三更書挍共了

今宵書写満于十紙　浄厳 四十四載　二紙

720 請雨経

寛文十一年二月十日書写一挍了　雲農 三十三　二紙

天和二年十二月廿二日黎明写挍共了

浄厳 四十四載　一紙

721 仁王経

寛文十一年二月十五日書写一挍了　雲農 卅三　一紙

（同）二月廿五日　〃　二紙

722 転法輪
天和二年十二月廿四夕写挍共了　浄厳 四十四　一紙

723 心経法
天和二年十二月廿二日写挍共了　浄厳 四十四　一紙

724 理趣経
寛文十二年二月廿四日書写一挍了　雲農 三十三（四）　一紙

725 観音供
天和二年十二月廿二日早天写挍共了
浄厳 四十四　一紙

726 後七日
延宝五年七月九日写挍共了　浄厳 卅九　一紙

727 如法愛
寛文十一年二月十日書写一挍了　雲農 三十三　一紙
天和二年十二月廿二日書写之了　浄厳 四十四　一紙
（同）十二月廿三夕　〃　一紙

728 両部合行
寛文十年七月十九日書写一挍了　雲農　一紙
（同）七月廿日　〃　一紙

729 臨終印明
寛文十一年二月十八日書写一挍了　雲農 三十三　一紙
天和三年正月七夕書挍了　浄厳 四十五　三紙
（同）正月八日　〃　一紙

730 観念秘 師口　一紙
寛文十三年五月初八書写一挍了
安流末資浄厳 本名雲農 行年卅五

731 師口云　一紙
（同右）

732 最秘部類集（浄厳輯録）二帖
（巻上）元禄十二閏九月十四日、以高野山宝性院本写得之、本云隆雅御自筆写之云云、於当流尤秘蔵之正本也、勿猥出寺外耳
武州江戸城下霊雲開基六十一老比丘浄厳
（宝永五年蓮体写）
（巻中）右元禄十二己卯年十月三日書挍了
武都霊雲寺開基老比丘浄厳 六十一載
（宝永五年蓮体写）

（〇最秘部法要）

733 彼達摩 青雲（新撰） 一帖

右次第、古来雖有相承次第、道場観、入我我入、字輪観等、猶未詳記、故守嫡嫡相承之旨、記此一帖、他日伝授写得之人、若未得第二委付之人者、速以其本送于当寺之経庫、故記

元禄七年三月廿一日（朱）一挍点了

武都北岡霊雲沙門浄厳 五十有六

（元禄十一年慈楽写）

734 宝篋印陀羅尼法要 安雲（新撰） 一帖

右宝篋印法一帖、任祖的伝之旨、抄記之了、後来伝授書写之人、極応秘密、又未得第二伝法之人、早以其本送於当寺、非是慳法、却護法弘教之嘉謀也、旹元禄十四歳次辛巳十二月晦夜

武都霊雲開基六十三老苾芻浄厳誌

宝永六己丑年五月廿一日、建宝篋印塔開眼供養、依之令書写竟 延命寺苾芻蓮体 四十七載

735 如宝一字仏頂輪王法 青ム記 草本（新撰） 一帖

批云

旹天和二載仲冬之中旬、因有長日修行之要用、任古来相伝之旨、注宝珠合行之軌則了、功能之文、観想之言、多引時処儀軌之文、悉因先徳所用之軌、秘義妙旨非面難罄、又此次第縦雖門弟、非其器者勿輙許授、況盗写去乎、若背斯誡則密教不久、海会諸尊必加治罰耳

安祥寺流嫡資浄厳 四十四

（寛延二年真常写）

736 聖観自在菩薩念誦次第 祥雲（新撰） 一帖

旹元禄六癸酉年十二月十八日、依経軌之明文、守先哲之秘訣草此一帖了、他日伝授写得之人、若未得第二伝法之人、則速以其本送還当寺之経庫

武都北岡霊雲草創苾芻五十五老浄厳

（延享四年真常写）

737 消除閃電陀羅尼法 安雲（新撰） 一帖

元禄九年季春十二夕欽草之了、他後伝受写得之人、若未得第二伝法之嗣、則速以其本送致当寺之経庫、

非是狭心、護法之謀也
武都霊雲沙門浄厳　五十有八
（延享三年真常写）

738如法愛染王供養要法 祥雲（新撰）　一帖
元禄第四歳舎辛未十二月十四日夜記之
東武霊雲開山苾芻浄厳五十有三
他後伝授書写之人、若未得第二伝法之大機、則速以
其本送于当寺之経庫、非是慳法、興隆之謀也、又此
法極深極秘、不可不択　浄厳　五十七記
（明和元年真常写）

739如法愛染王供養要法 祥雲（新撰）　一帖
旹天和二年初春十日、有所求之事而行之刻、依本次
第而加師口伝、傍載秘印明等、為二三子私注記之、
必莫出閫外耳
安祥寺流末裔浄厳　四十四載
（延享二年真常写）

740彼法[illegible]次第 草本（新撰）　一帖
我上宮皇子也、則為二無刹不現之其一一、受二生粟散辺
地一、垂二化像末季運一、至レ若下陵二矢石一而討二逆賊一、
創二土木一以営二精宇一、興二仏教一而済二溺徒一、安二僧尼一
以事中練行上、是百代之浄則、万世之恒規也、我寺又
在二其一数一、而代及二一百一年餘二単千一、遭二松永氏之
兵燹一一朝成レ燼、輪奐之構忽成二狐兎之棲一、垣牆之
内多作二農民之地一、微乎僅餘二百畝之場一、悲矣、剰輸二
数斗之貢一、去甲子之秋、領主伊東信州使君長興公、
久慨二輸税一遂賜二免許一、実如下披二雲霧一而覩中天日上
也、雖レ然仏閣未レ営、僧廬似レ亡、繇レ旃発二微志一而
希二大造一、仰二聖力一而修二深法一、伏希救世大士、早加二
擁護之憐一、本願霊廟、懇垂二慈祐之眸一、仏寺僧坊営
作湍就、顕教秘乗興隆遙及、於レ玆依二的承之口授一、
任二祖宗之面囑一、製二此行軌一、貽二之後葉一而已　教興
苾芻浄厳誠
貞享丙寅冬十二月十三日
（延享四年真常写）

741秘護身法　一帖
此秘護身法一帖、先年対良意[illegible]、遂面授了、雖

尓事係紛冗不得書写、故今以朝意之本写得之、不勝
欣喜　天和二年二月六日　安流末派浄厳 四十四歳
(享保十一年諦観写)

742如法薬師秘法 青 (新撰)　一帖

于時元禄八年龍集乙亥九月十日
武都北岡霊雲密寺沙門菩薩戒比丘浄厳
(天明六年等観写)

743如法𑖨𑖐最秘訣 青 (新撰)　一帖

維時延宝七稔己未仲夏、因レ有二衆人之逼請一遊二歴讃陽一、結二安居于豊田郡之観音寺裏行智坊一、而将レ講二演秘蔵宝鑰一也、抑斯地則八幡大神垂応之奇峰、三地高祖施化霊蹤也、予苟関二密林之末枝一、稟二的伝之法宝一、偶寓二師祖之芳蹟一、譚二自家之秘賾一、況又、大神末兮、羅讖本、寺安《ラ》像兮、人仰レ護、託レ物興レ感、豈料二後謗之惟多一、遇レ時揮レ翰唯慨二玄緒之忽絶一、日向二南牕之下一、夜対二青燈之前一、尋二捜大要一記二録小冊一、寔惟世及二季末一真風将レ墜、切希二三子等、建二丈夫之彊志一、廻二狂瀾之欲一レ倒、法流若通、蒼生盍レ潤、復告二後生一、此是一帖不レ拘二文詞一、唯存二易解一、非二是喜二才子之眼一、必在レ発二頑童之蒙一、以二浄厳弱筆之極疎拙一、勿二師祖妙義之謂二麁糙一、是予存前歿後之大幸也、伏冀拡二斯微福一、洽覃二沙界一、俗親法侶、同入二海会一、仲夏二十有四、稟二安祥寺本流一金剛乗苾芻浄厳欽記

右此冊子者、秘中之秘、深中之深、是故縦雖二入室弟子一未二曾容易伝許一、而今你祥光、夙結二妙縁一、幼入二吾門一、今積二密因一進受二師位一、雖二子年弱一奈二我臘古一、不レ憚レ越二軌則一、唯思レ継二灯焰一、因レ玆諸尊瑜伽頓伝二幽邃一、普門印璽早造二玄微一、曰若許《コ、ニ》二個一帖一、使三写二得之一、時離二事故一、懼レ不二速就一、故加二予筆一、足二其罅隙一、且夫前時草稿、或未二審詳一、因添二削之一、以示二後生一、咨子《ア、チ》祥光、力発二大志一、以助二予之弘法之願一、儻得二一半之道人一、豈非二季世之大宝一耶、皆

天和二歳舎二壬戌一冬極臘之初二、稟金剛乗教瑜伽阿

遮梨耶浄厳、書二于讃州香東之郡紫雲山下現證菴一

右此一冊子者秘宗之眼肝門流之骨髄也、老師阿闍梨耶、蚤入密林、早折桂枝、且又数修斯軌、深造堂奥、因為我儕、垂哀下毫、今蒙大慈、見許謄写、又加厳翰、芟詳前製、実為奇珍、豈忽之耶、旹　天和二年龍集壬戌臘月之二日受瑜加乗教仏子吉祥光書

于時一十六歳

744 如法弥勒菩薩法 祥雲（新撰・真常写本）　一帖

745 秘法聖観音秘説 祥雲（新撰・性寂写本）　一帖

（〇最秘部鈔記）

746 諸流灌頂秘蔵鈔 政祝　一冊

元禄十年十二月廿二日写功了　浄厳　五十九

（寛延二年真常写）

747 六月成就法秘訣（新撰）　一冊

旹元禄十四歳次辛巳九月之吉

武都霊雲開山六十三老乞士浄厳

（延享四年真常写）

---

748 秘密八印口訣（新撰）　一冊

右秘密八印言幷曼荼羅実義、依師伝註之了

旹元禄十四星紀辛巳秋九月之望

武都霊雲開基老乞士浄厳欽誌

（享保三年諦観写）

（〇秘　訣）

749 宀羊寸　七帖合冊　一帖

〇旹寛文十年七月廿二日賜南院御本書写之了　一挍了

雲農　三十二

〇旹寛文十庚戌年五月廿五日賜師主アサリ良意御本宥智自筆於宝性院客殿書写挍合了　金資雲農　卅二歳

〇旹寛文十年十一月十二夜書写一挍了

祥流末資雲農卅二

〇右以安祥寺門主興厳大僧都御自筆奉写之幷挍合了、一字無誤尤可珍耳　祥流末裔雲農卅二

寛文十年十一月十二日夜半也

〇以釈迦文院検挍空雅自筆本書写挍合了　雲農

（寛延三年真常写）

750 安祥寺流口伝　一帖

元禄十一年九月十九日以金剛峰寺大楽院之本写之了

武都北岡霊雲開基比丘浄厳満六十載僧夏二十三

（延享四年真常写）

751 安流諸大事　一帖

旹寛文庚戌年四月廿三日賜師主良意阿闍梨御房御本

書写了、甚深殊勝尤可秘持之耳

同日一挍了　金剛仏子雲農　三十二

後改浄厳

（真常写本）

752 安祥寺相伝諸流大事秘訣青（新撰）　一帖

右四十通皆《ハ》是他流相承《ノ》印信《ニテ》而非《ス》二自流《ノ》相承《ニ》一、此《ノ》故《ニ》号《ス》二諸流《ト》一、此《ノ》中《ニ》古来《ノ》所伝十六通、興雅《ノ》別伝二通〔夾註・有二興雅自筆《ノ》印信一、不レ可二疑惑一也〕自餘《ノ》二十二通《ハ》予《カ》之所《ロノ》レ受《ル》二諸師《ニ》一之印信也、凡《ソ》当流伝《ニルヿ》二他流《ノ》灌頂《ヲ》一、是似《テ》レ非《ルニ》二本《ニ》意一、却《テ》為二諸流之総統一義《ナルカ》故《ニ》、抜郡（ママ）之儀也、依レ之予亦《モ》所《ロナリ》二加添《スル》之一也、且又就《テ》二諸流《ノ》印信《ニ》一、古来雖レ有二小帖口訣一、未《タ》レ尽二其《ノ》奥蔵《ヲ》一、又於《テハ》二其字義《ニ》一、一向《ユ》闕如《セリ》、予於《テハ》二字義《ニ》一似《タリ》三聊《カ》有《ルニ》二所得一、因《テ》レ茲《レニ》強《テ》揮《テ》二禿翰《ヲ》一且記《ス》二綱要《ヲ》一、亦掇《テ》二旧録《ヲ》一雑《ヘ》二出《ス》其《ノ》中《ニ》一〔頭註・此一帖中尽二諸流玄奥一、後之覧者、請勿疎之〕所《ハ》レ冀《フ》後来《ノ》賢哲、於《テ》二自《ノ》心要《ニ》一得《テ》レ有《ルヿヲ》レ所レ解《スル》、三密《ノ》行業与レ解相応《シ》、以レ此《ヲ》自利利他《シテ》普《ク》覃《ホサンヿヲ》二群生《ニ》一矣、旹

元禄十一年歳次二戊寅《ニ》一九月朔旦

武城北郊宝林開基《ノ》沙門六十《ノ》老僧浄厳欽誌

去延享四丁卯正月廿二日、至同廿四日、於豊山慈心院、親面従無等𑖀𑖭𑖦、当流所有印信幷秘訣、罄伝受之了、故今以寛延二己巳立秋念十九、摸写斯秘冊竟

真常

753 暗記 附大事口訣　一帖

旹万治四辛丑稔二月廿六日賜南院良意闍梨御本一

宥智阿闍梨御本　雲農生年廿三

（延享四年真常写）

754 授与記 興雅　一帖

御本批云

正本高野山釈迦文院空雅手書也、先年以他本雖挍讐

之、猶未全好、今如本謄之、希他日亦遇善本也
元禄十一年九月晦日
武城霊雲沙門妙極老人書 六十載
（延享四年真常写）

755
授与事　一帖
寛文十三癸丑八月十五日書写一挍了
安流末資浄厳三十五
（延享五年真常写）

756
無尽所伝相承秘訣（新撰）　一帖
天和二年壬戌十二月四日
稟安祥寺嫡流阿闍梨浄厳記

757
最極口伝　一帖
旹寛文十年五月廿八日以木食朝意之御本書写挍合了
雲農 三十二
（延享五年真常写）

758
師口 安大　一帖
天和三年癸亥六月廿三日於備後尾道浦摩尼峰下西国寺裏金剛院西窗下、歓喜写得之了　安祥寺流的嗣浄

厳四十五載

759
頓証菩提法口訣　一帖
天和三年六月廿日挍合了　浄厳
（延享四年真常写）

760
小野代代印信目録　一帖
元禄十二年十一月六日夕欽写之了
当流最秘不可過之、守如眼肝
武都霊雲開基苾芻浄厳 六十一歳
（真常本）

761
唯授一人大事　一帖
旹寛文十歳庚戌年十一月三日、賜師主御本書写了、当流骨目、密教之眼肝、何事如之、退欣往因、進待来報、切冀両部刹塵、三宝願海、各照覧弟子丹棘、使密教久栄、慧日増輝、乃至法界平等利益　祥流末裔雲農 行年卅二
他日写得之人、不遇第二嗣法之器、則以二此本一返二送本所受ノ師ニ一、師若既逝《キナハ》、寄二附同法之人ニ一、勿レ令下法
（延享四年真常写）

冊ヲメ与ヘテ二未伝授ノ人ニ一偸看セ上矣、金口之誡豈不思哉

（寛延二年真常写）

762 唯嫡伝　一帖

右一巻、是祥流之目足、秘教之枢鍵也、故祖ゝ必撰上根付之、師ゝ同待大機伝之、予不肖而当仁誠、雖恐斗筲之不堪受釜鍾、又非不欣盲亀之遭浮木、故千踊万躍而奉写此一巻也、凡当流之正伝独在吾師良意阿闍梨其餘誰（雖）偶中之、未得其的、未尽其奥、予幸入師之室、究師之妙、何喜加之、後覧之者、見此文、感此事矣

旹寛文十庚戌載冬十一月四日祥流的嗣阿闍梨雲農行年三十有二法臘二十有三欽書于玆

（延享五年真常写）

763 仏舎利法 并彼伝　一帖

右賜南院良意アサリ之御本寛文十庚戌年五月廿二日書写了

御本ハ折紙也、表裏ニアソハシタル也、雖然為後代之間、只今如此写之者也（以下略）　金剛仏子雲農記之

764 頓証秘訣（新撰）

（延享五年真常写）

右依興雅僧正御記一帖、宥快法印御口訣二帖、取要抄之、以充所用、我乗玄妙莫等之者、慎如護命、勿敢卒尒

元禄七年甲戌七月十八日甲申示于[illegible]蓮体

東都北郊霊雲密寺開址比丘浄厳

（蓮体筆本）

765 遮那心要諸流一貫（新撰・右の秘訣と合冊）　一帖

（標題）

小苾芻浄厳、欽依二師伝一排二斯捷図一、所謂無尽所伝、皆悉包二羅斯中一

（奥書）

右共ニ上図ニ通計四百六十有八件、而諸流灌頂印言殆尽二于斯一〔夾註・其附見者不レ入二此数一〕　他日相二承此流一而為二大阿闍梨一之者、若憶二此要一授二与人一、則応レ機接レ物旋転無礙、運用自在、無二復守レ株之弊一、豈不二博達一乎

旹元禄七龍集甲戌初商黒之初八武都霊雲苾芻浄厳書　行年五十有六

（某写）

766諸流灌頂契明統要（新撰）　一冊

跋

武都北郊金杉邨千手院ノ智興闍梨、天性淳篤ニヲ、扣二撃ス諸師ニ一、貞享甲子之冬、有レ故飛二錫東武一、乙丑之夏、安二居牛罩多聞院裏一、諸衆起予使レ講二秘蔵宝鑰等七部十巻一、丙寅之夏、授二瑜伽本経儀軌行要等一、闍梨陪レ講関レ授、焚レ膏継レ晷、孜孜益力、自レ其已降、云レ講云レ授未レ有レ不レ預、且復密諮決レ要分レ義筆記都若干巻、其于二顕密二教及諸瑜伽一精究深討、動愈二古哲一、況今之人誰得二企及一、其中灌頂至要緘来而示レ予、感愧太甚、因加二素聞一粗潤二色之一、合為二一策一、以貽二後生一、切請覧者弁二其薫蕕一勿レ眩二碧盧一、旹

元禄十四歳舎辛巳秋九月黒八之日

武城北阜宝林開基野沢末資苾芻浄厳識

（真常写本）

（〇補遺・普通折紙観音部第一の内）

767不空羂索心王母陀羅尼等　附功徳文（新撰）　一紙

右母陀羅尼句義ノ、以二不空訳ノ二巻儀軌ノ一加レ之〔夾註・訳三三十巻経第一第二一也〕梵学者以二諸梵文一比挍準例、而私加レ之、是為レ勧二後生於梵学一也、又此真言、古本折紙所レ載、或単用二漢註一、或純以二倭字一、是密法之陵遅、職而之由ル、又其文句過半脱落、予慨レ之久、此故発レ憤縷縷而書、希以二斯少分之沢一、周施二末裔一、乃至塵滴同証二一阿一耳

天和三歳次二癸亥一閏中夏初七稟二安祥寺宗意末流一沙門浄厳欽書

（某写）

浄厳和尚著述目録

本目録は、『霊雲叢書解題』（大正五年行武善胤著）『霊雲寺派関係文献解題』（昭和五十一年三好龍肝編著）『仏書解説大辞典』『国書総目録』中より、浄厳和尚の著述のみを抜き書き部別に配列したものであって、編者が今回新しく調査したものではない。したがって、刊本写本の別、冊数、所蔵者（河内延命寺蔵書を示し、延命寺に欠くるものについてのみ、他の所蔵者一を挙げた）を記すに止め、他の項目については、直接右の諸書を参照して頂くことにした。所蔵者空欄は、その書が所在不明であることを示す。諸解題中、異名同本を、別本として掲示しているものについては、編者に於て削除し、重複をさけた。また、事相関係の著作は、『延命寺相承安流聖教奥書集』の中に（新撰）として示し、本目録からは除いた。

〔真言部〕

声字義指要　写一（真言宗全書刊行予定書目）

吽字義講要　刊一

吽字義旋陀羅尼門釈　写一（照遍和尚全集一収、続真言宗全書刊行予定書目）

秘蔵宝鑰講要　写一

鼇頭旁通 秘蔵宝鑰　写十　延命寺（不備）

秘蔵宝鑰開蔵訣　写一

菩提心論講要　刊一（真言宗全書八収）

菩提心論教相記補註　写二　香川・志度寺

菩提心論題釈　写一　高野山観智院

二教論講要　写六（別題・―指要写五、―指要鈔写四）　高野山大学

二教論通解　刊一　延命寺

二教論娑議羅鈔　刊一　延命寺

即身成仏義私記　写四

即身成仏義妙極鈔　写二

即身義開蒙捷図　写一　種智院大学

即身義探頤　写二

即身義講要　写三カ　延命寺（不備）

冠註即身成仏義　刊二　延命寺

般若心経秘鍵指要　写二　種智院大学

理趣経講要　写三　（別題・—純秘鈔講要）（真言宗全書六収）

理趣経不断経　刊一　延命寺

理趣経鼇頭旁通　写三

理趣経文句　写一

理趣釈訣影抄　写一　高野山大学　（続真言宗全書刊行予定書目）

大日経住心品疏冠註略解　刊九　延命寺

大日経講次採摘　写一

不思議疏挎　写一

大日経疏演奥鈔 校訂　刊五十六　（内八巻浄厳挍訂残巻慧光校訂）延命寺

三教指帰冠註解　刊一

三教指帰私考　写十　高野山大学

弁惑指南　刊四　延命寺

光明真言観誦要門　刊二　（真言宗安心全書下収、国文東方仏教叢書一収）

三大義図　写二　延命寺

開奩編稽疑　写一　（運敞・開奩編弁疑ニ含ム）

阿字観私記　写一

臨終大事影説　写一　京都大学

真言伝授作法　写一

諸真言要集　刊四　大正大学

普通真言蔵　刊三　延命寺

諸尊種子真言集　刊一　延命寺

瑜伽大課誦　刊三　延命寺

朝昏課誦　刊一

大随求陀羅尼経
仏説大愛陀羅尼経　刊合一　延命寺

宝篋印陀羅尼経　刊一

随求陀羅尼異本儀　刊一

大随求秘釈　写一

答四問篇　刊一　香川・金刀比羅宮

阿弥陀仏名号深旨記　写一　（別題・阿弥陀三字弁）大正大学

念珠略詮　刊一　延命寺

法譚教説平常用心　写一　千葉・霊光寺

捷路弁疑　写一

秘密三輪清浄の弁　刊一　（六大新報六〇九・六一〇号収）

誡斉集捬　写一

〔儀軌部〕

秘密諸儀軌挍正　写七十五　延命寺　（縮刷大蔵経閏一〜十五収）

五部秘経校正　刊十五

諸儀軌伝授次第並調巻目録　写一　（続真言宗全書一収・大日本仏教全書二収）

諸儀軌訣影　写十二　延命寺　（続真言宗全書一収）

諸儀軌伝授聞書　写六

諸儀軌伝授記　写一　延命寺

諸儀軌口訣　写二　京都大学

諸儀軌口授目録　写八　高野山宝亀院

受法日記　写一　（別題・諸儀軌伝授日記）延命寺

秘密儀軌録外日記　写一　高野山三宝院

毘沙門天王別行儀軌校訂　刊一

〔悉曇部〕

悉曇三密鈔　刊八　（大正新脩大蔵経八十四収・続真言宗全書刊行予定書目）

悉曇三密鈔冠書類揉　写一　高野山大学

悉曇字記講要　写七　（別題・―講述、―綱要、―講録、―指要）高野山大学

悉曇字記鄔那地鈔　刊一

華梵対釈　写四

梵文鑒本　写一
悉曇摩多体文　刊一
悉曇首書　刊一
悉曇再治　刊一
法隆寺貝葉梵文対註　写一　東京国立博物館

〔戒律部〕

梵網古迹記集解　刊一
梵網経古迹記撮要冠註　写六　延命寺
梵網菩薩戒題諺註　刊一　河内・地蔵寺
教誡律儀纂訓鈔　写五
懺悔三帰等功徳勘文補註　写一　（照遍和尚全集五収）
施餓鬼作法　刊一　河内・地蔵寺
真言行者二時食法　刊一　延命寺
施餓鬼法訣並真偽弁　写一　律宗戒学院
説戒略軌　写一　律宗戒学院
秘密真言自誓受苾芻戒略軌　写一　唐招提寺
妙極堂教誡　刊一　延命寺
霊雲清規　写一

延命寺規矩　写一　延命寺
獅子吼山規矩　写一　河内・教興寺
真言律弁　写一　（別題・真言律注進記）　延命寺
如法三衣記　写一　（大日本仏教全書続刊予定書目）
示横田氏　写一　律宗戒学院
仏像経巻焼損是非之弁　写一　律宗戒学院

〔天台部他〕

法華秘略要妙　刊十一　延命寺
妙経新註講要　写十一　延命寺
冠註略解妙法華経新註　刊十二　延命寺
法華要略妙義　刊一
法華略要　刊一
四教集解冠註　刊一
大仏頂首楞厳経疏冠註　刊一
薬師本願経纂解講要　写五
阿弥陀経冠註　写一
釈典懐要　写一

〔伝記部〕

宝林山雑録　写三
宝林山創立記　写一
宝林日録　写一
東游日録　写五
如晦庵雑録　写一
如法愛染王法記　写一
瑜伽伝燈記　写一
書簡贈答記　写一
授真言血脈人目　写一
浄厳一生所講経論記　写一
霊雲三宝所属物録　写一
虚斎漫稿　写七
妙極堂遺稿　写七　千葉・霊光寺
希勤阿闍梨墓誌　刊一　(妙極堂遺稿収・浄厳大和尚行状記収)
真政円忍律師行状並影賛　写一　(妙極堂遺稿収)

〔漢籍〕

増続補注文選錦字　写一

あとがき

二十数年前、高野山大学を卒業する時、浄厳和尚に関する卒論の題目を私が選んだのは、和尚生誕地の延命寺の徒弟であったためである。論文資料が容易に閲覧できるだろうという安易な心情も手伝っていた。ところが実際に寺の宝蔵を調査して、行武氏の『霊雲叢書解題』に第一級の伝記史料として掲載されているもののほとんどが欠落していることに驚いた。高野山大学の図書館を調べても、東京の霊雲寺にお尋ねしても結果は同じであった。加えて、浄厳和尚の全集のようなものが、かつて一度も編集されていないために、未熟な知識で写本の解読から始めねばならず、手にできる史料を無秩序にひねくりまわして、なんとか論文の恰好をつけたことを憶えている。よくも審査をパスしたものと冷汗三斗の思いである。その時、審査に当たられた中野義照先生から、「浄厳和尚の特色は一口にいって何か」という意味のご質問があって、私は即座に答えられなかったが、今だったら、「今大師」と返答したかも知れない。今は亡き先生のご叱正をうけるすべもないが。

全集の刊行は無理としても、せめて現存する伝記史料だけでも活字にして、これ以上の散佚を防ぐと共に、正しい浄厳像をより多くの方に知ってもらいたいというのが、卒論に苦しんだ当時からの私の願いであった。

本書には、『妙極堂遺稿』は必要な個所しか収録されなかったし、未収録の書翰も数点ある。したがって完成された史料集とはいえないが、和尚に関する事蹟は利用しうる限りの史料を使って細大洩らさず記録することに努めたつもりである。しかし非才のためになお多くの欠落があろう。先学のご指導を得て、今後機縁を俟って補訂したいと思っている。

本書の作製に当たって、教興寺、地蔵寺、栄福寺、霊光寺、戒壇院、西大寺、宝山寺、金刀比羅宮図書館など各方面のご協力を得ることができた。深くお礼を申し上げる次第である。とりわけ、高野山大学図書館と霊雲寺ご当局には、蔵書中の伝記を底本に使用する許可を与えられ、本書の付載を充実させることができたのは大きな喜びであった。伏して深謝申し上げる。

また、種智院大学名誉教授小田慈舟先生、高野山大学学長中川善教先生、大谷大学名誉教授五来重先生には、公務ご多忙中ご筆労を煩わし、序文を頂戴して巻頭を飾ることができたのは身にあまる光栄である。謹んでお礼を申し上げたい。ことに小田慈舟先生には、序文をお書き下さつて間もなく仁和寺門跡として遷化された。序文の依頼に猊下を訪れたのが十二月、仁和寺は冬仕度に入っていた。浄厳和尚の遺業について熱っぽく語っておられた楽しそうな猊下の温顔が、今も瞼に残っている。本書の完成を喜んで頂けないのがまことに悔やまれる。刷り上がったら真先に、ご宝前に奉呈してご冥福を祈りたいと思っている。

最後に、高野山大学講師日野西真定先生には随分お世話になった。本書の出版を名著出版に紹介して下さったのが先生である。そればかりではなく、ご学究にご執筆に大変に多忙な寸暇をさいて、拙稿の厳密な校閲と懇篤な指導を賜わった。本書の刊行は一重に先生のご厚情によって実現したものである。さらに、面倒な編集をお引き受け下さった武井正弘氏、名著出版の岡倉捷郎氏の両氏にも心からお礼申し上げる。

昭和五十三年八月盆棚行を終えて　霊城　識

編著者略歴

延命寺第十五世・御室派大僧正
昭和３年、和歌山市生まれ
昭和26年、高野山大学卒業
昭和28年、延命寺住職就任
平成４年、第三十回密教学芸賞受賞
平成14年、延命寺名誉住職就任
著書『真言密教事相概説』他多数

本書は昭和54年８月に名著出版より刊行されたものの再刊である。

浄《じよう》厳《ごん》和《わ》尚《じよう》伝記史料集

2019年10月29日　初版第１刷発行

編著者　©上田霊城
発行者　稲川博久
発行所　東方出版（株）
〒543-0062 大阪市天王寺区逢阪 2-3-2
TEL06-6779-9571　FAX06-6779-9573
装幀　森本良成
印刷所　亜細亜印刷（株）

落丁・乱丁本はおとりかえいたします。　ISBN978-4-86249-375-0